2019年度国家社会科学基金一般项目“乡村旅游与生态环境保护非协调性耦合识别及其良性互动机制研究”（课题编号：19BJY213）

乡村旅游与生态环境保护非协调性耦合识别及其良性互动机制研究

秦　趣　余成斌　著

东北大学出版社
·沈　阳·

图书在版编目（CIP）数据

乡村旅游与生态环境保护非协调性耦合识别及其良性互动机制研究 / 秦趣，余成斌著. -- 沈阳 ：东北大学出版社，2025. 3. -- ISBN 978-7-5517-3760-9

Ⅰ. F592. 3；X321. 2

中国国家版本馆 CIP 数据核字第 2025DD4810 号

内容简介

在全面乡村振兴背景下，乡村旅游发展迅速，加强乡村生态环境保护显得尤为重要。本书从逆向思维的角度，以耦合协调理论等为指导，建立乡村旅游与生态环境评价指标体系，构建乡村旅游与生态环境非协调性耦合模型，界定并划分非协调性耦合类型，剖析乡村旅游与生态环境非良性互动产生的原因，提出乡村旅游与生态环境良性互动对策建议，回答了乡村旅游与生态环境协调发展的问题。

本书适合于旅游管理、地理学、生态旅游等专业高校教师与学生参考，也可供乡村旅游、生态治理等相关政府管理部门和科研院所的工作人员使用。

出 版 者：东北大学出版社
地址：沈阳市和平区文化路三号巷 11 号
邮编：110819
电话：024-83683655（总编室）
024-83687331（营销部）
网址：http://press.neu.edu.cn
印 刷 者：辽宁一诺广告印务有限公司
发 行 者：东北大学出版社
幅面尺寸：185 mm×260 mm
印　　张：21
字　　数：473 千字
出版时间：2025 年 3 月第 1 版
印刷时间：2025 年 3 月第 1 次印刷
策划编辑：汪子珺　　责任编辑：邱　静
责任校对：汪子珺　　封面设计：潘正一
责任出版：初　茗

ISBN 978-7-5517-3760-9　　定　价：98.00 元

序

——从乡村之旅到乡村之美

近三年来，中央一号文件多次强调发展乡村旅游，促进共同富裕。2023年，中国乡村旅游业产值超过9000亿元，农民人均旅游产值近2000元，发展乡村旅游是实现农民增收的有效方式，旅游业对乡村振兴意义重大。休闲放松、亲近自然是旅游者向往到乡村旅游的目的，城市居民普遍具有到乡村旅游的愿望，使乡村旅游发展迅速，有些地方出现“井喷”现象。但是，一些乡村旅游由于定位模糊、缺乏乡村特色、规划不合理、管理不到位等，给乡村地区带来一定的环境问题。党的十八大提出生态文明建设，把美丽中国作为生态文明建设的重要目标，其关键在于美丽乡村建设，乡村生态环境保护与治理显得极其重要。乡村旅游需要美丽乡村及其环境作为资源基础，而乡村旅游能为美丽乡村建设提供物质支持。实践证明，乡村旅游能够促进乡村地区的发展，有力推进国家乡村振兴战略的实施。因此，在乡村旅游发展过程中，重视生态环境保护是十分重要的，探讨乡村旅游与乡村生态保护耦合协调发展机制、模式、路径具有重要的现实意义。

秦趣教授针对这一现实问题，申报的国家社会科学基金项目获得立项并顺利结题。在收集大量国内外有关文献资料的基础上，借鉴前人的研究成果和探索经验，结合研究区实际情况，开展了大量的相关研究工作，完成了专著《乡村旅游与生态环境保护非协调性耦合识别及其良性互动机制研究》的撰写。

对乡村旅游与生态环境保护非协调性耦合及其良性互动机制的研究，是从根本上保障乡村旅游与生态环境持续健康发展的一种探索性、基础性研究。该研究运用新发展理念、系统论、人地关系理论、旅游地理学理论、旅游产品生命周期理论、可持续发展理论、环境行为理论和耦合协调理论等多种理论分析乡村旅游系统与生态环境系统各自的综合发展水平，是跨学科的综合性分析。本书较系统地梳理了乡村旅游与生态环境保护的理论基础、价值取向，分析了乡村旅游与生态环境保护耦合协调发展的机制，建立了相关的评价指标体系和评判模型，并以六盘水市为案例，从市域和县域两种尺度开展乡村旅游与生态环境保护非协调性耦合发展的实证研究，初步构建了乡村旅游与生态环境保护非协调性耦合研究的理论框架，这具有重要的理论意义。该成果还可为政府及其相关部门制定相应的政策措施提供科学参考，对于指导和规范旅游企业开展相关旅游活动也具有重要的实践意义。

本书基础资料翔实，内容丰富，体系清晰，方法可行，在研究中呈现出许多亮点，主要表现如下。

①梳理了相关的研究理论，着重以可持续发展理论和耦合协调理论为基础，以乡村旅游与生态环境保护非协调性耦合为研究对象，建立乡村旅游与生态环境保护非协调性耦合研究框架。首次以乡村旅游资源质量、乡村旅游基础设施、乡村旅游经济效益构建乡村旅游系统，以生态环境压力、生态环境保护投入、生态环境保护效益构建生态环境系统，形成乡村旅游与生态环境耦合的框架模型，以此研究乡村旅游与生态环境的非协调性耦合问题。

②与以往的耦合协调研究不同，本书尝试性地从逆向思维角度出发，借鉴耦合协调理论与方法，研究乡村旅游与生态环境保护非协调性耦合的发展态势和影响因素，进而判断乡村旅游与生态环境保护的真实发展状况，达到问病诊断—对症治疗的基本目的。

③在对各个评价指标赋权时，同一个评价指标运用不同的赋权方法赋权，得到的赋权结果不同，甚至有的评价指标的差异性非常明显。因此，本书运用主客观赋权相结合的方法，包括层次分析法、熵权法、变异系数法和均方差决策法，求得各个评价指标权重值，在此基础上，运用拉格朗日函数求出不同赋权法的组合权重系数，最终计算出各个评价指标的组合权重值。此方法具有一定的科学合理性，其组合权重值更接近各个评价指标的实际权重值。

④本书从乡村旅游和生态环境保护两个方面开展研究工作，运用非协调性耦合识别理论研究乡村旅游与生态环境保护两大系统中究竟哪些因素导致生态环境不能健康协调发展，便于准确厘清乡村旅游与生态环境保护未能协调发展的真正原因。同时，采用人文地理学科中实地调研的传统方法，结合建立非协调性耦合模型，借助测度结果，将乡村旅游与生态环境保护理论和实证分析更好地结合，实现乡村旅游与生态环境保护理论和实践研究的升华与拓展。

秦趣教授对旅游的教学与科研的热情，让我非常感动，他专心教学，并进行各级各类教学改革项目研究，紧紧围绕专业发展，以问题为导向，开展相关科研课题研究，行走于教学与田野之间，收集素材，不知疲惫，科教相长，享乐其中。本书的成果，既来源于工作之中，又来源于学习之余，更来源于野外的调查与探索。相信本书的问世，能激起乡村旅游与生态环境保护的热潮，促进乡村旅游业高质量发展，践行美丽乡村建设和乡村振兴的伟大战略，有力地推动我国乡村旅游研究的进一步发展、提升，并涌现出更多的研究成果。

贵州省山地资源研究所二级研究员

国务院政府特殊津贴专家

苏维词

2024 年 11 月于贵阳

前　言

2012年11月，党的十八大报告创造性地提出“大力推进生态文明建设”“着力推进绿色发展、循环发展、低碳发展，形成节约资源和保护环境的空间格局”，旨在“从源头上扭转生态环境恶化趋势，为人民创造良好生产生活环境”。2017年10月，党的十九大报告在提到实施乡村振兴战略时指出：“按照产业兴旺、生态宜居、乡风文明、治理有效、生活富裕的总要求，建立健全城乡融合发展体制机制和政策体系，加快推进农业农村现代化”，乡村旅游在乡村振兴中具有重要的战略意义。2018年11月，文化和旅游部等17部门联合印发的《关于促进乡村旅游可持续发展的指导意见》强调，在进行乡村旅游发展时，要遵循“生态优先，绿色发展”原则，加强对乡村生态环境和乡村特色风貌的保护。2021年12月，国务院印发的《“十四五”旅游业发展规划》明确提出“推动旅游业高质量发展”，乡村旅游践行高质量发展战略，必须与乡村生态环境协调发展和共同进步。旅游业与生态环境保护受到各级政府及学界的高度重视，怎样才能实现旅游业与生态环境协调发展，已成为中国式现代化发展背景下的重要命题和亟须解决的问题。在目前的研究中，针对旅游经济与生态环境耦合、旅游扶贫与生态环境耦合、旅游交通与生态环境耦合、旅游经济与生态系统服务、旅游发展与生态韧性耦合、生态环境-区域经济-旅游产业耦合、旅游经济-城市化-生态环境耦合等问题，学者进行了大量研究，并取得了丰硕的成果。然而，关于具体的乡村旅游与生态环境保护耦合协调的研究尚不多见，从逆向思维出发，对乡村旅游与生态环境保护进行非协调性耦合研究的成果更少。基于此，本书构建乡村旅游与生态环境保护的非协调性耦合识别及其良性互动机制，对二者非协调性耦合协调的内涵机理、时空特征和演化时序等进行了分析与实证研究，以新发展理念、系统论、人地关系理论、旅游地理学理论、旅游产品生命周期理论、可持续发展理论、环境行为理论和耦合协调理论为基础，分析乡村旅游与生态环境保护良性互动机制和非良性互动产生的后果，建立乡村旅游与生态环境评价指标体系，构建乡村旅游与生态环境非协调性耦合模型，测度六盘水市的市域和县域尺度乡村旅游与生态环境非协调性耦合度，界定并划分非协调性耦合类型，剖析乡村旅游与生态环境非良性互动产生的原因，在此基础上，提出乡村旅游与生态环境良性互动对策建议，主要研究内容如下：

（1）乡村旅游与生态环境非良性互动机制分析

①乡村旅游促进生态环境发展。一是乡村旅游改善生态环境质量，二是乡村旅游强化生态环境保护意识。

②生态环境保护改善乡村旅游的基础。一是生态环境是乡村旅游发展的物质基础，二是生态环境保护优化乡村旅游的资源环境条件。

③乡村旅游对生态环境的胁迫效应。一是乡村旅游的污染效应，二是乡村的生物效应，三是乡村旅游的资源效应，四是乡村旅游的地学效应。

④生态环境对乡村旅游的约束效应。一是气候要素的约束效应，二是地形地势的约束效应。

（2）构建乡村旅游与生态环境保护非协调性耦合识别体系和判定模型

①运用德尔斐法建立乡村旅游与生态环境评价指标体系。

②运用主观性方法（层次分析法）和客观性方法（熵权法、变异系数法和均方差决策法）求出各评价指标的权重值，再运用拉格朗日函数建立组合赋权模型，计算出各个评价指标的组合权重值。

③构建乡村旅游与生态环境综合评价模型。

④建立乡村旅游与生态环境保护非协调性耦合判定模型。

（3）乡村旅游与生态环境保护非协调性耦合测度及类型划分

①市域尺度下乡村旅游与生态环境保护非协调性耦合测度结果。六盘水市乡村旅游与生态环境保护非协调性耦合分为三个发展阶段。一是高水平非协调性耦合阶段。六盘水市乡村旅游系统与生态环境系统非协调性耦合度值从 2001 年的 0.8555 下降到 2002 年的 0.8230，二者的非协调性表现为高水平非协调性耦合，属于“高水平非协调性耦合-乡村旅游滞后”子类别。二是磨合非协调性耦合阶段。六盘水市乡村旅游系统与生态环境系统非协调性耦合度值从 2003 年的 0.7917 下降到 2011 年的 0.5221，二者的非协调性表现为磨合非协调性耦合。其中，2003 年至 2004 年属于“磨合非协调性耦合-乡村旅游滞后”子类别，2005 年至 2007 年属于“磨合非协调性耦合-系统均衡发展”子类别，2008 年至 2011 年属于“磨合非协调性耦合-乡村旅游滞后”子类别。三是拮抗非协调性耦合阶段。六盘水市乡村旅游系统与生态环境系统非协调性耦合度值从 2012 年的 0.4984 下降到 2019 年的 0.3545，二者的非协调性表现为拮抗非协调性耦合。其中，2012 年至 2016 年属于“拮抗非协调性耦合-乡村旅游滞后”子类别，2017 年至 2018 年属于“拮抗非协调性耦合-系统均衡发展”子类别，2019 年属于“拮抗非协调性耦合-生态环境滞后”子类别，2020 年属于“拮抗非协调性耦合-系统均衡发展”子类别。

②县域尺度乡村旅游与生态环境非协调性耦合测度结果。四区县乡村旅游系统和生态环境系统非协调性耦合呈现出下降态势，二者的非协调性耦合协调度从高水平非协调

性耦合发展到磨合非协调性耦合，再发展到拮抗非协调性耦合，乡村旅游系统和生态环境系统的协调关系得到了较好的改善，非协调性耦合空间表形式如下。一是，2001 年，四区县乡村旅游系统和生态环境系统非协调性耦合协调度差异不明显，变化不大，四区县均处于高水平非协调性耦合阶段，只是子类别有所变化。其中，东部的六枝特区、南部的盘州市和中部的水城县①属于“高水平非协调性耦合-乡村旅游滞后”子类别，北部的钟山区属于“高水平非协调性耦合-系统均衡发展”子类别。二是，2007 年，四区县乡村旅游系统与生态环境系统非协调性耦合协调度处于磨合非协调性耦合阶段，但存在南北部区域优于中部区域和东部区域的空间特征，属于“磨合非协调性耦合-系统均衡发展”和“磨合非协调性耦合-乡村旅游滞后”两种不同的子类别：南部的盘州市和北部的钟山区属于“磨合非协调性耦合-系统均衡发展”子类别；中部的水城县和东部的六枝特区属于“磨合非协调性耦合-乡村旅游滞后”子类别。三是，2012 年，四区县乡村旅游系统与生态环境系统非协调性耦合表现为磨合非协调性耦合和拮抗非协调性耦合两个发展阶段。从空间表现形式来看，呈现出东部区域和南部区域明显优于北部区域和中部区域的空间格局。东部的六枝特区和南部的盘州市乡村旅游系统与生态环境系统非协调性耦合处于拮抗非协调性耦合阶段，而北部的钟山区和中部的水城县乡村旅游系统与生态环境系统非协调性耦合则处于磨合非协调性耦合阶段。其中，东部的六枝特区和南部的盘州市属于“拮抗非协调性耦合-乡村旅游滞后”子类别，北部的钟山区和中部的水城县则属于“磨合非协调性耦合-乡村旅游滞后”子类别。四是，2019 年，四区县均处于拮抗非协调性耦合阶段，但呈现出南北部区域优于中部区域和东部区域的空间特征。南部盘州市和北部钟山区乡村旅游系统和生态环境系统非协调性耦合属于“拮抗非协调性耦合-系统均衡发展”子类别，而东部六枝特区和中部水城县乡村旅游系统和生态环境系统非协调性耦合则属于“拮抗非协调性耦合-生态环境滞后”子类别。

（4）探讨乡村旅游与生态环境非协调性互动的形成原因

①国内外旅游业的发展推动乡村旅游系统发展快于生态环境系统发展。

②地方政府行为对乡村旅游系统和生态环境系统的影响。政绩评价缺乏理性，地方经济发展驱动，经济发展优先，强调地方政府政绩考核时非常重视经济指标，从而忽视了对生态环境的保护。

③自然环境的制约因素影响。六盘水市为我国西南岩溶山区的中心，其岩溶地貌较发育，是西南岩溶山区石漠化最严重的地区之一。岩溶山区生态环境脆弱，极易受到破坏，而生态环境受到破坏后不易修复，影响了乡村旅游与生态环境的良性互动。

（5）构建乡村旅游与生态环境的良性互动路径与发展策略

基于六盘水市乡村旅游与生态环境非良性互动的形成原因，从理念与规划引领、制度与技术创新、夯实产业基础和加强宣传与环保投入等四个维度，提出以下良性互动与

---

① 2020 年更名为水城区。

对策建议。

①以理念与规划引领为基础，强调树立先进的乡村旅游与生态环境发展理念，制定科学合理的乡村旅游与生态环境保护规划。

②制度与技术创新，注重创新促进乡村旅游与生态环境协调发展的法律和制度，加强技术保障，以支持乡村旅游与生态环境协调发展。

③夯实产业基础，要求开发生态友好型农业，促进乡村旅游绿色和持续发展，保护乡村民俗文化与生态环境，加强乡村基础设施建设，保障乡村旅游健康发展，提高乡村旅游服务与管理质量，促进乡村旅游发展。

④加强宣传与环保投入，强化乡村旅游产品与生态环境保护的宣传与推广作用，持续增加乡村生态环境保护投入。

本书是 2019 年度国家社会科学基金一般项目“乡村旅游与生态环境保护非协调性耦合识别及其良性互动机制研究”（课题编号：19BJY213）的重要成果，是著者近年来经过认真思考并进行深入研究撰写而成的，部分研究成果已经在 *Discrete Dynamics in Nature and Society* 和《世界地理研究》等国内外刊物上发表。本书获得贵州省 2023 年度哲学社会科学规划重点项目“旅游业高质量发展与乡村振兴耦合协调及创新机制研究”（课题编号：23GZZD09）、贵州省科技支撑项目“地块尺度喀斯特生态产品价值评价、核算与提升关键技术研究”（课题编号：黔科合支撑〔2023〕一般 246）、六盘水师范学院 2024 年学术著作出版资助项目（编号：2024CB02）等资助。

在本书撰写过程中，引用了很多国内外学者的研究成果，在此诚挚地向有关学者表示谢忱！同时，限于篇幅，部分学者的研究成果没有在本书中标注，在此表示歉意。由于著者水平有限，本书中不足之处在所难免，恳请各位专家和读者不吝赐教，在此先表谢意。

秦　趣

2024 年 11 月于六盘水

目录

第1章 绪 论

1.1 研究背景与问题的提出

我国广大乡村地区，因为位置偏远，交通落后，与外界联系较少，人文习俗和自然景观受外界影响少，所以其和旅游资源富集区在地理分布上具有叠加性①。乡村资源为发展旅游业提供了重要的资源基础②③。然而，广大的乡村地区生态环境相对脆弱。实践证明，乡村旅游虽然能够促进乡村地区的发展，但对资源环境的消耗，不同程度地影响着乡村地区的生态环境，脆弱的生态环境一旦被破坏很难恢复④。因此，应当在科学前提下，保护性地适度开发乡村旅游资源。

目前，尽管“绿水青山就是金山银山”的理念深入人心，乡村旅游资源开发也对生态环境进行了保护，但仍然存在一些问题，如乡村旅游资源盲目规划、无序开发、生态环境保护投入少、乡村旅游地生物多样性减少、生态退化、植被破坏、景观生态破坏、环境污染、人地关系矛盾突出和旅游生态环境质量降低等问题突出，严重影响乡村旅游业的持续发展。具体案例如下。

(1)乡村大气质量下降

乡村旅游资源开发后，因旅游业发展建立的服务配套设施排放的废气和烟尘对大气质量造成一定的影响。例如，蒋文举等人研究发现，我国西南某景区在旅游发展过程中，随着旅游人数增加，大气中的二氧化氮浓度值逐渐升高，二氧化硫的浓度值局部超标⑤。在国内中部某景区内，统计各类饮食摊点、餐厅和饭店有炉灶30多台、茶炉8台、生活锅炉3台，每年消耗2000余吨煤炭，排放200余吨二氧化硫。据测算，在监测时段内，景区的大气中二氧化硫最高日均浓度值为0.234毫克/米^3，日均浓度值超标率为100%；

① 肖胜和.论我国贫困区发展旅游业的基础[J].云南师范大学学报(自然科学版)，1997，17(3)：79-83.

② 蔡运龙.生态旅游：西南喀斯特山区摆脱“贫困陷阱”之路[J].中国人口·资源与环境，2006，16(1)：113-116.

③ 江晓云.少数民族村寨生态旅游开发研究：以临桂东宅江瑶寨为例[J].经济地理，2004，24(4)：564-567.

④ 李佳，钟林生，成升魁.中国旅游扶贫研究进展[J].中国人口·资源与环境，2009，19(3)：156-162.

⑤ 蒋文举，联锡，李静，等.旅游对峨眉山生态环境的影响及保护对策[J].环境科学，1996，21(3)：48-51.

最高瞬时浓度值为 0.621 毫克/米^3，超标 3.14 倍①。

（2）乡村水资源受到污染

在乡村旅游开发过程中，以水体为旅游资源的开发项目不断进行，如划船、游泳和垂钓等，这些项目对水质的要求很高。然而，在建设过程中，不合理地修建项目配套设施会破坏乡村生态环境。乡村旅游开发后，大量游客到乡村旅游，各种污染物数量增加，并进入水体污染水资源，使得水体质量下降。例如，1992 年 12 月，国内中部某景区因俊秀的水体资源而被列入《世界遗产名录》。但此后景区内大力发展旅游业，短期内建成高空观光游览索道 2 条、观光步道 400 千米，酒店及餐馆 400 家，由此每年产生 1.5×10^4 吨污水，这些污水排入小溪和河流，或下渗到地下，污染水体，破坏生态环境，威胁着当地村民和游客的健康。世界遗产委员会因此予以该景区黄牌警告，要求整改。在西南某景区，旅游活动的开展产生大量氮和磷，这些氮和磷进入湖泊中，使得湖泊富营养化。西南某水库工程违规在世界自然遗产地内设置施工营地，采石场施工造成生态破坏，大量碎石和泥浆等排入当地河流，造成污染②。

（3）乡村固体废弃物增多

随着乡村旅游业的不断发展，游客数量逐步上升，景区各种固体垃圾数量不断增加。固体废弃物短期内难以分解，会对乡村生态环境造成严重影响。例如，西南某村风光秀丽，环境优美，为我国著名避暑胜地，每年的 6—8 月，来这里避暑的游客数量激增，有时甚至达到每天 1 万多人。部分游客环保意识不强，随意丢弃垃圾，导致垃圾随处可见，加之环卫人员少，垃圾处理设备缺乏，原本较脆弱的乡村生态环境受到破坏。

（4）乡村风貌遭到破坏

随着乡村旅游业的高速发展，乡村旅游资源过度开发，使得乡村旅游景区人工化、商业化和城市化明显，景区建筑风格模仿城市，与乡村原有的风貌不匹配，很难融为一体，产生视觉污染。例如，中部某景区修建户外登山电梯，引起相关机构的关注和警告；东部某名山在景区内修建豪华酒店，并多次修建索道，把著名景点损毁三分之一③。在西南部某景区，过度开发使得景区已经人工化和城市化。而西南部某景区在其下游 7000 米的一处景点，建造了一座大体量的黄色琉璃瓦屋顶茶室，与当地景观和乡村聚落风格差异较大，极不协调，对乡村自然景色造成破坏。

（5）乡村物种多样性减少

在旅游开发过程中，景区内会引进植物和动物，不合理的引种会导致原有物种受到侵害。例如，中部某景区引种黑麦草后，黑麦草为多年生草本植物，生命力极强，使得该

---

① 邓谋优.我国乡村旅游生态环境问题及其治理对策思考[J].农业经济，2017，37(4)：38-41.

② 中央生态环保督察：贵州一些流域、区域生态环境问题较突出[EB/OL].(2022-03-18)[2024-10-10].http://society.people.com.cn/n1/2022/0318/c1008-32378640.html.

③ 崔海亭.景观污染：一个亟待解决的问题[J].生态学杂志，2001，20(3)：60-62.

景区海拔1600米以上部分地段原有物种受到破坏，严重影响着这些地段的物种多样性①。西北某自然保护区受到外来物种侵袭，保护区内原生态的水獭、阿尔泰林蛙、雪兔和紫貂等物种大量减少。

(6)乡村文化受到冲击

随着乡村旅游的发展，全国各地乃至世界各地的游客到乡村旅游的人次增加，各种文化和生活习性在乡村汇聚，逐渐改变着乡村原有的文化和习俗。例如，西北某国家自然保护区1996年开发旅游资源后，旅游人次增长很快，当地文化受到冲击，某民族的传统文化和特有的生活方式受到影响，其保护和传承面临的压力很大。西南某景区旅游资源开发后，当地某民族的语言、文字、宗教、服饰、饮食、住房式样和生活习性等方面都受到了影响，经调查，语言改变率为79.4%，宗教改变率为39.2%，服饰改变率为78.4%，饮食改变率为84.5%②。

(7)乡村景观质量受到破坏

在游览景区过程中，部分游客总想留下点痕迹，于是在景区景点乱刻乱画，对景区景点的景观质量造成破坏。例如，在中部某景区森林公园步道两旁的树木，大约有17.4%被刻伤，尤其一处林木有约40%受到刻伤③。

综上所述，如何实现乡村旅游与生态环境持续协调发展是目前学界亟待解决的问题。而对乡村旅游与生态环境持续协调发展的研究可以运用多种方法进行探讨，本书将从非协调性的角度探讨乡村旅游与生态环境发展的分析与识别体系，即乡村旅游与生态环境发展的非协调性④。从非协调性视角，以乡村旅游资源质量、乡村旅游基础设施和乡村旅游经济效益构建乡村旅游系统评价指标体系，以生态环境压力、生态环境保护投入和生态环境保护效率构建生态环境系统评价指标体系，运用非协调性耦合函数，对乡村旅游与生态环境的耦合关系及演化进行分析。探讨乡村旅游与生态环境之间相互作用的效应、特征及演变趋势等所反映出来的非良性互动现象，在逆向思维和问题诊断的基础上，建立由非协调性病理诊断通向协调持续发展的桥梁，对于认知乡村旅游发展，缓解生态环境压力，促进乡村地区经济社会持续发展，具有重要的理论意义与现实意义。

---

① 黄成林.山岳风景区生态环境问题[J].山地学报，2001，19(2)：53-58.

② 刘婕，曾涛，蔡红霞，等.九寨沟旅游开发对安多藏民族文化的影响[J].资源科学，2004，28(4)：57-64.

③ 刘旭玲.新疆自然遗产旅游保护性开发研究[M].北京：中国社会科学出版社，2014：3.

④ 孙平军，修春亮，吕飞.城市空间扩展非协调性识别的基础理论与实证分析[J].地球科学进展，2015，30(2)：247-258.

1.2 研究意义

1.2.1 研究的理论意义

(1)旅游可持续发展的需要

1987年，可持续发展的思想在环境管理方面提出来①，并逐步得到社会各界的承认。1993年，在可持续发展思想启示下，旅游可持续发展理念在世界旅游组织(UNWTO)提出，1995年，《旅游可持续发展行动计划》《旅游可持续发展宪章》在世界旅游可持续发展会议(世界旅游组织、联合国教科文组织和环境规划署联合在西班牙召开的会议)上通过，由此确定了旅游可持续发展模式的重要地位。

旅游可持续发展的核心问题是旅游发展和生态环境保护之间的关系问题。Cater(1995)②通过研究发现，双赢、赢输、输赢和双输是旅游发展与生态环境保护之间存在的四种发展模式。同时，Hunter(1997)③也提出了相似的四种发展模式，即旅游业优先发展模式、旅游业下的生态环境保护模式、生态环境保护下的旅游业发展模式和生态环境保护优先模式。然而，要实现旅游可持续发展，无论选择哪一种发展模式，都要在旅游业上升和生态环境保护二者之间找到长时间的平衡。由此，Godfrey(1998)④认为，可持续发展是把旅游业不利因素减少的科学手段，要让旅游业真正可持续发展，短期的经济效益应当舍去，生态环境的因素应当得到重视，并由政府通盘考虑，全局整合，从而实现旅游业的可持续发展，Clayton(2002)⑤同意这一观点。而Johnston和Tyrrell(2005)认为，没有单一和理想化的可持续发展模式，完全强调生态环境保护和放任生态环境败落都是不对的，这会使得旅游业不可持续⑥。

(2)旅游学科发展的需要

研究数据表明，世界第一大产业是旅游业，世界旅游组织2017年统计数据显示，旅

① World commission on environment and development, our common future[M].Oxford: Oxford University Press, 1987: 52-53.

② CATER E.Environmental contradictions in sustainable tourism[J].The geographical journal, 1995, 161(1): 21-28.

③ HUNTER C.Sustainable tourism as an adaptive paradigm[J].Annals of tourism research, 1997, 24(4): 850-867.

④ GODFREY K B.Attitudes towards sustainable tourism in the UK: a view from local government[J].Tourism management, 1998, 19(3): 213-224.

⑤ CLAYTON A.Strategies for sustainable tourism development: the role of the concept of carrying capacity[J].Social and economic studies, 2002, 51(1): 61-98.

⑥ JOHNSTON R J, TYRRELL T J.A dynamic model of sustainable tourism[J].Journal of travel research, 2005, 44(2): 124-134.

游业对世界 GDP 作出的贡献大约是 10%，在全球形成的就业机会为 10%。在中国，文化和旅游部 2023 年统计数据显示，国内出游人次 48.9 亿人，同比增长 93.3%。国内游客出游总花费 4.9 万亿元，同比增长 140.3%①。旅游产业的迅速发展表明旅游学科的社会价值越来越突出。然而，旅游学科的发展却比较晚。对旅游的相关研究最早出现在 1811 年，即英国 *Sport Magzine* 第 38 卷使用词语“tourism”。真正的旅游活动是托马斯·库克在 1841 年 7 月举行的禁酒大会②。我国旅游学科的发展更晚一些，1944 年，余贵棠出版论文集《游览事业之理论与实际》，标志着我国旅游业的出现。旅游学科发展于 20 世纪 70 年代，1979 年上海旅游专科学校成立，标志着旅游学科在我国正式建立。今天，全国已有 300 多所高校设有旅游管理类专业，旅游学科蓬勃发展。可是，旅游学科发展到目前面临一些困难，主要是旅游管理类专业对高考生的吸引力不够，学生毕业后从事旅游业的比例较低。解决这一问题的关键在于加强旅游学科建设，旅游学科建设的关键在于探索旅游基础理论的建设③。

基于以上分析，虽然对于旅游与生态环境保护的研究较多，但多数研究成果集中在旅游可持续发展的模式、旅游可持续评价以及生态旅游发展等方面。因此，无论是旅游可持续发展方面，还是旅游学科发展方面，都需要相关的理论支持。本书综合运用统计分析和数理建模的研究方法，全面衡量乡村旅游与生态环境保护非协调性耦合的时空表现形式和特征，弥补前人单纯以要素数据统计方法研究的不足，从逆向思维的角度来研究乡村旅游与生态环境保护非协调性耦合问题，从理论上架构起从非协调向协调发展的桥梁，探讨非协调性耦合的内外影响因素和形成机制，为全面认识乡村旅游与生态环境保护协调发展提供科学理论指导依据。

1.2.2 研究的现实意义

(1)旅游规划实践的需要

全球第一个旅游规划《夏威夷规划》在 1959 年实施后，旅游规划取得了丰硕的研究成果。例如，Gunn 撰写的《旅游规划》④，Pearce 著的《旅游规划：概念、实践、案例》⑤等。我国于 1979 年出台了《关于 1980 年至 1985 年旅游事业发展规划(草案)》，标志着我国的旅游规划开始形成。随后，众多学者对旅游规划进行了大量研究，如顾朝林⑥、张

① 中华人民共和国文化和旅游部.中华人民共和国文化和旅游部 2023 年文化和旅游发展统计公报[EB/OL].(2024-08-30)[2024-10-10].https://zwgk.mct.gov.cn/zfxxgkml/tjxx/t20240830_954981.html.

② 刘德谦.旅游学科建设断想[J].旅游学刊，2019，34(12)：3-5.

③ 严旭阳.旅游教育的困境和旅游学科的使命[J].旅游学刊，2022，37(4)：1-2.

④ GUNN C A.Tourism planning[M].New York：Crane Rusak，1979：32-33.

⑤ PEARCE P L.Tourism planning：concepts，practices，cases[M].New York：Taylor and Francis，1994：6-7.

⑥ 顾朝林，张洪，徐逸伦，等.旅游规划理论与方法的初步探讨[J].地理科学，2003，23(1)：52-59.

捷[1]、吴必虎[2][3]、吴承照[4]和邹统钎[5]等。旅游规划发展到今天，尽管取得了丰富的研究成果，但也存在一些问题。例如，很多旅游规划仅仅从旅游效益和局部利益出发，在很多核心景区进行旅游规划，兴土木、建宾馆、修索道，追求“短、平、快”，缺少精品的生态保护意识，边拆边建，破坏了景观，恶化了生态。同时，一些景区规划设计各种人文景观，用文化挖掘的名誉去“制造”人文景观，如“人间仙境”“幽灵世界”“西游记宫”“封神演义宫”等，甚至建造“鬼城”和“鬼都”，“鬼文化”盛行。这种低水平的规划设计对人文旅游资源造成破坏，使得自然美感度下降[6]。这些不合理的规划影响了旅游的持续健康发展。由此，旅游规划应当博采众长，扩大视野，从旅游可持续发展战略出发，进行科学合理的规划[7]。

(2)旅游景区开发管理的需要

在旅游资源开发与经营过程中，存在管理不善的问题，导致景区生态环境受到影响。例如，法律保障体系不健全，多部门各自为政，多头管理，各部门想尽办法努力从旅游发展中获得利益，出台政策互不协调甚至互相矛盾[8]。雁荡山景区在开发经营过程中，多个部门对其进行各种管理，除根据《风景名胜区条例》对其进行管理之外，住房和城乡建设部、自然资源部、林业和草原局等部门都有相关法律法规做出对应的管理，纷繁复杂的管理体系使得景区开发过程中多强调自己的利益，而对生态环境保护低效甚至没有[9]。因此，本书从乡村旅游与生态环境保护的非协调性入手，识别乡村旅游与生态环境保护各要素指标的耦合关系与耦合链条，分析区域非协调性耦合关系的时空表现形式，分析内部因素对非协调性耦合的影响，确定非协调性耦合状态下良性协调发展的路径，力求从管理层面提出乡村旅游与生态环境保护良性协调方案和对策。

(3)乡村振兴的需要

2017 年 10 月，党的十九大报告首次提出乡村振兴战略后，学者对乡村振兴从科学内涵和主体因素等方面进行了研究，认为乡村旅游是实施乡村振兴战略的重要途径，乡村文化重构和乡村旅游的发展，为乡村振兴提供了实践的路径[10]。新型城镇化与乡村旅游协调耦合发展及其耦合机制，为乡村振兴和“三农”工作的推进提供了保障。随着乡

---

① 张捷.旅游规划理论的传统与更新的若干问题[J].旅游学刊，2013，28(9)：3-5.

② 吴必虎，俞曦.旅游规划原理[M].北京：中国旅游出版社，2010:56-57.

③ 吴必虎.区域旅游规划原理[M].北京：中国旅游出版社，2001:82-83.

④ 吴承照.中国旅游规划 30 年回顾与展望[J].旅游学刊，2009，24(1)：13-18.

⑤ 邹统钎，万志勇.中国旅游规划思想的演变:上：中国旅游规划 30 年回顾与反思[J].北京第二外国语学院学报，2009，31(5)：1-7.

⑥ 侯连有.旅游资源开发利用中的环境问题及战略环境评价[J].中国环境管理，2003，22(1)：49-50.

⑦ 马耀峰，黄毅.旅游规划创新模式研究[J].陕西师范大学学报(自然科学版)，2014，42(3)：78-84.

⑧ 王玉成.我国旅游景区管理体制问题与改革对策[J].河北大学学报(哲学社会科学版)，2017，42(3)：143-148.

⑨ 宋瑞，孙盼盼.资源属性、管理体制、景区级别与门票价格：基于 5A 级景区的实证研究[J].中国社会科学院研究生院学报，2014，36(1)：59-67.

⑩ 张军.乡村价值定位与乡村振兴[J].中国农村经济，2018，34(1)：2-10.

村旅游业的发展，乡村的经济结构、社会文化以及生态环境等发生了重大的变化，促进了乡村的振兴①。

2019 年至 2023 年 5 月，国家发展和改革委员会会同文化和旅游部共评出 1399 个全国乡村旅游重点村和 198 个全国乡村旅游重点镇(乡)，对这些村镇从金融贷款、人才培训、宣传推广和政策倾斜等多个方面进行支持。农业农村部加强了县域休闲农业的高质量发展，建设了在区域、全国甚至全球都有影响力和知名度的全国休闲农业重点县达到 300 个，仅 2021 年认定的全国休闲农业重点县就有 60 个。以上全国乡村旅游重点村镇和全国休闲农业重点县经过多年的建设和发展，逐渐成为促进乡村振兴的重要抓手，受到各界人士的认可与好评。

2022 年 10 月，党的二十大报告再次强调“全面推进乡村振兴”，明确提出，坚持农业农村优先发展，巩固拓展脱贫攻坚成果，加快建设农业强国，扎实推动乡村产业、人才、文化、生态、组织振兴。2022 年 12 月，习近平总书记在中央农村工作会议上进一步指出，要以农业农村特色资源为依托，对农业发展多种功能进行开发，提升乡村多元价值效益，向一二三产业融合发展要效益，强龙头、补链条、兴业态、树品牌，推动乡村产业全链条升级，增强市场竞争力和可持续发展能力。② 推进乡村振兴战略，做好“三农”工作是新时代的总抓手，乡村振兴的关键在于产业兴旺。乡村旅游运用乡村优美的自然环境和丰富的人文资源，有机整合乡村的休闲农业活动与农牧活动、传统乡土文化与农业文化，使乡村一二三产业得到快速发展，并有效促进乡村生产、生活和生态“三位一体”的发展，由此实现乡村振兴。

在乡村振兴过程中，发挥乡村的相对优势，结合当地实际，大力发展乡村旅游是乡村振兴的需要。乡村旅游的发展对解决村民就业、增加村民收入、推进乡村治理、建设乡村环境和倡导乡风文明等有重要的作用，这与乡村振兴的“产业兴旺、生态宜居、乡风文明、治理有效、生活富裕”二十字方针相吻合。中共中央、国务院印发的《乡村振兴战略规划(2018—2022 年)》中强调，推动农村产业融合要求实施休闲农业和乡村旅游精品工程。为促进乡村旅游健康持续发展，培育农村发展新动能，文化和旅游部等 17 个部门联合制定了《关于促进乡村旅游可持续发展的指导意见》，并于 2018 年 11 月公布。

(4)生态环境保护的需要

随着改革开放的进行，旅游业在我国社会经济中占有举足轻重的地位，但是，旅游资源的开发与规划和旅游业的经营管理水平较低，环境保护法规建设滞后，使得旅游资源的开发与经营对生态环境造成了破坏。比如，游客中心等服务设施产生的污水污染了水资源，旅游所用的交通工具产生的废气污染了大气，一些旅游活动产生了噪声污染。

① 卢俊阳，邓爱民.乡村旅游助推乡村振兴的实现机制与社会支持研究[J].湖北民族大学学报(哲学社会科学版)，2020，39(6)：51-60.

② 新华社.习近平出席中央农村工作会议并发表重要讲话[EB/OL].(2022-12-24)[2024-10-10].https://www.gov.cn/xinwen/2022-12/24/content_5733398.htm? eqid=8faa25440005476900000000264644563.

而游客乱丢垃圾、乱写乱刻和乱摘乱采等不当行为，使环境受到污染，使生态环境遭到破坏，同时对旅游资源形成破坏。因此，在发展经济的同时，也应该对生态环境进行保护。

党的十八大以来，生态环境保护和生态文明建设得到中共中央和国务院的高度重视，党和政府把坚持节约资源和保护生态环境确定为国家的基本国策，强调进行生态文明建设，实现中华民族永续发展。在中共十八届三中全会决议中，明确要求建立完整的生态文明制度体系，用生态文明制度保护生态环境。2015 年 4 月，中共中央和国务院再次阐述生态文明建设的重要性，强调建立健全生态文明制度体系是生态文明建设的重点，应大力推进绿色发展，循环发展和低碳发展，加大环境保护力度，以实现中华民族的永续发展①。

党的二十大报告指出，中国式现代化是人与自然和谐共生的现代化。人与自然是生命共同体，无止境地向自然索取甚至破坏自然必然会遭到大自然的报复。我们坚持可持续发展，坚持节约优先、保护优先、自然恢复为主的方针，像保护眼睛一样保护自然和生态环境，坚定不移走生产发展、生活富裕和生态良好的文明发展道路，实现中华民族永续发展。

综上所述，对乡村旅游与生态环境保护进行非协调性耦合识别及其良性互动机制研究，在旅游规划实践、旅游景区开发管理、乡村振兴和生态环境保护等方面具有重要的实践意义和应用价值，可望为政府有关部门及学界提供科学参考。

1.3 国内外相关研究的学术梳理及研究动态

1.3.1 国外相关研究的学术梳理及研究动态

(1) 乡村旅游方面

乡村旅游可以追溯到 19 世纪中后期，英国等出现了最早的乡村旅游活动。20 世纪 60 年代，现代意义的乡村旅游在西班牙开始发展。国外对乡村旅游的研究主要有以下几个方面。

①乡村旅游供给和需求研究。乡村旅游供给是乡村旅游活动顺利开展的重要保障，乡村旅游产品主要由乡村旅游目的地居民、开发者、经营者和当地社区一起提供，研究清楚他们的经营动机有助于进行政策引导，促进乡村旅游的持续、快速和健康发展。Benjamin(1994)认为，在乡村落后地区，乡村旅游能够改变乡村经济结构，从而追求经

① 王红姝，佟敏.生态旅游与生态环境保护研究[M].哈尔滨：东北林业大学出版社，2005：79.

济利益[①]。Hegarty 等人(2005)提出，随着乡村经济的发展，追求经济利益的地位下降，乡村旅游供给的动机转向社会文化和政治等方面。乡村社会文化包括生活方式、就业、社交和家庭因素等[②]。例如，Pearce(1990)研究新西兰的空巢家庭发展乡村旅游的动机时认为，空巢家庭发展乡村旅游的目的是过有陪伴的生活[③]。而 Paniagua(2002)的结论是，在逆城市化过程中，城市居民到乡村进行乡村旅游资源开发的目的是自主就业[④]。Thompson(2004)通过对日本某乡村的研究发现，该地乡村旅游的动机是传承乡村生活方式、增加地方认同和维护乡村传统[⑤]。然而，Pina 等人(2005)认为，在乡村旅游开发过程中，乡村旅游目的地的住宿条件能给游客留下深刻的印象，丰富多样的住宿类型能够有力地吸引游客[⑥]。在乡村旅游需求研究结果方面，旅游需求是乡村旅游市场的主体，最初的研究结果表明，乡村旅游因费用较低被认为是穷人的娱乐方式，后来，随着社会的进步，很多富人也加入乡村旅游中来，乡村旅游人群的主体结构发生了变化[⑦]。Oppermann(1996)研究了德国南部乡村的游客，其旅游动机是远离压力大和节奏快的居住地，且乡村旅游花费较少，进一步促进了乡村旅游的发展[⑧]。Perales(2002)对西班牙现代和传统的乡村游客进行对比研究，提出现代游客主要是对乡村优美的自然风情感兴趣，喜欢乡村各种休闲的旅游活动[⑨]。Royo-Vela(2009)同意这一观点并指出，接受过教育的人是西班牙乡村游客的主体，他们的目的是放松身心[⑩⑪]。

②乡村旅游影响因素研究。乡村旅游的发展受到一些因素的影响，学者们主要从单因素和多因素两个方面进行研究。在单因素研究方面，学者们主要关注对乡村旅游发展有重要影响的某一要素，例如，Kontogergopoulos(2005)在对泰国乡村旅游实证研究的基

---

① BENJAMIN C.The growing importance of diversification activities for French farm household[J].Journal of rural studies, 1994, 10(4): 331-341.

② HEGARTY C, PRZEZBORSKA L.Rural and agri-tourism as a tool for reorganizing rural areas in old and new member states-a comparison study of Ireland and Poland[J].International journal of tourism research, 2005, 7(2): 63-77.

③ PEARCE P L.Farm tourism in New Zealand: a social situation analysis[J].Annals of tourism research, 1990, 17(3): 335-352.

④ PANIAGUA A. Urban-rural migration, tourism entrepreneurs and rural restructuring in Spain[J]. Tourism geographies, 2002, 4(4): 349-371.

⑤ THOMPSON C S.Host produced rural tourism: towa's Tokyo antenna shop[J].Annals of tourism research, 2004, 31(3): 580-600.

⑥ PINA IPA, DELFA MTD.Rural tourism demand by type of accommodation[J].Tourism management, 2005, 26(6): 951-959.

⑦ 何景明.国外乡村旅游研究述评[J].旅游学刊, 2003, 18(1): 76-80.

⑧ OPPERMANN M.Rural tourism in southern Germany[J].Annals of tourism research, 1996, 23(1): 86-102.

⑨ PERALES.Rural tourism in Spain[J].Annals of tourism research, 2002, 29(4): 1101-1110.

⑩ ROYO-VELA M.Rural-cultural excursion conceptualization: a local tourism marketing management model based on tourist destination image measurement[J].Tourism management, 2009, 30(3): 419-428.

⑪ 陈辰.近二十年国外乡村旅游研究进展：Tourism Management 和 Annals of Tourism Research 文献分析[J].东南大学学报(哲学社会科学版), 2011, 13(增刊), 69-73.

础上指出，在乡村旅游发展中，如果外来企业居于主导地位，那么对乡村旅游的发展具有促进作用①。Fotiadis 等人(2010)对希腊乡村旅游服务质量研究时发现，乡村旅游服务质量能够提升乡村旅游的影响力②。Sharpley 等人(2011)认为，乡村旅游品质的好坏，关键是游客的精神体验③。Leeuwis(2000)研究了影响乡村旅游发展的不利因素，其认为，政府及其控制的企业不但不能促进乡村旅游的发展，反而是乡村旅游资源破坏的主体④。在多因素研究方面，Miller(2001)发现，游客满意、雇佣当地人、环境可持续和经济溢出等因素影响乡村旅游的发展⑤。Choi 等人(2006)认为，环境可持续性、社区参与、技术和政治因素等影响乡村旅游发展⑥。Park 等人从韩国 38 个乡村随机抽取 380 名居民进行问卷调查，对所得数据进行研究的结果显示，政府在乡村旅游发展过程中具有重要作用，政府在方案实施、对当地居民进行鼓励参与合作，能够提高乡村旅游的社会资本，并对当地的矛盾起到有效的调节和管理⑦。Lee 等人(2009)通过研究发现，影响乡村旅游发展的因素共 17 个，这 17 个因素划分为四个维度，即经济影响、环境影响、社会文化影响和管理影响⑧。

③乡村旅游利益相关者研究。乡村旅游关系到众多的利益相关者，他们在乡村旅游发展过程中占有不同的地位，行使不同的权力，并获得不同的利益。在这方面最早的研究主要分析当地居民对发展乡村旅游的态度、乡村旅游产品的开发和政府在发展乡村旅游过程中的角色等⑨。随后，较多的成果分析了利益相关者的参与和合作，Bramwell 等人(1999)发现利益相关者的合作是乡村旅游经营成功的关键⑩，Byrd(2003)认为利益相

① KONTOGERGOPOULOS N.Community-based ecotourism in Phuket and Ao Phangnga, Thailand: partial victories and bittersweet remedies[J]. Journal of sustainable tourism, 2005, 13(1): 4-23.

② FOTIADIS A, CHRIS V.Rural tourism service quality in Greece[J].Tourism research, 2010, 8(4): 71-86.

③ SHARPLEY R, JEPSON D.Rural tourism: a spiritual experience? [J].Annals of tourism research, 2011, 38(1): 52-71.

④ LEEUWIS C.Re-conceptualizing participation for sustainable rural development: towards a negotiation approach[J].Development and change, 2000, 31(5): 931-959.

⑤ MILLER G.The development of indicators for sustainable tourism: results of a Delphi survey of tourism researchers[J]. Tourism management, 2001, 22(4): 351-362.

⑥ CHOI H C, SIRAKAYA E.Sustainability indicators for managing community tourism[J].Tourism management, 2006, 27(6): 1274-1289.

⑦ PARK D B, LEE K W, CHOI H S, et al.Factors influencing social capital in rural tourism communities in South Korea[J]. Tourism management, 2012, 33(6): 1511-1520.

⑧ LEE B C, KIM D K.Relative importance to tourism decision makers of indicators for sustainable rural tourism development in South Korea: using AHP approach[J].Journal of tourism, 2009, 10(2): 21-43.

⑨ LANKFORD S V.Attitudes and perceptions toward tourism and rural regional development[J].Journal of travel research, 1994, 32(3): 35-43.

⑩ BRAMWELL B, SHARMAN A.Collaboration in local tourism policymaking[J].Annals of tourism research, 1999, 26(2): 392-415.

关者对乡村旅游发展影响感知是决定其社区参与的最重要因素①。近年来，较多学者对利益相关者进行综合研究，Simpson(2008)认为，乡村旅游发展关系到4个利益相关者，即政府、企业、非政府组织和当地居民②。Kayat(2008)提出利益相关者对乡村旅游发展的投入、权利和依赖性，影响着他们对乡村旅游的感知③。

④乡村旅游发展的管理研究。一方面，乡村旅游在发展过程中需要相关企业的参与，乡村旅游企业依赖当地社区发展，影响乡村旅游企业发展的因素很多，如Shane(1996)从宏观因素、中观因素和微观因素等方面进行了分析④。Cowling等人(2003)通过研究发现，当乡村旅游企业遇到金融资产、劳动力、交通运输技术和供需矛盾等问题时，企业承受力会比城市企业更弱⑤。Kline等人(2010)认为，影响乡村旅游企业的关键因素包括乡村性、基础设施建设、教育、培训、生活质量、社区文化、商业支撑服务以及人力资源等⑥。Wilson等人(2001)发现优秀的旅游企业拥有优异的旅游产品、充足的发展资金、政府的支持与配合和良好的社区关系等⑦。另一方面，政府也会成立专门的管理机构，对乡村旅游发展进行管理和支持。学者们对此进行了探讨，如Sharpley(2002)在对塞浦路斯的乡村旅游资源开发进行研究时指出，因政府财政缺乏支持，乡村旅游地基础设施和旅游相关培训滞后，阻碍了乡村旅游的发展⑧。Park等人(2014)对韩国乡村旅游管理部门帮扶绩效进行了评估，结果表明政府帮扶对实际利润和财务结果有影响的因素是产品、服务开发和促销⑨。

⑤乡村旅游可持续发展研究。国外对乡村旅游可持续发展的研究比较多，如Lane(1994)探讨了乡村旅游可持续开发的策略与原因⑩。Benjamin(1994)发现，要保证乡村

---

① BYRD J E T.An analysis of variables that influence stakeholder participation and support for sustainable tourism development in rural North Carolina[D].Raleigh：North Carolina State University，2003 .

② SIMPSON M C.Community benefit tourism initiatives：a conceptual oxymoron? [J].Tourism management，2008，29(1)：1-18.

③ KAYAT K.Stakeholders' perspectives toward a community-based rural tourism development[J].European journal of tourism research，2008，1(2)：94-111.

④ SHANE S.Explaining variation in rates of entrepreneurship in the United States：1899—1988[J].Journal of management，1996，22(5)：747-781.

⑤ COWLING M，BYGRAVE W D.Entrepreneurship and unemployment：relationships between unemployment and entrepreneurship in 37 nations participating in the global entrepreneurship monitor(GEM)[R].London：London Business School，2003.

⑥ KLINE C，MIBURN L A.Ten categories of entrepreneurial climate to encourage rural tourism development[J].Leisure studies journal，2010，13(1/2)：320-348.

⑦ WILSON S，FESENMAIER D R，FESENMAIER J，et al.Factors for success in rural tourism development[J].Journal of travel research，2001，40(2)：132-138.

⑧ SHARPLEY R.Rural tourism and the challenge of tourism diversification：the case of Cyprus[J].Tourism management，2002，23(3)：233-244.

⑨ PARK D B，DOH K R，KIM K H.Successful managerial behaviour for farm-based tourism：a functional approach[J].Tourism management，2014，45(12)：201-210.

⑩ LANE B.Rural tourism and sustainable rural development[M].UK：Channel View Publications，1994：92.

旅游可持续发展，所有的旅游开发活动都应保持乡村的唯一性①。Turnock(1999)对乡村旅游可持续发展的模式进行了研究②。Briedenhann 等人(2004)认为，政府部门的支持和乡村基础设施建设等可为乡村旅游持续发展提供有力保证③。Saxena 等人(2008)发现，乡村旅游要持续发展，应当具备嵌入性和非嵌入性、内生性和赋权性等特征④。Panzer-Krause(2020)研究北爱尔兰乡村旅游时发现，不同类型的游客(如团体游客和散客等)会影响乡村旅游的可持续发展⑤⑥。

(2)生态环境保护方面

①乡村生态环境保护。国外在乡村经济发展的同时注重生态环境的有效保护，在生态环境保护相关政策的制定、经济结构的调整、绿色经济的发展以及生态环境保护等方面，学界做了大量的研究工作。例如，Martin 等人(1999)以村民为对象的耕地运动保护为例，分析了澳大利亚新自由主义的参与式生态环境治理⑦。Wiskerke 等人(2003)指出，在进行乡村治理时，应当开展生态环境保护合作，这符合社会经济发展的要求，强调把乡村发展、景观管理、环境保护和社会信任有机统一，做到乡村主体自我协调发展⑧。Rodgers(2009)认为，农业生产如果只考虑收益最大化，会使得生物多样性减少，破坏景观，污染水源、大气和土壤等，应当运用经济与法律手段保护乡村生态环境，预防环境资源衰退⑨。Todorova 和 Ikovab(2014)指出，农业专用性的特点会慢慢在乡村消失，取而代之的是经济多重发展的林业、农业以及旅游业。根据这一实际情况，乡村应当构建持续健康的未来发展框架，保证村民的生活环境质量⑩。Karol(2014)对波兰实施农业政策的自然保护措施的有效性以及环境法规对农业的影响进行评价，研究结果显示，国家的环

---

① BENJAMIN C.The growing importance of diversification activities for French farm household[J].Journal of rural studies, 1994, 10(4): 331-341.

② TURNOCK D.Sustainable rural tourism in the Romanian carpathians[J].Geographical journal, 1999, 165(2): 192-199.

③ BRIEDENHANN J, WIKEN E.Tourism routes as a tool for the economic development of rural areas-vibrant hope or impossible dream? [J].Tourism management, 2004, 25(1): 71-79.

④ SAXENA G, LLBERY B.Integrated rural tourism a border case study[J].Annals of tourism research, 2008, 35(1): 233-254.

⑤ PANZER-KRAUSE S.The lost rural idyll? tourists'attitudes towards sustainability and their influence on the production of rural space at a rural tourism hotspot in Northern Ireland[J].Journal of rural studies, 2020, 80: 235-243.

⑥ 王金伟，张丽艳，李明龙.国际乡村旅游研究的学术脉络与前沿热点[J].西南民族大学学报(人文社会科学版), 2021, 43(3): 224-231.

⑦ MARTIN P, RITCHIE H.Logics of participation: rural entironmental governance under neo-liberalism in Australia[J].Environmenta politics, 1999(2): 117.

⑧ WISKERKE J S C, BOCK B B, STUIVER M, et al.Environmental co-operatives as a new mode of rural governance[J].Netherlands journal of agricultural science, 2003, 51(1/2): 9-25.

⑨ RODGERS C P.Rural development policy and environmental protection: reorienting English law for a multinational agricultuer[J].Journal of agricultural law, 2009, 14(2): 259-287.

⑩ TODOROVA S, IKOVAB J.Multifunctional agriculture: social and ecological impacts on the organic farms in Bulgaria[J].Procedia economis and finance, 2014, 9(1): 310-320.

保措施能够有效地影响农业政策，他指出应当保护生物多样性和村民权益，提高环境保护规划的整合度和有效性①。

②城市生态环境保护。19 世纪末，Howard 在《明日的田园城市》一书中提出“田园城市”理论，学者们对这一理论高度关注。Daly(1991)从可再生资源利用、可再生资源替代和环境承载能力等方面建立了城市可持续发展的评价指标体系②。Maclaren(1996)对城市化发展中生态环境保护问题和城市持续发展问题进行了探讨，并提出城市化与生态环境持续发展的路径与措施③。Bell 等人(2000)从可持续发展的角度出发，对城市化与生态环境的协调耦合问题进行了研究④。Saysel 等人(2002)运用系统动力学的理论与方法，对城市化进程中水资源的保护问题进行了剖析⑤。Duh 等人(2008)对城市化产生的水体和空气的污染进行了分析⑥。Seto 等人(2010)指出，城市化导致生物栖息地变小，生物多样性降低，对城市生态环境形成挑战⑦。Jong-Seong 等人(2013)对朝鲜城市化引起的气温与降水的变化进行了分析⑧。Acquaye 等人(2017)运用投入产出模型，追踪分析了多个城市的资源消耗足迹和污染物排放量，对城市生态环境绩效指标的建立提供了参考⑨。

③农业生态环境保护。Rachel Carson(1962)在《寂静的春天》一书中认为，环境问题因不合理的生产方式而来⑩。Kotchen 等人(2000)研究了在生态环境保护中民众意识对生态保护的效果，研究发现，意识超强付出意愿更多⑪。Xu(2017)以塔吉克斯坦为例，

---

① KAROL K.Nature conservation in polish agriculture under conditions of EU membership[J].Economic and environmetal studies, 2014(1): 175-188.

② DALY HERMAN E.Sustainable growth: a bad oxymoron[J].Journal of environmental science & health part C environmental carcinogenesis reviews, 1991, 8(2): 401-407.

③ MACLAREN VIRGINIA W.Urban sustainability reporting[J].Journal of the American planning association, 1996, 62(2): 184-202.

④ BELL M, DEAN C, BLAKE M.Forecasting the pattern of urban growth with PUP: a web-based model interfaced with GIS and 3D animation[J].Computers environment & urban systems, 2000, 24(6): 559-581.

⑤ SAYSEL A K, BARLAS Y, YENIGÜN O.Environmental sustainability in an agricultural development project: a system dynamics approach[J].Journal of environmental management, 2002, 64(3): 247-260.

⑥ DUH J D, SHANDAS V, CHANG H, et al.Rates of urbanisation and the resiliency of air and water quality[J].Science of the total environment, 2008, 400(1-3): 238-256.

⑦ SETO KAREN C, SÁNCHEZRODRÍGUEZ R, FRAGKIAS M.The New geography of contemporary urbanization and the environment[J].Annual review of environment & resources, 2010, 35(1): 56-372.

⑧ JONG-SEONG K, AHN M S.Impact of urbanization on recent temperature and precipitation trends in the Korean peninsula[J].Asia-Pacific Journal of Atmospheric Sciences, 2013, 49(2): 151-159.

⑨ ACQUAYE A, FENG K, OPPON E, et al.Measuring the environmental sustainability performance of global supply chains: a multi-regional input-output analysis for carbon, sulphur oxide and water footprints[J].Journal of environmental management, 2017, 51(5): 187-201.

⑩ 卡逊.寂静的春天[M].吕瑞兰，李长生，译.长春：吉林人民出版社，1997：25-26.

⑪ KOTCHEN M J, REILING S D.Environmental attitudes, motivations, and contingent valuation of nonuse values: a case study in volvin gendan gered species[J].Ecological economics, 2000, 32(1): 172-196.

研究了农业现代化的生态环境问题，认为最主要的问题是咸海危机，强调发挥绿色能源作用，实现咸海流域环境保护与农业丰收协调发展①。Hodge(2020)认为，欧洲对乡村生物多样性、文化遗产以及景观管理是对农业和生态环境的贡献②。Noam 等人(2020)认为，人们太自信且过度干预环境是造成日本农业生态环境问题的关键要素，并建议政府建立农业自然生产模式③。

④经济发展与生态环境保护。Boulding(1966)面对日益恶化的生态环境问题，提出使用可循环的经济体系代替粗放型的经济发展，强调休养生息的重要作用④。Meadows(1972)在 *The Limits Growth* 中构建"增长极限"模型，提出悲观经济增长理论，指出影响经济增长的因素主要是环境污染、粮食供应、人口增长、资本投资和资源消耗等⑤。Cole 等人(1973)则乐观地认为，人口和消费的增长速度没有资源的增长速度快，因此经济不会达到发展的极限，而是持续地发展⑥。Dasgupta 等人(1979)把不可再生资源运用生产函数(CES)对经济增长进行研究后发现，当函数替代弹性不小于 1 时，经济持续增长；当函数替代弹性小于 1 时，不增长⑦。Norgaard(1990)指出，经济和生态环境可以共同协调发展⑧。Victor 等人(1994)研究了经济与生态环境协调发展的关系⑨。Craciela 等人(1995)发现，自然资本与消费的边际替代率和自然资本的边际替代率相等，这是经济可持续增长的前提，对其影响的因素主要是技术发展，这就是著名的绿色黄金法则⑩。Aghion 等人(1998)在新熊彼特模型中引入有限自然资源与生态环境问题，以此对经济与生态环境的协调发展进行探讨⑪。Barbier 等人(2004)通过对经济与生态环境的关系研究发现，生态环境衰退与经济收入存在倒 U 形关系，并在旅游经济与生态环境中得到广泛

① XU H Y.The study on eco-environmental issue of Aral sea from the perspective of sustainable development of silk road economic belt[J].Earth and environmental science, 2017, 57(1): 163-179.

② HODGE I.Beyondagri-environmental policy: towards analternative model of rural environmental governance[J].Land use policy, 2001, 18(2): 95-112.

③ NOAM D, ZHANNA K, ZVI L, et al.Naturalaminoacids as potential chelators for soil remediation[J].Environmental research, 2020, 183: 109140.

④ BOULDING K E.The economics of the coming spaceship earth[C]//Resources for the Future Forum on Environmental Quality in A Growing Economy.Baltimore: Johns Hopkins University Press, 1996: 3-14.

⑤ MEADOWS D H.The limits growth[M].New York: Universe Books, 1972: 346-357.

⑥ COLE H S D, FREEMAN C, JAHODA M.Thinking about the future: a critique of the limits to growth[M].Brighton: Sussex University Press, 1973: 218.

⑦ DASGUPTA P, HEAL G.Economic theory and exhaustible resources[M].Cambridge: Cambridge University Press, 1979: 193-225.

⑧ NORGAARD R B.Economic indicators of resource scarcity: a critical essay[J].Journal of environmental economics and management, 1990, 19(1): 19-25.

⑨ VICTOR T Y H, CHANG P, BLACKBURN K.Endogenous growth, environment and R&D[M].Berlin: Springer Netherlands, 1994: 241-258.

⑩ CRACIELA C, HEAL G, BEHRATI A.Green golden rule[J].Economic leters, 1995, 49: 175-179.

⑪ AGHION P, HOWITT P.Endogenous growth theory[M].Cambridge: MIT Press, 1998: 11-44.

应用[①]。Tamer 等人(2018)认为，倒 U 形关系在经济增长与生态环境污染之间不存在[②]。

(3) 乡村旅游与生态环境保护方面

国外对乡村旅游与生态环境保护作了以下探讨[③]：Maude 等人(1985)认为发展乡村旅游对乡村生态环境保护不利，因为乡村旅游资源开发后，随着游客数量的增多，生态景观会遭到破坏，从而导致乡村生态环境恶化[④]。Farrell 等人(1991)认为，政府人员应重视旅游业与生态环境的关系，在生态环境最大承受范围内取得更多旅游效益，从而使旅游业与生态环境协调发展[⑤]。Garcia 等人(1995)提出，开发乡村旅游会改善乡村生态环境，因为乡村旅游开发与经营者深知乡村生态环境的重要性，因此对乡村生态环境总是很关注，从而想办法维护乡村生态环境，增强乡村生态环境的美学价值[⑥]。Collins (1999)指出，应该在可持续发展的基础上构建乡村旅游与生态环境的协同发展，他们认为生态环境质量是乡村旅游业发展的基础[⑦]。Hall(2000)研究发现，乡村野生动植物会受到乡村旅游活动的影响，他提出了相应的对策措施[⑧]。Espin 等人(2018)研究了旅游业对加拉帕戈斯群岛生态环境的影响，构建了旅游业与岛屿生态环境平衡反馈模型，促进该地旅游业与生态环境的持续发展[⑨]。Augustyn(2002)提出了环境管理系统，即乡村旅游环境治理手段(environmental management system，EMS)[⑩]。

1.3.2 国内相关研究的学术梳理及研究动态

(1) 乡村旅游方面

自 1992 年杨旭在《旅游学刊》发表学术论文《开发“乡村旅游”势在必行》以来，乡村旅游在国内逐渐成为学者们广泛关注和研究的热点问题。为了全面掌握乡村旅游的

---

① BARBIER E B, STERN D I, COMMON M S.Economic growth and environmental degradation: the environmental Kuznets curve and sustainable development[J].World development, 2004, 24(7): 1151-1160.

② TAMER O, CHRIS T B, MADHUR A.The environmental Kuznets curve fails in a globalized scio-ecological metapopulation: a sustainability game theory approach[J].Handbook of statistics, 2018, 39: 315-341.

③ 王素洁，刘海英.国外乡村旅游研究综述[J].旅游科学，2007，21(2)：61-68.

④ MAUDE A J, REST D J.The social and economic effects of farm tourism in The United Kingdom[J].Agricultural administration, 1985, 20: 85-99.

⑤ FARRELL B H, RUNYAN D.Ecology and tourism[J].Annals of tourism research, 1991, 18(1): 26-40.

⑥ GARCIA-RAMON M D, CANOVES G, VALDOVINOS N.Farm tourism, gender and the environment in Spain[J].Annals of tourism research, 1995, 22(2): 267-282.

⑦ COLLINS A.Tourism development and natural capital[J].Annals of tourism research, 1999, 26(1): 98-109.

⑧ HALL D.Rural tourism management: sustainable option conference[J].International journal of tourism research, 2000, 2: 295-299.

⑨ ESPIN P A, MENA C F, PIZZITUTTI F.A model-based approach to study the tourism sustainability in an Island environment: the case of Galapagos islands[J].Urban Galapagos, 2018, 10: 97-113.

⑩ AUGUSTYN M M.Environmental management for rural tourism and recreation[J].Annals of tourism research, 2002, 29(1): 284-287.

研究状况和趋势，以中国知网为数据来源，在中国知网高级检索中以“篇关摘 = 乡村旅游”检索文献，检索时间截至 2022 年 12 月 31 日，文献来源为 CSSCI、CSCD 和中文核心期刊论文，得到研究文献 5356 篇。根据这些文献的增长情况，乡村旅游研究的发展大致经历了五个发展阶段。

①萌芽阶段（1992—1998 年）。乡村旅游在国内萌芽发展，1992 年和 1998 年每年发表成果 1 篇，其余年份没有成果形成。

②波动增长阶段（1999—2005 年）。该时段内乡村旅游研究成果较少，呈波动上升态势，各年成果在 40 篇以内。

③快速发展阶段（2006—2011 年）。该时段内研究成果数量成倍增长，快速发展，发表学术论文从 2006 年的 119 篇增长到 2011 年的 314 篇。

④回落发展阶段（2012—2015 年）。在该时段内研究成果数量明显下降，呈回落发展态势，每年发文量在 170 篇以下。

⑤大幅增长阶段（2016—2022 年）。乡村旅游研究成果数量大幅增长，最高时发文量突破 500 篇。具体如图 1-1 所示。

国内对乡村旅游的研究起步较晚。20 世纪 80 年代末，深圳成功举办荔枝节，我国乡村旅游兴起；90 年代以后，乡村旅游快速发展；2006 年，被国家旅游局确定为“乡村旅游年”，乡村旅游进入全新的发展时期①。学界的研究主要包括以下几个方面。

①乡村旅游发展驱动机制研究。乡村旅游发展驱动机制是乡村旅游发展各个驱动力之间相互作用的协调程序。王娜等人（2006）发现，乡村旅游资源品质和旅游市场需求是乡村旅游发展的微观动力，乡村经济寻求新的突破和旅游业寻求新的发展机遇是中观动力，而国际乡村旅游的成功发展和国家层面的旅游政策构成宏观动力②。杨军（2006）研究了我国乡村旅游的系统，认为旅游业、村民、城市居民和政府构成了我国的乡村旅游系统，各子系统在乡村旅游系统中相互作用，形成了乡村旅游发展的动力系统③。叶红（2007）认为，需求与供给是推动乡村旅游发展的基本动力④；潘顺安（2007）认为，需求子系统、供给子系统、媒介子系统和支持子系统构成乡村旅游动力系统⑤。王应霞（2016）从乡村文化旅游的发展问题、驱动机制和开发模式等方面探讨了乡村旅游驱动机制和开发策略⑥。

---

① 卢小丽，成宇行，王立伟.国内外乡村旅游研究热点：近 20 年文献回顾[J].资源科学，2014，36(1)：200-205.

② 王娜，鲁峰.乡村旅游发展的动力机制探讨[J].桂林旅游高等专科学校学报，2006，17(6)：706-708.

③ 杨军.中国乡村旅游驱动力因子及其系统优化研究[J].旅游科学，2006，20(4)：7-11.

④ 叶红.乡村旅游发展的动力机制研究：以成都市乡村旅游发展为例[J].农村经济，2007(8)：79-82.

⑤ 潘顺安.中国乡村旅游驱动机制与开发模式研究[D].长春：东北师范大学，2007：68.

⑥ 王应霞.基于文化模式视角的乡村旅游驱动机制及开发对策[J].农业经济，2016，36(4)：54-55.

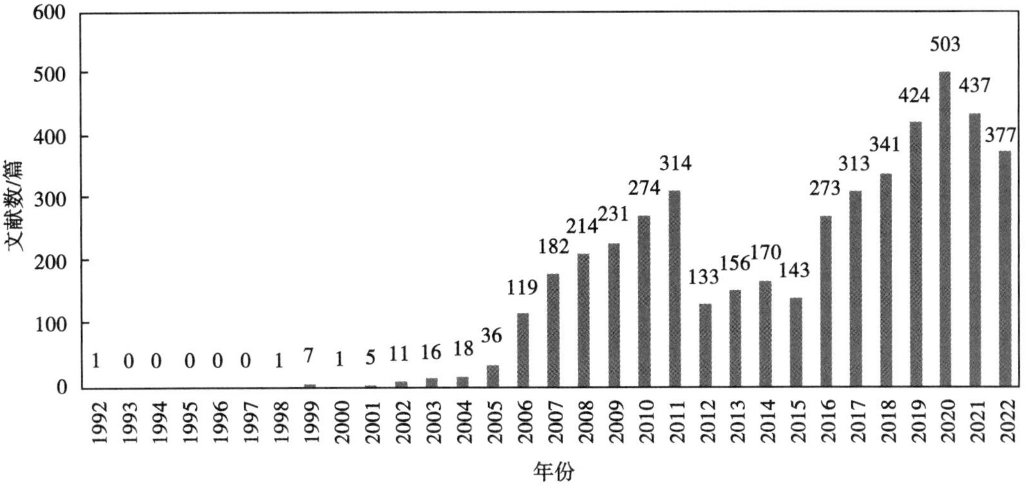

图 1-1 1992—2022 年国内乡村旅游载文数量分布

②乡村旅游地理空间结构分析。乡村旅游地的分布呈现出明显的空间特征。吴必虎等人(2004)认为，乡村旅游地在大中型城市周围的分布表现出距离衰减的趋势①。徐清(2009)提出以乡村旅游地为点，以环城游憩带为轴的点—轴发展结构②。王润等人(2017)运用大数据平台采集京津冀乡村旅游数据，对其乡村旅游空间区划进行了研究③。樊念等人(2021)分析了贵州省乡村旅游村寨的空间格局和地理特征④。屈婷婷等人(2021)分析了广西乡村休闲旅游的空间分布特征及影响因素⑤。李云涛等人(2022)运用ArcGIS 10.2 空间分析软件，对北京市郊区的乡村旅游地空间分布演化和影响因素进行了分析⑥。

③乡村旅游发展模式研究。乡村旅游在发展过程中形成了不同的发展模式。郑群明等人(2004)提出参与式乡村旅游发展模式⑦；李德明等人(2005)提出了乡村旅游与乡村

① 吴必虎，黄琢玮，马小萌.中国城市周边乡村旅游地空间结构[J].地理科学，2004，24(6)：757-763.

② 徐清.基于点—轴系统理论的宁波乡村旅游空间结构优化[J].经济地理，2009，29(6)：1042-1046.

③ 王润，刘家明，张文玲.地理大数据视野下京津冀乡村旅游空间类型区划研究[J].中国农业资源与区划，2017，38(12)：138-145.

④ 樊念，韩荣培，梁坤.贵州省乡村旅游村寨的空间分异格局及地理特征研究[J].世界地理研究，2021，30(6)：1308-1319.

⑤ 屈婷婷，黄智，黄启厅.广西乡村休闲旅游示范点空间分布特征及其影响因素[J].南方农业学报，2021，52(7)：2032-2042.

⑥ 李云涛，王海英，陶犁，等.京郊乡村旅游地空间分布演化及其影响因素的地理探测[J].中国农业资源与区划，2023，44(1)：214-228.

⑦ 郑群明，钟林生.参与式乡村旅游开发模式探讨[J].旅游学刊，2004，23(4)：33-37.

经济持续发展的模式①。陈志永等人(2008)以贵州省天龙屯堡为例，分析了基于利益相关者理论的“四位一体”乡村旅游发展模式，即“政府+旅游公司+农民旅游协会+旅行社”的乡村旅游发展模式②。张树民等人(2012)构建了基于旅游系统理论的乡村旅游发展模式③；是丽娜(2013)对乡村旅游与新农村建设的互动发展模式进行了探讨④。孙枫等(2017)提出市场拉动型、景区依托型、交通推动型等旅游发展模式⑤。李巧玲(2016)探讨了乡村旅游发展的农家乐旅游模式、回归自然旅游模式和田园农业旅游模式等⑥。侯天琛(2019)认为，应加快政策创新，建设智慧乡村平台，提高乡村旅游的网络技术水平，创新乡村旅游发展模式，促进乡村旅游发展⑦。张洪昌(2019)采用社区能力-制度嵌入理论分析了袁家村、天龙屯堡和郎德苗寨的乡村旅游发展模式，研究发现在乡村旅游发展模式中起关键作用的因素是正式制度嵌入的强度和社区能力的强弱⑧。苏飞等人(2020)研究了乡村振兴视角下的乡村旅游发展模式⑨。龙飞等人(2021)以L-R-D理论[即依托区位(location)，核心旅游资源(resource)，主要动力(dynamic)]为指导，对乡村景区市场主导型、乡村养老市场主导型、乡村古村落政府主导型、城郊休闲度假市场主导型和城区市场主导型五种发展模式的民宿旅游进行了研究⑩。李涛等人(2022)对比分析了乡村旅游社区化和景区化两种不同的乡村旅游发展模式，发现乡村地区的综合环境是社区化和景区化不同的形成基础，在开发乡村旅游时，不同的投资理念形成了不同的发展路径⑪。

④社区居民对发展乡村旅游的态度研究。社区居民对发展乡村旅游具有不同的态度。熊剑平等人(2007)分析了乡村旅游地居民对乡村旅游开发的感知和态度⑫。汪德根

① 李德明，程久苗.乡村旅游与农村经济互动持续发展模式与对策探析[J].人文地理，2005，20(3)：84-87.

② 陈志永，李乐京，梁涛.利益相关者理论视角下的乡村旅游发展模式研究：以贵州天龙屯堡“四位一体”的乡村旅游模式为例[J].经济问题探索，2008，29(7)：106-114.

③ 张树民，钟林生，王灵恩.基于旅游系统理论的中国乡村旅游发展模式探讨[J].地理研究，2012，31(11)：2094-2103.

④ 是丽娜.新农村建设与乡村生态旅游互动发展模式构建[J].生态经济，2013，29(11)：106-109.

⑤ 孙枫，汪德根.全国特色景观旅游名镇村空间分布及发展模式[J].旅游学刊，2017，32(5)：80-93.

⑥ 李巧玲.基于自然景观背景的乡村旅游发展模式、问题及对策探析[J].中国农业资源与区划，2016，37(9)：176-181.

⑦ 侯天琛.微媒体时代背景下我国乡村旅游发展模式创新研究[J].中州学刊，2019，41(12)：42-47.

⑧ 张洪昌.社区能力、制度嵌入与乡村旅游发展模式[J].甘肃社会科学，2019，41(1)：186-192.

⑨ 苏飞，王中华.乡村振兴视域下的中国乡村旅游：发展模式、动力机制与国际经验借鉴[J].世界农业，2020(2)：115-119.

⑩ 龙飞，戴学锋，张书颖.基于L-R-D视角下长三角地区民宿旅游集聚区的发展模式[J].自然资源学报，2021，36(5)：1302-1315.

⑪ 李涛，王磊，王钊，等.乡村旅游：社区化与景区化发展的路径差异及机制：以浙江和山西的两个典型村落为例[J].旅游学刊，2022，37(3)：96-107.

⑫ 熊剑平，刘承良，颜琪.城郊乡村旅游地居民对旅游开发的感知和态度分析：以武汉市东西湖区石榴红村为例[J].中国农村经济，2007，23(7)：23-29.

等人(2011)探讨不同生命周期阶段旅游地居民支持度的影响机制①。贾衍菊等人(2015)以山东省荣成市河口村为例，对乡村旅游发展过程中社区居民的旅游感知和态度动态变化进行了研究，认为虽然多数居民支持旅游业的发展，但利益分配等使得居民的意愿与行为存在较大差距②。褚玉杰等人(2016)分析了旅游社区态度差异和冲突倾向的空间特征③。周玲强等人(2018)以知识转移理论和社会资本理论建立知识转移、检验社会资本和居民旅游支持态度评价模型，对浙江三个乡村进行研究，提出建立旅游互助组和社区社团学习，以提升居民旅游的支持态度④。文彤雍等人(2018)认为，在经济利益驱动下，乡村旅游从业者对发展乡村旅游业持积极的支持态度，获利越多，支持态度越强⑤。代美玲等人(2020)运用扎根理论对乡村旅游开发土地收储意愿态度的特征和作用机制进行了分析，并对“条件-需求-意愿”路径的形成原因作了研究⑥。

⑤乡村旅游发展策略研究。周菲菲(2016)对互联网+时代背景下的乡村旅游发展策略进行了分析⑦。杨锐(2017)分析了供给侧结构性改革背景下山东省休闲农业发展策略⑧。姚蔚蔚等人(2018)在分析我国乡村旅游存在问题的基础上，从投资、配套、服务和促销等方面提出了乡村旅游发展策略⑨。刘安全(2019)探讨了武陵山龙凤示范区的乡村旅游集群发展策略⑩。李周(2020)对乡村振兴视角的乡村旅游发展策略进行分析，认为发展乡村旅游应当注重游客的需求、旅游竞争力的提升以及可行性分析的发展策略⑪。陈白璧等人(2021)以福建省南平市为例，对乡村旅游与精准扶贫进行耦合评价，提出乡村旅游驱动产业发展升级，强调生态环境与乡村旅游融合发展的策略⑫。

⑥乡村旅游可持续发展研究。目前，越来越多的人关注乡村旅游可持续发展问题，

---

① 汪德根，王金莲，陈田，等.乡村居民旅游支持度影响模型及机理：基于不同生命周期阶段的苏州乡村旅游地比较[J].地理学报，2011，66(10)：1413-1426.

② 贾衍菊，王德刚.社区居民旅游影响感知和态度的动态变化[J].旅游学刊，2015，30(5)：65-73.

③ 褚玉杰，赵振斌，张铖，等.旅游社区多群体态度差异和冲突倾向的空间特征：以西安汤峪镇为例[J].地理学报，2016，71(6)：1045-1058.

④ 周玲强，周波.社会资本、知识转移与社区居民旅游支持态度：基于三个乡村社区样本的实证研究[J].浙江大学学报(人文社会科学版)，2018，48(2)：19-32.

⑤ 文彤雍，玉凤，张庆芳.态度、行为、责任：乡村旅游从业者影响感知研究[J].资源开发与市场，2018，34(3)：418-421.

⑥ 代美玲，马晓龙.乡村旅游开发土地收储阶段居民意愿特征与细分机制：基于扎根理论的研究[J].旅游学刊，2020，35(4)：26-35.

⑦ 周菲菲.互联网+时代乡村生态旅游发展策略探析[J].农业经济，2016，36(8)：46-47.

⑧ 杨锐.基于供给侧改革的山东省休闲农业发展策略研究[J].山东农业大学学报(自然科学版)，2017，48(6)：952-956.

⑨ 姚蔚蔚，尹启华.我国乡村旅游存在的问题及发展策略[J].农业经济，2018，38(1)：59-61.

⑩ 刘安全.省际民族聚居地区乡村旅游集群发展的竞合策略：以武陵山龙凤示范区为例[J].中南民族大学学报(人文社会科学版)，2019，39(4)：54-58.

⑪ 李周.乡村振兴战略背景下乡村休闲旅游的发展策略：兼论自然景观资源公益化[J].求索，2020，40(4)：14-21.

⑫ 陈白璧，华伟平.乡村旅游与精准扶贫耦合评价及发展策略：以南平市为例[J].福建师范大学学报(哲学社会科学版)，2021，67(5)：82-89.

周玲强等人(2004)分析了我国乡村旅游可持续发展存在的问题与对策①；陶玉霞(2010)研究了新农村建设背景下乡村旅游可持续发展的内涵建设，认为乡村旅游可持续发展的前提条件是保持乡村的乡村性②。王素洁等人(2011)以山东省潍坊市杨家埠村为例，运用社会网络分析法，探讨了可持续乡村旅游的决策问题③。何格等人(2012)对乡村旅游的可持续发展能力进行了评价④；徐刚(2014)以贵州省安顺市天龙屯堡为例，分析了贵州省乡村旅游可持续发展的问题及破解对策⑤。许黎等人(2017)探讨了乡村旅游发展与生态文明建设的关系⑥。刘焕庆等人(2017)对全域旅游背景下延边州的乡村旅游可持续发展进行了分析⑦。王慧(2018)探讨了乡村旅游地可持续发展的实现路径⑧。武少腾等人(2019)对四川省的乡村旅游可持续发展水平测度进行了研究⑨。朱晓翔等人(2020)分析了空间生产理论三元辩证法的乡村旅游社区可持续发展问题⑩。孙九霞等人(2022)构建了乡村振兴背景下乡村旅游地可持续发展评价体系⑪。

(2)生态环境保护方面

国内学界关于生态环境保护的研究论文最初见于《上海经济研究》，韩汉君于 1992 年 2 月在此刊物上发表了学术论文《生态环境保护与经济发展》，这是国内最早的关于生态环境保护的研究文献。2022 年 12 月 31 日，以中国知网为数据来源，在中国知网高级检索中以“主题=生态环境保护”检索文献，文献来源为 CSSCI、CSCD 和中文核心期刊论文，得到研究文献 9755 篇。根据这些文献的增长情况，从各年度形成的学术成果数量来看，国内生态环境保护研究的发展大致经历了三个发展阶段。

①尝试性探索阶段(1992—1998 年)。该阶段发表的成果有限，每年的成果数量为 20~60 篇。

②快速推进阶段(1999—2017 年)。该时段内研究成果较多，成果数量呈波动式上升趋势，从 1999 年的 103 篇上升到 2017 年的 446 篇。

---

① 周玲强，黄祖辉.我国乡村旅游可持续发展问题与对策研究[J].经济地理，2004，24(4)：572-576.

② 陶玉霞.新农村建设背景下乡村旅游可持续发展的内涵建设[J].河南师范大学学报(哲学社会科学版)，2010，37(4)：85-89.

③ 王素洁，李想.基于社会网络视角的可持续乡村旅游决策探究：以山东省潍坊市杨家埠村为例[J].中国农村经济，2011，27(3)：59-69.

④ 何格，胡艳梅.景区县乡村旅游可持续发展评价：以四川长宁为例[J].中国农业资源与区划，2012，33(6)：85-90.

⑤ 徐刚.贵州乡村旅游可持续发展的困境及破解：以安顺天龙屯堡为例[J].贵州社会科学，2014，35(8)：116-118.

⑥ 许黎，曹诗图，柳德才.乡村旅游开发与生态文明建设融合发展探讨[J].地理与地理信息科学，2017，33(6)：106-111.

⑦ 刘焕庆，吴健.全域旅游背景下的延边州乡村旅游可持续发展研究[J].东疆学刊，2017，34(1)：101-105.

⑧ 王慧.乡村旅游地可持续发展的实现进路[J].重庆社会科学，2018，15(5)：105-111.

⑨ 武少腾，付而康，李西.四川省乡村旅游可持续发展水平测度[J].中国农业资源与区划，2019，40(7)：233-239.

⑩ 朱晓翔，乔家君.乡村旅游社区可持续发展研究：基于空间生产理论三元辩证法视角的分析[J].经济地理，2020，40(8)：153-164.

⑪ 孙九霞，王淑佳.基于乡村振兴战略的乡村旅游地可持续发展评价体系构建[J].地理研究，2022，41(2)：289-306.

③全面系统研究发展阶段（2018—2022 年）。众多学者对生态补偿、生态保护红线和草原生态环境保护等热点问题进行了全面系统的研究，研究成果每年都在 600 篇以上。具体如图 1-2 所示。

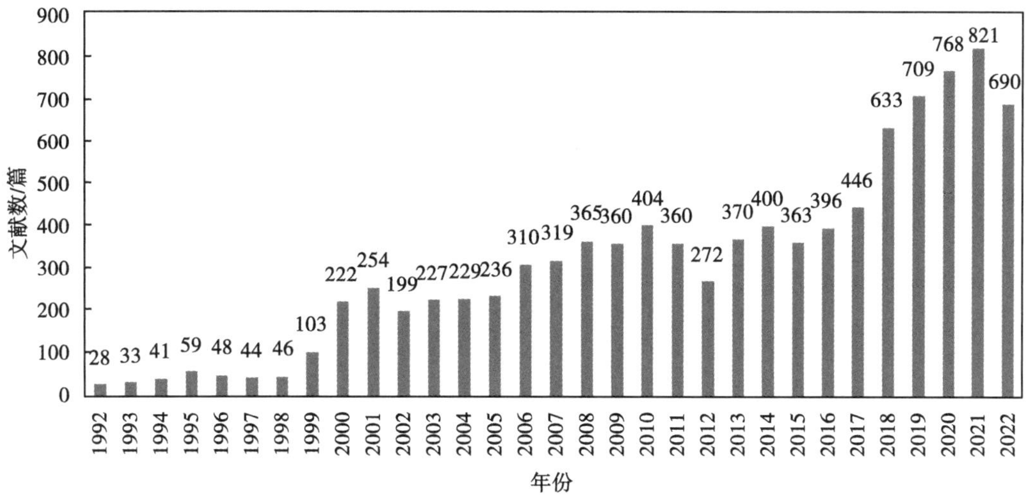

图 1-2　1992—2022 年国内生态环境保护载文数量分布

目前，国内对生态环境保护的研究主要从森林生态环境保护、草原生态环境保护、水域生态环境保护、生态环境保护与产业发展的关系以及生态环境保护法治建设等五个方面展开，具体研究现状如下。

①森林生态环境保护。在陆地生态系统中，居于主体地位的是森林。杨维骏（1993）通过对云南半山区森林生态环境的研究，认为森林的增长与衰退对人们的生产生活与社会经济建设有明显的影响[①]。武来成等人（1999）认为，与人工林相比，天然林具有更好的社会与生态效益，因此对天然林应加强保护[②]。高兆蔚（2000）提出了闽江流域森林资源生态环境保护对策[③]。潘金志等人（2013）从森林生态环境保护哲学视角出发，对森林生态环境保护存在的问题进行研究，并提出相应的措施，以促进森林生态环境保护工作顺利开展[④]。张佩等人（2014）等以顺昌林场为例，分析了森林认证提升生态环境保护的路径[⑤]。蒋培（2015）以嘉绒藏区林业资源为例，分析地方性知识在生态环境保护中的作

① 杨维骏.保护和改善云南以森林为中心的生态环境[J].经济问题探索，1993，14（7）：4-6.

② 武来成，宋法生，刘尚久.江西省天然保护与生态环境建设[J].南方林业科技，1999，27（1）：15-17.

③ 高兆蔚.闽江流域森林资源现状与生态环境保护的对策[J].林业资源管理，2000，29（3）：21-24.

④ 潘金志，黄旺生.关于林业生态环境保护的若干哲学思考[J].林业经济问题，2013，33（2）：183-186.

⑤ 张佩，杨伦，冯枫.森林认证促进生态环境保护的路径：基于顺昌县国有林场的调查[J].林业经济问题，2014，34（3）：243-249.

用[①]。彭光银等人(2016)探讨了原料林基础建设对生态环境的影响与保护措施[②]。洪启颖(2019)以福州市为例，探讨了森林公园旅游经济与生态环境耦合发展问题[③]。张颖等人(2020)对甘肃迭部县居民森林生态支付意愿进行了研究[④]。林红等人(2022)以东北国有林场为例，探讨了社会资本加入森林生态环境修复的策略[⑤]。

②草原生态环境保护。谭仲明(1993)以洛隆县为例，在分析草地资源与生态环境关系的基础上，提出了山地草原生态环境保护的建议[⑥]。南文渊(1997)从高原草地生态环境的脆弱性出发，以青海高原草地为例，论证了高原草地生态环境保护的意义[⑦]。许宪隆(1997)基于北方草原传统文化的视角，对草原族群生态环境保护观念的发展进行了研究，认为北方草原民族是草原生态环境的守护者[⑧]。王得祥等人(2003)在对西北地区林(草)生态环境特征分析的基础上，提出增加林草发展份额、拓展林草发展空间和保证生态用水安全等措施[⑨]。马林(2004)认为，在内蒙古草原开发生态旅游时，应注重草原生态环境保护，强化草原资源建设，并构建调控机制[⑩]。侯向阳等人(2008)探讨了对草原生态进行补偿的意义与建议[⑪]。王晓毅(2009)针对草场承包，草原整体性受到破坏和草原利用冲突加剧等问题，研究了我国草原环境的保护政策[⑫]。包智明等人(2020)探讨了牧区城镇化与草原生态治理的关系[⑬]，于恩逸等人(2021)分析了草原生态环境损害的因果关系，并制定了因果关系判定路径[⑭]。欧阳玲等人(2022)运用遥感技术和地理信息数据，对科尔沁沙地的生态环境进行评价研究，并提出生态修复的措施[⑮]。

③水域生态环境保护。对于水域生态环境保护的研究，最开始的研究是保护渔业，促进渔业发展。卓友瞻(1993)针对我国渔业水环境恶化、渔业资源退步的问题，提出成

① 蒋培.区域生态环境保护中地方性知识的作用及转型：以嘉绒藏区林业资源保护为例[J].云南社会科学，2015，25(2)：102-107.

② 彭光银，秦烜，文威，等.原料林基地建设对生态环境影响与保护措施：以黄冈晨鸣浆纸有限公司林纸一体化项目为例[J].环境科学与技术，2016，39(S1)：414-417.

③ 洪启颖.福州市森林公园旅游经济发展与生态环境耦合协调度分析[J].林业经济，2019，41(1)：76-80.

④ 张颖，李晓格.甘肃省迭部县居民森林生态环境支付意愿影响因素分析[J].环境科学研究，2020，33(10)：2399-2411.

⑤ 林红，贾屹，翟绪军.社会资本参与东北国有林区生态保护修复的策略研究[J].林业经济问题，2022，42(6)：561-568.

⑥ 谭仲明.西藏洛隆县草地资源利用和生态环境保护的研究[J].草业科学，1993，10(2)：34-37.

⑦ 南文渊.论保护青海高原草地生态环境的意义[J].青海民族大学学报，1997，23(4)：69-77.

⑧ 许宪隆.北方草原民族传统文化与生态环境保护[J].中南民族大学学报(哲学社会科学版)，1997，38(2)：60-64.

⑨ 王得祥，杨改河.西北地区林草植被及其生态环境建设策略[J].西北林学院学报，2003，10(1)：15-19.

⑩ 马林.内蒙古草原生态旅游开发战略探讨[J].干旱区资源与环境，2004，15(4)：65-71.

⑪ 侯向阳，杨理，韩颖.实施草原生态补偿的意义、趋势和建议[J].中国草地学报，2008，30(5)：1-6.

⑫ 王晓毅.从承包到“再集中”：中国北方草原环境保护政策分析[J].中国农村观察，2009，30(3)：36-46.

⑬ 包智明，石腾飞.牧区城镇化与草原生态治理[J].中国社会科学，2020，41(3)：146-162.

⑭ 于恩逸，崔宁，吴迪，等.草原生态环境损害因果关系判定路径[J].生态学报，2021，41(3)：943-948.

⑮ 欧阳玲，马会瑶，王宗明，等.基于遥感与地理信息数据的科尔沁沙地生态环境状况动态评价[J].生态学报，2022，42(14)：5906-5921.

立渔业环境监测网，科学管理渔业水域环境[①]。李万寿等人（1995）以湟水流域为例，分析了人类活动对流域生态环境的影响[②]。王传胜等人（1999）认为，制约南水北调中线工程丹江口水库水质的因素主要是经济落后和水生态恶化，提出了产业结构调整和布局、增强当地民众环境保护意识和统一协调规划管理等对策措施[③]。汤奇成等人（2001）针对西北干旱区湖泊干涸、土地沙漠化、冰川退缩、沙尘暴频发等问题，主张保护和合理利用水资源，把水资源分为国民经济用水和生态环境用水两种类型，生态环境用水主要为河谷林、荒漠河岸林、沼泽与低地生态用水，应加以保护[④]。李锦秀等人（2010）根据阿拉善地区沙漠化问题严重和生态环境恶化的实际，提出利用生态用水促进生态系良性发展，支撑当地可持续发展的建议[⑤]。刘静等人（2017）针对入海河口区存在水质类别不同、水质指标不一致、河口范围不明确等问题，提出了合理划分河口单元、开展海域生态分区工作、协调河口区域分异和河海兼顾等策略[⑥]。尚文绣等人（2016）在分析水生态系统动态变化和表现特征的基础上，研究了水量、空间和水质的关系，并提出水生态保护的红线框架[⑦]。卢金友等人（2020）基于汉江经济带存在水生态破坏、水安全不足和水污染较重等问题，提出水安全保障、水生态环境协同和水源地生态补偿等对策[⑧]。刘波等人（2021）以长江经济带为研究对象，探讨了高质量发展背景下“人、水、地”三者之间的耦合关系[⑨]。高月明等人（2021）对水源涵养服务价值进行了时空演变研究[⑩]。

④生态环境保护与产业发展的关系。劳期团（1996）从环保产业的内涵与发展意义出发，论述了环保产业在国民经济与环保事业中的作用[⑪]。蔺栋华（2001）指出，随着第三产业的不断进步，其对生态环境的破坏也逐步加剧，因此，他提出发展环保型产业并加以保护[⑫]。陈绪敖（2016）认为，秦巴山区生态环境保护与产业扶贫存在协调性、一致性和持续性，指出通过区域资源禀赋、地域文化、产业基础和政策等要素互动发展，以实现生态效益和减贫效应等目标[⑬]。高维全等人（2017）运用耦合协调理论对长山群岛旅游产

---

① 卓友瞻.保护渔业水域环境促进渔业生产发展[J].中国水产，1993，36(7)：9-15.

② 李万寿，李晓东.人类活动对湟水流域生态环境的影响[J].干旱区研究，1995，12(2)：18-23.

③ 王传胜，潘良保.南水北调中线工程水源地水环境保护[J].地理学与国土研究，1999(3)：52-55.

④ 汤奇成，张捷斌.西北干旱地区水资源与生态环境保护[J].地理科学进展，2001，20(3)：227-233.

⑤ 李锦秀，肖洪浪，任娟.阿拉善地区水资源与生态环境变化及其对策研究[J].干旱区资源与环境，2010，24(11)：56-61.

⑥ 刘静，刘录三，郑丙辉.入海河口区水环境管理问题与对策[J].环境科学研究，2017，30(5)：645-653.

⑦ 尚文绣，王忠静，赵钟楠，等.水生态红线框架体系和划定方法研究[J].水利学报，2016，47(7)：934-941.

⑧ 卢金友，林莉.汉江生态经济带水生态环境问题及对策[J].环境科学研究，2020，33(5)：1179-1186.

⑨ 刘波，黄勤，杨理珍.高质量发展背景下长江经济带“人-水-地”系统耦合协调效应评价[J].软科学，2021，35(5)：27-34.

⑩ 高月明，吴文俊，蒋洪强，等.基于全球陆地生态系统的水源涵养服务价值时空变化分析[J].环境科学研究，2021，34(11)：2696-2705.

⑪ 劳期团.环保产业的定位及其发展导向[J].环境保护，1996，24(8)：43-45.

⑫ 蔺栋华.生态环境与第三产业[J].生态经济，2001，17(2)：22-26.

⑬ 陈绪敖.秦巴山区生态环境保护与产业精准扶贫互动发展研究[J].甘肃社会科学，2016，38(6)：184-190.

业与生态环境的耦合协调发展水平进行了研究，指出2011年以后，长山群岛生态环境制约了旅游产业的发展①。胡钰等人(2019)认为，在乡村振兴过程中，生态振兴与生态扶贫存在一致性，与“两山理论”相吻合，应在资金入资多级打通、产业多元发展和生态规划引领等方面有机衔接②。金凤君等人(2020)研究了黄河流域产业发展对区域水环境、大气环境和生态功能的胁迫效应，提出了优化产业路径、推进新型工业化和提高产业层次等的提升路径③。鲍丙飞等人(2022)认为，发展生态产业是区域高质量发展的有效途径，对江西省进行研究发现，江西省生态产业在空间上的发展表现为明显的正相关性，生态功能区转移支付对生态产业具有促进作用，并提高周边地区生态产业的水平④。

⑤生态环境保护法治建设。张锡盛(1994)认为，民族地区生态环境的优劣对民族地区的发展有直接的影响作用，应当在民族地区构建生态环境的法律保护⑤。徐中起等人(2009)针对我国西部地区动植物资源富足和生态环境脆弱的问题，分析了该区域生态环境保护的法制建设⑥。李宏伟等人(2015)认为，我国环境金融产品较少，金融机构不主动参与，缺失监管，由此提出从融资体系、市场机制和法律体系等方面建立环境金融制度⑦。周训芳(2015)对生态环境保护司法体制改革作了研究⑧。蓝增寿等人(2015)认为，应建立生态环境责任终身追究制⑨。蒋小翼等人(2017)对中国和缅甸边境地区的生态环境治理法律问题及对策进行了研究⑩。古小东(2018)认为，我国水资源保护存在一些不足，如立法模式有缺陷、立法目标不明确、制度设计不全面和保护机制不完善等，提出了新的流域立法模式、管理目标和多元共治等对策⑪。李静等人(2019)对我国南海海域的渔业环境保护法律问题进行分析，并提出相应的对策，促进南海渔业的健康持续发展⑫。熊炜(2020)认为，洞庭湖生态环境保护立法存在一些不足，如水污染防治法制存在缺陷，水事法规不健全，由此从洞庭湖的管理制度、监测制度、防治制度、生态补偿制度和环境评价制度等方面进行了立法研究⑬。刘志仁等人(2022)基于黄河流域的森林资源、

---

① 高维全，王玉霞.长山群岛旅游产业与生态环境协调发展研究[J].地域研究与开发，2017，36(3)：103-107.

② 胡钰，付饶，金书秦.脱贫攻坚与乡村振兴有机衔接中的生态环境关切[J].改革，2019，32(10)：141-148.

③ 金凤君，马丽，许堞.黄河流域产业发展对生态环境的胁迫诊断与优化路径识别[J].资源科学，2020，42(1)：127-136.

④ 鲍丙飞，曾子洋，肖文海，等.重点生态功能区转移支付对生态产业发展的空间效应：以江西省80个县为例[J].自然资源学报，2022，37(10)：2720-2735.

⑤ 张锡盛.论我国少数民族地区生态环境的法律保护[J].思想战线，1994，20(6)：61-66.

⑥ 徐中起，游志能.我国西部地区生态环境保护法制研究[J].中央民族大学学报(哲学社会科学版)，2009，36(4)：9-17.

⑦ 李宏伟，黄国良.试论我国环境金融制度的构建[J].河南师范大学学报(哲学社会科学版)，2015，42(2)：52-54.

⑧ 周训芳.生态环境保护司法体制改革构想[J].法学杂志，2015，36(5)：25-35.

⑨ 蓝增寿，程伟，夏郁芳，等.林业生态环境损害责任追究制度研究[J].林业经济，2015，37(8)：54-60.

⑩ 蒋小翼，赵俊娴.中缅边境地区生态环境治理的法律问题及其对策[J].学术探索，2017，25(5)：48-53.

⑪ 古小东.基于生态系统的流域立法：我国水资源环境保护困境之制度纾解[J].青海社会科学，2018，39(5)：56-63.

⑫ 李静，杜群.我国南海海域渔业环境保护法律问题与对策[J].中国环境管理，2019，11(1)：117-122.

⑬ 熊炜.洞庭湖流域保护的立法问题研究[J].湘潭大学学报(哲学社会科学版)，2020，44(6)：105-109.

水资源、土地资源和能源资源的实际情况，从生态环境保护的优先理念、能力建设、立法质量和协同治理等提出了立法规定与责任践行①。

(3) 乡村旅游与生态环境保护方面

在乡村旅游与生态环境保护方面，学者们主要探讨了以下问题：周鸿等(2006)以云南石林县彝族阿着底村为例，探讨了乡村旅游地生态文化传统与生态环境建设的互动效应②。李岚(2013)构建了乡村旅游与农村生态环境良性互动机制③。孙江虹(2013)分析了乡村旅游对农村环境影响的正面效用和负面效用④。李涛等人(2016)以中国沿海六大城市群为例，对城市群休闲农业旅游开发环境健康进行了评价研究⑤。邓谋优(2017)对我国乡村旅游生态环境问题与治理对策建议进行了研究⑥。孟秋莉(2017)建立 PSR 模型，探讨了乡村旅游环境保护评价的指标体系⑦。林明水等人(2018)以福建省为例，分析了乡村旅游扶贫重点村的生态脆弱性⑧。唐永芳(2018)分析了湖南省乡村旅游空间布局与生态环境安全问题⑨。廖光萍(2019)以四川阿坝州为例，在乡村旅游基础上探讨了生态环境的可持续发展问题⑩。邹宏玉等人(2020)对乡村旅游与生态环境建设之间的动态关系进行了研究，认为乡村旅游与生态环境应同时发展，在乡村旅游发展时应注重乡村自然生态环境建设⑪。

1.3.3 文献述评

以上内容对乡村旅游与生态环境保护有关文献进行了综述，笔者有以下几点感悟。

①国外有关乡村旅游与生态环境保护的研究比我国早。国外研究主要集中在乡村旅游发展理论方面，在乡村旅游方面主要探讨了乡村旅游供给和需求、乡村旅游影响因素、乡村旅游利益相关者、乡村旅游发展管理和乡村旅游可持续发展等问题；在生态管理方

---

① 刘志仁，王嘉奇.黄河流域政府生态环境保护责任的立法规定与践行研究[J].中国软科学，2022，39(3)：47-57.

② 周鸿，吕汇慧.乡村旅游地生态文化传统与生态环境建设的互动效应：以云南石林县彝族阿着底村为例[J].生态学杂志，2006，25(9)：1114-1118.

③ 李岚.乡村旅游与农村生态环境良性互动机制的构建[J].农业经济，2013，33(4)：51-52.

④ 孙江虹.乡村旅游对农村环境的影响两面性探析[J].农业经济，2013，33(5)：26-28.

⑤ 李涛，蔡碧凡，陶卓民.城市群休闲农业旅游开发环境健康评价研究：以中国沿海六大城市群为例[J].地理研究，2016，35(11)：2125-2138.

⑥ 邓谋优.我国乡村旅游生态环境问题及其治理对策思考[J].农业经济，2017，37(4)：38-40.

⑦ 孟秋莉.基于 PSR 模型的乡村旅游环境保护评价指标体系研究[J].生态经济，2017，33(4)：121-126.

⑧ 林明水，林金煌，程煜，等.省域乡村旅游扶贫重点村生态脆弱性评价：以福建省为例[J].生态学报，2018，38(19)：7093-7101.

⑨ 唐永芳.湖南省乡村旅游空间布局及生态环境安全评价[J].中国农业资源与区划，2018，39(5)：231-236.

⑩ 廖光萍.基于乡村旅游的阿坝州生态环境可持续发展评价[J].中国农业资源与区划，2019，40(9)：199-205.

⑪ 邹宏玉，何方永.生态环境建设与乡村旅游之间的动态关系研究[J].农业经济，2020，40(11)：49-51.

面主要讨论了乡村生态环境保护、城市生态环境保护、农业生态环境保护和经济发展与生态环境保护等问题。我国对此的研究起步晚，在探索乡村旅游与生态环境耦合协调问题时，在研读国外相关成果的基础上，把它们作为经验和启示介绍到国内，根据我国的国情作具体分析并进一步发展。

②对于乡村旅游与生态环境保护的研究，涉及旅游学、地理学、经济学和生态学等多个学科交叉领域，多位学者从不同角度对旅游经济或旅游业与生态环境的耦合协调关系进行了探讨，分析了旅游发展对生态环境的危害并提出了对策与措施，结论莫衷一是。从研究内容来看，多数研究是根据指标数据进行测度研究，仅是就结果论结果，对乡村旅游与生态环境非协调性测度及形成原因分析不够全面。

③从研究尺度上看，多数研究是从全国、区域的角度来研究旅游与生态环境的耦合协调性，研究层级还需要进一步丰富。基于此，本书在前人研究的基础上，根据当前的实际情况，分别从市域和县域两个层级研究乡村旅游与生态环境的非协调性耦合，旨在进一步丰富和拓展乡村旅游与生态环境保护的相关理论。

1.4 研究内容、方法和思路

1.4.1 研究内容

本书除了参考文献以外，共分为十章，每章的具体内容如下：

第 1 章为绪论。该章属于本书的统领性解说，主要阐述本书的研究背景与问题的提出、研究意义和研究价值，述评国内外各类文献及研究动态，阐述研究方法、思路和技术路线，提炼创新点和存在的不足。

第 2 章为乡村旅游与生态环境保护的研究基础。其一是对乡村、旅游、乡村旅游、生态、环境、生态环境、协调、非协调、耦合、协调性耦合、非协调性耦合等相关概念进行重新界定；其二是阐述了系统论、人地关系理论、旅游地理学理论、旅游产品生命周期理论、可持续发展理论、环境行为理论和耦合协调理论，探讨了各种理论产生的背景、定义、内涵以及对乡村旅游与生态环境保护研究的启示。

第 3 章为研究区概况。主要介绍研究区的自然条件、社会经济发展概况、生态环境概况、旅游业发展概况等。

第 4 章为乡村旅游与生态环境保护的价值取向。分析了乡村旅游与生态环境保护的提出、维护公正与追求效率、保存乡村记忆与体现时代精神、以乡村旅游需求为导向与以产品形象为基础和发展乡村旅游经济与维护乡村生态环境。

第 5 章为乡村旅游与生态环境保护耦合协调发展机制分析。阐述了乡村旅游与生态环境耦合的 PSR 框架模型、乡村旅游与生态环境保护的协调发展内涵、乡村旅游与生态环境保护的互动机制、乡村旅游与生态环境保护的相互促进、乡村旅游与生态环境保护的相互胁迫约束、乡村旅游与生态环境保护的耦合机理。

第 6 章为乡村旅游与生态环境非协调性耦合的识别体系和判定模型。构建了乡村旅游与生态环境保护非协调性耦合的识别体系和判定模型，并确定了各个评价指标赋权的主客观方法。

第 7 章为市域尺度下乡村旅游与生态环境保护非协调性耦合测度。测度和分析了六盘水市乡村旅游系统和生态环境系统评价指标的贡献程度、综合发展水平、演变过程和非协调性耦合度等。

第 8 章为县域尺度下乡村旅游与生态环境保护非协调性耦合测度。测度和分析了六盘水市的六枝特区、水城县、盘州市和钟山区四个区县乡村旅游系统和生态环境系统评价指标的贡献程度、综合发展水平、发展演变过程、非协调性耦合度和空间发展变化规律等。

第 9 章为乡村旅游与生态环境保护非良性互动形成机理。从国际、国内、地方政府行为以及自然环境的制约等方面，分析了乡村旅游与生态环境保护非良性互动形成机理。

第 10 章为六盘水市乡村旅游与生态环境保护良性互动对策与建议。根据乡村旅游与生态环境保护非协调性测度结果及其非良性互动形成原因，提出六盘水市乡村旅游与生态环境保护良性互动对策与建议。

1.4.2 研究方法

本书拟采用理论与实证相结合、重点与综合相结合的研究方法。在理论研究方面，主要进行文献收集整理与逻辑分析、演绎、归纳和综合；在实证研究方面，主要选取典型案例地进行乡村旅游与生态环境保护非协调性耦合识别及其良性互动机制研究；在综合研究方面，主要考虑乡村旅游和生态环境的系统性；在重点研究方面，主要考虑在项目研究过程中，运用矛盾对立统一规律，从事物发展的主要矛盾或者矛盾的主要方面进行分析。本书包括以下几种研究方法。

(1) 文献收集与逻辑分析相结合的方法

在文献收集方面，主要以国内外相关文献和会议文献为主，在此基础上，对乡村旅游与生态环境保护的耦合协调发展机制和发展价值取向进行界定。利用逻辑分析方法，认知协调性与非协调性的科学内涵及各自属性，并据此建立协调性耦合与非协调耦合的识别体系，探索乡村旅游与生态环境保护非协调性的理论基础，从而实现理论上的升华。

(2)系统分析与学科交叉相结合的方法

乡村旅游与生态环境是一个复杂、开放和动态的系统，既有乡村旅游的行为空间，又有生态环境的物质空间。乡村旅游与生态环境时常相互交叉、耦合和渗透，很难清晰地辨别每一组事物，因此需要运用系统科学分析的方法，对乡村旅游与生态环境保护及其协调与非协调进行系统研究。同时，乡村旅游与生态环境保护属于社会科学和自然科学研究领域交叉明显学科，其研究内容与旅游学、生态学、环境学、社会学、经济学、地理学和系统科学等学科均有联系，因此，在本书研究过程中，会时常运用多学科交叉研究的方法。

(3)统计分析与数理建模相结合的方法

统计建模主要利用和改进现有统计模型，用于乡村旅游与生态环境综合发展水平的测度；数理建模是本书的主要研究方法，运用均方差决策法、变异系数法、熵值法和层次分析法等，确定乡村旅游与生态环境各个评价指标的权重值，然后运用拉格朗日函数计算出各评价指标的组合权重值，再依据物理学中耦合与耦合协调性的原理，构建非协调性耦合模型，分析乡村旅游与生态环境保护的耦合发展态势。

(4)田野调查与实地访谈相结合的方法

制定调研计划，对乡村旅游地区进行观摩与调研，对当地的发展和改革委员会、管理委员会、企业的主要负责人和当地居民进行面谈与问卷调查，获取第一手资料，分析案例地乡村旅游与生态环境保护非良性互动的具体表现及其危害，并根据调查与访谈内容，探寻乡村旅游与生态环境保护非良性互动形成的机理，寻求实现乡村旅游与生态环境保护良性发展的对策与建议。

1.4.3 研究思路

在国内外现有研究的基础上，以新发展理念、系统论、人地关系理论、旅游地理学理论、旅游产品生命周期理论、可持续发展理论、环境行为理论和耦合协调性发展理论为理论基础，按照乡村旅游系统与生态环境系统“耦合协调机理分析—要素综合评价—非协调性耦合测试—时空演化分析—良性互动对策建议”的主线，采用综合评价方法、数理统计方法和非协调性耦合模型等，在市域尺度和县域尺度上，分析乡村旅游与生态环境保护非协调性耦合的时空演化规律。具体思路有以下几点。

(1)建立六盘水市乡村旅游与生态环境的评价指标体系

采用德尔斐法建立乡村旅游与生态环境的评价指标体系，先运用主观赋权法(层次分析法)和客观赋权法(熵权法、变异系数法和均方差决策法)分别求得各个评价指标的权重值，再利用拉格朗日函数法计算出各个评价指标的组合权重值。

(2)对乡村旅游与生态环境综合发展水平进行评价

运用综合评价模型，测度六盘水市乡村旅游与生态环境综合发展水平和发展演变规律等，为后面的深入研究做基础工作。

(3)探究乡村旅游与生态环境保护非协调性耦合的时间演化规律

以六盘水市的六枝特区、水城县、盘州市和钟山区四个区县为例，对其乡村旅游与生态环境非协调性耦合指数及类型进行测度，分析其时空演化规律。

(4)探寻乡村旅游与生态环境保护的非良性互动形成机理及良性互动对策建议

从国际、国内、地方政府行为以及自然环境的制约因素等方面分析了乡村旅游与生态环境保护非良性互动形成机理，并提出六盘水市乡村旅游系统与生态环境保护良性互动对策与建议。

根据以上研究思路，形成下面的研究技术路线，具体如图 1-3 所示。

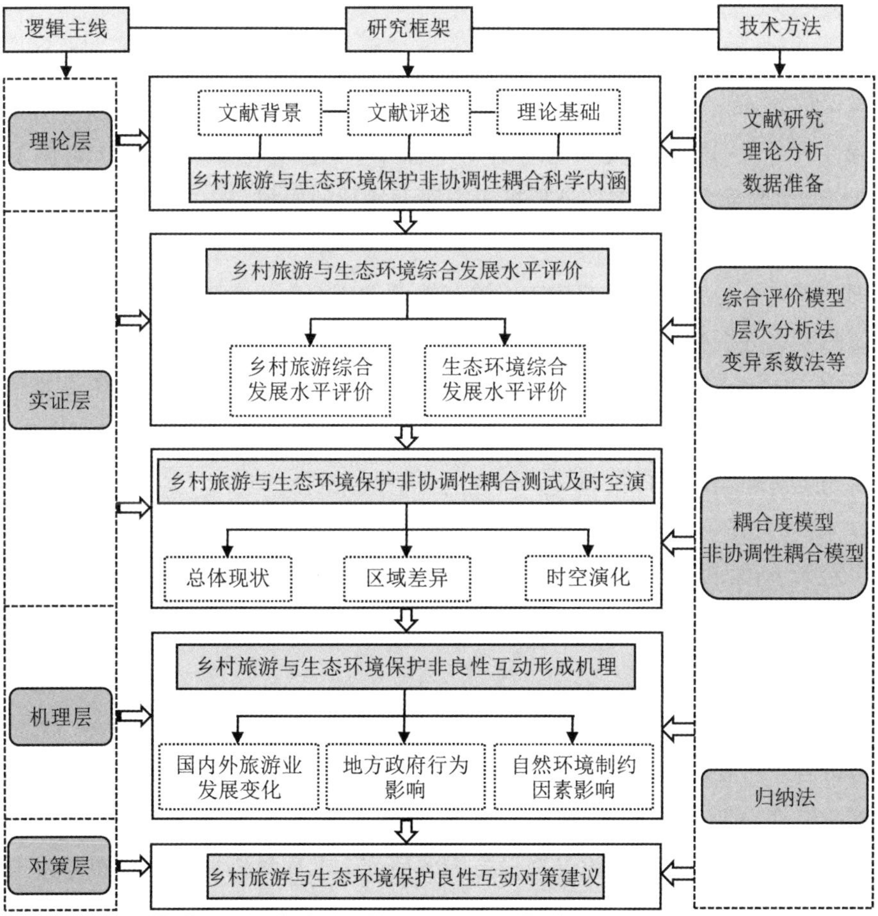

图 1-3 研究技术路线

1.5 创新与不足

1.5.1 主要创新点

(1)学术思想的创新

尝试性地从逆向思维角度出发，研究六盘水市乡村旅游与生态环境保护非协调性耦合的发展态势和影响因素，进而判断六盘水市乡村旅游与生态环境保护的真实发展状况，识别乡村旅游与生态环境保护非协调性耦合非良性互动形成机理，并提出乡村旅游与生态环境保护良性互动对策与建议。

(2)学术观点的创新

鉴于以往的研究成果多从可持续发展角度认知乡村旅游的问题，而对乡村旅游地区生态环境保护的关注不够，本书从乡村旅游和生态环境保护两个方面开展研究工作，运用非协调性耦合识别模型研究乡村旅游与生态环境保护中影响两个系统协调发展的问题，突破以往乡村旅游与生态环境保护没有协调发展的局限。

(3)研究方法的创新

本书在探讨乡村旅游与生态环境保护非协调性耦合时，突破以往对乡村旅游的研究采用传统的要素分析和理论模型计量分析的范式，为进一步深入研究乡村旅游与生态环境保护非协调性耦合。本书采用人文地理学科中实地调研的方法，结合建立非协调性耦合模型，借助测度结果，将乡村旅游与生态环境保护理论与实证分析更好地结合，实现乡村旅游与生态环境保护理论与实践研究的升华与拓展。

1.5.2 存在的不足

(1)基础理论研究有待深入

在研究过程中，因著者的学术研究水平有限，受到学术研究能力制约，在对六盘水市及其各区县乡村旅游与生态环境保护非协调性耦合进行分析时，没有把基础理论与实证研究充分结合，理论探讨深度不够。由此，在以后的研究和工作中，将继续对乡村旅游与生态环境保护方面进行理论与实证方面的研究，丰富和拓展乡村旅游与生态环境保护耦合协调方面的理论。

(2)实证结果解释不够充分

在对六盘水市及其各区县乡村旅游与生态环境保护非协调性耦合进行研究时，建立了评价指标体系和相关数理统计模型，依据测试结果，分析乡村旅游与生态环境保护非协调性耦合及其类型。由于著者知识积累和学术研究水平的不足，未对乡村旅游与生态环境保护非协调耦合的各因素逐一进行全面分析。在未来的研究过程中，应加强实证结果与基础理论的结合，充分研究乡村旅游与生态环境保护的非协调性耦合。

第 2 章　乡村旅游与生态环境保护的研究基础

2.1　相关概念的界定

2.1.1　乡村、旅游和乡村旅游

(1)乡村

乡村一词在《现代汉语词典》(第 7 版)中的解释为：乡村是主要从事农业，人口分布较城镇分散的地方。乡村(rural 或 country)是区别于城市的聚落，其居民以农业经济活动为主。美国学者罗德菲尔德认为，乡村是人口稀少、比较隔绝、以农业生产为主要经济基础，人们生活基本相似，而与社会其他部分尤其是城市有所不同的地方。真正的乡村出现在新石器时代，随着生产力的发展，农业和畜牧业开始分离，以农业为主要生计的氏族定居下来，形成了最初的乡村。陕西半坡遗址(见图 2-1)和浙江河姆渡遗址(见图 2-2)是我国发掘最早的村落遗址，属于新石器时代前期。

图 2-1　陕西半坡遗址

(图片来源：百度)

事实上，乡村的概念是不断发展变化的。从本质来看，无论是乡村还是城市，都是人们居住的聚落，由此，乡村是对于城市而言的。早在 19 世纪，就有学者对乡村的独特

性进行了研究，滕尼斯(1999)研究了人们居住的社会(gemeinschaft)和共同体(gemeinschaft)两种类型。共同体是指建立在自然感情相一致的基础上的具有共同归属感的社会团体。而社会则建立在外在利益的基础上，其特征是具有异质性和理性化①。Durkheim(2013)认为，在乡村，人们是因为同质性而非正式地联系起来，是一种机械团结。在城市，人们有明确的劳动分工，是一种有机团结。在这两种聚落中，有机团结优于机械团结②。

图 2-2 浙江河姆渡遗址

(图片来源：百度)

在我国，新中国成立之初，农业是主要的经济部门，那时候称为“农村”。20 世纪 70 年代改革开放后，农村非农化速度加快，其单一提供农产品的职能向多元化发展，由此，“农村”被含义更丰富的“乡村”取代。

近年来，有学者梳理了西方地理学关于乡村概念的研究③，如申明锐等人(2015)梳理了西方社会对乡村认识的演进脉络，即乡村发展的生产主义、后生产评论和多功能三个阶段，并提出我国乡村的三重价值，即农业价值、乡村腹地价值和乡村家园价值④。为挖掘乡村的地方性，周尚意(2017)提出了“四层一体”理论(自然-生计-制度-意识形态)，研究了北京市房山区水峪村的地方独特性⑤。李红波等人(2018)分析了国内外乡村空间的发展情况，建立了乡村空间的系统，即物质空间、社会空间和文化空间⑥。

后来，乡村振兴促进法界定了乡村的概念，提出乡村是指城市建成区以外具有自然、社会、经济特征和生产、生活、生态等功能的地域综合体。这一概念包含以下几方面内容。

---

① 滕尼斯.共同体与社会[M].林荣远，译.北京：商务印书馆，1999：32.

② DURKHEIM E.The division of labour in society[M].London：Macmillan Education，2013：47.

③ 胡晓亮，李红波，张小林，等.乡村概念再认知[J].地理学报，2020，75(2)：398-409.

④ 申明锐，沈建法，张京祥，等.比较视野下中国乡村认知的再辨析：当代价值与乡村复兴[J].人文地理，2015，30(6)：53-59.

⑤ 周尚意.四层一体：发掘传统乡村地方性的方法[J].旅游学刊，2017，32(1)：6-7.

⑥ 李红波，胡晓亮，张小林，等.乡村空间辨析[J].地理科学进展，2018，37(5)：591-600.

①乡村是与城市相对应的区位概念。乡村包括乡镇、村庄、城市郊区以及其他城市建成区以外的区域。在这一区域，有明显的自然、社会和经济特征，也具有某些共同的制度特点，如土地主要归集体所有，产业主要是种植业和养殖业，基础设施和公共服务相对滞后，需要从法律和政策上给予特别扶持。

②乡村具有生产、生活、生态和文化等多重功能。第一，从生产功能看，乡村既包括传统的种植业和养殖业，也包括特色农业、休闲农业、乡村旅游和康养等新兴产业。乡村的生产功能在粮食安全保障和为消费者提供丰富的食品原料和工业原料、提供就业机会、保障农业从业者收入等方面具有不可替代的作用，因此需要相应的制度保障，促进乡村产业的发展。第二，从生活功能看，有很多人口生活在乡村。虽然目前已有不少农民在城市工作和生活，但在乡村居住的人口也有一半左右，因此需要保障这些人口的居住、交通、环境、教育和医疗等基础生活条件和基本公共服务。第三，从生态功能看，以农业为主的乡村产业是人与自然相互交融的产业，作物、林木和草原也具有重要的水土保持、空气净化和生态涵养作用，农业在利用自然资源的同时保护资源和改善生态环境。第四，从文化功能看，乡村是农耕文明传承的重要载体，具有丰富多彩的乡风、家风、民风特征，传统生活方式和村民之间的社会交往方式等是中华文明的重要组成部分。

综合以上分析可以看出，因为乡村概念的复杂性与复合性，所以学者们从不同角度对乡村的概念进行了界定，受研究内容和研究视角等因素的限制，乡村概念的界定不完全一致，但基本上赞同乡村是区别于城市的一种聚落，随着生产力的发展和社会进步，其概念、内涵和范围等都不断发展变化。

（2）旅游

"旅游"一词，仅从语义的渊源来说，中文的"旅"和"游"，远早于英文的"tourism"和"tour"。在甲骨文中早就有了"旅"字，其形状就像两个人站在同一屋檐下。"游"字出现晚一些，但在《诗经》和《周礼》中也出现过①。在春秋时代，就有了"旅行"的说法，在回答曾子提出的问题时，孔子（前 551—前 479）就用到了"旅行"一词。"孔子曰：'三年之丧，练，不群立，不旅行'"②。后来，孟子（约前 372—前 289）在见梁惠王时，用到了"行旅"的说法。孟子曰："'今王发政施仁，使天下……行旅皆欲出于王之涂（途）'"③。"旅游"一词的使用，可以追溯到南朝时期，沈约在诗词《悲哉行》中写道："旅游媚年春，年春媚游人"。一般认为，这是"旅游"一词最早的出现④。

不同学者从不同研究角度对旅游有不同的定义，众说纷纭，没有一致的意见。张凌云对从美国旅行资料中心（U.S.Travel Data Center）收集的 20 世纪 70 年代的 80 种研究报告进行统计，其中对旅游的定义就有 43 种之多，以至于其感叹"有多少个人研究旅游现

---

① 廖平.中文"旅游"的语义渊源与流变[J].旅游学刊，2020，35(8)：144-150.
② 郑玄.礼记注疏[M]//孔颖达十三经注疏.北京：中华书局影印世界书局缩印清阮元校刻本，1980.
③ 赵岐.孟子正义[M]//孙奭十三经注疏.北京：中华书局影印世界书局缩印清阮元校刻本，1980.
④ 沈约.沈隐侯集[M]//涵芬楼藏.明刻本卷二：8.

象，就会有多少个定义”①。目前，旅游的定义，学界广泛应用的是世界旅游组织的定义和艾斯特定义。艾斯特定义最初由瑞士学者亨齐克（Hunziker）和克拉普夫（Krapf）在1942 年提出，1981 年该定义被旅游科学专家国际联合会（简称艾斯特，AIEST）接受并广泛使用。世界旅游组织的定义应用也很广泛，但其用于统计，因此技术性成分较高。张凌云、谢彦君、Burkart 和 Medlik 则在不同的时间和不同的文献中探讨了旅游的本质问题。王玉海把旅游分为狭义的旅游和广义的旅游，认为狭义的旅游是“旅”和“游”的交集，即旅且游，旅游同时具备旅行和游憩两个条件。广义的旅游是“旅”和“游”的并集，即旅或游，内容包含旅游和游憩两个方面，有一个方面存在即为旅游②。具体情况如图 2-3 和图 2-4 所示。

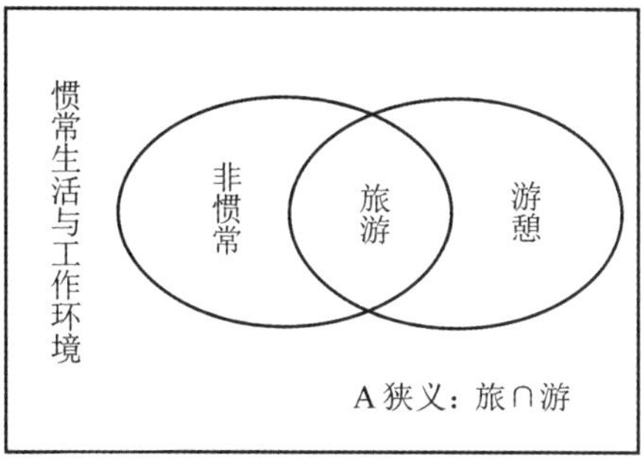

图 2-3　旅游狭义定义示意图

（图片来源：王玉海，2010）

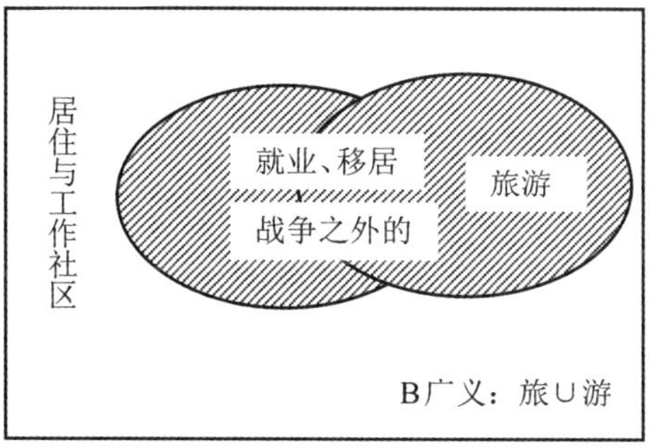

图 2-4　旅游广义定义示意图

（图片来源：王玉海，2010）

旅游的定义虽然有多种不同的说法，但就其本质而言，主要有以下三点内容。

①离开惯常地一定的距离和时间。

②动机和目的明确，一般有观光、度假、娱乐、商务、体育、疗养、保健、会议、学

---

① 申葆嘉.国外旅游研究进展（连载之一）［J］.旅游学刊，1996，11（1）：62-67.

② 王玉海.“旅游”概念新探：兼与谢彦君、张凌云两位教授商榷研究［J］.旅游学刊，2010，25（12）：12-17.

习、宗教和探亲访友等。

③属于社会现象的一种，能促进地方社会和经济的发展与进步。旅游主观上是体验、经历、愉悦和满足，客观上是人流，包含能流、物流和信息流等。

(3)乡村旅游

乡村旅游起源于欧洲，最早可以追溯到19世纪50年代。欧洲城市化和工业化快速发展，市场经济竞争激烈，人们工作和生活压力剧增，使得城市居民开始羡慕乡间的田园生活与安静的乡村环境，乡村旅游开始发展起来①。对这方面的研究，国外出现得最多的是农业旅游(agritourism/agrotouism)和农场旅游(farm tourism)。除此之外，在乡村旅游的近义词中，英文使用频率高的还有Village touism和Rural touism。农场旅游是乡村旅游最古老的形式，也是乡村旅游的重要组成部分。对于农场旅游和乡村旅游概念的研究，国外探讨比较模糊，如Nilsson(2002)认为农场旅游是乡村旅游的子集，农场旅游需要农场和农民的支撑，乡村旅游则以乡村环境作为基础②。对于农业旅游，Mcgehee等人(2004)认为，农业旅游是指在非城市地区进行的旅游活动，其特点是小型家庭或合作经营，提供住宿和购物等服务③。

然而，对于乡村旅游的概念，西方学者的认识不尽相同。经济合作与发展组织(OECD)和欧洲联盟(EU)(1994)对乡村旅游的定义较为简单明确，即发生在乡村的旅游活动，认为乡村性(rurality)是乡村旅游的独特卖点④。他们认为乡村旅游是在乡村开展，且具有乡村的独特面貌，经营规模小，空间较开阔的旅游类型。由此，Bramwell等人把乡村旅游界定为：在区域上位于乡村；在旅游活动上具有乡村的特点，如经营企业规模小、空间开阔和紧密联系自然等；在规模上也是乡村的，建筑群和居民点规模较小；在文化上具有传统性，受外界影响小，变化缓慢，旅游活动与当地居民联系，受当地管理和控制⑤。Inskeep(1991)认为，偏远乡村的民俗文化和传统文化旅游就是乡村旅游⑥。而Patmore(1983)认为，乡村是介于城市和荒野的连续体，其本身不能作为旅游资源，但是，生活在这个连续体中的人们的文化变得富有魅力而成为旅游资源⑦。

---

① 周玲强，黄祖辉.我国乡村旅游可持续发展问题与对策研究[J].经济地理，2004，24(4)：572-576.

② NILSSON P Å.Staying on farms：an ideological background[J].Annals of tourism research，2002，29(1)：7-24.

③ MCGEHEE N G，KYUNGM K.Motivation for agri-tourism entrepreneurship[J].Journal of travel research，2004，43(2)：161-170.

④ ARIE R，ENGART O L，MILMAN A.Rural tourism in Israel：service quality and orientation[J].Tourism management，2000(21)：451-459.

⑤ BRAMWELL B，LANE B.Rural tourism and sustainable rural development[M].UK：Channel View Publications，1994：71.

⑥ INSKEEP E.Tourism planning：an integrated and sustainable development approach[M].US：Van Nostrand Reinhold，1991：121.

⑦ 何景明.国外乡村旅游研究述评[J].旅游学刊，2003，18(1)：76-80.

国内学术界对于乡村旅游的概念目前也没有形成一致的看法，不同的学者从不同的研究角度对乡村旅游进行了探讨。如杜江等人（1999）从旅游供需方面来定义，认为乡村旅游的概念应包括以下内容。其一，乡村的风光和生产生活等活动是满足游客娱乐和回归自然等的需求。其二，乡村旅游的客源市场是城市，尤其是大都市。其三，乡村旅游目的地是与城市具有一定距离的农村。其四，乡村旅游具有旅游产品的共性，也有相对独立的个性①。王兵（1999）从学习考察和观光休闲等方面进行定义，认为乡村旅游是以乡村传统民族习俗、农业文化景观和从事农业生产活动等为旅游资源进行的各种旅游活动②。贺小荣（2001）从自然文化遗产类、建设成就类、娱乐类、意象类和商业类等方面对乡村旅游进行了分析，并由此指出，乡村旅游是指发生在乡村的旅游资源满足游客休闲、观光、学习和度假等旅游消费行为及其现象的总和③。郭焕成等人（2010）则认为，乡村旅游的活动场所在乡村地区，运用乡村的田园景观、传统农耕文化以及民俗文化等旅游资源，为城市游客提供休闲、娱乐、观光和度假等的旅游活动④。薛芮等人（2022）认为，乡村旅游是指依托乡村性的各种旅游资源吸引游客，在乡村地区发生的旅游活动。这种旅游活动与乡村空间联系紧密，与农业产业融合度高⑤。

综合以上分析，国内外学者对乡村旅游概念的理解虽然各有不同，但在本质上都认同乡村旅游的核心问题是乡村性，这是乡村旅游区别于城市旅游最重要的标志。乡村、旅游和乡村旅游三者内涵具有交叉之处，乡村旅游属于旅游的一种特殊形式，乡村的乡村性是乡村旅游的核心内容。不是所有的旅游都属于乡村旅游，也不是所有的乡村都有旅游活动，乡村旅游属于发生在乡村的旅游活动，三者的关系如图 2-5 所示。

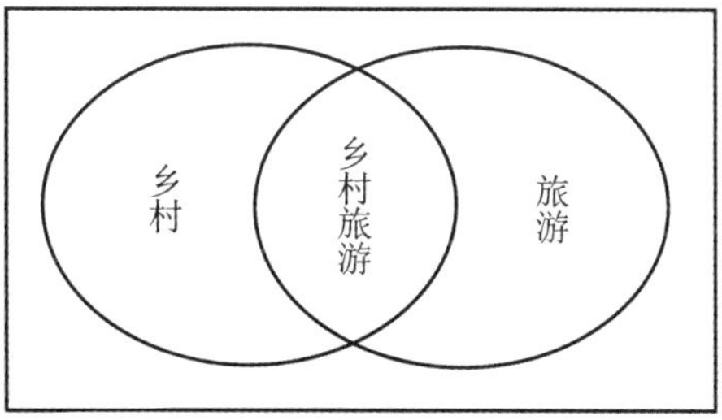

图 2-5　乡村、旅游和乡村旅游关系示意图

① 杜江，向萍.关于乡村旅游可持续发展的思考[J].旅游学刊，1999，14(1)：15-18.

② 王兵.从中外乡村旅游的现状对比看我国乡村旅游的未来[J].旅游学刊，1999，14(2)：38-42.

③ 贺小荣.我国乡村旅游的起源、现状及其发展趋势探讨[J].北京第二外国语学院学报，2001，23(1)：90-94.

④ 郭焕成，韩非.中国乡村旅游发展综述[J].地理科学进展，2010，29(12)：1597-1605.

⑤ 薛芮，阎景娟.景观管理嵌入乡村旅游人地关系研究的应用框架建构[J].地理科学进展，2022，41(3)：510-520.

2.1.2 生态、环境和生态环境

（1）生态

“生态”一词的来源可以追溯到古希腊，意为“住所”（house）或者“环境”（environment），即生物生存的状态，指生物之间和生物与环境之间的相互关系。1865年，海克尔在研究生态学科理论演化时提出“生态”的概念，把动物与环境的一切关系称为生态。现在普遍认为生物的生活状态即生态。《现代汉语词典》（第7版）中对生态的定义为“指生物在一定的自然环境下生存和发展的状态”。目前，生态是指维护生物多样性、维持生态系统平衡、保护生态环境及与人类可持续发展关系等①。

（2）环境

18世纪，生物进化论学家拉马克和布丰提出“周围环境”概念，后来，哲学家孔德直接写为“环境”。19世纪，斯宾塞等在社会学中引入“环境”的概念，由此，“环境”成为学者们高度关注的概念。当前，关于环境的概念较多，这里以《中华人民共和国环境保护法》中关于环境的概念为标准：环境“是指影响人类生存和发展的各种天然和经过人工改造的自然因素的总体，包括大气、水、海洋、土地、矿藏、森林、草原、野生生物、自然遗迹、人工遗迹、自然保护区、风景名胜区、城市和乡村等”②。

（3）生态环境

“生态环境”一词目前在我国使用频率很高，其最早使用可以追溯到20世纪50年代。1953年，我国翻译出版苏联生物学家谢尼阔夫的专著《植物生态学》时，就有了“生态环境”（俄文为“экото”）一词③。1956年，《俄英中植物地理学、植物生态学地植物学名词》一书出版，也有俄英中对照名词“生态环境”④。1982年，我国制定宪法时，在讨论宪法草案关于“保护生态平衡”的提法时，地理学家黄秉维先生认为“保护生态平衡”这一说法不够确切，建议修改为“保护生态环境”，强调只保护生态（平衡）还不够，不但要保护生态，还要保护环境。这一建议被宪法和政府工作报告采纳，由此，法定名词“生态环境”被确立。然而，一直以来，学界对“生态环境”一词的讨论从未间断，讨论内容包括：对“生态环境”一词的支持与质疑、生态环境内涵的合理性、生态环境词组的科学性、生态学和环境学等学科方面的生态、环境与生态环境的关系等。在我国的法律文件中，在不同的语境下，生态环境的概念也不尽相同，其内涵和外延也不统一，有狭义和广义之分。

---

① 熊韵波.生态概念的意识形态性内涵及其演变[J].南通大学学报（社会科学版），2014，30（4）：12-17.

② 吴先伍.从“自然”到“环境”：人与自然关系的反思[J].自然辩证法研究，2006，22（9）：5-7.

③ 谢尼阔夫.植物生态学[M].上海：新农出版社，1953：26.

④ 中国科学院编译出版委员会名词室.俄英中植物地理学、植物生态学地植物学名词[M].北京：科学出版社，1956：72.

尽管生态环境在不同的语境中具有不同的含义，但还是有学者对其作了相对明确的定义，如王孟本(2003)认为，生态环境是指对生物生长、发育、生殖、行为和分布有影响的环境因子的综合。这是从以生物为主体的角度来考虑问题，如果从以人类为主体的角度来考虑问题，生态环境的定义则为“影响人类的生存和发展的自然因子的综合①。”王先礼(2005)认为，影响人类生存和发展的自然环境和自然资源的总称就是生态环境，一般指水环境、生物环境、土地环境和大气环境等②。王如松(2005)认为，生态环境是包括人在内的生命有机体的环境，是生命有机体赖以生存、发展、繁衍、进化的各种生态因子和生态关系的总和③。结合本书研究，笔者认为，在乡村地区，乡村的生态环境是指乡村的生物群落及非生物自然因素构成的各种生态系统所形成的整体，包括乡村的自然因素和人文因素，这些因素间接地、潜在地和长远地影响着人类的生存和发展。如果不对乡村生态环境加以保护，乡村生态环境破坏，会使得乡村人民的生活环境恶化，影响乡村的持续发展。

2.1.3 协调与非协调

(1)协调

《现代汉语词典》(第 7 版)对“协调”一词的解释为“配合得适当”，意即某个组织内部和外部的各种关系得到正确的处理，为该组织运转通畅创造良好的环境和条件，并实现该组织的最终目标。此后发展为系统和行为主体等的共同发展，其行为主体间没有外部性的现象(意即以损害其他事物的利益来获得自己的发展)④。对于乡村旅游与生态环境的关系来说，就是在发展乡村旅游的同时，要保护生态环境，乡村旅游的总量应当控制在科学合理的范围内，既很好地发展乡村旅游，又没有对生态环境造成破坏，不存在乡村生态环境恶化的现象。

(2)非协调

非协调是与协调相对应的概念，非协调是不得当配合，不一致和谐，表现为事物、系统和行为主体等的非共同发展，事物之间具有明显的外部性现象，某一事物的进步是以损害其他事物的利益而获得，从而使得系统的整体利益和可持续发展受到阻碍。这是从逆向思维出发，基于问题诊断视角对事物合理性成效的反馈、判别和揭示。可以看出，非协调是协调的反向关联⑤。因此，能够从非协调视角分析乡村旅游与生态环境保护科

---

① 王孟本.“生态环境”概念的起源与内涵[J].生态学报，2003，23(9)：1910-1914.

② 王礼先.关于“生态环境建设”的内涵[J].科技术语研究，2005，21(2)：33.

③ 王如松.生态环境内涵的回顾与思考[J].科技术语研究，2005，21(2)：28-31.

④ 孙平军.中国城市建设用地空间扩展的非协调性识别与调控[D].长春：东北师范大学，2014：44.

⑤ 孙平军，修春亮，吕飞.城市空间扩展非协调性识别的基础理论与实证分析[J].地球科学进展，2015，30(2)：247-258.

学性的研究思路与判别体系，即乡村旅游发展的非协调情况。这是乡村旅游可持续发展研究的热点问题，即乡村旅游过度发展、实行约束政策、旅游与生态环境不匹配等的反馈和响应，在逆向思维和问题诊断基础上，建立起从非协调病理诊断向协调发展的路径。这对于保护生态环境、实现乡村旅游健康持续发展具有理论和现实的研究意义。

2.1.4 耦合、协调性耦合与非协调性耦合

(1)耦合

耦合(coupling)这一概念来源于物理学，它是指在两个或者两个以上的系统之间，通过相互作用和影响而联合起来，或者通过其内存机制相互作用形成一体化现象。其理论基础为系统论、协同论和系统动力学理论，以此分析事物体系之间的作用、反馈、信息、响应、协调及形成机制等，目前已成熟应用于生态、环境和地理等研究领域。乡村旅游与生态环境两个系统内容广泛，结构复杂，具有很强的交互耦合关系①。

(2)协调性耦合

协调性耦合是指两个或两个以上事物之间存在的良性互动现象，是事物之间逐步磨合发展相互促进的状态，该状态用耦合度和协调度来表示。把度量系统内部和系统之间和谐促进的一致程度称为协调度，体现了系统各要素从无序到有序、从杂乱无章到和谐共进的良性循环趋势。耦合度和协调度用来量化系统间不同时期的耦合协调状况，反映各系统间不同时期的耦合协调发展程度②。

乡村旅游与生态环境保护的协调度是指乡村旅游系统与生态环境保护系统间相互作用关系与和谐促进的程度，不仅体现了两者之间的良性循环关系，还体现了两者从杂乱状态到和谐状态的趋势。乡村旅游系统与生态环境保护系统之间的耦合协调性关系，就是两者在演化过程中，两个系统之间相互作用、相互影响的线性和非线性关系的总和。

(3)非协调性耦合

非协调性耦合是指两个或两个以上事物之间存在的非良性互动现象，它是区域发展到一定阶段后人地关系表现出来的问题③。本书认为，乡村旅游与生态环境发展到一定阶段后，二者之间相互作用形成的效应、演化及特征所形成非良性互动现象。通过对乡村旅游与生态环境非协调耦合研究，找到导致乡村旅游与生态环境非协调发展的关键因子，提出良性互动发展对策，以实现乡村旅游与生态环境的良性互动发展。

---

① 时朋飞，李星明，熊元斌.区域美丽中国建设与旅游业发展耦合关联性测度及前景预测：以长江经济带 11 省市为例[J].中国软科学，2018，33(2)：86-102.

② 赵传松，任建兰，陈延斌，等.中国科技创新与可持续发展耦合协调及时空分异研究[J].地理科学，2018，38(2)：214-222.

③ 孙平军.1994—2014 年江苏省城市化与生态环境非协调性耦合关系的判别[J].长江流域资源与环境，2014，23(8)：1051-1056.

2.2 研究的理论基础

2.2.1 新发展理念

(1)新发展理念的形成与发展

改革开放以来，我国经济高速发展，取得了举世瞩目的成就。但在经济发展的同时，也存在一些问题，如杨耀武等人(2021)认为生态环境问题加剧、自主创新能力不强和经济发展不平衡①等。党的十八大以来，围绕“实现什么样的发展、怎样实现发展”这一问题，中国共产党努力探索，寻求制度变革、理论创新和实践突破。张辉、田鹏颖等人(2021)指出，党的十八届五中全会提出“创新、协调、绿色、开放、共享”的新发展理念②，实现了发展动力、发展结构、发展模式、发展路径、发展价值的变革③。党的十九大报告强调，我国经济已从高速增长阶段转向高质量发展阶段④。党的十九届五中全会和国家“十四五”规划纲要强调不断提高贯彻新发展理念、构建新发展格局的能力和水平。新发展理念逐步形成，构成完整的理论体系，其内涵由创新、协调、绿色、开放和共享五个方面组成。其中，发展的核心动力是创新，内在要求是协调，普遍形态是绿色，必由之路是开放，根本目的是共享，这五个方面相互联系、相互支持，形成一个完整的有机整体。郭芸等人(2020)指出，这一理念体现了党对新发展阶段特征的科学把握，反映了对中国经济社会发展规律认识的深化⑤，是对马克思主义发展观的理论创新。

新发展理念对我国经济社会发展具有重要指导意义。在旅游方面，新发展理念指导旅游业的发展，很多学者对此进行了丰富的研究。例如，杨建春(2022)分析了新发展理念指导下的民族村寨旅游高质量发展与乡村振兴机制问题⑥。刘雨婧等人(2022)围绕创新发展、经济活力、绿色发展、协调发展、旅游产品服务和共享发展六个方面，建立了体现新发展理念的旅游业评价体系，并以长江经济带为例进行了研究⑦。李鹏等人(2022)对旅游业高质量发展促进共同富裕的路径进行了研究⑧。吕雁琴等人(2021)探讨了新发

① 杨耀武，张平.中国经济高质量发展的逻辑、测度与治理[J].经济研究，2021，56(1)：26-42.

② 张辉，吴尚.新发展理念引领高质量发展：成效、问题及推进方向[J].学习与探索，2021，43(12)：93-102.

③ 田鹏颖.论新时代新发展理念的理论创新[J].理论探讨，2021，38(5)：27-32.

④ 刘军，边志强.资源型城市经济高质量发展水平测度研究[J].经济问题探索，2022，38(1)：92-101.

⑤ 郭芸，范柏乃，龙剑.我国区域高质量发展的实际测度与时空演变特征研究[J].数量经济技术经济研究，2020，37(10)：118-132.

⑥ 杨建春.民族村寨旅游高质量发展促进乡村振兴的机制及对策[J].贵州社会科学，2022，43(9)：140-147.

⑦ 刘雨婧，唐健雄.长江经济带旅游业发展质量评价及其时空演变[J].经济地理，2022，42(4)：209-219.

⑧ 李鹏，邓爱民.旅游业高质量发展促进共同富裕的路径分析[J].社会科学家，2022，37(2)：37-41.

展理念下中国旅游业发展水平的空间非均衡及动态演变过程①。林宝民等人(2021)运用新发展理念构建红色旅游新发展格局②。郑长德等人(2021)在新发展理念视角下对民族地区服务和融入新发展格局的状况、优势及路径进行了分析③。田媛等人(2020)对中国乡村体育的发展方向及路径进行了探讨，提出“创新、协调、绿色、开放、共享”新发展理念分别从“扩展产业空间、均衡发展目标、保护发展环境、促进众领域交流与提升服务水平”等引领乡村体育发展④。

(2)新发展理念对乡村旅游与生态环境保护的启示

新发展理念对乡村旅游与生态环境保护有很好的指导作用，根据新发展理念“创新、协调、绿色、开放、共享”的要求，分析乡村旅游与生态环境保护的科学内涵，从乡村旅游创新、产业协调、绿色发展、开放活力和旅游惠民等方面分析乡村旅游持续健康发展的理论框架(见图 2-6)，这对研究乡村旅游与生态环境保护协调发展以及全面贯彻新发展理念具有重要意义。

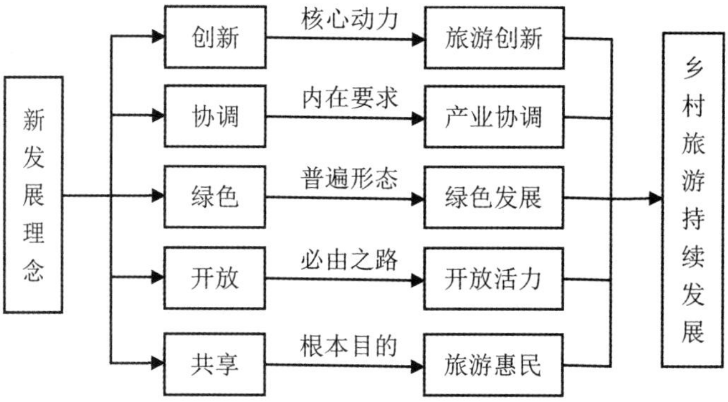

图 2-6 新发展理念与乡村旅游发展关系的理论框架

2.2.2 系统论

19 世纪，哲学家黑格尔在把系统范畴上升到普遍方法论的高度，并在其哲学体系中构建了系统的方法。对于现代系统论的思想，由奥地利生物学家贝塔朗菲(Ludwig Von Bertalanffy，1901—1972)率先提出，他不满机械刻板模式化的生物学传统研究方法，认为

① 吕雁琴，陈静，邱康权.新发展理念下中国旅游业发展水平的空间非均衡及动态演变研究[J].新疆大学学报(哲学·人文社会科学版)，2021，49(3)：1-9.

② 林宝民，林德荣.“三新”引领下的红色旅游发展思路[J].旅游学刊，2021，36(6)：5-7.

③ 郑长德，张玉荣.民族地区融入新发展格局研究[J].西南民族大学学报(人文社会科学版)，2021，42(8)：69-77.

④ 田媛，肖伟，马永明.新发展理念下我国乡村体育高质量发展方向与途径[J].体育文化导刊，2020，21(6)：47-52.

应当把生物体看成一个系统，从整体上进行研究，并以此提出了“机体论”的概念。他强调世界上的每一件事物都处于系统之中，应把每一个研究对象视作一个系统。研究系统内部结构时，要用全面、发展和普遍联系的观点来进行分析，进而对系统内部各个要素之间的关系进行有效调整，使其从整体上达到最优化目标。1945 年，《关于一般系统论》专著出版，由此确立了贝塔朗菲提出的系统论的学术地位[①]。20 世纪 60 年代至 70 年代间，系统论逐渐受到人们的重视，学者们在多个领域广泛推广和应用系统论。

(1) 系统论思想发展简史

系统论的方法是人类在思想上对事物的认识方式，这种认识方式颠覆了传统单一、精致的思维方式，开始对事物进行复杂的和综合性的考量。从发展时期来说，系统论思想的发展可以分为三个时期，即古代、近代和现代时期。

①古代时期。这一时期是“系统”一词的起源时期，“系统”源于拉丁语“system”，意指群或者集合，表示复杂事物的总体，只是在那个时期还没有形成科学的定义。

②近代时期。这一时期关于系统的定义是在上一个时期系统思想的基础上演化得到的，辩证唯物主义所强调的物质世界的普遍联系与整体思想，即为哲学高度概括的系统思想。

③现代时期。20 世纪，系统论在现代科学中得到广泛应用，并成为现代科学发展趋势的反映，而现代科学的发展也进一步发展了系统论。该时期创立的系统论为系统思想的哲学高度概括，并为科学理论打下了坚实的基础。“二战”时期兴起的控制论、信息论、运筹学和系统工程等学科，对定量研究系统思想与方法起到了重要作用。此后发展的耗散结构和协同学等理论成为系统科学，并广泛应用到科学研究及其实践中，成为人们进行各种研究与分析的重要方法。

目前，系统思想的思维在辩证唯物主义中找到了表达方法，在现代科学中确立了定量表达方式，在实践中继续发展并不断完善，系统思想由此从朴素的观念逐渐发展为科学的方法。

(2) 系统方法的基本原则

在复杂的系统关系中，主要存在四对关系，即整体与部分、整体与结构、整体与层次和整体与环境。要想真正掌握系统方法，必须从这四个方面入手进行研究。因此，在进行系统方法的研究时，应当遵循以下原则。

①整体性原则。这一原则是系统方法中最重要的原则，没有整体性原则，也就没有系统方法了。整体性原则要求人们从整体的角度来认识和改造系统，在系统各要素之间的相互关系中寻求事物整体的规律。对于乡村旅游的研究也是如此，要在旅游学视角之外，从生态环境的持续健康发展等更高级的系统出发探讨问题。

②层次性原则。要求以层次的特征为基础，强调事物整体与层次的相互影响。要保

① 贝塔朗菲.一般系统论：基础、发展和应用[M].林康义，魏宏森，译.北京：清华大学出版社，1987：38.

持乡村旅游与生态环境保护之间的关系和谐，就应该灵活协调好旅游主体和环境保护客体之间的矛盾，达到最大限度地协调一致。

③结构性原则。要求关注事物整体及各要素层次间的结构方式，强调其对事物整体的影响与作用。要求通过认识与改变事物系统的时序、空间与数量结构来强化这一系统的整体功能。

④环境相关性原则。强调系统整体与环境的相互关系与作用及其对系统整体功能和环境的影响。

⑤动态性原则。系统本身是一个动态结构，会随着时间的变化而变化。因此，人们在认识系统及系统的各种要素时，要以发展的眼光看待问题。

(3)系统的基本特征

在运用系统论研究某个事物系统时，应当分析事物系统的结构与功能，清楚事物系统自身及其要素和环境之间的内存关系与规律。其特征如下：

①集合性。因为系统是由两个或者两个以上相互区别的要素构成的集合体，因此，在对其进行科学合理的分析时，需要对复杂的系统进行分解。

②层次性。系统内的各个要素构成系统的层次性，各个层次之间相互影响和相互制约，形成相应的秩序与结构。在研究复杂的系统时，应当关注系统的层次结构，注意系统各个要素在系统中的作用与地位，以便对系统进行科学的研究。

③目的性。系统的存在具有一个特定的目的，并具有一定的功能，这种目的性也是区别不同系统的地方。充分发挥系统的控制、调节和管理的能力，才能实现系统的目的。

④环境适应性。环境适应性是指系统为适应外界环境变化而进行自我调节的能力。系统都存在于某一环境之中，并不断在内外部环境交换物质、能力和信息等。在某个复杂的系统中，各个子系统相互成为其他子系统所处的环境，它们运用环境反馈的信息来适应环境，系统与环境之间形成的反馈机制能够提升系统的质量。

(4)系统论对乡村旅游与生态环境保护的启示

系统论为人们提供了一种新的思维方式，即系统思维方式。这种思维方式强调从整体、内部关系、外部关系和动态演变等方面分析整个系统的结构、功能、形式及演变规律等，并以整体性、层次性和动态性等原则解决复杂的系统问题。同样，乡村旅游与生态环境保护之间的关系具有整体性、层次性与动态性等，这与系统论所倡导的系统思维方法论是一致的。从系统论的视角出发，乡村旅游与生态环境保护耦合体现的是两个开放的系统之间的信息、能量和物质等诸多元素的交换。用系统论的思想研究乡村旅游和生态环境保护耦合具有十分重要的意义。

①乡村旅游与生态环境保护是一个复杂系统。根据系统理论，乡村旅游与生态环境保护存在于某一特定的环境中，二者相互依赖和相互影响，并由一定层次、结构和功能的多种要素组成系统。在这个系统中，乡村旅游的良性发展与建设，不仅与政府决策、民众参与和经济发展有关，更离不开生态环境保护的建设与支持。

乡村旅游系统与生态环境保护系统的复杂性体现在构成要素关系的复杂性以及政策影响因素和运行机制的复杂性。构成要素的复杂性包括物质与精神、有形与无形和自然与人文等要素；在构成要素中，其关系的复杂性有经济要素、社会要素、文化要素和生态要素等关系；政策影响因素的复杂性包括政策的制定、政策的实施和政策的变动带来的法律性与经济性影响等；运行机制的复杂性主要是经济机制、生态机制和文化机制等。

②系统论在乡村旅游与生态环境保护中的应用。乡村旅游在最初开发的时期，规划建设滞后，基础设施较差，因此需要规划设计并修建各种配套设施。在修建过程中，如果不注意生态环境保护，将会对乡村生态环境造成破坏。旅游景区建设后，旅游产品开展成熟，对游客形成强大的吸引力，而游客对乡村的自然与人文旅游需求旺盛，使得游客过多，超过了乡村景区的旅游环境承载力，造成乡村地区生态环境恶化。此时，系统论为人们提供了一种新的思路以处理乡村旅游和生态环境保护之间的关系。首先，根据系统论的要求，把乡村旅游与生态环境保护作为一个整体进行研究，深入分析系统内二者的相互关系，并掌握系统内二者的总体特征，避免从单一的角度研究问题。其次，系统论有助于解决系统内多个因素之间复杂的相互关系，包括确定目标的多样性、层次性和综合性。最后，利用系统论可以动态地解决乡村旅游和生态环境保护之间的作用机制问题，有助于把握问题的来龙去脉。

2.2.3　人地关系理论

(1) 人地关系产生的背景

人地关系产生的背景由以下几个阶段构成。

①史前阶段是文化落后的时代，虽然没有文字记载，但还是能追寻到原始朴素自然观的痕迹。在古代利用自然崇拜和占卜等技术，让初民臣服于大自然和尊重自然规律，不要与大自然作斗争，人类在生产生活中的失败，一切都归因于自然或者超自然的力量，但是人类不甘于做大自然的奴隶，还是超脱了大自然的束缚。

②到了农业文明时代，人类开始摆脱自然界束缚，逐渐掌握改造大自然的能力，随着社会生产力的不断增强和科学技术水平的不断提高，人类克服了地理环境束缚，让自然界的资源和环境为人类服务。人类虽然能破除自然界束缚，但是利用和开发自然资源的能力还是受制于自然界之内，使得地理环境对历史事件和历史时期仍能产生决定性的影响。

③近代工业文明时期，地理大发现带动人类不断探索更多陌生领域，带动整个世界成为一个整体，促使人地关系上升到一个新的发展阶段。此后，人类历经多次社会变革和观念更新，进而产生工业革命，人类自认为摆脱了自然束缚，进而沉醉于征服自然的胜利。随后，新的科技革命带动社会生产力的飞速发展，从表面上看人类具有控制自然的能力，部分人不自觉地认为“人类就是应该为所欲为”。

④当“第三次浪潮”(即信息革命时代)来临时，带给人类的切肤之痛是人地关系危机，使人类重新审视人与自然和谐的这一古老的自然观。因此，虽然近代工业革命给人类带来了巨大的财富，但引起人口数量的激增、资源环境的破坏，人类反思以后得到的结论——人类终于形成共同的声音：“我们只有一个地球，人类必须依靠地球”①。

(2)国内外人地关系理论的发展

①国内人地关系理论的产生与发展。关于人地协调发展和因地制宜的思想在周代就已出现。在春秋战国时期，管仲(？—前645)提出“地者政之本也，辨于土而民可富”思想，主要是指导人类要顺应和合理利用自然资源的思想，虽然土地是国家政治的根本，但是必须合理利用土地。中国古代思想家老子认为“人法地，地法天，天法道，道法自然”，核心要义是人在天地之间，必须遵守大地万物的生长作息的规则，大地成天，一切生物的繁衍和迁徙是依据自然气候的变化而开展，气象变化要遵从宇宙间的“大道”运行。著名思想家荀况指出“天有其时，地有其财，人有其治，夫是之谓能参”，重点强调依靠人的实践来证实自然规律。通过以上论述可知，在我国古代哲学思想中，人类具有“人与自然和谐”和“人与人和谐”的思想。孔子、荀子、刘禹锡等思想家始终倡导“天人合一”思想，或倡导“自然界与精神的统一”，反对人与自然的分割和对立，促进天道和人道的一致性。综上所述，从古至今，中华文明主要考虑在自然环境领域尽量少取能源，把维持人类生产和生活的各类资源留给子孙后代，这是我国古代人地关系理论长兴不衰的原因。

②国外人地关系理论的发展。西方国家学者对人地关系进行了系统的研究。古希腊医师希波克拉底(前460—前377)经历多次考察以后，在他的专著《论空气、水和地方》中提出，人不能破坏生态环境，要与自然环境和谐相处；古希腊历史学家色诺芬(约前430—约前355或354)在研究过程中，重点讨论了人地平衡关系和人口与土地的协调发展模式；古希腊哲学家柏拉图(前427—前347)提出理想国假想，他指出一个理想的国家，人口规模为5040人比较合理；古希腊哲学家亚里士多德(前384—前322)认为，只有维持人口数量不超过一定限度，才能建成最美丽和最理想的国家，只有国家的人口规模和土地规模相匹配，才能促进人与土地和谐。伟大的思想家恩格斯曾经指出：“我们不要过分陶醉于我们人类对自然界的胜利。对于每一次这样的胜利，自然界都对我们进行了报复”②。

(3)人地关系的基本内涵

人地关系泛指人与自然的关系，实质是人类在自然界里通过劳动与自然界实现物质变换的关系，包括人和土地两大要素。人作为主体，土地作为客体。张文奎(1995)认为，人地关系是指人类如何利用土地的直接关系，怎样构建土地分配或土地管理制度的

---

① 赵荣，王恩涌.人文地理学[M].北京：高等教育出版社，2006：107.

② ENGELS.Dialectics of nature[M].Moscow：Foreign Languages Publishing House，1954：51.

间接关系①，以上两种人地关系包括三个方面的内容：其一，基本层次上是人口数量和土地面积的关系。其二，中间层次是人口与资源、人口与食物的关系。其三，最高层次是包括人口、资源环境与社会经济可持续发展的关系。

本书认同以往专家学者提出的相关概念，在宏观层次达到人与自然和谐相处，不能超越自然的承载力来促进经济社会发展；在中观层次实现人口容量与土地资源相匹配，如果过度利用土地资源将会破坏生产资料，不能实现可持续发展；在微观层次实现人与人和谐发展，促进人口素质不断提高，使得人与人之间自觉形成和谐共生理念，构建生命共同体，实现人地关系协调发展目标。

(4)人地关系论对乡村旅游与生态环境保护的研究启示

通过上述讨论可知，人地关系理论的核心内容就是达到人与自然环境协调发展。从农耕时代到工业化时代，再到知识经济时代，人地关系发生了重大的转变。随着人类对资源的过度利用，生态环境承载力不断下降，呈现出环境污染和资源枯竭，严重影响了人类的生活品质。鉴于此，如何在有限的资源下维持乡村旅游高质量发展，成为当前各级政府必须关注的问题之一。在研究乡村旅游与生态环境保护耦合协调发展过程中，促进人地关系协调，减少资源浪费，践行“绿水青山就是金山银山”的基本目标，实现乡村旅游与生态环境健康、有序、高质量发展的基本目标显得非常重要。

2.2.4 旅游地理学理论

(1)旅游地理学理论的产生与发展

20 世纪 30 年代，Mc Murry 发表了《游憩活动与土地利用的关系》一文②，被认为是旅游地理学的开端之作。此后，旅游地理学不断向前发展，“二战”期间，研究领域包括旅游流、旅游用地和地域旅游开发等。20 世纪 70 年代，学界聚焦于研究旅游业和旅游活动，并尝试探索旅游地理学的理论与方法。1976 年，第 23 届国际地理学大会在莫斯科召开，首次把旅游地理单独列为专业级。20 世纪 80 年代，旅游地理学与多个学科联合形成跨学科研究，其研究领域不断扩大，并成长为服务于旅游业和社会经济发展的应用型学科。

20 世纪 30 年代，我国学者对旅游地理学开展了大量研究工作。1979 年以后，我国学者进行了系统的研究，主要经历了以下四个阶段。③

①第一阶段。这一阶段是从 1979 年到 1989 年，我国学者将对旅游地理学的研究重

① 张文奎.人文地理学[M].长春：东北师范大学出版社，1995：96.

② MC MURRY K C.The use of land for recreation[J].Annals of the association of American geographers，1930，20(1)：7-20.

③ 葛全胜，钟林生，陆林.中国旅游地理学发展历程与趋势[J].中国生态旅游，2021，11(1)：1-10.

心放在对现实问题的理论研究上。改革开放以后，旅游业逐步发展并取得长足进步，但旅游资源种类与数量不清楚，旅游发展缺乏相关理论与技术指导，这些问题对旅游业的发展起到阻碍作用。这一阶段对旅游地理学研究主要是为此类现实问题提供理论指导与技术支持，涉及的议题主要包括旅游规划和旅游目的地建设等，侧重于定性探讨的研究方法。

②第二阶段。这一阶段是从 1990 年到 1999 年，旅游业发展逐渐引起政府和业界的重视，旅游地理学理论水平获得进一步的提高。20 世纪 90 年代，随着经济不断增长，国民收入大幅提高，旅游业在国内快速兴起。为适应国内旅游需求增长的要求，国内旅游资源大量开发，旅游资源开发与规划的研究增长较快，形成了大批有较高使用价值的规划与研究报告。这一阶段在旅游资源开发与规划的实践中进一步验证了旅游地理学的理论，同时加强了对国外相关研究的学习与借鉴，充分利用世界相关理论分析中国存在的问题。但是，这一时期定性研究较多，深入调研的定量研究较少。

③第三阶段。这一阶段是从 2000 年到 2011 年，国内旅游业高速发展，促使旅游地理学向着本土化方面发展。21 世纪头十年，国内高速发展的旅游业在国民经济中的地位越来越重要。在这个过程中，旅游地理学发挥了重要作用，旅游资源的调查与评价、旅游资源的开发与规划以及景区景点质量评价等开始趋于完善，多个省(自治区、直辖市)编写了省级旅游发展总体规划，产出了具有一定系统性的研究成果。这一阶段研究分析并引入许多应用性较强的国外理论模型，如计划行为理论和行动者网络理论等。同时，这些理论也广泛运用了一些灵活多样的定量研究方法，如确定指标权重的 Delphi 方法、均方差决策法、灰色关联法和熵权法等。在这一时期，学者开始重视总结并与国外理论相结合，提出了中国的本土理论。

④第四阶段。这一阶段是从 2012 年至今，国内旅游业发展以提质增效为主，“多元化”是这一时期研究的特征。学者们将旅游热点与国家发展、国家文化建设以及扶贫工作等领域结合在一起进行研究。这一阶段学者们不断将新科学技术手段应用于旅游地理学的研究，使得研究方法逐步更新和完善，大数据、计量经济模型手段、参与式制图和眼动实验等新兴数据搜集方法促进了旅游地理现象的深入探索。

(2)旅游地理学理论对乡村旅游与生态环境保护的研究启示

旅游地理学理论对乡村旅游和生态环境保护具有重要指导意义。其对旅游业的关注辐射乡村旅游的研究与发展，规范和制定旅游景区等级的评价标准，对乡村旅游建设的全面发展起到重要作用，也促进乡村生态环境保护事业的发展。

2.2.5 旅游产品生命周期理论

(1)旅游产品生命周期的概念

旅游产品生命周期是指一个旅游产品从开发出来投放市场到最后被淘汰退出市场的过程。一个旅游活动项目或旅游地开发大多遵循从无到有、由弱到强，然后衰退、消失的过程。旅游产品具有特殊性，其多与旅游地有关，由此，学者们研究较多的为旅游地生命周期理论。1963 年，Christaller 研究欧洲旅游时阐述了旅游地生命周期的概念①。1980 年，Butler 运用产品生命周期理论，提出了 S 形旅游地生命周期模型，形成了旅游产品生命周期理论②。这一理论认为旅游产品的发展经历六个阶段，即探索、参与、发展、稳固、停滞和衰落或复苏阶段③(见图 2-7)，各阶段特征如下。

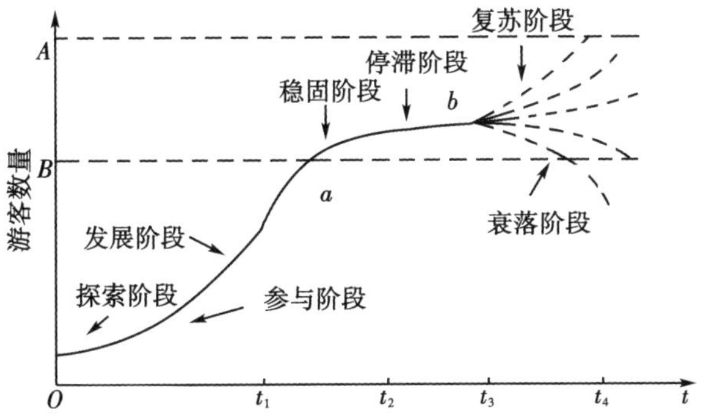

图 2-7 旅游产品生命周期曲线图(Butler，1980)

①探索阶段。这是旅游地早期的探索阶段，游客无规律地进行旅游活动，旅游地没有专门为游客提供服务，旅游活动也没有对旅游地的环境造成改变。

②参与阶段。随着游客数量不断上升，旅游活动逐渐形成规律，地方政府与居民给游客提供一些服务，游客有规律地通过旅行社等参与各种旅游活动。

③发展阶段。旅游地客源市场逐渐固定，投资增加，当地的各种设施逐步完善，旅游地和景观面貌显著改善。

④稳固阶段。旅游业的各种设施和经营管理模式已经相对稳定，旅游业成为当地的

① CHRISTALLER W.Some consideration of tourism location in Europe：the peripheral regions-underdeveloped countries-recreation areas[J].Regional science association papers，1963(12)：95-105.

② BUTLER R W.The concept of a tourist area cycle of evolution：implications for management of resources[J].Candian geographer，1980，24(1)：5-12.

③ 张建忠，孙根年.山西大院型民居旅游地生命周期演变及其系统提升：以乔家大院为例[J].地理研究，2012，31(11)：2104-2114.

支柱产业，游客数量增加，但增长率逐渐降低，娱乐区和商业区等在旅游地有了明显的界限。

⑤停滞阶段。游客数量最多，总体上没有增长，旅游环境容量已经饱和或超过饱和值，出现经济、社会和环境等问题，旅游地已在旅游市场中占有优势。

⑥衰落或复苏阶段。因为管理较差，没有新的设施和新的产品，游客数量逐渐下降，旅游地在市场竞争中失去优势，于是走向衰落。如果旅游地管理得当，开发具有竞争力的旅游项目或旅游产品，那么可能重新吸引游客，使得旅游业呈现出上升趋势，旅游地处于复苏阶段，然后旅游地开始进入新的循环。

(2)影响旅游产品生命周期的因素

旅游产品生命周期主要受到外部因素和内部因素的影响。外部因素包括社会经济条件变化、政府政策、突发状况、旅游地的交通通达性、同类旅游地的竞争等。内部因素有旅游产品的属性、旅游资源特点、市场区位、旅游环境质量、旅游产品营销策略等。其中，影响旅游地发展最重要的因素是旅游产品营销策略。景区受市场环境变化影响也很大，在这种变化中有机遇与挑战。面对市场环境的变化，旅游企业只有密切监控，依据产品的生命周期调整营销策略，旅游地对市场的长久吸引力和产品本身的生命力才能得到保证。

(3)旅游产品生命周期理论对乡村旅游与生态环境保护的启示

乡村旅游地的发展符合旅游产品生命周期理论。乡村旅游地需要对自身进行精确定位，以其他旅游地不具备的特征吸引游客，并对自身产品的核心竞争力之一，即生态环境进行必要保护，这样才是旅游地持续良好发展的长久之道。如果某个乡村的旅游处于探索阶段、参与阶段、发展阶段和稳固阶段中某个阶段的发展时期，那么这个乡村的工作重点是进行旅游资源开发，修建相关设施，并做好市场宣传和旅游产品促销等工作。如果乡村旅游处于停滞阶段、衰落阶段，那么其工作重点应为开发新的旅游资源，增加吸引力强的新项目，增强市场竞争力，同时加强宣传，促进旅游地复苏。

2.2.6 可持续发展理论

(1)可持续发展观的形成与发展

可持续发展(sustainable development)是在人类社会漫长的发展过程中逐步形成和发展的，它代表人类社会新的发展观念、新的发展思想和新的发展战略。目前，人类社会共经历了三种发展观，即传统的发展观、零增长发展观和可持续发展观。

①传统的发展观。将经济发展作为发展的基本目标甚至唯一目标，认为“有经济就有一切”。后来遭到自然界的报复，全球环境问题日趋严重。

②零增长发展观。人类在对传统发展观的再认识中，提出了另一种发展思想，即以罗马俱乐部为代表的于20世纪60年代提出的零增长发展观。其核心思想是：回到“零

增长”的道路上，停止发展。这从一个极端走向了另一个极端，把自然从单纯的索取对象变为简单的保护对象。这一观点遭到许多国家的抵制。

③可持续发展观。在以上两种发展观的碰撞中，出现了有别于以上两种发展观的新思想，即可持续发展观。可持续发展观强调在发展的同时积极保护生态环境，既要让人类社会不断发展，又要促进人类与自然的和谐，维护良好的人类生存环境。它既不同于不讲自然成本的传统发展观，也有别于消极保护环境的零增长观①。

可持续发展观的形成经历了漫长的过程。20 世纪 50 年代，Rachel Carson 用 4 年时间对美国使用杀虫剂产生的污染情况进行调查研究并撰写报告，于 1962 年出版了《寂静的春天》一书。该书从污染生态学的视角，描述了环境污染对生态系统的影响，阐明了滥用化学农药对生态环境造成的破坏。1968 年，来自世界各国的几十名科学家、经济学家和教育家成立了一个非正式的国际协会，即罗马俱乐部。受该俱乐部委托，Dennis L. Meadows 领衔的团队对西方的高增长理论进行反思，1972 年形成研究报告《增长的极限》，该报告显示出对人类前途的“严肃忧虑”，其“合理的、持久的均衡发展”为可持续发展观的萌芽提供了土壤。同年，Barbara Ward 和 Rene Dubos 的著作《只有一个地球》出版，该著作要求人类爱护共同享有的生物圈，学会在生物圈中生存，制定人类生存战略。1987 年，世界环境与发展委员会在《我们共同的未来》中针对世界环境与发展存在的问题，提出了具体的建议，并首次采纳“可持续性”和“可持续发展”的概念②。1992 年，在联合国环境与发展大会上，可持续发展得到与会者的共识与承认。至此，可持续发展成为许多国家制定政策的指导思想和战略选择。

(2) 可持续发展的定义

所谓可持续发展是指在人口、资源和环境协同发展的基础上，形成的经济社会发展理念。世界环境与发展委员会认为，在经济社会发展过程中，不仅需要满足当代人的资源需求，更不能牺牲后代人的利益，应当给子孙后代留下足够资源；爱德华·巴比尔认为，可持续发展在经济净收益增长的同时，保持资源的质量和数量能够为子孙后代获得最大的边际效应。由此可见，可持续发展是在人地关系协调的发展背景下形成的经济社会发展理念。

(3) 可持续发展的内涵

根据可持续发展的定义，可持续发展的核心内容有三个方面：一是需要，即发展的目标是满足人类的需要；二是限制，即人类的行为要受到自然界的制约；三是公平，强调代际之间、人类与其他物种之间要公平。根据这一核心思想，可持续发展的内涵包括以下三层含义。

①经济可持续发展。可持续发展的核心内容是保持经济的持续发展，这也是可持续

---

① 邓光奇.民族地区旅游业与生态环境协调发展研究[M].北京：中央民族大学出版社，2006：40.

② 世界环境与发展委员会.我们共同的未来[M].王之佳，柯金良，等译.长春：吉林人民出版社，1997：61.

发展要实现的目标。在国家或者地方发展产业时，不能以牺牲环境为代价，换取经济的收益和地区经济的增长。因此，在可持续发展理念的带动下，建议全球各国摒弃“高耗能、高污染”的发展方式，采取清洁生产技术，倡导文明消费，目的是提高经济效益、节约资源，尽可能减少废物排放量。

②生态可持续发展。生态可持续发展是指不能超出生态环境承载力，促进经济社会发展与生态环境协调发展，尽可能保护和改善地球环境，减少自然资源的使用数量，减少环境成本的投入，保证人类的发展不能超越地球承载力。因此，生态可持续发展的核心意图是在有限的范围内促进经济发展，超越生态承载力的发展是不可持续的。

③社会可持续发展。可持续发展实质上是人类如何与自然和谐共处的问题，人类只有了解自然和社会变化的规律，才能与自然和谐共处。由此，社会可持续发展是指在全球各类人口发展过程中，共同目标是提高人类福祉，在保障人类具有充分生存权和发展权的基础上，为人类营造公平与自由的发展环境，即在可持续发展系统中，经济可持续发展促进全人类科技进步和生存安全的动力，生态可持续发展为人类社会营造良好的环境，社会可持续发展是人类发展的最高目标，构建“自然-经济-社会”“三位一体”有机统一体，实现健康可持续发展的目标，三者之间的关系如图 2-8 所示。

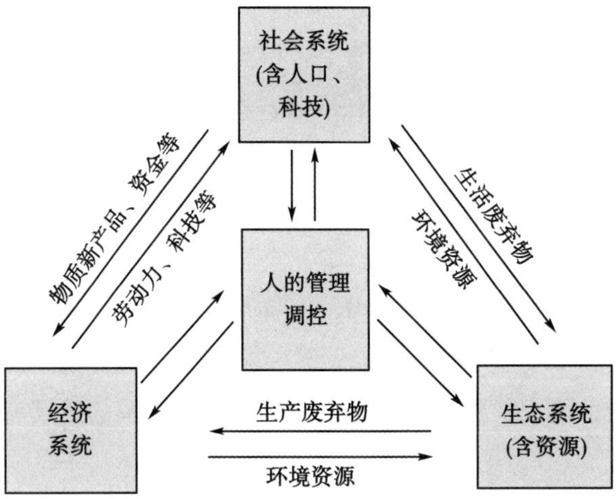

图 2-8　可持续发展的内涵

(4)可持续发展的原则

在社会与经济发展过程中，世界多个国家以可持续发展理念为指导，这体现在经济生活和社会生活中的方方面面，实现可持续发展需要坚持公平性原则、持续性原则、共同性原则。

①公平性原则(fairness)。主要强调“权利”，包括共享资源和生态环境。在时序方面，当代人之间和代际人之间要实现公平分配；在空间方面，人类与生物群之间、国与国

之间、部门与部门之间，任何一方都不能对资源和环境处于绝对支配地位。

②持续性原则(sustainability)。专指人类发展的项目，在健康有序的发展引领下，在项目建设过程中不能超出自然生态的承载力，注重人与自然和谐发展。任何事物和项目离开了资源环境，都不能讨论生存与发展。因此，人类发展需要根据持续性原则办事，不能过度消费和掠夺，需要以持续性作为基本原则，实现人口与自然协调发展。

③共同性原则(common)。虽然各国经济社会发展水平具有较大的差异，但是每个国家的发展目标都是为人类谋福利，为了维护我们共同的家园——地球，让全人类在头脑中树立“地球家园”整体性的发展理念，促进人类与自然和谐发展，构建互惠互利的关系，实现人类共同的目标[①]。

(5)可持续发展对乡村旅游与生态环境保护的启示

在可持续发展理论指导下，本书认为，乡村旅游在未来的发展中不仅要注重经济效益、社会效益，更要从生态效益和人居环境等角度进行考虑，坚持以人为本，合理利用生态资源和保护生态环境，探索高质量发展模式，有序提升乡村旅游产品质量、改善乡村居民生活和满足人民需求，实现人与自然和谐共生的可持续发展目标。

2.2.7 环境行为理论

环境认知理论和行为动机理论是环境行为理论的两个方面，其对于分析认知、乡村旅游主体、乡村旅游建设主体及生态环境保护主体的决策行为有借鉴作用。

(1)环境认知理论

环境心理学十分关注人的认知，因而诞生了环境认知理论。人们对环境的认知是由感觉器官眼、耳、鼻、舌等与大脑共同行动产生。感觉器官向大脑发出所接受环境的刺激信号，通过被格式塔心理学称为“经验过滤器”的整理和分类形成主观感受，让大脑形成相应的判断和行为，上述感觉器官分别形成视觉、听觉、嗅觉和味觉等感受不同环境刺激的感觉形式。人所获得的信息中，首先有 87%是通过视觉获得，并且 75% ~90%的人类活动由视觉引起，其次是从听觉系统中获得的信息较多，最后是嗅觉、触觉和味觉。通过对视觉信息和听觉信息处理，形成视觉空间和听觉空间，这两者正是乡村旅游和生态环境保护关注的空间形式，突出表现在乡村形象和乡村景观方面。

心理学家 Kurt Koffka 在《格式塔心理学原理》(1935)一书中提出，有形的界限、有活动的特性和恒常不变这三种特性共同组成环境场，形成人们所看到的样子。物与物之间或物与四周之间形成非物质空间，即架格。背景是一个架格，图形在此架格内得以存在。德国心理学家 Kurt Lewin 在《拓扑心理学原理》(1936)一书中提出了场论，认为人的行为(B)是人(P)及其环境(E)的函数，即 $B=f(P, E)$。根据 Kurt Lewin 的理论，Kurt

---

① 梁振民.我国人口城镇化与土地城镇化非协调性耦合识别及良性互动机制[M].北京：人民出版社，2022：36-37.

Koffka 把观察者知觉现实的观念称为心理场，而把知觉到的现实称为物理场，并认为世界是心物的，心理世界和物理世界是不一样的，心理场与物理场没有一一对应，心理场与物理场二者结合构成了人们的心理活动。于是，旅游情景的概念在人们内心勾画出来，乡村旅游体验便是个体存在的主观意想过程，它依赖于心理场和物理场而存在。从旅游活动开始，游客心中就发生了“场”的变化：不断变化与迁移的物理场使得游客的心理场也发生变化。游客的心理场和物理场产生的框架是旅游场的物理寄托存在；旅游场的灵魂，是当时的心理场，引领游客体验当时的各种环境。

（2）行为动机理论

1943 年，马斯洛在《人类动机理论》中提出了著名的需求层次理论。他认为，人的需求共有生理、安全、爱（归属）、尊重和自我实现五个层级①。马斯洛指出，这些需求是逐级上升的层次，当低一级的需求实现后，人们的动力就来自追求更高一级的需求。但是不同的需求并不是互相排斥的，同一时刻也会存在不同层级的需求，只是各类需求的强度并不均等②。1976 年，马斯洛把“自我实现”细化成“知、美与自我实现”，由此，五个层级变为七个层级，如图 2-9 所示。人有一种满足需求或欲望的条件，正是这些需求或欲望使人产生行为动机。然而，有多种因素影响人的行为，对于旅游行为来说，影响因素主要是心理和社会两大因素。

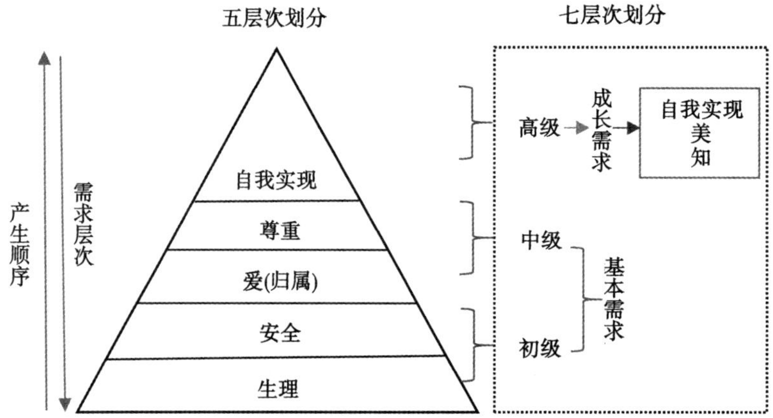

图 2-9　马斯洛需求层次理论

1966 年，美国心理学家麦克利兰在《渴求成就》中提出成就需要与激励理论。他认为，交往的需要、权力的需要和成就的需要是构成人的动机的三种社会性需要。从社会学视角研究人的社会行为发现，人的行为受一些动机支配，他们的决策活动就是这些动

① MASLOW A H.A theory of human motivation[J].Psychological review，1943，50：370-396.

② 保继刚，楚义芳，彭华.旅游地理学[M].北京：高等教育出版社，1993：56.

机的具体表现。决策的核心是选择，而选择的基础是判断。事实判断和价值判断组成了判断的所有活动内容。其中，事实判断指的是决策行动所依据的客观事实，价值判断所依据的是决策者的价值观。人们的价值观决定了他们对事物的意见、行为和态度等。人们的价值观不同是因为他们经历的社会化过程不同，而价值观的不同往往会引起人与人之间的矛盾与分歧。从这个方面来说，乡村旅游开发与建设者主体的价值观决定主体行为，而主体行为将会对生态环境产生正面或负面的影响。对于游客来说，旅游行为的产生是为了补偿内在匮乏，在实现自我旅游内驱力驱动下产生了旅游动机，进而发展为旅游行为，这一过程的完成对生态环境正向或负向的影响是由游客的价值观决定的①。

(3)环境行为理论对乡村旅游与生态环境保护的启示

综合以上分析，环境认知理论与行为动机理论不仅在分析乡村旅游游客的认知意向与对乡村生态环境的需求方面具有借鉴作用，而且为分析乡村旅游建设行为主体，尤其是生态环境规划设计主体和相关管理者的行为动机提供了分析的理论工具。

2.2.8 耦合协调理论

(1)耦合协调理论的形成与发展

“耦”在古代汉语中的意思是“两人并肩而耕”，耦合是由两个或两个以上实体、系统以及运动形式之间的密切配合、相互影响和相互依赖的动态关系②。这一概念在物理学和系统科学得到广泛应用，Weick(1976)运用松散耦合理论对教育组织进行了研究，首次把耦合理论应用于社会科学领域③。此后，耦合的科学内涵逐步发展，并被引申到“协调”领域。文字记载表明，“协”，即众之同和；“调”，和也。把系统内部或者系统之间各要素和谐一致与相辅相成的良性互动关系称为“协调”④。耦合协调度是度量系统在发展过程中形成的整体协调发展与和谐一致的状态，用以说明系统演进的历程变化与未来的发展趋势，其相互关系如图 2-10 所示。在高质量发展背景下，耦合协调理论是研究区域经济协调发展和复杂生态系统问题的有效方法⑤。从目前学界的研究来看，耦合协调具有三个特点:其一，耦合协调主体为两个或两个以上的系统；其二，耦合协调过程是系统之间相互影响和作用的过程；其三，耦合协调结果是系统从无序到有序、从低级到高级的良性共同发展。

---

① 谢彦君.旅游体验研究：一种现象学的视角[M].天津：南开大学出版社，2005：102.

② 方创琳，崔学刚，梁龙武.城镇化与生态环境耦合圈理论及耦合器调控[J].地理学报，2019，74(12)：2529-2546.

③ WEICK K E.Educational organization as loosely coupled systems[J].Administrative science quarterly，1976(21)：1-19.

④ 廖重斌.环境与经济协调发展的定量评判及其分类体系：以珠江三角洲城市群为例[J].热带地理，1999，20(2)：76-82.

⑤ 吴儒练.旅游业高质量发展与乡村振兴耦合协调测度、演化及空间效应研究[D].南昌：江西财经大学，2022：38-39.

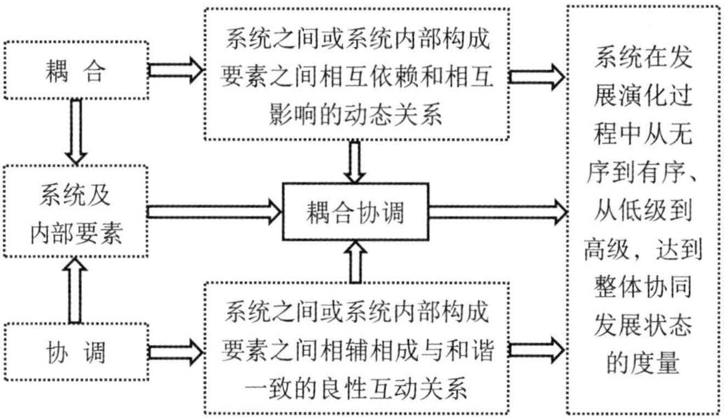

图 2-10　耦合、协调及耦合协调的含义及相互关系

目前，耦合协调理论模型广泛应用于旅游研究领域。例如，高楠①（2013）、昌晶亮②（2016）、轩源③（2020）等人对旅游与城镇化耦合进行了研究；李田田④（2022）、王松茂⑤（2023）等人探讨旅游经济与城市韧性耦合问题；王振波⑥（2019）、谷昊鑫⑦（2022）、李昕⑧（2022）等人分析了旅游经济与生态环境耦合问题；余菲菲⑨（2015）、吴磊⑩（2019）、郭向阳⑪（2019）等人对旅游与交通耦合进行了探讨；马小琴⑫（2019）、李志龙⑬（2019）等

① 高楠，马耀峰，李天顺，等.基于耦合模型的旅游产业与城市化协调发展研究：以西安市为例[J].旅游学刊，2013，28（1）：62-68.

② 昌晶亮，余洪.大湘西地区旅游与城镇化耦合发展研究[J].经济地理，2016，36（6）：204-208.

③ 轩源，周年兴，杨虹霓.中国大陆省域旅游效率城镇化耦合协调的时空演变[J].地理与地理信息科学，2020，36（10）：118-127.

④ 李田田，王丽丽，李丁，等.中国典型旅游城市旅游经济与城市韧性耦合协调关系[J].兰州大学学报（自然科学版），2022，58（6）：749-760.

⑤ 王松茂，牛金兰.山东省旅游经济与城市生态韧性协调演化研究[J].地理学报，2023，78（10）：2591-2608.

⑥ 王振波，梁龙，武褚昕阳，等.青藏高原旅游经济与生态环境协调效应测度及交互胁迫关系验证[J].地球信息科学学报，2019，21（9）：1352-1366.

⑦ 谷昊鑫，秦伟山，赵明明，等.黄河流域旅游经济与生态环境协调发展时空演变及影响因素探究[J].干旱区地理，2022，45（2）：628-638.

⑧ 李昕，王淑娟.旅游经济与生态环境协调发展时空分异研究：以山东省沿黄九市为例[J].山东社会科学，2022，（10）：118-127.

⑨ 余菲菲，胡文海，荣慧芳.中小城市旅游经济与交通耦合协调发展研究：以池州市为例[J].地理科学，2015，35（9）：1116-1122.

⑩ 吴磊，焦华富，叶雷.皖南国际文化旅游示范区旅游经济与交通耦合协调发展的时空特征[J].地理科学，2019，39（11）：1822-1829.

⑪ 郭向阳，穆学青，明庆忠，等.旅游地快速交通优势度与旅游流强度的空间耦合分析[J].地理研究，2019，38（5）：1119-1135.

⑫ 马小琴.山西省乡村旅游与乡村振兴耦合协调度测度[J].中国农业资源与区划，2019，40（9）：257-262.

⑬ 李志龙.乡村振兴-乡村旅游系统耦合机制与协调发展研究：以湖南凤凰县为例[J].地理研究，2019，38（3）：643-654.

人对旅游与乡村振兴耦合进行了研究；侯兵[①](2015)、范红艳[②](2016)、周彬[③](2019)等人分析旅游经济与文化产业耦合问题。前期成果为本书各项工作的进行提供了丰富的研究基础，同时也说明该理论模型发展后，在乡村旅游与生态环境保护系统非协调性耦合研究中具有可行性。

(2)耦合协调理论对乡村旅游与生态环境保护的启示

乡村旅游与生态环境保护是乡村人文与自然两大系统的耦合协调关系，其耦合协调是内部各要素(乡村旅游资源质量、乡村旅游基础设施、乡村旅游经济效益、生态环境压力、生态环境保护投入和生态环境保护效率)相互融合、支撑和重构的过程。本书以耦合协调理论为基础，借鉴耦合协调理论的方法，从逆向思维出发，构建乡村旅游与生态环境保护非协调性耦合模型，对乡村旅游与生态环境保护的非协调性耦合进行研究，确定不同时期不同区域乡村旅游与生态环境保护的非协调性耦合类型，探寻乡村旅游与生态环境保护的时空变化特征与规律，提出乡村旅游与生态环境保护良性互动的对策与建议。

2.3 本章小结

本章主要从以下两个方面进行了分析。

(1)分析四组概念

①乡村、旅游和乡村旅游。三者内涵具有交叉之处，乡村旅游属于旅游的一种特殊形式，乡村的乡村性是乡村旅游的核心内容。不是所有的旅游都属于乡村旅游，也不是所有的乡村都有旅游活动，乡村旅游属于发生在乡村的旅游活动。

②生态、环境和生态环境。乡村的生态环境是指乡村的生物群落及非生物自然因素构成的各种生态系统所形成的整体，包括乡村的自然因素和人文因素，这些因素间接地、潜在地和长远地影响着人类的生存和发展。如果不对乡村生态环境加以保护，那么乡村生态环境遭到破坏，会使得人们的生活环境恶化，影响乡村的持续发展。

③协调与非协调。协调是指某个组织内部和外部的各种关系得到正确的处理，为该组织运转通畅创造良好的环境和条件，并实现该组织的最终目标。非协调是与协调相对应的概念，非协调是不得当配合，不一致和谐，表现为事物、系统和行为主体等的非共同发展，事物之间具有明显的外部性现象，某一事物的进步是以损害其他事物的利益为代价，从而使得系统的整体利益和可持续发展受到阻碍。

---

① 侯兵，周晓倩.长三角地区文化产业与旅游产业融合态势测度与评价[J].经济地理，2015，35(11)：211-217.

② 范红艳，薛宝琪.河南省旅游产业与文化产业耦合协调度研究[J].地域研究与开发，2016，35(4)：104-109.

③ 周彬，张梦瑶，钟林生.内蒙古旅游经济与文化产业耦合协调度测评[J].干旱区资源与环境，2019，33(4)：203-208.

④耦合、协调性耦合与非协调性耦合。耦合是指在两个或两个以上的系统之间，通过相互作用联合起来，或者通过其内存机制相互作用形成一体化现象。协调性耦合是指两个或两个以上事物之间存在的良性互动现象，是事物之间逐步磨合发展相互促进的状态，其状态用协调度和耦合度来表示。非协调性耦合是指两个或两个以上事物之间存在的非良性互动现象，它是区域发展到一定阶段后人地关系表现出的问题。

(2)探讨乡村旅游与生态环境保护研究的理论基础

本书以新发展理念、系统论、人地关系理论、旅游地理学理论、旅游产品生命周期理论、可持续发展理论、环境行为理论和耦合协调理论等相关理论为基础，探讨各个理论产生的背景、定义、内涵以及对乡村旅游与生态环境保护研究的启示。一是根据新发展理念“创新、协调、绿色、开放、共享”的要求，分析乡村旅游与生态环境保护的科学内涵，这对研究乡村旅游与生态环境保护协调发展以及全面贯彻新发展理念具有重要意义。二是根据系统理论，使乡村旅游与生态环境保护存在于某一特定的环境中，二者相互依赖和相互影响，并由一定层次、结构和功能的多种要素组成系统。在这个系统中，乡村旅游的良性发展与建设，不仅与政府决策、民众参与和经济发展有关，更离不开生态环境保护的建设与支持。三是依据人地关系理论，发展任何项目都不能超越大自然资源承载力，促进乡村旅游持续健康发展，促进乡村生态环境保护，实现乡村旅游与生态环境和谐发展。四是在旅游地理学理论对乡村旅游和生态环境保护指导下，对旅游业的关注辐射乡村旅游的研究与发展，规范和制定旅游景区等级的评价标准，对乡村旅游建设的全面发展起到重要作用，促进乡村生态环境保护事业的发展。五是依据旅游产品生命周期理论，乡村旅游地只有对自身进行精确定位，并对生态环境进行必要保护，才能保证旅游地的持续良好发展。六是在可持续发展理论指导下，注重乡村旅游在未来的发展中，不仅要强调经济效益、社会效益，更要从生态效益以及人居环境等角度进行考虑，坚持以人为本，合理利用生态资源和保护生态环境，探索高质量发展模式，有序提升乡村旅游产品质量、改善乡村居民生活、满足人民需求，达到人与自然和谐共生的可持续发展目标。七是在环境行为理论指导下，环境认知与行为动机理论不仅在分析乡村旅游游客的认知意向与对乡村生态环境的需求方面具有借鉴作用，而且为分析以乡村旅游建设行为主体，尤其是以生态环境规划设计主体和相关管理者的行为动机提供分析的理论工具。八是借鉴耦合协调理论，研究乡村旅游与生态环境内部各要素(乡村旅游资源质量、乡村旅游基础设施、乡村旅游经济效益、生态环境压力、生态环境保护投入和生态环境保护效率)相互融合、支撑和重构的过程。从逆向思维出发，构建乡村旅游与生态环境保护非协调性耦合模型，对乡村旅游与生态环境保护的非协调性耦合进行研究，提出乡村旅游与生态环境保护良性互动的对策与建议。

第 3 章　研究区概况

3.1　自然条件

3.1.1　地理位置

六盘水市位于贵州省西部，云贵高原一、二级台地斜坡上，地跨北纬 25°19′44″至 26°55′33″、东经 104°18′20″至 105°42′50″①，总面积 9914 平方千米，占贵州省总面积的 5.63%。六盘水市辖钟山区、水城县和六枝特区，代管盘州市。市境东邻安顺地区，南连黔西南布依族苗族自治州，西接云南省曲靖市，北毗毕节地区。钟山区的大湾镇、二塘乡和三合乡飞嵌于毕节地区西南部。

同时，六盘水市居于川、滇、黔资源富集区的中心地带，距省会贵阳市约 250 千米，距云南省昆明市 390 千米，距四川省成都市 450 千米，距重要钢铁工业基地攀枝花市直线距离约 310 千米，距重庆市 370 千米。

3.1.2　地质地貌

六盘水市大地构造属华南板块中的上扬子地块的西南部，其东南部以师宗-弥勒断裂带为界与南华活动带相接。由于受到塔里木-华北板块、太平洋板块、菲律宾海板块及印度板块相互作用，构造运动强烈，构造类型复杂。六盘水境内发育了泥盆纪至侏罗纪各个时代的地层，尤其以碳酸盐岩地层最为普遍，约占全区面积的 60%，为喀斯特地质、地貌的发育提供了完备的地层基础。

六盘水境内地质构造复杂，北部以北西向构造体系为主，由几条近乎平行的紧密褶曲和逆冲断层所组成。主体部分为威水背斜，水城即位于该背斜的东南段。其余还有格

---

① 牛丽楠，邵全琴，刘国波，等.六盘水市土壤侵蚀时空特征及影响因素分析[J].地球信息科学学报，2019，21(11)：1755-1767.

目底向斜、滥坝向斜、六枝向斜等。南部以华夏系构造体系为主，发育一系列北东向平行褶曲和冲断层，主要有大海子向斜、新马场背斜、盘南背斜等。中部以旋转构造体系为主，以水城法耳为旋转中心，形成一系列放射状弧形褶曲和断层，如猴子场背斜、坪地背斜、红岩向斜等。上述构造框架控制了六盘水市地貌和喀斯特地质的发育过程。

六盘水市地处青藏高原东南，云贵高原向广西丘陵过渡地区。受青藏高原隆起的影响，以间歇性新构造抬升为主，河流强烈下切，地形起伏剧烈，地形高差一般在 1000～1500 米，河流下切 300～700 米，形成雄伟的高山峡谷地貌景观（见图 3-1）。

图 3-1　北盘江大峡谷

（图片来源：乌蒙山国家地质公园课题组）

乌蒙山脉盘踞于云贵高原东部的斜坡之上，高原斜坡地区由于受到喀斯特作用，山峰林立。海拔 2500 米以上的山峰有 30 座，海拔 1900～2500 米的山峰有 664 座，海拔 1400～<1900 米的山峰有 330 座，海拔 900～<1400 米的山峰有 17 座，山高坡陡，沟深谷狭。乌蒙山区域内碳酸盐岩广泛出露，占地表面积的 58.19%。喀斯特地貌多彩多姿（见图 3-2），孤峰、峰林、天生桥、石芽、溶洞、暗河、伏流层见叠出。行人可至洞口的喀斯特溶洞有 131 处，构成了丰富多彩的地质旅游资源。

图 3-2　水城锥状喀斯特山地景观

（图片来源：乌蒙山国家地质公园课题组）

3.1.3　气候

六盘水属中亚热带季风湿润气候区，虽然纬度低，但海拔高并处于云贵低压涡中部，冬无严寒，夏无酷暑。多年平均气温 13 ~14 ℃，1 月均温 3~6.3 ℃，7 月均温 19.8~22 ℃，冬季不低于-5 ℃，夏季不高于 26 ℃，无霜期 200~300 天，其气温变化，如表 3-1 所列。由于地形起伏较大，局部地区气候差异明显，冬暖夏凉，气候宜人，形成了优良的气候旅游资源，“中国凉都”品牌享誉全国，素有“凉都”之称，一年四季适宜旅游。

表 3-1　六盘水地区气温概况　　单位：℃

时间	气温	钟山区	水城县	盘州市	六枝特区
1 月	日均最高气温	10	11	12	12
	日均最低气温	3	3	3	4
	历史最高气温	20	21	26	26
	历史最低气温	-5	-5	-5	-5
4 月	日均最高气温	21	22	23	23
	日均最低气温	11	11	13	14
	历史最高气温	29	29	32	32
	历史最低气温	4	4	4	4

表3-1(续)

时间	气温	钟山区	水城县	盘州市	六枝特区
7月	日均最高气温	26	25	25	26
	日均最低气温	18	18	18	18
	历史最高气温	30	30	29	32
	历史最低气温	14	14	14	14
10月	日均最高气温	18	18	19	19
	日均最低气温	11	11	12	12
	历史最高气温	26	26	26	26
	历史最低气温	4	4	7	7

资料来源：六盘水市气象局。

六盘水市辖区多年年降雨量为1200~1700毫米。一年之中，四季降水量不同，夏季(6—8月)降水量最大，占全年的53%~55%。冬季属少雨季节，降水量仅为全年的4%~5%，各月降水量如表3-2所列。

表3-2　六盘水地区降水概况　　单位：mm

时间	钟山区	水城县	盘州市	六枝特区
1月	20.5	20.7	22.7	23.4
2月	18.6	19.8	23.5	24.9
3月	26.8	27.3	30.3	29.3
4月	56.5	57.0	48.5	72.7
5月	131.6	132.2	156.5	191.8
6月	238.5	239.3	305.3	318.6
7月	226.3	227.5	265.5	292.7
8月	175.6	177.8	209.1	227.4
9月	138.2	139.4	137.3	133.5
10月	90.5	90.7	95.3	104.9
11月	30.2	30.7	36.3	42.3
12月	13.9	14.3	17.6	18.5
年降水量	1167.2	1176.7	1347.9	1480.0

资料来源：六盘水市气象局。

3.1.4 水资源

3.1.4.1 地表水

六盘水市位于长江和珠江流域的分水岭地带，其分水岭线与滇黔铁路基本一致，北面为长江流域乌江水系，南面则为珠江水系。六盘水市境内的乌江水系以三岔河为干流，在地域北部地带，包括钟山区、水城县和六枝特区的部分地区。三岔河年平均入境径流量为 2 亿米^3，通过乌江流入长江。在南部地带，是以北盘江为干流的珠江水系，自西向东贯穿区域腹部，南盘江分布在南部边缘。

区域内 10 千米以上或集水面积 20 千米^2 以上的河流 71 条，其中珠江水系 57 条，乌江水系 14 条。按流域面积划分：10~50 千米^2 的河流 24 条，51~100 千米^2 的河流 19 条，101~500 千米^2 的河流 19 条，501~1000 千米^2 的河流 3 条，1001 千米^2 以上的河流 6 条。河网密度为 0.167 千米/千米^2。境内漂流除几条干流外，其余多属于雨源性河流，源匮流短，枯水季节多出现断流。

3.1.4.2 地下水

六盘水市境内地下水丰富。地下水的主要来源是大气降水，其补给条件受气候、地质和地形的影响。玄武岩富水性弱，故地下水富集部位多在向斜轴部、背斜的倾伏端、弧形褶皱的转折处、张性断裂带和压扭性断层的上盘。这种富水区分布有限，主要在西南部。碳酸盐岩富水性强，地下水流量大，以喀斯特管道为主。这种富水区分布广泛，占六盘水市面积的 58.2%。

各类地下水中，以潜水形式为主，承压水不多。地下水的化学性质以低矿化度重碳酸盐类为主，除局部地区有轻度污染外，水质良好，可作为生活用水、农业灌溉和工业用水。各种水资源为水体旅游资源的开发提供了良好的资源基础，如牂牁江风景名胜区和明湖国家湿地公园等。

3.1.5 土壤植被

六盘水市东部受东南季风影响，四季分明，相对湿度大，土壤以黄壤为主。西部受印度洋西南季风及西南浮动流的影响，相对湿度较小，海拔较高处为高原黄棕壤。

六盘水市地处高山地区，自古森林资源丰富。清代《普安州志》记载，盘州市曾经“古木殷森，藤萝纠结”。后来经砍伐，森林受到破坏。近年来，政府重视植树造林和植被保护，在受到破坏的原生植被区形成了广袤的次生植被。森林植被占森林总面积的 28%，草原植被占森林总面积的 15%，合计植被面积占森林总面积的 43%。

天然植被可以分为针叶林、阔叶林、竹林、灌丛和灌草丛以及沼泽与水生植被。针叶林由松科、杉科和柏科组成，树种有马尾松、云南松、华山松、杉木、黄杉、柏木、滇柏和细叶云南松等。阔叶林包括常绿阔叶林、落叶阔叶林、常绿阔叶混交林、山地硬叶阔叶林和河谷季雨林五种类型。其中，常绿阔叶林树种有壳斗科、樟科、山茶科、木兰科、冬青科、山矾科和杜鹃花科等；落叶阔叶林树种有壳斗科的栎属、青冈属，桦木科的桦属、赤杨属，胡桃科的胡桃属，杨柳科的杨柳属等；常绿阔叶混交林有两种：一种生长在海拔 1400 ~1900 米，是常绿阔叶林逐渐替代落叶阔叶林的过渡群落，另一种生长在低海拔地区，是落叶阔叶林侵入常绿阔叶林形成的常绿阔叶混交林；山地硬叶阔叶林分布在海拔 2000~2800 米，由耐寒、耐干旱的壳斗科栎属高山栎组成；河谷季雨林分布在海拔 800 米以下的北盘江峡谷，是干旱季节落叶的阔叶林，树种有桑科、楝科、无患子科和大戟科等。六盘水市天然竹林较少，多为人工栽培，由竹或竹类与阔叶树种、针叶树种组成的特殊植物群落，在盘州市南部、六枝特区西南尚有成片分布。灌丛可以分为常绿针叶灌丛、常绿阔叶灌丛、常绿阔叶藤本刺灌丛、落叶阔叶灌丛、肉质多浆灌丛和竹类灌丛六种类型。灌草丛包括多年生草本植物类少数灌木，主要有蕨类灌草和禾本草灌草。沼泽植被较少，分布在盘州市大海子等沼泽地。水生植被由水生植物组成，有挺水、浮水和沉水三种类型，分布在山塘、水库、河流和水溪之中。

本地区的植物中有红豆杉、珙桐和杜鹃等国家一级保护植物，它们与地质遗迹形成的美丽景观交映成辉。区域内自然环境复杂多样，为多种动物提供了良好的栖息和繁衍的生态环境。本地区动物种类较多，数量亦较可观，各种珍禽异兽也常有发现，常见哺乳类动物有猕猴、黑叶猴、华南兔、穿山甲、斑羚、林麝、竹鼠及黑熊等，其中黑叶猴、斑羚都属于国家一级保护动物。鸟类在区内较为繁盛，主要有雉鸡、锦鸡、山斑鸠、雨燕、白鹤、苍鹰、鹊鸥、鸢、白鹭等，其中白鹤、白冠长尾雉都属于国家一级保护动物。两栖类、爬行类野生动物主要有大鲵、疣螈、龟鳖、锦蛇、眼镜蛇等。各种植被形成了良好的旅游资源，如玉舍国家森林公园和老厂竹海等景区景点。

3.2 社会经济发展概况

3.2.1 经济发展状况

据统计，六盘水市 2021 年地区生产总值 1473.65 亿元，同比增长 8.2%。其中，第一产业增加值 179.69 亿元，增长 7.3%；第二产业增加值 670.03 亿元，增长 9.4%；第三产业增加值 623.92 亿元，增长 7.1%。第一产业增加值占地区生产总值比重为 12.2%，同比下降 0.5 个百分点；第二产业增加值占地区生产总值比重为 45.5%，同比提升 1.3 个百分点；第三产业增加值占地区生产总值比重为 42.3%，同比下降 0.8 个百分点。人均地区生产总值 48715 元，增长 8.3%。六盘水市 2012—2021 年经济发展态势如图 3-3

所示。

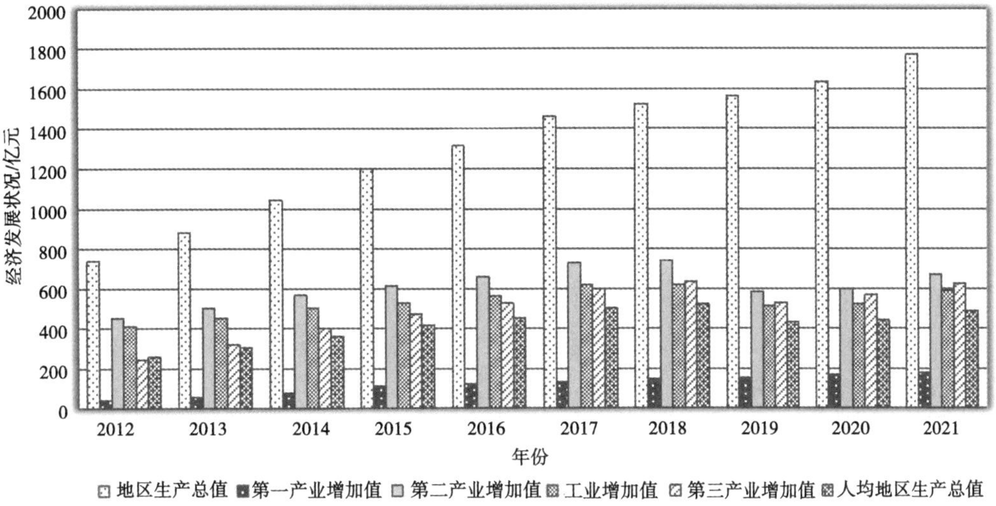

图 3-3 六盘水市经济发展态势

3.2.2 社会人口

六盘水市 2021 年年末常住人口 301.71 万，比上年末减少 1.59 万。户籍人口 360.38 万。其中，城镇人口 140.33 万，占年末户籍人口的比重为 38.9%。乡村人口 220.06 万，占年末户籍人口的比重为 61.1%。

3.3 生态环境概况

3.3.1 生态资源禀赋

所谓生态资源，是指能够提供涵养水源功能、可供呼吸的新鲜空气、土壤固氮、生物种群多样性、森林固碳调节气候和供给审美与休闲服务等生态产品和服务的资源[①]。六盘水市以高原喀斯特地貌为总体特征，是岩溶生态高地。这既是六盘水市最具吸引力的生态景观资源，也是六盘水市的发展之困，只有妥善处理好保护与利用的关系，坚守生

① 徐兴波.黄河上游生态保护与旅游业高质量发展研究[D].兰州：兰州大学，2021：26-28.

态、发展和安全三条线，坚持树立资源环境生态红线不可逾越，加大自然生态系统和环境保护力度，大力推进绿色、循环和低碳发展，弘扬生态文化，倡导绿色生活，才能加快建设美丽六盘水，使生态脆弱区以生态环境扰动最小化的山地大健康旅游产业为依托，实现永续发展。

根据《全国主体功能区规划》、《贵州省主体功能区规划》，以及国家发展和改革委员会、财政部、国土资源部、水利部、农业部、国家林业局六部(委、局)联合印发的《关于印发贵州省生态文明先行示范区建设实施方案的通知》(发改环资〔2014〕1209号)，确定六盘水市重要的生态功能区格局“三区三轴”。三区为韭菜坪生态旅游区、玉舍国家森林公园物种保育区和乌蒙大草原的娘娘山高山湿地生态旅游区；三轴为三岔河生态轴、北盘江生态轴和南盘江支流生态轴。针对各生态功能区制定保护重点，在重要的生态功能区遵循圈层保护开发模式。以此为基础，划定重点保护区，在区域内实施最为严格的保护性开发，严格限制污染工业的发展。重要旅游区域要测定旅游环境容量，严格控制游客规模。

在《贵州省主体功能区规划》中，钟山区—水城县—盘州市区域为省级重点开发区域。要加强生态保护和恢复，大力推进石漠化防治和生态建设工程，加强南北盘江流域防护林建设及重点水源地保护，做好重点工业区污染、城市生活污染、农村面源污染防治。根据《贵州省生态保护红线管理暂行办法》，六盘水市生态保护红线包括：自然保护区、风景名胜区、森林公园、地质公园、水利风景区、水源保护地等类型，面积3396.66平方千米，占六盘水市总面积的34.26%，占全省国土总面积的1.93%。六盘水市重点保护区详见表3-3。

表3-3　六盘水市重点生态保护区列表

类别	名称	数量
自然保护区	野钟黑叶猴市级自然保护区(▲)	1
风景名胜区	南开风景名胜区(☆)、牂牁风景名胜区(☆)、盘州市古银杏风景名胜区(☆)、盘州市大洞竹海风景名胜区(☆)、盘州市坡上草原风景名胜区(☆)	5
森林公园	玉舍国家森林公园(★)、贵州黄果树瀑布源国家森林公园(★)、钟山凉都森林公园(☆)、盘州市七指峰森林公园(☆)、水城杨梅森林公园(☆)	5
地质公园	乌蒙山国家地质公园(★)	1
水利风景区	六盘水明湖国家水利风景区(★)、黔中水利风景区(▲)	2
水源保护地	牂牁江国家湿地公园(★)、明湖国家湿地公园(★)、娘娘山国家湿地公园(★)、玉舍水库(▲)、瑶池(▲)、野鸡坪湿地(◆)、坡上草原湿地(◆)等	7
合计		21

注：★表示国家级；☆表示省级；▲表示市级；◆表示关键级。

资料来源：《六盘水市“十四五”文化和旅游发展规划》。

3.3.2 生态环境概况

六盘水市是因煤而生，在三线建设时期发展起来的城市。随着煤矿资源的开发，发电、水泥和钢铁工业等的发展，“三废”排放量增加，大气污染严重，河流污染加剧，森林面积减少，水土流失加剧，石漠化严重。不过，近年来，尤其是在中国共产党第十八次代表大会后，在“绿水青山就是金山银山”理念的指导下，经过多年的生态治理，生态环境得到改善，各项指标明显好转，其变化趋势如图 3-4 所示。

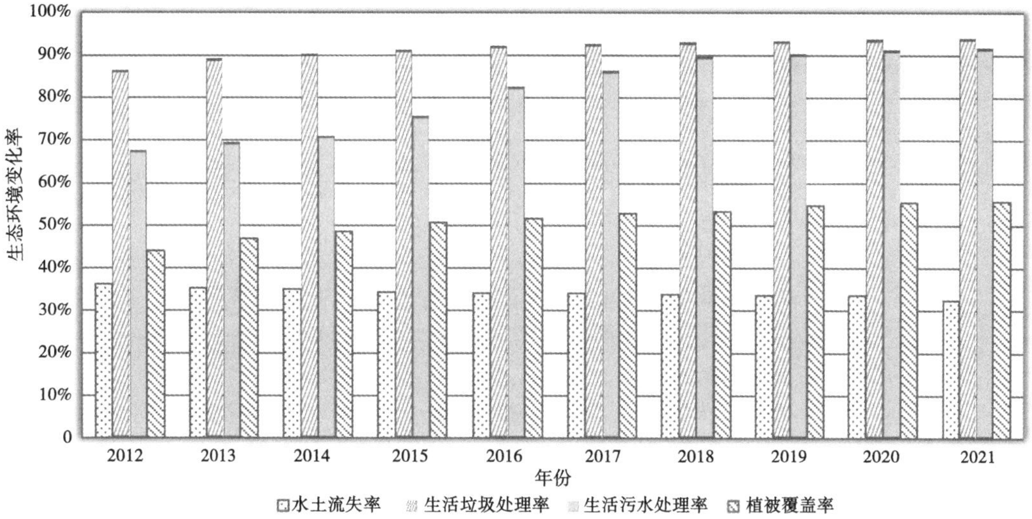

图 3-4 六盘水市生态环境变化趋势

3.4 旅游业发展概况

3.4.1 旅游资源禀赋

根据“十三五”期间贵州省旅游资源普查成果，六盘水市共有 3741 个旅游资源单体，其中，五级 18 个，四级 44 个，三级 283 个，二级 948 个，一级 2043 个，未评级 405 个。六盘水市境内山地占全市总面积的 65.17%，市境山地、丘陵、盆地和山原分布，峡谷、峰丛、峰岭、溶洞等纵横叠置，为徒步、越野、露营、滑翔、探险和溯溪等娱乐体验提供了独特的山地条件。气候条件宜人，市境属于亚热带湿润季风气候区，整体气温变化幅度小，冬暖夏凉，四季宜游，夏季凉爽舒适，紫外线辐射适中，享有“中国凉都”美誉。同时，高海拔、低纬度和垂直差异明显，使得生物多样性丰富，物产极为富饶，文化底蕴丰厚，区内民族文化、夜郎文化和三线文化等都有保存，民族文化、节日文化和民间传统工艺等都具有很强的独特性。

近年来，六盘水市依托大型景区、现代农业园区、乡村自然风光、民族村寨、古村古镇和“四在农家·美丽乡村”建设，按照“一村一品、一村一景、一村一韵”的要求，大力发展乡村旅游，打造了一批具有旅游效益、生活品质和生态价值的山地乡村旅游示范区。目前，六盘水市有重点乡村旅游村寨120个，其中，盘州市29个，六枝特区42个，水城县29个，钟山区20个。具体情况如表3-4所列。

表3-4　六盘水市重点乡村旅游村寨

市(区、县)	村寨	数量/个
盘州市	两河街道办：鄢官村、岩脚村(老鸹塘)、旧寨村(旧寨)、雷打山村；平关镇：岩上村(大石洞、三间房)；火铺镇：沙淤村(上沙淤、下沙淤、枧槽沟)；乐民镇：乐民村、麻玉岗村(上关雎)；石桥镇：妥乐村；普古乡：舍烹村、卧落村、天桥村、播秋村、新寨村、嘎木村、水坝村、陆家寨、厂上村；淤泥彝族乡：麻郎垤村、中心村(平地)、中合村(嘎哒河)；保基乡：冷风村、陆家寨村；新民乡：羊圈村；水塘镇：水塘村；老厂镇：黑土坡村(黑土坡)；坪地乡：小树林村(小树林)；乌蒙镇：乌蒙村；羊场乡：纳木村官庄组	29
六枝特区	落别乡：板照村(板照寨)、牛角村(平寨)、抵耳村(抵耳寨)、可布村(可布寨)；新场乡：旧院村(三家寨组、彭家寨组、不出市组、大田组、新寨组)、戛纳村、老院子村、松坝村(松一组、松二组、毛草坡组)；中寨乡：长寨村、木则村、箐脚村、小补王村；牛场乡：黄坪村；新华镇：双屯村(大渡口、小渡口)；梭戛乡：高兴村(陇戛寨)、安柱村(雨蝶)；新窑镇：桥良村(牛场坝、大元甫)；月亮河乡：补雨村(石头寨)、月亮河村(陇脚大寨)；牂牁镇：西陵村、兴隆村(田坝寨)、扁朝村(西噶寨)；郎岱镇：阿乐村、花脚村、上寨村(九层山)；木岗镇：抵簸村、瓦窑村；大用镇：大用村(湾寨)；关寨镇：朗树根村(长箐)、堕却村；龙河镇：永丰村(沈家寨、严家箐、徐家湾)、迎风村(播带)、龙场村(朱家湾、上田坝寨、下田坝寨王家渡)、双龙村(仲楚、王家小寨、田坝寨、前寨、后寨)；岩脚镇：木贡村(周家寨)、高桥村(龚家寨)、岱翁村；塔山街道办：六枝村(六枝居委会)、塔山居委会(瓦厂组)、那固居委会(小河沟组)；那克社区服务中心：青龙居委会；银壶社区服务中心：杨丰村(郑家寨，龙景、弯山、衙门、古牛)	42

表3-4(续)

市(区、县)	村寨	数量/个
水城县	坪寨乡：播落村(野鸡坪)；猴场乡：格支村、补那村；野钟乡：野钟村(麻窝寨)；南开乡：花场村(三口塘)；青林乡：海发村(海赛)；保华镇：阿勒河社区(加河、民生)；花戛乡：天门村(大寨、小寨、新寨、鸭场)、花水村；新街乡：二台村；蟠龙镇：院坝村(朱家寨)、木城居委会(上寨)；金盆乡：天生桥村(棋林)；龙场乡：娱乐村(高梁子新村)、龙场村(碗厂红军寨)；顺场乡：娘娘山村(妥通)；营盘乡：高峰村(渡船寨、王家寨、康底)、哈青村(哈青街上、皮坡组)；玉舍镇：俄脚村、海坪村、新发村；老鹰山街道：中坡居委；米箩镇：倮么村、俄戛村、米箩村；陡箐镇：陡箐村(猴儿关坪箐)、土发村；发耳镇：双井村；双水街道办事处：滴水岩村	29
钟山区	大河镇：渔塘社区、大箐社区、周家寨社区、大桥社区、裕民社区；西宁社区服务中心：龙贵地村、马落箐村；大湾镇：安乐社区(白族新村)、大箐社区、海嘎社区；月照社区：小屯村、双洞村、独山村、大坝村、预顶村；双戛乡：中箐村、高炉村、河沟村；汪家寨镇：新华村；德坞街道办：乌撒寨	20
合计		120

资料来源：《六盘水市“十四五”文化和旅游发展规划》。

3.4.2 旅游发展概况

2021 年，六盘水市全年接待旅游总人数 7642.42 万人次；实现旅游总收入 719.37 亿元；接待过夜游客 432.27 万人次，增长 10.94%；游客人均消费 942 元；旅游及相关产业增加值 69.44 亿元，占 GDP 比重 4.7%。新增 4A 级旅游景区 2 个、3A 级旅游景区 7 个、2A 级旅游景区 12 个。国家级乡村旅游重点村 7 个，与上年末相比新增 1 个；省级乡村旅游重点村 20 个，与上年末相比新增 10 个。

3.5 本章小结

本章从以下四个方面描述了研究对象六盘水市的基本概况。

①自然条件。主要包括地理位置、地质地貌、气候、水资源(地表水、地下水)和土壤植被。

②社会经济发展概况。主要包括经济发展状况、社会人口。

③生态环境概况。主要包括生态资源禀赋和生态环境概况。

④旅游业发展概况。主要包括旅游资源禀赋和旅游发展概况。

第4章　乡村旅游与生态环境保护的价值取向

4.1　乡村旅游与生态环境保护的提出

4.1.1　不同时期相关重要文件的启示

国家根据各个时期乡村旅游的特点，频发不同的文件对乡村旅游发展进行指导，这些文件的频发主要分为以下三个阶段。

①1992—2005年，为初级化应用研究阶段。

②2006—2015年，为多元化拓展研究阶段。

③2016年至今，为融合性深化研究阶段①。

在不同的时期，国家层面出台了阶段性文件来规范乡村旅游与生态环境保护的有序发展，成为不同时期乡村旅游和生态环境保护工作的行动指南。

（1）初级化应用研究阶段

1992年，中共中央、国务院作出《关于加快发展第三产业的决定》，明确旅游业是第三产业发展的重点，乡村旅游发展得到政府高度重视。由此，乡村旅游开始快速发展。随着城市化进程的推进和经济的蓬勃发展，人们的收入和休闲时间都在增加，人们对于回归自然、走进乡村的愿望越来越强烈，旅游市场日趋火爆。20世纪90年代前后，国内开始出现“农家乐”模式的乡村旅游方式，为乡村旅游的发展拉开了序幕。

（2）多元化拓展研究阶段

2008年，《中共中央关于推进农村改革发展若干重大问题的决定》出台，强调促进农村文化繁荣，推动城乡统筹发展，给乡村旅游发展带来了机遇。原国家旅游局和农业部等制定了促进休闲农业、乡村旅游和美丽乡村建设的有关文件。这一阶段，在社会主义新农村建设和美丽乡村建设等政策引领下，将生态环境保护纳入乡村旅游建设中，掀起了生态旅游热潮，促进了乡村旅游和生态环境保护的发展。

---

① 黄震方，张圆刚，贾文通.中国乡村旅游研究历程与新时代发展趋向[J].自然资源学报，2021，36(10)：2615-2633.

(3)融合性深化研究阶段

2018 年，中共中央、国务院发布的《关于实施乡村振兴战略的意见》部署了乡村振兴战略。此后，在文化和旅游部的倡导下，多个部门联合印发并实施《关于促进乡村旅游可持续发展的指导意见》，有力地推动了乡村旅游提质增效和可持续发展，更进一步确立了乡村旅游与生态环境保护之间的紧密关系。

4.1.2 当前我国乡村旅游发展存在的问题

当前，我国经济发展迅速，城市化水平不断提高，人民生活水平日益改善，人们拥有更多的休闲时间，由此增加了对旅游的需求，其中也包括增加了对乡村旅游的需求。我国乡村旅游发展建设起步较晚，呈现粗放型增长态势，尽管当前的乡村旅游建设已具有一定成效，却较难很好地应对快速增长的乡村旅游需求人群，存在着许多影响乡村旅游市场健康发展并在短期内难以解决的问题。主要问题如下。

(1)区域发展不平衡

长期以来，我国乡村旅游区域发展呈现东部地区发展水平高于中西部地区发展水平、大城市周边地区发展水平高于远郊地区发展水平、乡村旅游资源富集地区发展不充分的状况。东部地区经济水平高，投资消费能力强，再加上人口基数大、潜在游客多，与中西部地区形成鲜明对比，由此造成的发展差异很难在短期内消除。乡村旅游依托城市在城市周边开始发展，与远离城市的郊区形成鲜明对比。乡村旅游资源富集区较偏远，基础设施落后，开发量少，经济作用不高。

(2)产业结构单一

我国乡村旅游产业结构不合理。乡村旅游资源虽然丰富，但是将乡村文化、生态和产业等不同资源类型结合起来的深度不够，导致产业效率不乐观。另外，乡村旅游项目在开发的过程中过于注重商业包装，忽视了挖掘乡村文化内涵，对旅游文化的理解不够深入，使得乡村旅游产品多为同类产品，同质化现象严重，这不利于发展壮大乡村旅游产业。

(3)服务体系不够完善

随着旅游业的不断发展完善，乡村旅游服务体系面临着更多的挑战，社会对旅游服务体系的要求越来越高，而乡村旅游服务体系供给不足①。

①乡村道路建设等级低，游客服务体系和标识系统不完善②。

②旅游信息数据采集和储存不足，采集的信息利用效率不佳。

---

① 韩伟宏，李建军.美丽乡村建设背景下新型乡村旅游发展机制研究[J].农业经济，2018，38(12)：46-48.

② 王婷，姚旻，张琦，等.高质量发展视角下乡村旅游发展问题与对策[J].中国农业资源与区划，2021，42(8)：140-146.

③乡村旅游应急系统建设不完善，乡村旅游公共安全服务、救助机制和生态环境保护机制待形成。

(4)市场主体比较分散

当前，我国乡村旅游经营管理的主体管理水平和综合素质较低，缺乏现代企业经营管理理念。较多乡村旅游经营主体组织规模较小，抵御市场风险能力低。此外，在乡村旅游用地和投资融资等方面机制不健全，导致市场主体成长缓慢。由此，削弱了乡村旅游可持续发展的能力。

(5)乡村旅游生态环境堪忧

短期利益和长期利益的抉择，也就是生态环境保护和开发的选择，一直是乡村旅游发展面临的两难选择。追求短期利益能在经济板块上取得不错的成绩，但要想保持长期稳定的可持续发展就难以实现。现实中，乡村旅游生态环境的突出问题主要体现在以下两个方面。

①市场主体与行政部门对生态环境的保护意识薄弱。乡村居民、旅游产业经营主体和政府为实现手头上的宽裕和政绩，大多往往只看重目前的短期利益，从而在乡村旅游开发和经营管理中忽略了对生态环境的保护。

②乡村旅游客体对生态环境保护意识薄弱。乡村旅游游客的素质良莠不齐，对到访之处缺乏敬畏之心，随之而来的垃圾容易对乡村本就脆弱的生态环境造成难以修复的影响，致使乡村旅游项目成为生态环境破坏的罪恶源头。

4.2 维护公正，追求效率

我国乡村旅游发展和生态环境保护研究虽然取得一些成果，但也存在问题，主要有科学性、技术性、社会性、伦理性和政治性等问题。在这些问题中，如何平衡乡村旅游和生态环境的协调性发展是重要的问题，其实质就是基于经济效应价值取向和生态效应价值取向的利益调整和分配问题，这就需要协调好公正与效率的关系。

4.2.1 公正与效率的基本含义

(1)公正

公正是一个古老的概念，对这一概念的探讨在人类历史发展中一直存在。公正的概念由个人公正和社会公正两个方面内容组成。社会公正和个人公正的关系早在古希腊时期柏拉图在《理想国》一书中研究过，他认为社会公正是个人公正的延伸。1971 年，美国哲学家、伦理学家约翰·罗尔斯在《正义论》[①]中指出，在建立公平程序时，立约者应该具有理性而自利的品质。在“无知之幕”(所谓无知之幕，就是假设立约者在原初立场中不知道某些特殊事实：不知道自己的社会地位、阶级或社会身份等)中[②]，罗尔斯采用“无知之幕”是要取消某些特殊偶然性可能造成的影响，从而使得公正的协议在公正的自我利益条件下得以达成。由此，罗尔斯提出著名的两条公正原则：一是每个人都拥有与他人平等的自由权利；二是社会和经济上不平等的制度设计，应当对每个人都有利，且地位和职务对所有人平等。

总之，公正的实质是人们对平等利益的追求，是权利与义务的统一体，表现的是人与人之间的无差别意义关系。然而，公正的要求在发生变化，即公正是相对的，表现在以下两个方面。

①公正与等级和政治偏见等相对立，但公正与平均不同。平均主义是相对公平的分配方式，是一种无差别的价值观。

②公正是在一定条件和范围内体现的，其表现形式存在差别性，但这不代表不存在普遍意义的公正，而是公正具有特定的适应范围和条件，如政治公正和经济公正的对立。

(2)效率

效率是指人类通过活动产生的效果，用行为主体通过劳动得到的成果作比较，取得的成果越大，效率越高；相反，效率越低，即二者成正比。效率反映人与物之间的关系，强调结果的时效性，即单位时间内劳动投入能产出的效益。影响效率的因素有很多，其中最重要的因素是利益驱动和竞争压力[③]。利益驱动是指利益能驱动人的行为发生，利益能激发行为主体的“自我”意识，促使行为主体参与相关工作，用最小的投入取得最大的效率。竞争是行为发展的外部力量，社会资源和价值目标属于“稀缺性”资源，一部分人拥有一些利益目标，说明另一部分人失去这些利益目标，意味着在不同的活动主体之间对同一利益目标有竞争关系[④]。这种竞争如果是公正的，那么社会的效率应当得到提高；反之，则降低。由此看出，如果社会的公正程度越高，那么这个社会将更加公平、自由、繁荣和有效率。

与效率关联主体的资源条件、技术手段和素质等是客观存在的，因此，效率是现实的，同时也是具体的，人们不可随意确定效率追求的目标，因为人们的活动只能在现实社会中选择，而不能任意确立价值目标。

---

① 罗尔斯.正义论[M].何怀宏，译.北京：中国社会科学出版社，1988：31-32.

② 冯维波，黄光宇.公正与效率：城市规划价值取向的两难选择[J].城市规划学刊，2006，50(5)：53-57.

③ 冯维波.城市游憩空间分析与整合研究[D].重庆：重庆大学，2007：158.

④ 李彦，姜珍.公正与效率：发展的二难选择[J].兰州大学学报，1995，23(4)：41-47.

4.2.2 公正与效率的辩证关系

公正与效率具有统一性，同时也具有对立性，二者之间存在对立与统一的辩证关系，公正为效率提供基础保证，效率为公正提供物质前提，公正强调和谐与稳定，而效率要求资源不能平均分配，二者的辩证统一关系如图 4-1 所示。

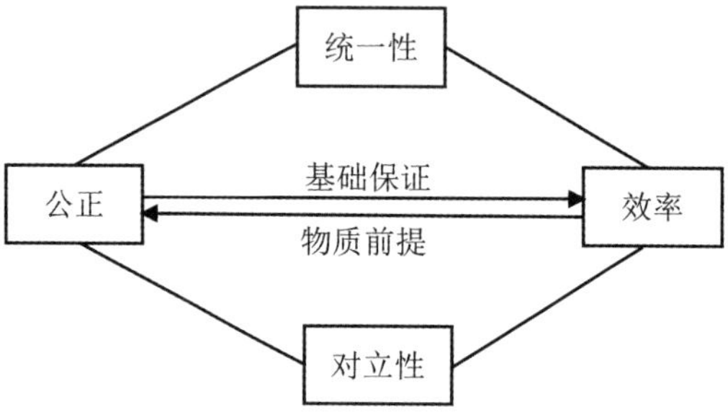

图 4-1　公正与效率的辩证统一关系

（1）公正与效率的统一性

公正和效率在人类历史发展中具有重要地位，是人们在社会生活中追求的价值目标。公正能提高社会效率，能增加人们参与活动的积极性。决定主体能否积极参与活动的主观条件是内部的评价机制，若社会秩序较好，得到行为主体的肯定，则主体积极参与活动，其效率就会很高。反之，如果社会的各项秩序对于行为主体来说是消极的，那么行为主体的态度就是消极的甚至对抗的，从而使得效率下降。在这种情况下，行为主体与别人联系起来，形成一种“自我”意识，构成一种社会化的自我认知，其活动既为了自己，也为了他人，形成相互获利的活动。因此，在制订行为主体的责任和义务时，应当充分考虑主体的价值观和自身利益，这样就能形成良性循环，充分发挥人们的积极性，从而提高效率。从结构功能方面来看，社会的各种工作是相互联系和协调进行的，在这些工作开展中，市场机制的组织与调节作用也不是万能的。由此，应构建科学有效的秩序，保持国家宏观政策调控，促进社会团结协作，使得社会整体均衡，从而排除“市场失灵”的问题，提高社会综合效率。

效率是社会发展的主要驱动力。在人类发展史上，人类从一个社会发展进入到另一个社会，生产效率都有所提高，生产力空前发展。在社会发展过程中，公正从“均贫富等贵贱”发展为对利益的肯定，要求人们“平等、博爱、自由”。这说明效率决定公正，公正在效率的基础上发展。同时，效率是度量公正的尺度，衡量一种社会是否公正，关键是看这种社会能否激起人们的积极性、创造性和主动性，并形成持续的效益，效率低下说明公正消失。

总之，公正与效率相辅相成，没有公正，效率不复存在，缺少效率，公正将变得没有意义。由此，公正是社会发展的目标，效率是实现这一目标的基础，两者具有统一性。

(2)公正与效率的对立性

虽然在社会发展的过程中存在着统一与和谐，但是也难以避免地存在矛盾与冲突，因此，公正与效率不仅具有统一性，也具有对立性。

公正和效率具有不同的价值观，其价值取向不一致。公正强调和谐与稳定，要求人人有平等的机会和利益。可是，平等地分配各种资源，相同的资源在不同劳动力的人的工作下其生产效率是不同的，从而导致社会总的生产效率降低。因此，效率要求资源不能平均分配，而应优化配置，形成最佳状态。人们希望投入最少，而获得的利益最大，这样注重效率就会损害公正。

生产方式的运动规律决定公正与效率的发展并不是完全同步的，生产力的变化先于生产关系的变化，往往表现出公正滞后于效率增长。例如，我国改革开放后，虽然经济快速增长，但是扩大了人们的发展差距，说明效率和公平的改变不一定一致。所以，在短时间内，经济发展会使收入不公平的机会增加，而长期来看，经济增长能形成更公平的分配方式。

社会分配能体现出公平与效率的对立，市场经济通过再分配对社会公正进行调整。如果依靠均匀分配，而否定个体效率的分配，那么社会就没有动力，公正的目标就没有物质作为保障。相反，如果过分强调分配效率，那么社会的两极分化将加重。因此，应当兼顾公平与效率之间的关系，通过政府干预和调节，运用经济收入和社会福利等分配政策解决这一问题，在不影响经济效率的情况下，将经济不公或贫富差距维持在适当的范围内，从而达到最大限度的相对公平。

总而言之，经济发展的目标是追求效益，这会导致社会不公，要想让经济持续发展，一方面要强调效率，另一方面要注重公平公正。公正和效率可以相互促进，如果一方扩张，另一方就会受到损害。所以，要处理好两者的关系，才能维持公正与效率，公正与效率在对立中统一，又在统一中对立。

4.2.3 乡村旅游与生态环境保护是追求公正还是效率

近年来，政府颁布了多项政策大力支持乡村旅游的发展①②。然而，乡村旅游开发项目盲目建设，使得农村耕地和植被等生态环境受到破坏，游客数量增长导致的垃圾增多

① 中国政府网.文化和旅游部等 17 部门联合印发《意见》全面提升乡村旅游的发展质量和综合效益[EB/OL].(2018-12-12)[2024-10-10].http://www.gov.cn/xinwen/2018-12/12/content_5347917.htm.

② 中国政府网.国务院关于促进乡村产业振兴的指导意见[EB/OL].(2019-06-17)[2024-10-10].https://www.gov.cn/gongbao/content/2019/content_5407659.htm.

也一直威胁着乡村生态环境①。政府发展乡村旅游是为了振兴乡村，但是，一些乡村景点在发展乡村旅游过程中没有兼顾乡村生态环境的保护，破坏了村民的生活环境，损害了弱势群体的利益，缺乏发展的公正性。为此，党的十九大报告强调，人类必须尊重自然、顺应自然、保护自然，明确指出生态环境是乡村旅游发展的基础保障，表明乡村旅游的价值取向正在转换，为了实现政府的目标，在效率的选择中要兼顾公正的协调发展。

对于乡村旅游和生态环境保护，有一种观点将此看作一种政府行为，认为其价值取向是公正，这种观点过于理性。公正与效率之间是不可分割的，两者是互为前提和相互兼顾的。

实际上，国家层面强调生态环境保护是乡村发展的基础，也是乡村旅游发展的基础。政府出台相关文件是为了弥补“市场失灵”而产生的顶层设计，同时，“政府失灵”在现实社会中也常常出现。“政府失灵”的表现包括但不限于理论上合理的设想在现实中失败，层层审批的规划在实践中变形等。其实，这些“政府失灵”是由科斯陷阱导致的。科斯定理是指当交易成本为零时，产权会自动界定给最有效率的使用者②。在现实中，交易成本为零的理想条件不存在，并且政府难以全面掌握市场信息，导致不恰当的政府干预造成干预失败，并引起社会不公的局面。所以，如果只考虑公正而不考虑效率，那么乡村旅游的发展和生态环境保护之间的平衡注定难以保持。

乡村旅游的发展最重要的是挖掘乡村旅游资源、带动乡村经济发展，而乡村生态环境的保护能促进乡村生态资源和文化资源的保护，进而保护了乡村旅游资源，从而推动乡村经济发展。乡村旅游与生态环境保护既有经济属性，又有社会属性。在经济属性方面，乡村生态环境具有巨大的财富，包含着丰富的生态资源和旅游资源，这些资源作为特殊商品，各种利益团体运用各种方式进行争夺，其目的是通过乡村旅游的方式，将乡村生态环境经济价值最大化，即追求效率。在社会属性方面，村民的存在空间是乡村生态环境，让乡村生态环境满足人们健康的生存需要是村民们的诉求，其目标是使乡村生态环境与生产生活保持平衡，即追求公正。因此，在乡村旅游和生态环境保护之间不能只选效率或只选公正，而是要把两者结合，寻求新的乡村旅游和生态环境的持续发展。总之，把公正与效率结合起来，才是乡村旅游与生态环境保护的价值取向，两者不可割裂。

4.2.4 可持续发展是公正与效率有机结合的节点

在乡村旅游与生态环境保护价值取向之间，如何选择公正与效率成为决策者面临的

① 文丰安.新时代加强农村生态治理的现实困境及可行途径[J].经济体制改革，2019，37(6)：32-38.

② 赵燕菁.制度经济学视角下的城市规划：上[J].城市规划，2005，29(6)：40-47.

难题。这主要有两方面原因：一方面，人们只看到公正与效率的对立性，错误地认为只能在二者之间选择一个；另一方面，对于乡村旅游与生态环境保护来说，公正与效率是局部性的，其不能表达它们在乡村旅游和生态环境保护发展中的地位和作用。因此，要正确树立公正与效率的价值取向。

可持续发展是乡村旅游和生态环境保护之间保持良性互动的最终目标，由于公正和效率存在对立性，彼此会相互限制，因此可持续发展的目标存在阶段性，难以一步到位。换句话说，在追求乡村旅游和生态环境保护之间良性互动的过程中需要牺牲局部公正或牺牲局部效率。因此，应以积极的态度面对公正与效率的对立性和实现可持续发展目标过程中的阶段性。

总之，公正与效率是对立统一的，这就决定了短时间内两者不可能完全平衡。但长远来看，公正是为了更高的效率，效率是为了更好的公正，两者是螺旋式上升发展的。保持乡村旅游和生态环境保护之间的良性互动，其核心是价值观的整合，最终是为了乡村旅游可持续发展，从而促进乡村经济的健康发展，实现乡村振兴。

4.3 保存乡村记忆，体现时代精神

乡村是农耕文明的载体，承载着中华民族五千多年历史的记忆。乡村的历史由各种形式的记忆所组成，并以物质的痕迹保存，村屋、道路和山水等都是记忆的载体。当这些记忆被唤醒时，历史就能“再现”。同时，随着当今社会生活节奏加快、物质条件不断丰富和科技文化不断进步，乡村显示出时代的不适应性，较难满足当代乡村社会生产生活的需要。乡村发展难题的破局，需要通过保存和展示乡村记忆来实现。那么，如何保存乡村记忆，同时体现时代精神呢？在乡村旅游和生态环境保护之间建立良好互动，恰巧能承担这一角色。

4.3.1 尊重历史文化，保存乡村记忆

乡村是在我国漫长的农耕时代逐步形成和发展的，是中国人精神寄托的对象，承载着中华儿女的历史记忆，蕴含着丰富的乡村文化。乡村记忆作为地方文化组成的一部分，其与全球化的进程呈现对立统一的关系①。随着城市化进程的加快，现代城市文明得以高速发展，乡村文化逐渐被边缘化，导致乡村记忆危机。同时，全球化伴随的现代性也不断建构着乡村记忆。

---

① 宋玉，黄剑锋.国内外乡村记忆地理研究进展与展望[J].世界地理研究，2019，28(6)：166-177.

乡村记忆主要包括语言、行为、文本和景观要素四个方面。语言具有社会性、交际性和工具性，这些特质共同决定了语言的交流沟通和文化传承等社会功能，还体现了当地人文特色，储藏着地方记忆；人类行为作为一种操演语言，相对比较固态的记忆和动态的行为活动更具有灵活性和深入性，更能保存与传承；文本作为独特的语言景观，是不同地区文化差异的突出表达，展示了一定的地方性，蕴含着文化底蕴和人文情怀；田园风光和历史建筑都是乡村记忆中具有地方特色的文化景观，使乡村集体记忆的构建具有稳定性和持久性。

乡村记忆正是通过以上整体意向传达并保存下来的。尽管乡村的发展受到城市化运动的侵蚀，但是乡村的文化要素在传统文化中的重要地位是不可撼动的，其构成了传统文化的基石。同样，要想让文化得以发展，就需要保存乡村记忆，这有助于人们把握乡村文脉的意义。

4.3.2 弘扬人文关怀，体现时代精神

乡村旅游的发展及其与生态环境保护之间要保持良好的互动关系，不仅要保存乡村记忆，而且要弘扬人文关怀，体现时代精神。目前，乡村文明是提供乡愁记忆的寄托，生活在城市中的人们需要乡村文明洗涤心灵和记住乡愁，生活在乡村的人们也需要塑造出现代性的乡村文明，以适应时代发展。乡村旅游作为人们休闲娱乐的选项，理应体现人文关怀和时代精神。

中国的乡村旅游相较西方起步较晚。处于萌芽阶段的乡村旅游过于注重旅游资源的开发，盲目向城市旅游的特征靠近，且忽视乡村旅游中的“乡村性”，甚至出现乡村旅游建筑城市化和活动商业化的趋势①。

乡村旅游的乡村性使其比城市旅游更具有多样性，这就要求在开发乡村旅游资源时应注重人文关怀，强调人的主体地位。基于此，可以说，时代精神和人文关怀不仅可以体现在物质形象上，而且能体现在乡村生活方面。乡村生活与乡村生态环境息息相关，乡村旅游也成为乡村日常生活的一部分，因此，保持乡村旅游与生态环境保护的良好互动，可以保存乡村记忆、展示乡村发展的时代精神和弘扬现代人文关怀，这也正是乡村振兴的价值追求和根本目的之一。

---

① 龙茂兴，张河清.乡村旅游发展中存在问题的解析[J].旅游学刊，2006，21(9)：75-79.

4.4 以乡村旅游需求为导向，以产品形象为基础

4.4.1 满足乡村旅游需求，科学配置旅游产品

为了满足游客的需求，乡村旅游地必须提供相应的旅游产品。供给方与市场的匹配程度决定最终能否达到理想的旅游地开发状态。目前，乡村旅游需求还存在不足，主要有以下几点。

①乡村旅游从业者综合素质需要提升。随着乡村旅游业态不断丰富，对劳动者素质的要求日益增加①。目前，旅游从业者中近一半的人未受到规范的专业技能、知识结构和综合素质培训，较大程度影响着行业的管理水平和服务能力。因此，乡村旅游从业人员需要加强综合素质培训。

②乡村旅游产品布局同质化现象严重。目前，我国正在大力推进供给侧结构性改革，旅游行业也在进行各种改革。然而，游客个性化和多样化的消费需求在乡村旅游行业依然较少，导致游客体验不断下降。因此，乡村旅游发展既需要科学合理布局与规划，也需要政府正确的引导，这样才能避免这些问题发生。

③乡村旅游综合服务能力较低，游客体验受到严重影响。目前，在很多乡村旅游地，游客服务能力欠缺，基础设施建设水平较低，显著影响游客体验，这主要是因为旅游企业更加注重旅游短期的经济效益，没有制订长远的发展规划，忽略了游客的旅游需求，具有一定的投机心理。

因此，在科学配置旅游产品时，必须对上述需求影响因素进行整体考虑和综合考量，这样才能提供配置最佳的乡村旅游产品。

4.4.2 突出乡村旅游产品特色，优化乡村旅游主题形象

在乡村旅游产品生产与市场需求匹配系统中，供给问题与需求问题同等重要。供给是为满足需求而提供的旅游产品和形象。在提供满足需求的最佳产品过程中，最关键的问题是突出产品特色和优化产品形象。这就要求在旅游产品的开发与设计的整个过程中，都要融入鲜明的本地个性与特色。这样能够避免与其他旅游产品的同质和冲突，让旅游产品的形象给游客留下深刻而难以忘怀的印象，从而对游客更加具有吸引力。在突出旅游产品个性与特色过程中，要注意以下几点内容：一是对潜在的旅游产品进行评价

---

① 欧丹.需求视角下乡村旅游转型升级策略探究[J].农业经济，2021，41(8)：26-28.

和定位分析，抓住其特色和开发价值；二是进行旅游产品开发前要开展充分的市场调研，把握正确的市场定位，开发出能满足各种品位和档次市场需求的旅游产品，牢牢把握各级消费层次人群；三是进行投资效益分析，将经济效益与社会效益相结合，认真分析旅游产品的供给指标和需求指标，确保供给与需求达到动态平衡；四是注重评价乡村旅游活动对乡村旅游生态资源和文化资源的破坏性，寻找可持续发展的乡村旅游发展路径。

需要综合考虑的是，一些在文化上成功的产品，在商业上不一定能够获得成功。例如，历史博物馆在文化上获得了成功，但在商业上没有取得较好的发展成效。因此，在进行旅游产品开发与设计时，不但要考虑旅游产品的文化性，而且要考虑旅游产品的商业性，商业性是旅游产品可持续发展的关键要素。

4.5　发展乡村旅游经济，维护乡村生态环境

我国当前发展的工作重点是以经济建设为中心，发展乡村旅游经济也是乡村振兴的主要价值。为促进乡村旅游可持续发展，必须保护好生态环境。

4.5.1　科学配置乡村旅游资源，促进乡村旅游经济发展

良好的乡村旅游体验，不仅给人们带来优质的休闲娱乐场所，而且成为乡村的一张靓丽名片，可以为乡村旅游带来投资，用商业利润改善人居环境和生态环境，从而大大提高劳动生产率。因此，为促进乡村旅游发展，应当对乡村旅游资源进行合理配置，其中的关键问题是乡村旅游资源的合理开发和交通条件的改善。首先，要提高旅游目的地使用价值，合理布置旅游用地，不仅能方便当地居民生产生活，而且能整合当地资源，提高当地布局的和谐度和综合实力。其次，完善道路交通系统和步行系统，在地形合适的范围内，使用立体化开发的手段，可以直接提高土地的使用价值。最后，整合乡村旅游资源，打造乡村旅游品牌，形成乡村旅游资源合力。总之，在科学配置乡村旅游资源过程中，一是要提高旅游目的地的可进入性，方便游玩；二是要科学合理地开发布局；三是要建设生态型开发，保持景观的完整性。

4.5.2　倡导乡村生态文明，保护乡村生态环境

生态文明是人类文明发展史中比工业文明更先进和更高级的文明，它注重人与自然和谐统一的哲学关系，谋求人与自然的和谐相处，在社会的生产和生活中，尊重生态学原理，寻求合理开发和利用资源，建立人地和谐的生态关系，运用目前先进的科学技术，对各种资源进行合理开发、生产和利用，提高人们的生活品质，促进社会与自然和谐发展。

生态文明建设理论指导下的乡村旅游的开发强调乡村旅游经济发展与生态环境之间如何保持平衡，即在挖掘旅游地经济价值和旅游资源的同时，要重视生态环境保护。显然，生态文明是医治乡村旅游与生态环境保护之间不和谐疾患的良药，是未来乡村旅游可持续发展所必须具备的意识和准则。因此，人们在布局乡村旅游空间过程中，应牢固树立和发扬生态文明。在生态文明建设过程中，要坚持以下原则。

(1)生态美学原则

传统美学强调色彩、尺度、体量、比例、质感和材料等视觉要素给人的心理感受，注重形式与功能的结合。在大自然中，各种生命体与生态环境和谐共生，这是一种自然生态美。在一般情况下，生态美由三部分组成，其特征如下。

①生命力。生命力是指具有生态循环再生能力，要实现这一目标，需要人们开发设计的乡村旅游产品及其空间布局具有可持续性。

②和谐。要求乡村旅游资源开发因地制宜，人工设计与自然环境融为一体，互惠共生，相得益彰，形成和谐美。

③健康。在保障和谐后，开发出无危害和无污染的乡村旅游空间，使人们的身心健康得到满足。

(2)整体性原则

整体性原则的内容主要包括以下三个方面。

①生物整体性。乡村旅游空间包含生态自然空间和文化居住空间，生态自然空间是人类与其他物种相辅相成并和谐共处的空间。在这个空间中，人类的私欲很强，不能总是满足人类的这种私欲，而应把生态自然空间与生物圈有机结合，整体考虑乡村旅游空间布局，防止生物多样性减少。

②环境整体性。既要考虑乡村旅游空间和乡村生态环境的关系，又要考虑乡村旅游内部公共空间与私密空间的联系，这样便于游客认知和使用。

③时间整体性。在乡村旅游空间建设规划过程中，要将眼光放长远，着眼于乡村旅游未来的发展，不但满足当代人的需求，还要考虑后来人的需要，所有相关的开发利用活动都对未来负责，走可持续发展道路。

(3)5R 原则

5R 即“renew，reduce，reuse，recycle，revalue”①。“renew”的意思为“更新”，即规划与设计理念更新、材料更新和施工方法更新等；“reduce”的意思为“缩减、减少”，即对自然的破坏要减少，对能源的利用要减少，对人类的不利影响要减少；“reuse”的意思为“再利用”，即对能够利用的资源、材料和设备等尽可能重复利用；“recycle”的意思为“循环”，即在对乡村旅游进行规划设计时，运用生态系统循环再生理论，因地制宜，尽可能运用太阳能、自然采光和自然通风等；“revalue”的意思为“再评价”，即指在经济、

---

① 陈易.生态危机的对策：建筑创作中的 5R 原则[J].建筑学报，2001，48(5)：45-47.

社会和生态等多个方面对乡村旅游空间作综合评价等。5R 原则也是对可持续发展的具体体现。

4.6 本章小结

通过对国家三个不同阶段的文件进行分析可以发现，国家层面对乡村旅游的关注从最初的鼓励粗放式发展到注重与生态环境保护发展同行，逐渐细化文件的作用对象，进一步确立了乡村旅游与生态环境保护之间的紧密关系。并且分析了当前我国乡村旅游发展中存在的问题：区域发展不平衡，东中西部地区发展差异较大；产业结构单一，产业结构发展不合理，容易忽视乡村旅游的核心——乡村文化内涵；服务体系不够完善，公共服务体系总体供给不足，相关机制有待形成；市场主体比较分散，经营管理主体水平较低，缺乏现代企业经营管理理念；乡村旅游生态环境堪忧等。

受到国家三个阶段出台的文件启示，针对我国乡村旅游和生态环境保护存在的问题，提出了乡村旅游与生态环境保护的价值取向。一是维护公正，追求效率。只有在保持乡村旅游和生态环境保护的良好互动中确立公正与效率的价值取向，才能实现公正与效率的有机结合。二是保存乡村记忆，体现时代精神。乡村记忆包括语言、行为、文本、景观要素四个方面，保存乡村记忆是尊重历史文化的重要基点。三是以乡村旅游需求为导向，以产品形象为基础。在乡村旅游中，游客的需求在于要求从业者素质提升、减轻产品同质化现象、提升综合服务能力、保障游客体验。四是发展乡村经济，维护乡村生态环境。合理配置资源，促进经济发展，保护生态环境，并坚持生态美学原则、整体性原则和 5R 原则。

第 5 章　乡村旅游与生态环境保护耦合协调发展机制分析

5.1　乡村旅游与生态环境耦合的 PSR 框架模型

5.1.1　PSR 框架及其特点

压力–状态–响应模型(pressure-state-response, PSR)，最初被加拿大统计学家 Tony Friend 和 David Rapport 用来研究自然环境所处的压力、状态与响应三者之间的关系。20 世纪 70 年代，OECD 对 PSR 模型作了改进，并将其应用于环境报告研究；90 年代，OECD 对 PSR 模型进行了有效性和适用性分析，并将其应用到生态环境研究中①。PSR 模型就“发生了什么、为什么发生、我们将如何做”这一人与自然和谐共处的基本问题给出了很好的诠释，得到了学界众多学者的肯定，被广泛应用于各类生态环境指标体系研究中。

PSR 模型由压力指标、状态指标和响应指标三个部分组成。其中，描述人类的经济社会活动对自然资源和生态环境施加压力的指标属于压力指标，它回答了系统发生此类变化的原因；描述自然环境状态和生态系统特点所呈现状态的指标属于状态指标，它回答了系统内要素具体发生了哪些变化；描述社会和个体针对人类活动给环境造成负面影响所作出的响应与行动的指标属于响应指标。同时，PSR 模型强调事物发展的因果关系，认为人类活动对生态环境产生了压力；产生的压力改变了自然资源的数量或环境的原有性质(状态)。因此，人类对存在的问题作出反应，如制定经济、环境和管理策略等，以防止生态环境退化或提高生态环境质量。由此，PSR 模型具有相互联系而又相互区别的三个方向的指标体系，如图 5–1 所示。压力指标包含直接压力(如污染物排入等)和间接压力(人类活动等)，这些指标反映的是人类活动或自然过程对生态环境产生的胁迫和

① MAI S Z, XU S J, PAN Y J.Application of the PSR model to the evaluation of wetland ecosystem health[J].Tropical geography, 2005(4): 317-321.

影响，这与人类的生产和生活方式休戚相关，反映某一特定阶段人类利用自然资源的强度和变化趋势等。状态指标包含人类的健康状况、生活质量、自然环境和生态系统的状态等，反映环境要素和环境政策的变化情况；响应指标则反映人类或社会采取的措施，以防止人类生存的环境受到破坏①。

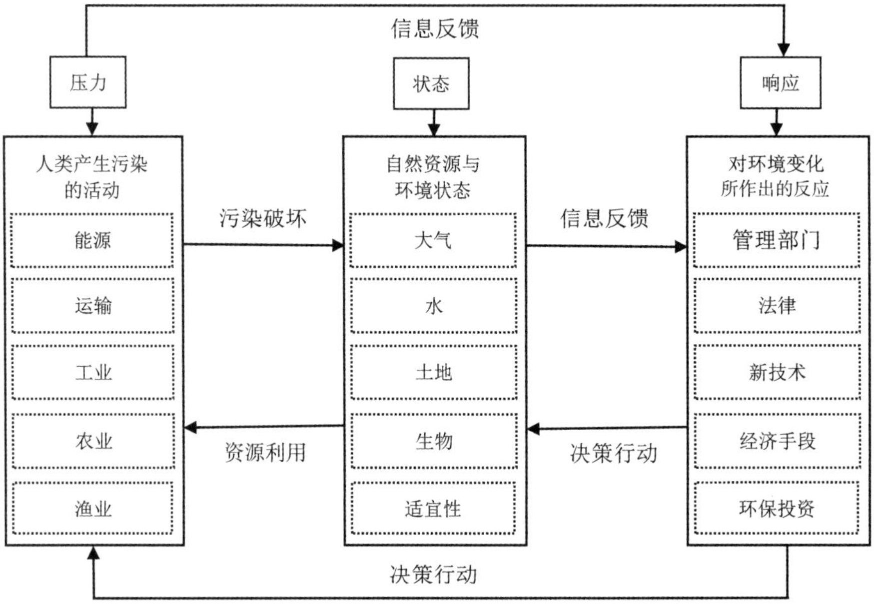

图 5-1　压力-状态-响应框架模型

人类生产与生活活动给环境带来了压力，导致生态系统发生变化，生产力受到削弱，物种数量降低，生态系统的抵抗力和恢复力下降。只有当人类认识到这些压力并承认这些压力带来的影响时，才会作出相应的响应。如果要进行量化研究，那么就应当建立科学合理的评价指标体系。PSR 模型的指标体系应运而生，并得到了广泛应用，目前主要应用于生态环境评价、土地质量评价和可持续发展评价等。

5.1.2　乡村旅游与生态环境耦合的 PSR 框架

耦合这一概念来源于物理学，它是指在两个或者两个以上的系统之间，通过相互作

---

① 麦少芝，徐颂军，潘颖君.PSR 模型在湿地生态系统健康评价中的应用[J].热带地理，2005，25(4)：317-321.

用和影响而联合起来，或者通过其内存机制相互作用形成一体化现象①②③。其理论基础为系统论、协同论和系统动力学，以此分析事物体系之间的作用、反馈、信息、响应、协调及形成机制等，目前已成熟应用于生态、环境和地理等研究领域。乡村旅游与生态环境两个系统之间内容广泛，结构复杂，具有很强的交互耦合关系。

一方面，美丽中国的具体体现形式就是生态环境优美，符合“绿水青山就是金山银山”的理念，这既是乡村旅游发展的目标，也是乡村旅游发展的基础，对乡村旅游的持续健康发展具有引领作用。乡村地区是进行乡村旅游的载体，是乡村旅游开展的主要活动场所，其美好的生态环境是乡村旅游发展的前提和基础。乡村旅游的发展强烈依赖生态环境质量，因此，保护生态环境能够不同程度提升乡村旅游资源的品质，促进乡村旅游进一步发展。因此，乡村的生态环境是“巢”，乡村旅游是能下金蛋的“凤”，保护生态环境之于乡村旅游来说是“筑巢引凤”，而“凤”能否健康持续地下金蛋，关键在于生态环境的有效治理和保护。

另一方面，对乡村旅游资源进行保护性开发能够促进乡村生态环境建设，体现“绿水青山就是金山银山”的理念。乡村旅游活动源于独特优美的乡村生态环境，最终的落脚点也要回归到美丽的乡村生态环境中④。在开发乡村旅游资源时，要按照生态理念、低碳理念、可持续发展理念和天人合一的思想进行规划，在乡村建成高品质和环境优美的旅游景区，这既是对乡村生态环境进行有效保护，也是对乡村旅游进行持续健康发展的有力保障。

总之，在乡村旅游发展过程中，乡村生态环境为乡村旅游发展提供必要物质基础和目标导向，而乡村旅游系统应依据乡村生态环境的需求，实现乡村生态环境的有效治理和保护，使得乡村旅游与生态环境构成良性协调发展的耦合系统，即乡村旅游与生态环境交互耦合的 PSR 模式系统⑤，具体如图 5-2 所示。

---

① THOMAS B F.Policy, plan and programmed environmental assessment in England, Netherlands, and Germany: practice and prospects[J].Environment and planning b: planning and design, 2002(29): 159-172.

② ZI T.An integrated approach to evaluating the coupling coordination between tourism and the environment[J].Tourism management, 2015(46): 11-19.

③ 宋长春，邓伟，宋新山.松嫩平原西部生态脆弱带景观结构与生态耦合分析[J].应用生态学报，2003，14(9): 1464-1468.

④ 时朋飞，李星明，熊元斌.区域美丽中国建设与旅游业发展耦合关联性测度及前景预测：以长江经济带 11 省市为例[J].中国软科学，2018，33(2): 86-102.

⑤ 刘耀彬，李仁东，宋学锋.中国区域城市化与生态环境耦合的关联分析[J].地理学报，2005，60(2): 237-247.

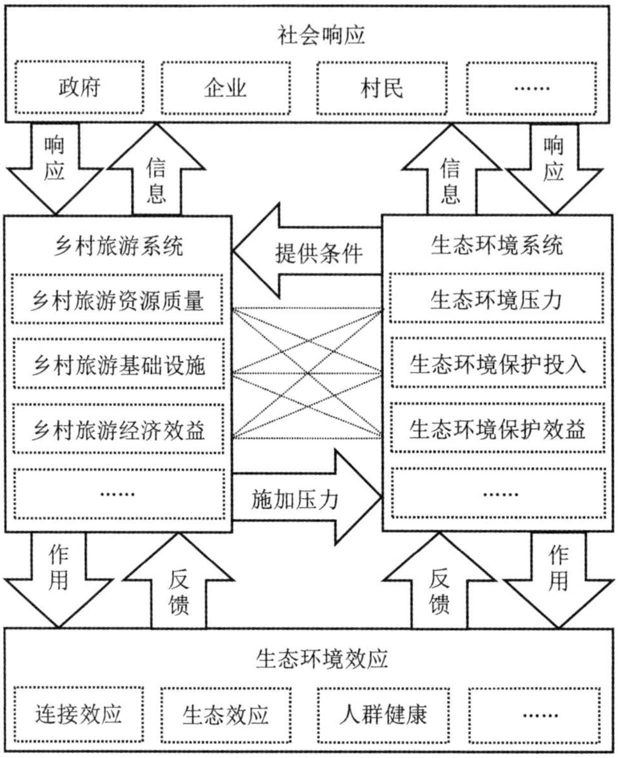

图 5-2　乡村旅游与生态环境耦合的 PSR 模式系统

5.2　乡村旅游与生态环境保护的协调发展内涵

5.2.1　协调内涵解析

(1)协调内涵

协调的概念在第 2 章介绍过，本章不再赘述，这里只对其内涵进行分析。“协调”一词出现在经济学、管理学、社会学、系统科学领域，其含义包括以下三个方面。

①从词语属性上看，协调作为名词定义为配合得当，作为动词可以理解为使配合得当。

②《东周列国志》中对协调进行了具体的定义，指组织为了完成既定目标，需要不断处理好内部和外部关系的过程。

③在管理学领域，协调是指组织领导者为了实现既定的目标，利用各种途径、方法

和技巧，对影响因素和相互关系进行合理配置与调整，促进每个环节、每个层次以及每个方面都能行动一致，形成密切配合关系，获得最佳的整体效益①。

(2)协调的分类

从协调的内涵出发，协调的类型有以下三种分类方法。

①从组织角度讲，协调分为内部协调和外部协调，内部协调分为纵向协调和横向协调。

②从工作协调角度讲，协调有三种分类方式：一是目标协调，包括确立目标、知晓目标、实现目标和再立目标等。二是时间协调，包括短期协调与长期协调。三是环境协调，包括内部环境协调和外部环境协调。

③从人际关系协调角度讲，主要是指个人或群体为促进个体和群体的共同利益，利用沟通等方式相互满足心理需求的过程。

(3)协调的特征

协调的特征包括以下四个方面的内容。

①协调的非独立性。协调需要双方在作出让步的基础上，涉及两方或者两方以上的主体，只有一方的独立协调属于单边主义，这不是协调而是独自超越。

②协调的保证性。协调和协调工作是组织管理目标中得以顺利实现的重要保证，随着复杂的社会化分工，各个组织之间的关系依存度越来越紧密，各种配置关系纵横交错。因此，要利用协调手段来确定科学发展目标，保证组织的正常运转。

③协调的变通性。在处理各种事务时，需要把握灵活性和原则性的辩证统一，这是工作创新的具体表现，协调的原则是对于危害全局或者影响整体进程的不正确思想和言行予以矫正。

④协调的灵活性。在保证组织目标正常完成的前提下，在条件允许的范围内，有关各方作出让步，满足一部分人的利益，促进全局性问题得以顺利解决。

(4)协调的目的

协调的反义词是失调或者不协调。协调对各种不协调的事物加以矫正或改革，促进事物朝着协调的方向发展。进一步地讲，协调的目标是促进和谐和、降低内耗，达到利益最大化。

5.2.2 发展内涵解析

发展是属于哲学范畴的词，是某一个事物由小到大的运动变化过程。从辩证唯物主义角度看，物质是运动着的物质，运动属于物质的根本属性，是向前和上升的，进步的运动被理解为发展。发展的根源性在于事物在发展过程中出现的内部矛盾，催生事物不断向前发展。著者认为，发展的历程涉及事物的一生，涉及多个领域，不仅是事物向前推

---

① 周三多.管理学原理[M].北京：高等教育出版社，2010：29.

进的过程，更是事物衰退消亡的过程。从更深层次来说，发展可被定义为事物从出生开始连续不断变化的过程，既有量的变化，又有质的变化。在事物变化过程中，发展的反义词为负发展、零发展、逆发展。发展是促进事物由无序向有序发展的过程。零发展是为了规避一些矛盾而不去发展；负发展是不发展，反而使事物回到原始落后状态；逆发展是指与现在发展相悖的发展模式。

5.2.3 协调发展内涵解析

首先，协调发展是协调和发展的交集（见图 5-3），随着进程的不断推进，在主体之间构建起良好的关系、稳定的发展态势和生动活泼的发展氛围。在系统内部构建起和谐一致和良性循环，形成从低级向高级和从无序到有序的演化过程。部分专家学者认为，协调发展是在整体状态下发展，不能在单独状态下发展，也不是单一要素的增加和发展，是在多个系统之中或者在协调状态下的发展。其次，从实践的视角讲，协调发展是在经济、社会、人口、生态等多个方面的协调发展，促进地区构建起可持续发展模式，实现资源可持续发展。

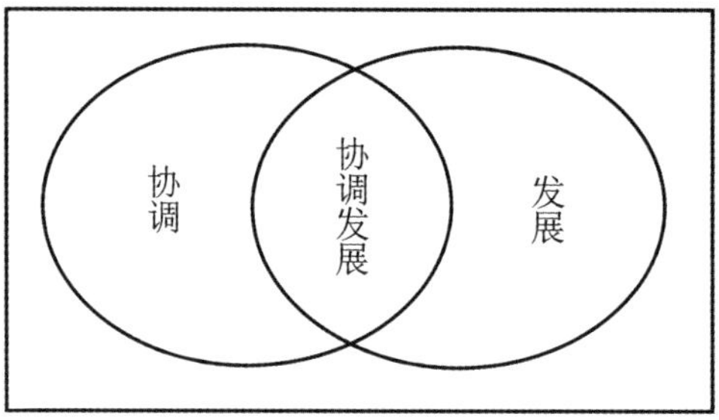

图 5-3 协调、发展和协调发展关系示意图

5.2.4 乡村旅游与生态环境协调发展内涵解析

（1）乡村旅游与生态环境协调发展的概念

把构成乡村旅游与生态环境两个系统内各评价因子以某种结构和数量组合形成配合得当且有效运转的整体称为乡村旅游与生态环境协调发展。这个整体的发展包括两个方面：一是促进乡村旅游高质量发展，使乡村旅游经济发展水平得以提升。二是保护生态环境，让各种旅游活动在生态环境容量之内进行，并使乡村旅游开发促进乡村生态环境建设，以提高生态环境质量。

(2)乡村旅游与生态环境协调发展的内涵

乡村旅游与生态环境两个系统协调发展不但要有乡村旅游经济数量的增长，还要有质量的提高，走乡村旅游高质量发展之路。同时要保护乡村生态环境，使乡村生态环境得到改善。具体内涵包括以下四个方面。

①乡村旅游高质量发展，生态环境质量提高，人们生活水平上升，人民幸福感增强，意味着乡村旅游与生态环境两个系统协调发展。

②乡村旅游发展水平提高，但生态环境因乡村旅游的发展而受到影响，不过，该影响在生态环境的承载力范围内，可以通过生态环境的自我修复消除影响，人们生活水平在上升，人民幸福感也在增强，这也说明乡村旅游与生态环境两个系统是协调的。

③乡村旅游发展水平提高，但生态环境因乡村旅游的发展而受到影响，并且该影响超过了生态环境的承载力，对生态环境造成破坏，人们的生活质量下降，幸福感也在降低，则表明乡村旅游与生态环境两个系统是不协调的。

④乡村旅游没有发展，生态环境的情况不管怎样，都说明乡村旅游与生态环境是不协调的。

乡村旅游对生态环境的影响是指乡村旅游不合理地发展，导致人们生活质量下降和幸福感降低等，这些负面影响是导致乡村旅游与生态环境不协调发展的因素。例如，乡村旅游发展过快造成大气、水体和土壤等自然环境受到污染，形成生态破坏，破坏了的生态环境又反作用于乡村旅游，阻碍乡村旅游的发展①。

5.3 乡村旅游与生态环境保护的互动机制

从系统论的角度来分析，乡村旅游与生态环境构成了一个复杂的巨系统，在乡村旅游发展过程中，乡村的人口要聚集、空间要扩张、经济要增长、结构要优化，而这些过程对生态环境(如大气环境、水体环境、土壤环境和生物环境等)会产生各种影响，这些环境也需要发展和变化，以寻求二者的协调发展。乡村旅游与生态环境二者之间的关系是既相互促进又相互胁迫的关系。从拉力的视角来看，乡村旅游发展中的产品创新、品牌树立、文化提升和社区参与等对生态环境保护及二者的协调发展起到拉力作用；生态环境保护的完善设施、优化环境、技术革新和管理健全等对乡村旅游及二者的协调发展起到拉力的作用。从推力的视角来看，乡村旅游发展的资源浪费严重、服务水平较低、融资难度较大和缺乏长远发展等对生态环境保护及二者的协调发展起到了推力作用；生态环境保护缺乏长效机制、村民参与度低和资金投入困难等对乡村旅游发展及二者协调发展起到推力作用(见图 5-4)。由此可以看出，乡村旅游与生态环境二者之间是既相互促

① 邓光奇.民族地区旅游业与生态环境协调发展研究[M].北京：中央民族大学出版社，2006：134-135.

进又相互胁迫的关系。二者之间的拉力属于正向影响，是相互促进关系，二者之间的推力属于负向影响，是相互胁迫的关系[1]，这正是乡村旅游与生态环境保护亟待解决的问题。

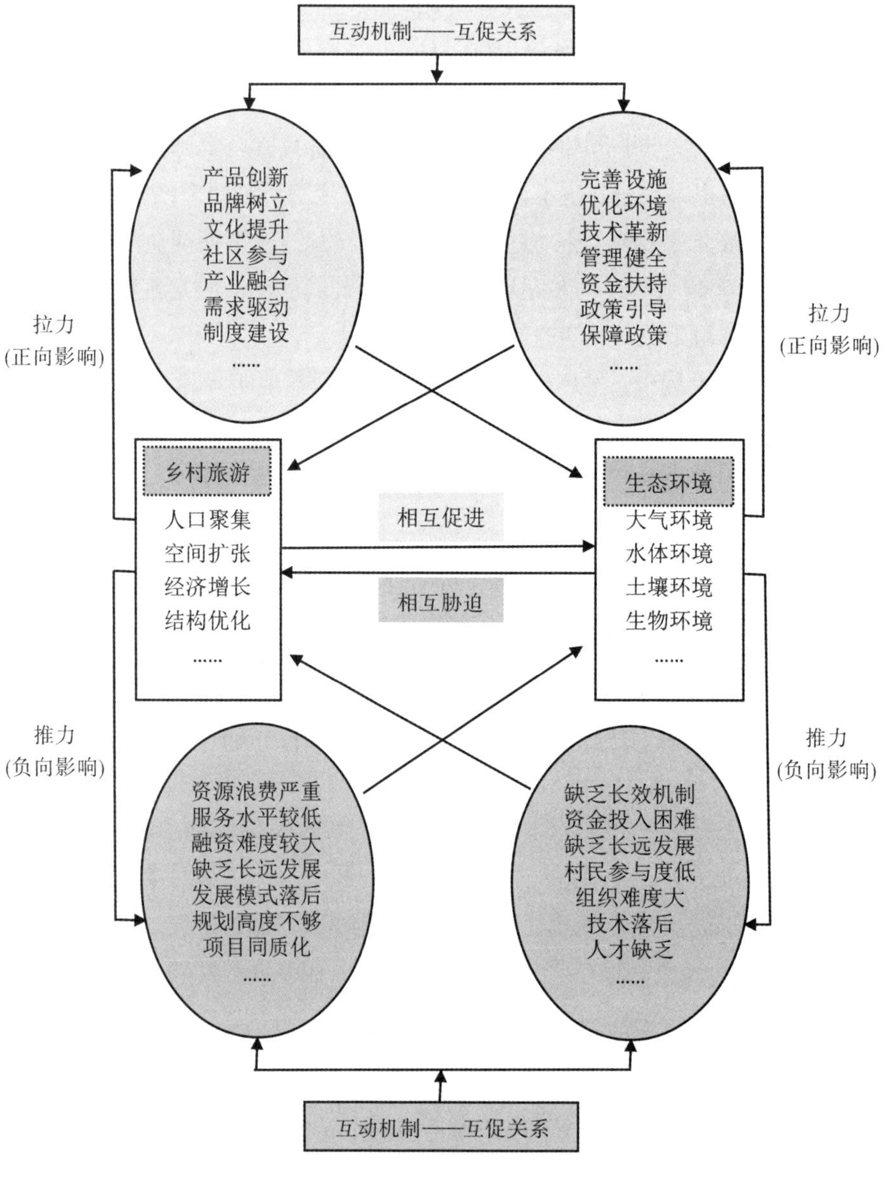

图 5-4　乡村旅游与生态环境互动关系模型

① 李晓琴.美丽乡村与乡村旅游协同发展耐不住寂寞[M].北京：科学出版社，2023：26-27.

5.4 乡村旅游与生态环境保护的相互促进

5.4.1 乡村旅游促进生态环境发展

(1) 乡村旅游改善生态环境质量

乡村旅游的发展能够促进生态环境的建设与发展，改善乡村生态环境质量。通过乡村旅游的发展带动乡村地区经济社会的发展，从而使地方政府财政收入增长。地方政府经济实力增强，由此有充足的财政资金修建污水处理和垃圾处理等各种环境污染治理工程，有足够的资金购买各种生态环保设施，提高处理各种污染物的能力。同时，为发展乡村旅游，地方政府将采取有效措施对乡村旅游开发区的生态环境进行美化，切实提高乡村旅游开发区的生态环境质量水平。在乡村旅游发展后，地方政府可以让村民主动积极地参与到乡村旅游发展中，让村民成为乡村旅游的直接受益者，村民经济收入增加、生活水平提高、生产生活方式改变，这些对乡村生态环境的改善具有帮助作用。例如，在村民生活方式方面，以前使用燃烧木柴和煤炭等获取能源，现在使用沼气、太阳能等清洁能源，大大减少对大气环境的污染；在生产方式方面，以前烧草烧材堆肥，过度垦殖放牧，目前应用各种新技术发展现代农业和休闲农业，既发展了乡村农业和乡村旅游，又保护了生态环境。综合以上分析，乡村旅游能够为生态环境保护提供资金支持，为生态环境质量的改善提供经济基础，村民生产生活方式的改变也促进了乡村生态环境的保护。

(2) 乡村旅游强化生态环境保护意识

对于游客来说，在乡村旅游及各种旅游活动中，通过旅游图文、标牌和声像解说系统等各种场景，应用情景体验和实景展示等方法，帮助游客了解生态环境保护相关知识，理解并思考人类与自然环境的关系，从而强化游客的生态环境保护知识。对于当地村民来说，通过发展乡村旅游，村民们认识到生态环境保护对发展乡村旅游的重要性。乡村旅游业是环境依托性产业，良好的生态环境是发展乡村旅游必备的基础条件，没有良好的生态环境支持，就没有良好的乡村旅游发展。在乡村旅游发展过程中，让村民们意识到生态环境不可替代的重要性，从而增强村民的生态环境保护意识，自觉支持和参与生态环境保护。同时，通过乡村旅游资源开发，也让参与乡村旅游的其他人员(如管理者、决策者及利益相关者等)意识到生态环境对乡村旅游的重要价值，并有意识地进行生态环境保护。由此可以看出，乡村旅游既能强化人们的生态环境保护意识，又能提升人们的环境保护素养。

5.4.2 生态环境保护改善乡村旅游的基础

(1)生态环境是乡村旅游发展的物质基础

生态环境为乡村旅游的发展提供了必备的物质基础，乡村旅游对生态环境的依赖程度很高，其发展需要良好的生态环境作为支撑，旅游产品的开发设计等需要生态环境提供必不可少的资源。一是良好的生态环境本身可以直接作为乡村旅游资源的重要组成部分进行开发与规划。生态环境中的大气、水体、生物和土壤等都可以作为旅游景观而利用，宜人的气候、清新的空气、清澈的水体、鸟语花香和绿树成荫等都是人们向往的去处，都是很重要的旅游资源。二是乡村旅游需要生态环境提供旅游资源基础。在乡村地区，乡村旅游资源的开发和旅游产品的设计等都离不开良好的环境资源，独特美丽的自然环境，古色古香的村容村貌，淳朴的民风民俗，这些都是乡村地区不可多得的宝贵资源，乡村旅游就是利用乡村环境中存在的各种资源，开发设计成各种具有竞争力的乡村旅游产品，吸引游客到乡村参加各种旅游活动，从而促进乡村旅游的快速发展。由此，如果人们破坏了乡村生态环境，那么，以生态环境中的资源为载体形成的各种旅游产品将不复存在，乡村旅游对游客的吸引力大大降低，其发展水平也将受到极大影响。从以上分析可以看出，在乡村旅游发展过程中，生态环境质量的高低是乡村旅游发展水平高低的决定性因素，是乡村旅游能否持续健康发展的资源基础。三是形式多样的旅游活动都要在生态环境中进行。在乡村地区，独特的乡村地理空间是开展各种旅游活动的载体，游客远离喧嚣的城市区域到乡村地区旅游，就是要享受乡村地理空间中的静谧环境、清爽空气、宜人气候和优美风景等，而这些只有优美的生态环境才能提供。

(2)生态环境保护优化乡村旅游的资源环境条件

乡村生态环境保护主要是指根据乡村自然生态系统和人工复合生态系统中存在的各种问题进行的生态修复、生态恢复、生态保育、生态治理和生态重建等工作。在山区乡村地带，生态环境保护的内容很多，主要有植被恢复、生物多样性恢复、增强山体斜坡稳定性，以及石漠化、水污染、大气污染、固体废物污染等治理。在生态环境保护工作的开展下，生态环境污染得到有效治理，生态系统更加健康，生态环境质量得以提升。在生态环境的支持下，乡村旅游资源更丰富，旅游资源品质更优异，这为乡村旅游的持续健康发展提供了更好更优的资源条件①。

① 秦远好，刘德秀，秦翰.连片特困地区旅游扶贫与生态保护耦合发展研究[M].北京：科学出版社，2020：56-57.

5.5 乡村旅游与生态环境保护的相互胁迫约束

5.5.1 乡村旅游对生态环境的胁迫效应

5.5.1.1 乡村旅游的污染效应

乡村旅游的污染效应是指在乡村旅游资源开发与利用以及各种乡村旅游活动给乡村地区生态环境带来的各种污染作用及其效果。乡村生态环境污染在污染类型上主要有大气污染、水体污染、固体废物污染、噪声污染、有毒物质污染和辐射污染等，在乡村生态环境污染效应研究中，研究重点是大气污染、水体污染、噪声污染和固体废物污染。

(1)大气污染

大气污染(atmospheric pollution)是指自然过程或者人类活动产生的一些物质进入大气中，导致大气圈中一些原有的成分发生变化，并在一定空间范围内停留足够长的时间、达到足够的浓度，由此对人体的健康和舒适等造成危害，并对生态环境产生不利影响的现象。目前，多数游客选择进行乡村旅游，最重要的原因就是乡村环境优美，空气清新，到乡村能够远离城市的尘埃，享受乡村清新的空气。然而，随着乡村旅游的快速发展和自驾游的增多，在旅游旺盛季节，很多自驾游的游客开车进入乡村景区，车辆产生大量的一氧化碳、二氧化碳、碳氢化合物、氮的氧化物和铅化合物等物质，这些物质排入大气中，使得乡村大气质量降低。此外，在一些乡村景区举行篝火晚会(见图 5-5 和图 5-6)，并且用炭火烧烤食物，其产生的烟尘会污染大气，导致乡村空气质量下降①。例如，张桂萍等人(2008)在研究中部某自然保护区时发现，随着旅游活动的增加，餐饮排气和汽车尾气使得大气受到污染，二氧化氮浓度在白天时段显著上升②。景区一些区域的悬浮物颗粒日均浓度最高值比国家一级标准限值还要高。在中部某国家森林公园，旅游业不断发展，大气质量受到影响，研究结果表明，景区二氧化氮超标率达到 42.6%，空气质量为中等污染③④。

(2)水体污染

水体污染(waterbody pollution)是指各种污染物质排入江河湖海等水体，当其含量超

---

① 张静宏，黄万猛，赵洋，等.河北省乡村旅游发展中的生态环境问题与解决对策分析[J].粮食科技与经济，2019,44(1)：122-123.

② 张桂萍，张峰，茹文明.旅游干扰对历山亚高山草甸植物多样性的影响[J].生态学报，2008，28(1)：407-415.

③ 王伟，张磊，张光辉.乡村生态旅游对生态环境的影响及长效管护对策[J].山东农业工程学院学报，2018，35(3)：8-11.

④ 石强，吴章文，贺庆棠.旅游开发利用对张家界国家森林公园大气质量影响的综合评价[J].北京林业大学学报，2002，24(4)：25-28.

图 5-5 S_1 景区篝火晚会广场

图 5-6 S_2 景区篝火晚会

过水体的环境承载力或自净能力时，就会对水体造成污染，使得水体的化学、物理和生物等方面的特征发生变化，从而破坏水体最初的利用价值和作用，破坏生态环境或危害人体健康。在乡村旅游活动中，水体是重要的旅游资源，也是重要的活动环境。目前，人们重视生态与健康，希望亲近水体、享受自然，乡村水体的质量对乡村旅游活动具有重要作用。然而，在乡村旅游资源开发过程中，多数乡村地区的基础设施不完善，污水管网系统质量有待提升，各种污水没有规范处理就排入河道，使得一些乡村区域的水体遭到破坏，富营养化加剧，水量减少，影响水生生物生长，水质恶化。例如，在东部某湖泊景区，游客餐饮和住宿排放污水污染西湖，导致湖泊中的氮磷总量增加，同时，在该湖泊外湖开展的划船活动，使得西湖外湖的湖水浑浊度上升①。在西南某城市，其水资源较丰富，工业活动与农业活动几乎没有，但水资源不能满足城市发展需要，水污染程度

① 李凯.旅游活动对西湖水质的影响研究[D].杭州：浙江工商大学，2012：24.

也很严重。究其原因，主要是污水设施和处理设施不完善，随着旅游活动增多，商铺大量增加，产生的污水和垃圾未经处理就排入河道，形成水体污染①。在西南某地区有一湖泊，湖水清澈见底，该地区环境优美，是很好的康养之地。可是，该地区乡村旅游发展后，村民环绕湖泊修建娱乐设施，并沿湖发展餐饮业，各种污水未经处理即排入湖泊，导致湖泊水体受到污染（见图 5-7 和图 5-8）。

图 5-7　S_3 景区环湖餐饮业

图 5-8　S_3 景区湖泊水质污染情况

（3）噪声污染

噪声是指在一定环境中不应有而有的声音，泛指嘈杂、刺耳的声音。当噪声对人及周围环境造成不良影响时，就形成噪声污染（sound pollution）。乡村旅游资源开发建设以及乡村旅游活动产生的噪声污染主要包括以下几个方面。

① 宁宝英，何元庆.丽江古城的旅游发展与水污染研究[J].中国人口·资源与环境，2007，17(5)：123-127.

①旅游交通噪声。随着车辆普遍进入普通家庭，很多人选择自驾到乡村进行旅游，机动车辆数目的迅速增加，使得交通噪声成为乡村旅游地的主要噪声源。

②建筑噪声。在乡村旅游开发过程中进行各种基础设施建设，建筑机械发出强度较大的噪声，严重干扰居民的休息与生活，也影响野生动物正常而有规律的活动，严重时甚至影响它们的繁育生息等。

③社会噪声。社会噪声包括旅游地的广播、歌厅等社会活动和家用电器、音响设备发出的噪声。这些设备发出噪声的等级虽然不高，但与人们的日常生活联系密切，影响人们的休息，尤为让人烦恼。

(4)固体废物

固体废物(solid wastes)是指在生产与生活等各种活动中形成的固体或泥状物质，包括在各种废气和废水中分离后产生的固体颗粒物。在开展乡村旅游活动过程中，部分游客生态环境意识较差，在开展各种休闲活动时会乱丢垃圾，而乡村环卫工人较少，使得各种垃圾处理滞后，形成固体废物污染①。这些垃圾不但降低乡村的整洁度，而且因为在短时间内难以降解，会污染土壤和水体等环境。

5.5.1.2 乡村旅游的生物效应

乡村旅游的生物效应(biological effect)是指在乡村旅游资源开发以及旅游活动过程中，旅游地生物系统变异的效果。能产生生物效应的途径很多，如乡村旅游资源开发建设、平整土地、填塘、砍树、人工建筑物、毁林毁草毁田修建公路、破坏生物栖息地等。在乡村，野外特有的绿色植被对游客很有吸引力，游客在植被覆盖率高的乡村进行旅游活动，既提高游客的生活品质，又保证游客的身心健康。但是，一些旅游活动会对乡村植被造成破坏，在乡村大量植树也会对原来的生态系统造成干扰。如刘丽梅等人(2009)研究发现，随着乡村旅游的发展，北部某景区草原植物群落优势种变化，植物种类减少，草原景观的审美价值降低②。而在西南部某公园，道路两侧的外来植物多达35种，对公园原有生物多样性形成严重威胁③。中部某森林公园游客接待中心的杉树与对照研究区相比，其直径生长量低32.3%~57.1%。这意味着旅游活动的开展对杉树的生长有较强的抑制作用④。

旅游活动不但对景区植物造成影响，对景区动物也产生一定的干扰与危害，使得景区野生动物数量锐减，动物个体的生理指标与行为反应变化、繁殖力等受到影响，种群分布改变⑤。例如，随着旅游活动的开展，中部某森林公园里野生动物的感知系数降低，

---

① 林铧.发展乡村旅游　助力乡村振兴[J].中共山西省委党校学报，2018，41(5)：60-63.

② 刘丽梅，吕君.典型草原地区旅游发展对植被的环境影响[J].资源科学，2009，33(3)：442-449.

③ 芦峥.老君山国家公园外来植物沿旅游道路的分布特征[D].昆明：云南大学，2016：15.

④ 石强，钟林生，汪晓菲.旅游活动对张家界国家森林公园植物的影响[J].植物生态学报，2004，50(1)：107-113.

⑤ 马建章，程鲲.自然保护区生态旅游对野生动物的影响[J].生态学报，2008，28(6)：2818-2827.

多个物种消失①。在东南部某世界地质公园内，旅游开发商为了吸引猕猴（国家二级保护动物），争相投食，打乱了猕猴的生活规律，猕猴由此行踪不定②。

5.5.1.3 乡村旅游的资源效应

乡村旅游的资源效应（resource effect）是指乡村旅游资源开发和各种旅游活动中对乡村自然环境中资源的消耗作用及其消耗程度，这些自然资源主要有土地资源、水资源和森林资源等。

（1）土地资源

在乡村旅游资源开发过程中，旅游产品开发与建设需要占用大量土地，为配合旅游业的发展，修建公路、停车场、酒店、游客接待中心和栈道等都需要占用土地资源。以南方某岛屿为例，该岛在实施国际旅游岛规划前，共新增各种建设用地 89.38 平方千米，平均每年增长 12.77%。而国际旅游岛规划实施后，全岛各种建设用地新增 667.09 平方千米，平均每年增长 74.12%③。西南某村随着乡村旅游的发展，耕地大量减少，主要用于旅游交通、旅游设施、旅游购物、旅游餐饮和旅游住宿等。据统计，2006—2013 年，该村耕地减少 52874.40 平方米，住宅用地增加 20360.62 平方米，交通用地增加 9639.79 平方米，园地略微增加，为 8252.12 平方米。此时段内旅游用地增加少，多为住宅用地转化为旅游餐饮和旅游购物等用地。2013—2016 年，在乡村旅游资源开发过程中，大量耕地减少，园地增加 51195.62 平方米，花卉用地增加 30490.50 平方米，在此期间，旅游用地明显增加，主要有旅游设施、旅游购物、旅游餐饮和旅游住宿等用地，观光用地主要为景观、花卉、火龙果栽种等用地。2016—2019 年，在精准扶贫和乡村旅游的推动下，旅游服务用地增加 17798.88 平方米，交通用地增加 28015.88 平方米，主要是旅游通道和观光栈道④。北部某村发展乡村旅游，1985—2012 年，旅游用地持续上升，其中，旅游住宿用地增加 21.25 万平方米，旅游娱乐用地增加 1.34 万平方米，旅游餐饮用地增加 1.38 万平方米，旅游零售用地增加 0.38 万平方米⑤。

（2）水资源

水是自然界重要的资源，它不仅是生态环境系统重要的联系载体，也是自然界最具活力的因子。在乡村旅游发展过程中，水是重要的基本物质条件，很多景区景点依山傍水，因水而兴。水资源广泛地影响着乡村旅游的发展，它不但影响乡村旅游的规模和空间分布，而且还影响着游客和乡村居民的生活质量与身心健康。在乡村旅游发展过程

① 石强，吴楚材，吴章文.张家界国家森林公园动物种类和数量的变化[J].中南林学院学报，2006，26(3)：51-54.

② 郑望.福安猕猴谷“生态困局”待解[N].福建日报，2016-10-13(15).

③ 熊昌盛，梁雅嘉，胡宇瑶，等.国际旅游岛战略实施对海南岛城镇建设用地扩张的净效应与作用机理分析[J].中国土地科学，2022，36(4)：59-68.

④ 张涵，李阳兵.城郊土地利用功能演变：以贵州省惠水县乡村旅游度假区好花红村为例[J].地理科学进展，2020，39(12)：1999-2012.

⑤ 胡可可，秦凤蕾，胡业翠.旅游乡村用地格局演变微尺度分析：以北京市怀柔区西庄村为例[J].中国农业资源与区划，2020，41(9)：238-248.

中，一些水资源不足的景区为发展乡村旅游，运用各种方法获取水资源，以提高景区旅游品质。例如，西南部某景区，为了获取宝贵的水资源，在多个地方修建了蓄水塔和抽水设施（见图 5-9 和图 5-10）。一些地方因蓄水而随意截留水资源，致使水资源流向改道，甚至导致下游水资源枯竭。又如，西南部某景区，因蓄水导致当地某河谷没有流水，对当地植被、动物和土壤等生态环境造成巨大破坏（见图 5-11）。而有的景区，因乡村旅游的发展，需要大量水资源，加之餐饮和住宿等行业用水管理不当，浪费大量水资源，对地下水和井水等过度抽采，对当地生态环境造成破坏（见图 5-12）。

图 5-9　S_4 景区蓄水塔

图 5-10　S_4 景区抽水设施

（3）森林资源

森林被称为地球的肺，森林对局部气候具有调节的作用。乡村旅游对森林的危害主要表现在以下几点。

①乡村旅游开发初期，修建和改造景区交通道路、停车场、索道、人工景点、旅游接

图 5-11　S_5 河谷已无流水

图 5-12　S_6 景区过度抽采井水

待中心、住宿和餐饮等基础设施，需要开挖土石方、砍伐树木、破坏森林和增大裸地面积，使乡村旅游地森林生态系统组成与结构发生变化，系统内生物种类重新组合，降低了原有森林的资源价值。

②各种旅游活动的开展使得游客践踏景区景点及旅游路线周围的植被，有的地方践踏严重，土壤紧实，植物难以生存，没有很好地恢复，导致人为裸地增加。

③因为游客对土特产非常感兴趣，使得当地村民和经营者采集各种特有植物，毁坏了原有的植物群落结构，对森林生态系统造成破坏。

④游客的不当行为，导致森林受到损伤。例如，游客攀树扯枝，采集植物果实、花朵、树叶，爬树照相等，直接损伤森林植被。

5.5.1.4　乡村旅游的地学效应

乡村旅游的地学效应(learning effect)是指乡村旅游资源开发与旅游活动对自然环境尤其是地表环境产生的各种影响，主要有土壤功能退化和地质环境变化等。

(1)土壤功能退化

土壤是生态系统不可或缺的部分。在乡村旅游活动中，游客践踏土地以及垃圾堆放在土地上会破坏土壤有机层，土壤中的生物(如蚯蚓)的栖息地改变会影响土壤的质量，土壤的化学成分将随之变化，如土壤的pH值、有效磷、有机质、水解氮和速效钾等成分降低，重金属含量增高，导致土壤肥力下降①。文斌(2019)通过对河南省嵖岈山国家地质公园的研究发现，随着旅游活动的开展，游径10米内的土壤pH值和游径边缘的土壤容重明显上升，而游径5米内土壤的有机质含量和土壤全氮含量则明显下降②。王帅等人(2017)对重庆市铜梁区黄门现代农业园和北碚区金果园进行研究，认为受乡村旅游影响，这两个景区的土壤有机质、含水量、全氮等随游径变小而递减，土壤容重则上升③。

(2)地质环境变化

地质环境变化是指乡村旅游资源开发及旅游活动过程中，不合理的工程活动引起的地质环境问题，主要表现为旅游相关设施的修建产生一些地质灾害，导致地质环境变化，包括地面沉降、崩塌、地面塌陷等。中部某景区修建索道破坏山体面积达5528平方米，导致山体产生一些崩塌④。西南部某国家湿地公园修建公路时未处理好地基问题，导致硬化后的公路塌陷(见图5-13)。

图5-13　S_7景区公路塌陷

① 李鹏，濮励杰，章锦河.旅游活动对土壤环境影响的国内研究进展[J].地理科学进展，2012，31(8)：1097-1105.

② 文斌.旅游干扰对嵖岈山景区生态影响研究[J].信阳师范学院学报(自然科学版)，2019，32(2)：245-249.

③ 王帅，邓佳，邓富玲，等.岩溶地区休闲农业旅游对土壤环境的影响[J].中国岩溶，2017，36(3)：377-386.

④ 王月容.旅游开发对生态环境的影响研究[J].湖南林业科技，2003，30(2)：37-39.

5.5.2 生态环境对乡村旅游的约束效应

5.5.2.1 气候要素的约束效应

气候要素对乡村旅游的约束主要表现在全球气候变化对旅游业的影响方面。根据《联合国气候变化框架公约》的介绍，全球气候变化主要形式是臭氧层破坏、酸雨和全球气候变暖。其中，全球气候变暖使得气候异常，干旱、台风、暴雨时常发生，对旅游业产生重大影响，这些影响分为直接影响和间接影响。

(1)气候变化对乡村旅游的直接影响

气候变化对旅游业的直接影响包括对旅游资源的影响、对旅游市场的影响、对旅游产品的影响和对旅游基础设施的影响等①。

①对旅游资源的影响。气候变化对旅游资源产生影响，这些旅游资源包括水体旅游资源、生物旅游资源、建筑遗址旅游资源等。

第一，对水体旅游资源的影响。全球气候变暖导致冰川融化，海平面上升，低洼的旅游景区景点将被淹没。2018 年，美国国家海洋和大气管理局认为，2100 年全球海平面可能上升 2.5 米。《气候变化国家评估报告》指出，2050 年，我国海平面上升 12~50 厘米，一些水体旅游资源可能受到影响，如沙滩、海岛、礁石、海湾等。同时，冰川融化，雪线上升，冰雪旅游资源质量下降，空间分布改变。此外，气候变化对湖泊、瀑布、河流和温泉等造成影响，导致其分布格局变化。陈宜瑜(2005)认为，未来 50~100 年，我国南方河流流量上升，而北方河流流量将下降②。由此推断，黄河等河流将出现断流，壶口瀑布将受到影响。

第二，对生物旅游资源的影响。气候变化改变生物的生存环境，影响生物个体的内部结构和体表性状，改变生物景观的格局。吴建国等人(2009)认为，气候变化影响珙桐的分布范围，其适宜分布范围减少 60%~80%③。据世界自然基金会分析，全球气候变化使得我国四川大熊猫生境发生变化，大熊猫可能往西北方向迁徙。气候变化导致的河流和湖泊等的水质变化，会引起水生生物(如藻类和鱼类)的变化，对沿岸旅游活动产生影响。

第三，对建筑遗址旅游资源的影响。多数遗址遗迹类资源较脆弱，气候变化对其破坏较大。洪涝灾害、台风和极端气候等都会对遗址遗迹类旅游资源造成破坏。如果风速

---

① 钟林生，唐承财，成升魁.全球气候变化对中国旅游业的影响及应对策略探讨[J].中国软科学，2011，26(2)：34-41.

② 陈宜瑜.中国气候与环境演变(下卷)：气候与环境变化的影响与适应、减缓对策[M].北京：科学出版社，2005：32.

③ 吴建国，吕佳佳.气候变化对珙桐分布的潜在影响[J].环境科学研究，2009，22(12)：1371-1381.

上升6%，将有100万个建筑受到一定程度的破坏，经济损失约20亿元人民币①。研究结果表明，气候变暖将加快物质文化遗产损坏速度，缩短其寿命，如加快石刻风化、砖瓦粉化、木材干裂、纸张霉变、青铜锈蚀、毛皮脱毛和壁画褪色等②。

②对旅游市场的影响。气候变化对游客的影响很大。炎热的夏季，人们选择到气候凉爽的山区地带旅游避暑，例如，中国凉都六盘水市、中国夏都西宁市和爽爽的贵阳等地，成为游客夏季旅游的首选目的地；而在寒冷的冬天，游客往往选择到海南省三亚市等地过冬。对于不同气候类型的旅游地，气候变化对市场的影响也不相同。例如，夏季旅游旺盛的山区地带，气温升高将延长旅游季节，有利于当地旅游业的发展，森林型、江河型、滨海型和湖泊型等有利于避暑的景区旅游市场将会扩大。在冬季，冰雪旅游的市场需求也会增加。

③对旅游产品的影响。在气候变化背景下，冰雪旅游、高尔夫、漂流和钓鱼等旅游产品受到直接影响。全球变暖，雪线上升，冰雪资源缩减，冰雪旅游产品开发受到影响。野营、高尔夫运动和划船等旅游产品需要温暖的天气，气候变暖将使得旅游企业增加投资开发这些旅游产品。

④对旅游基础设施的影响。气候变化会影响旅游交通和旅游接待等设施，在气候反常变化或极端气候条件下，旅游接待设施等基础设施的维护成本将增加，而对旅游交通的影响更大，如冰冻、台风、大雾和暴雨等能使交通中断，甚至瘫痪③。

（2）气候变化对乡村旅游的间接影响

气候变化对旅游业的间接影响主要包括两个方面：一是气候变化-旅游业，二是气候变化-相关产业-旅游业。

①气候变化-旅游业。目前，普遍认为，气候变暖的原因之一是温室气体的排放，而温室气体主要是二氧化碳，因此，阻止全球变暖的主要办法是减少碳排放，包括旅游业在内的各行各业都应当进行碳减排工作。谢园方等人（2012）指出，旅游活动的食、住、行和游等都会有碳排放产生④。钟永德等人（2012）认为，为保障旅游活动进行而提供住宿、餐饮、购物、交通、娱乐和游览等项目的建筑物、设备和设施等的直接碳排放和保障产业运行的间接碳排放的总和，称为旅游业碳排放⑤。因此，在考虑旅游业碳排放时，应考虑直接的和间接的所有碳排放，把与旅游相关行业的碳排放相加，才能得到旅游业碳排放。

① 宋戈飞，赵琪，谢剑彬，等.浅谈全球气候变化对建筑环境的影响[J].建筑施工，2003，25(6)：498-500.

② 张燕.气候变暖对福建省旅游业的影响[J].哈尔滨商业大学学报(社会科学版)，2008，14(4)：113-116.

③ BELLE N，BRAINWELL B.Climate change and small island tourism：policy maker and industry perspectives in Barbados [J].Journal of travel research，2005，44(1)：32-41.

④ 谢园方，赵媛.基于低碳旅游的旅游业碳排放测度方法研讨[J].人文地理，2012，27(1)：147-151.

⑤ 钟永德，李世宏，罗芬.我国旅游业碳排放计量的三个关键问题思考[J].中南林业科技大学学报，2012，32(11)：139-143.

②气候变化-相关产业-旅游业。因为很多产业与旅游业相关联，气候变化也会影响这些关联产业，因此，旅游业也由此间接地受到气候变化的影响①。2008 年，世界旅游组织认为，旅游业的间接碳排放比直接碳排放高。

(3)气候变化对乡村旅游的影响机理

通过上面的分析可以看出，气候要素对乡村旅游具有约束作用，这些作用通过气候变化对旅游业产生影响，有的影响通过常规天气气候影响形成，有的影响通过极端天气气候形成，而有的影响则在碳减排约束的作用下形成。同时，这些影响又分为直接影响和间接影响，其影响机理如图 5-14 所示。

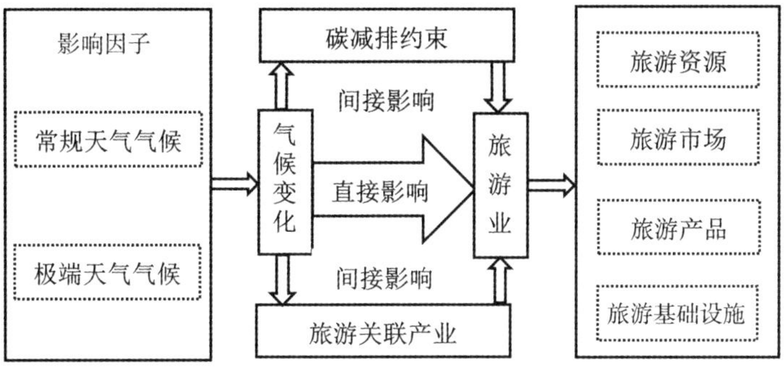

图 5-14　气候影响旅游业的机理示意图

5.5.2.2　地形地势的约束效应

(1)地形地势对乡村旅游分布的影响

地形地势、气候水文和土壤植被等自然地理条件是影响人类生存的环境，这些自然地理条件影响着人口的分布，进而影响乡村聚落的形成与发展。在平原和丘陵地区，地势平坦，土壤肥沃，利于人类生存，形成的乡村聚落较多；而在海拔高、地势陡峭的高原和山区地带，地形复杂，人口与乡村聚落沿盆地边缘和峡谷两侧聚集，呈散点式分布。因此，海拔高程影响当地的地形地势起伏，进而对当地水热组合产生影响，从而影响农业生产方式。农业生产方式的变化又促进当地文化和民俗等的变化，对旅游重点村的形成产生影响。总之，随着海拔的升高，乡村旅游重点村的数量减少。从我国的 1000 个乡村旅游重点村分布来看，它们主要分布在地势相对平坦的第二阶梯和第三阶梯，而在以高原和山地为主的第一阶梯，乡村旅游重点村只有 149 个，数量稀少，零星分布，平均海拔 4000 米以上，村落的坡度达到 35.5 度②。

(2)地形地势对旅游交通的影响

在山区地带，乡村旅游地常常存在于崇山峻岭中，受到山区水系和地形地势的影响，

① 蔡洋.气候变化对旅游业的影响研究：以南京市为例[D].南京：南京信息工程大学，2020：34-35.

② 王秀伟，李晓军.中国乡村旅游重点村的空间特征与影响因素[J].地理学报，2022，77(4)：900-917.

山峰一座接着一座，地形地势高低起伏，重峦叠嶂，对景区景点旅游交通的约束性强。旅游路网常常沿着山区边坡地带呈带状分布，其特点是道路陡、弯道急、路幅窄、车道少、等级低，在旅游旺季，旅游交通严重拥堵，景区交通安全隐患极大。例如，西南部某风景名胜区，是国家首批5A级旅游景区，景区为典型的喀斯特地貌，喀斯特地貌面积占国土面积的80%，景区内山川与河流纵横交错，地形条件错综复杂。受地形地势影响，该地旅游交通方式单一，舒适性和便捷性较差，交通安全隐患大，据统计，2014年，该景区交通事故发生106起，2015年1月到2016年2月，有254起交通事故发生。旅游交通严重制约着该地旅游的发展。

5.6 乡村旅游与生态环境保护的耦合机理

5.6.1 乡村旅游对生态环境的作用机理

在乡村旅游开发与经营过程中，乡村旅游资源质量处于核心地位，为提高乡村旅游资源质量，走生态化转型促进绿色发展是必经之路。习近平总书记强调，应处理好经济发展同生态环境的关系，这就要求推动绿色发展。旅游业是综合性产业，其健康发展会推动乡村地区生态环境优化，减少生态环境压力。

乡村旅游发展后，乡村旅游经济效益提高，促进旅游产业技术变革，带来旅游资源配置优化，使得旅游资源消耗降低。例如，土地资源和水资源等的高效集约利用，住宿和餐饮等的节水技术应用，固体废物的回收和安全处理，绿色交通的使用，这些让乡村生态环境保护效益得以提高。

乡村基础设施建设要求进行生态规划建设，对一些地区要求划出限制开发区和禁止开发区，划定生态安全红线。同时，对生态功能区中的旅游资源进行开发，进行基础设施建设时，要求加大生态环境保护投入，实现景区生态系统服务功能完整，以旅游实现生态环境保护。

综合以上分析，乡村旅游对生态环境的作用机理如图5-15所示。

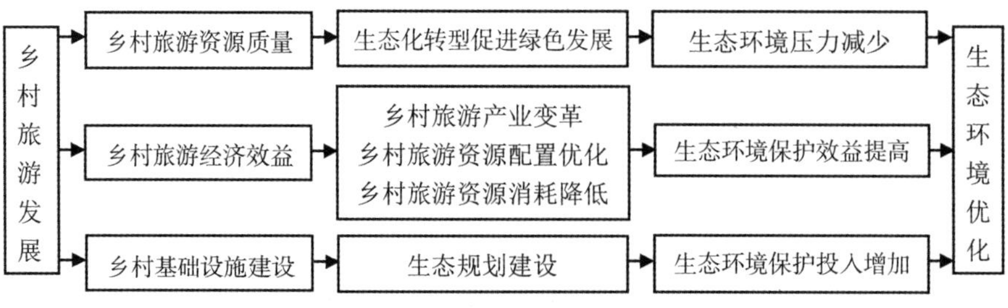

图5-15　乡村旅游对生态环境的作用机理

5.6.2 生态环境对乡村旅游的作用机理

乡村生态环境质量提升，大气环境改善，空气污染物排放量减少，二氧化硫和二氧化碳等的含量降低，空气颗粒物下降；水环境变好，污水排放量下降，污水处理率提升，Ⅰ和Ⅱ类水域面积扩大，水质优良率上升；固体废物减少，土壤环境改善，镉、砷、汞等重金属等级别达到一级标准，Ⅰ类和Ⅱ类土壤面积增加。乡村生态环境改善，提升了村民生活空间宜居度，生活体验和生活品质优化，外来游客旅游体验上升，认可度增强，旅游好评度增加，从而提高乡村旅游吸引力，促进乡村旅游更好地发展。

乡村退耕还林还草、湿地修复等措施改善了森林、湿地和草地等生态系统健康，恢复了生态功能，生态环境质量提高，从而提升了乡村地区旅游资源禀赋和生态系统服务资源禀赋，促进乡村旅游资源质量提高。

在乡村旅游发展过程中，生态环境技术创新，旅游规划技术提高，乡村生态空间分布合理，乡村基础设施得到优化，进而促进乡村旅游的发展。

综合以上分析，生态环境对乡村旅游的作用机理如图 5-16 所示。

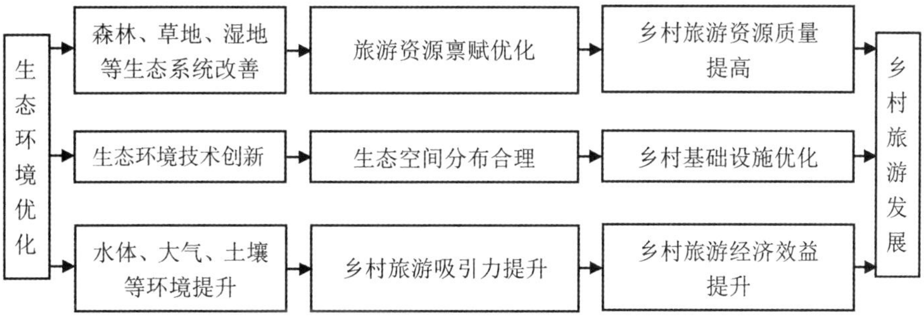

图 5-16　生态环境对乡村旅游的作用机理

5.6.3 乡村旅游与生态环境协调发展的循环机理

乡村地区生态功能十分重要，乡村旅游与生态环境之间存在着双向促进的作用，具有正向的闭合循环机理。乡村旅游与生态环境正向循环的因果关系如图 5-17 所示，乡村旅游发展增加了乡村地区的旅游收入，对地方财政收入贡献增大，用于乡村生态修复的支出增加，从而促进了乡村生态环境的改善；乡村生态环境的改善又提升了乡村旅游资源的禀赋，提高了乡村旅游资源的质量，进而促进乡村旅游的发展。这样往复循环，周而复始，让乡村旅游与生态环境达到正向循环的目的。

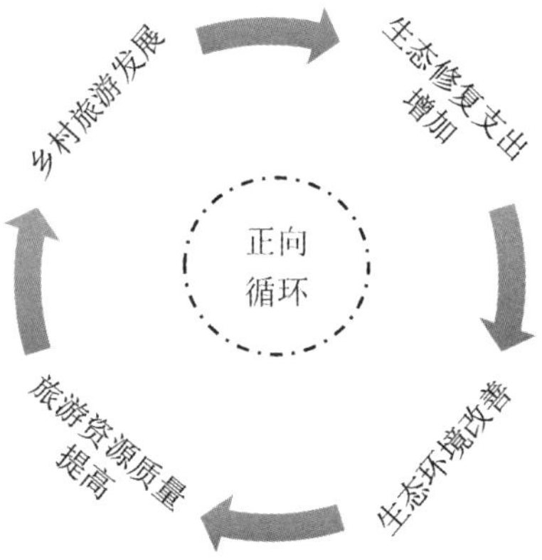

图 5-17　乡村旅游与生态环境正向循环机理

5.7　本章小结

本章对乡村旅游与生态环境保护耦合协调发展机制进行了分析，论述了乡村旅游与生态环境耦合的 PSR 框架特点及其模型、乡村旅游对生态环境保护的协调发展内涵、乡村旅游对生态环境保护的互动机制、乡村旅游对生态环境保护的相互促进和相互胁迫约束以及乡村旅游对生态环境保护的耦合机理，现作总结如下。

①乡村旅游与生态环境耦合的 PSR 框架。首先介绍了 PSR 框架及其特点，PSR 即压力-状态-响应模型，其模型就“发生了什么、为什么发生、我们将如何做”这一人与自然和谐共处的基本问题给出了很好的诠释。其次，介绍了乡村旅游与生态环境耦合的 PSR 框架。一方面，美丽中国的具体体现形式就是生态环境优美，这既是乡村旅游发展的目标，也是乡村旅游发展的基础，对乡村旅游的持续健康发展具有引领作用。另一方面，对乡村旅游资源进行保护性开发能够促进乡村生态环境建设，体现“绿水青山就是金山银山”的理念。乡村旅游活动源起独特优美的乡村生态环境，最终的落脚点也要回归到美丽的乡村生态环境中。由此构建乡村旅游与生态环境系统交互耦合的 PSR 模式系统。

②乡村旅游对生态环境保护的协调发展内涵。首先分析了协调的内涵，其次分析了发展的内涵，最后分析了协调发展的内涵。

③乡村旅游对生态环境保护的互动机制。从系统论视角出发，在拉力和推力的视角下分别对乡村旅游对生态环境保护的互动机制进行了分析。

④乡村旅游与生态环境的胁迫效应。首先分析了乡村旅游的污染效应，乡村生态环

境污染在污染类型上主要有大气污染、水体污染、固体废物污染、噪声污染、有毒物质污染和辐射污染等，在乡村生态环境污染效应研究中，其研究重点是大气污染、水体污染、噪声污染和固体废物污染；其次，分析了乡村旅游的生物效应，包括植物效应和动物效应；再次，分析了乡村旅游的资源效应，主要有土地资源、森林资源和水资源的效应等；最后，分析了乡村旅游的地学效应，主要包括土壤功能退化和地质环境变化。

⑤生态环境对乡村旅游的约束效应。这种效应包括气候要素的约束效应和地形地势的约束效应两类。在气候要素的约束效应中，包括生态环境对乡村旅游的直接影响和间接影响，直接影响有旅游资源的影响、旅游市场的影响、旅游产品的影响和旅游基础设施的影响，间接影响有气候变化-旅游业和气候变化-相关产业-旅游业两种，并在此基础上就气候要素对乡村旅游的影响机理进行了分析。地形地势的约束效应分为地形地势对乡村旅游分布的影响和地形地势对旅游交通的影响两个方面。地形地势影响人口聚落的分布，从而影响乡村旅游重点村的分布，地势的平坦与陡峭影响旅游交通，从而影响乡村旅游的发展。

⑥乡村旅游对生态环境保护的耦合机理。从乡村旅游对生态环境的作用机理和生态环境对乡村旅游的作用机理两个方面进行了分析，并提出了二者协调发展的循环机理。

第6章 乡村旅游与生态环境保护非协调性耦合的识别体系和判定模型

◆◇ 6.1 乡村旅游与生态环境保护非协调性耦合的识别体系

6.1.1 指标体系及其构建原则和方法

6.1.1.1 指标与指标体系

指标(indicator),最初来源于拉丁文 Indicare,其意义为让人们明白事物的发展情况,具有指明、揭示或者宣布的意思等。它反映事物总体现象的概念和数值。指标的名称和相关的数值形成具体的指标,指标名称是对研究现象本质的规定,即指研究事物在数值方面的科学含义。而指标数值是指根据指标名称所对应的研究内容,通过调研收集或统计工作得到的相关数据。由此看出,研究事物数与量的统一形成指标。因此,将反映事物特定概念和相关数值统一起来,就能够运用指标说明和认识研究事物的特征。指标分为主观指标和客观指标,主观指标是指不可以用数据来直接反映的指标,它主要反映人们对客观事物或现象的态度、愿望和感受等,一般情况下,主观指标不能直接获得相关数据,所以,本书中所说的指标,是指能够获得相关数据的客观指标。

每个指标都是用数据来反映研究事物的总体或者某一单方面的属性和特征,数据是指标的表达语言。从一个调研或者统计而获得的指标数据,能够说明一个单体的简单现象,由此能够反映研究事物总体事项的某个侧面或者一个侧面的某一特征。为了更好地研究某一事物的总体情况,就应当运用多个相互关联的具有一定数量和质量的指标组合起来进行研究,由这些相互关联的多个指标形成的整体,叫作指标体系,这个体系是相互制约和相互联系的既完整又科学的总体。

6.1.1.2 指标体系构建原则

乡村旅游与生态环境相互促进和持续共同发展,这是当前乡村发展和乡村振兴重要的核心理念,乡村旅游为生态环境保护提供资金和智力支持,而美好的生态环境为乡村旅游的良好发展提供优良的资源基础,只有持续发展的乡村旅游和生态环境才能保证乡村的持续健康发展。而乡村旅游与生态环境非协调性耦合发展的评价指标体系制定的评定标准，能够更加清晰地看出研究地区乡村旅游的发展情况及其生态环境的变化情况。传统的乡村是村民的栖息地，是人们生产生活的基础，而乡村旅游的诞生既改变了乡村的概念，又改变了人们原有的生产生活方式。因此，对乡村旅游的发展变化和当地生态环境的发展变化情况进行评价，对乡村的发展具有重要的意义。由此，对各个评价指标的选取非常重要，构建指标体系遵循以下原则。

(1)科学性原则

在建立乡村旅游与生态环境保护非协调性耦合评价指标体系时，各级各类评价指标的确定是最重要的工作内容，因为，一些评价指标可以把部分定性研究的内容转化成可计算和比较并进行定量研究的内容，即把部分主观的非定量的研究内容转化成数量化的研究，直观反映乡村旅游与生态环境保护协调发展的状况，探寻其影响因素，寻找其协调发展的正确途径与策略。此时，科学性原则在选取各个评价指标时发挥了重要的作用，它时刻提醒人们选取每一个评价指标不能够主观臆想，而应当遵循科学性原则，对乡村旅游与生态环境保护进行系统深入的研究，通过全面分析影响乡村旅游与生态环境协调发展的因素，从而确定相应的评价指标。

(2)适用性原则

与科学性原则相似，适用性原则是指所选取的评价指标要从研究区域的实际情况出发，与研究区域的实际情况相符。但从另外一个角度思考，适用性原则是对科学性原则的限制。对影响乡村旅游与生态环境协调发展的因素进行调查时，发觉影响乡村旅游与生态环境协调发展的因素很多，其中，有一些影响因素暂时不能够解决，这些指标目前适用性不强，所以没有放在评价指标体系中。并且，评价指标体系的建立强调简便适用，这样才符合适用性的原则，不仅能够提升评价指标的效用，还能使评价指标的准确性和有效性得以提升。

(3)系统性和全面性原则

在对乡村旅游和生态环境进行管理时，建立乡村旅游与生态环境管理评价指标体系，这要求投入大量的人力和物力，在整个工作过程中，评价指标都应当是系统的和全面的，即遵守系统性和全面性的原则。系统性是指当统一制订乡村旅游与生态环境协调发展的每一个评价指标时，要求对乡村的旅游资源、基础设施、游乐设施、道路、内部环境等进行统一的调研，并作充分的分析。与此同时，对于乡村旅游有关的周围环境、交通情况和自然状况等，也作相应的调查与分析。全面性是指乡村旅游与生态环境协调发展是一个复杂的系统，它和研究区域的经济、社会、环保、生产和生活等休戚相关，因此，在对乡村旅游与生态环境协调发展的评价指标体系进行构建时，需要全方位考察目的地的乡村旅游与生态环境建设情况，对评价指标进行多角度的分析与研究。

(4)整体性原则

在广大的乡村地区，一些乡村的旅游发展得很好，而一些地区的旅游发展得一般，甚至有些乡村地区并不是旅游景点。分析其原因，一是政府缺乏资金进行旅游资源开发；二是部分村落虽然拥有旅游资源，但其资源品位一般，与周边村落的旅游资源相比，不具备竞争力；三是为防止相同地区同质化旅游资源过多，对一些村落的旅游资源没有开发。在这些情况下，应将旅游景点与乡村的环境、社会、经济、文化和旅游政策等当成一个整体，建立评价指标时应从整体性出发，使评价指标形成有机的整体。

(5)简洁性原则

一般情况下，人们用可持续因素及其指标体系来评价乡村旅游与生态环境协调发展的因素。在开展工作时，课题组成员先成立专业的评价小组和专家小组，评价小组对研究对象近年来乡村旅游与生态环境的发展情况、相关资料以及信息数据等进行收集，所收集的资料与数据对乡村旅游与生态环境评价指标体系构建提供参考。目前，经济社会迅速发展，各种信息变化很快，各地影响乡村旅游与生态环境的因素也很多，因此，选取评价指标时，评价小组应当根据不同地区的特点，有针对性地选取能够反映当地实际情况的指标，而不能盲目地把全部影响因素放在指标体系中，因过大的指标体系可能会对专家评价组后续评价工作造成影响。由此，在进行乡村旅游与生态环境协调发展评价指标体系构建时，应当简洁明晰，按照简洁性原则构建评价指标体系。

以上内容便是乡村旅游与生态环境协调发展评价指标体系的构建原则，在实际评价过程中，根据这些原则可以对评价内容作适当的修改与增减。

6.1.2 乡村旅游与生态环境指标体系结构

各个评价指标之间的相互关系称为指标体系结构，多个指标集合在一起构成的指标体系是最简单的指标体系结构，其指标之间没有相互的关系，每个指标都能够从某个侧面反映系统的属性。除了评价指标简单集合形成的简单结构之外，还有较复杂的树形结构和网络状结构的指标体系。树形结构的指标体系表明不同层次的指标具有从属关系，下层指标隶属上层指标，且以此类推，树形结构最上面的指标为最高指标。树形结构指标符合大众的思维习惯，有利于指标分类，指标间的关系也比较清楚。网络状结构指标是指指标间的关系用网络图形来表示，这种结构用来表示事物间不具备层次的复杂关系，在事物同时需要多个准则反映系统的结构时，一般采用网络状结构指标体系。本书在构建乡村旅游与生态环境评价指标体系时，主要运用树形结构指标体系。

6.1.2.1 乡村旅游指标体系结构

在乡村旅游现有的评价体系中，学者们从宏观尺度、中观尺度和微观尺度等方面对乡村旅游进行了研究[①]，如宏观尺度的乡村旅游发展水平[②]和运营效率[③]评价等；中观尺度的乡村旅游开发适宜性[④]、乡村性[⑤]、竞争力[⑥]、生态脆弱性[⑦]和人居环境[⑧]的评价等；微观尺度的乡村旅游可持续生计[⑨]、农户旅游适应性[⑩]和旅游企业服务质量的评价[⑪]等。在目前的评价指标体系中，存在一些值得商榷的地方，如一些评价指标的含义超过乡村旅游的范畴，构建全面的包括社会、经济、文化、生态以及市场等的评价指标体系，未能贴近乡村旅游本身，也没有很好地区分乡村旅游发展对乡村进步的贡献等。基于此，本书认为，乡村旅游是一个复杂的系统，在建立乡村旅游评价指标体系时就应该从系统的层面综合分析指标的选取。在参考前人研究的基础上[⑫⑬⑭⑮⑯⑰⑱⑲]，把乡村旅游系统分为三个评价子系统，即乡村旅游资源质量子系统、乡村旅游基础设施子系统和乡村旅游经济效益子系统。并遴选出 24 个二级指标反映乡村旅游系统的情况，构成乡村旅游指标

① 孙九霞，王淑佳.基于乡村振兴战略的乡村旅游地可持续发展评价体系构建[J].地理研究，2022，42(2)：289-306.

② 马剑平，黄先禄.贵州乡村旅游可持续发展对策研究[J].贵州社会科学，2011，31(5)：53-56.

③ 江燕玲，潘卓，潘美含.重庆市乡村旅游运营效率评价与空间战略分异研究[J].资源科学，2016，38(11)：2181-2191.

④ 费巍，余高锋，李登峰.乡村旅游开发适宜性等级评价 TOPSIS 方法[J].控制与决策，2020，35(11)：2619-2625.

⑤ 冯淑华，沙润.乡村旅游的乡村性测评模型：以江西婺源为例[J].地理研究，2007，26(3)：616-624.

⑥ 王新越，朱文亮.山东省乡村旅游竞争力评价与障碍因素分析[J].地理科学，2019，39(1)：147-155.

⑦ 林明水，林金煌，程煜，等.省域乡村旅游扶贫重点村生态脆弱性评价：以福建省为例[J].生态学报，2018，38(19)：310-318.

⑧ 杨兴柱，王群.皖南旅游区乡村人居环境质量评价及影响分析[J].地理学报，2013，68(6)：851-867.

⑨ 崔晓明，陈佳，杨新军.乡村旅游影响下的农户可持续生计研究：以秦巴山区安康市为例[J].山地学报，2017，35(1)：85-94.

⑩ 何旭，杨海娟，王晓雅.乡村农户旅游适应效果、模式及其影响因素：以西安市和咸阳市 17 个案例村为例[J].地理研究，2019，38(9)：2330-2345.

⑪ 祁黄雄，谢钱.基于 BCM 模型的乡村旅游企业服务质量测评：湖州顾渚村的实证调查[J].地理研究，2011，30(7)：1331-1340.

⑫ QIN Q，HU Z L，LIU A L，et al.Identification and evolution of the noncoordination coupling relationship between tourism poverty alleviation and ecological environments in poor mountainous areas[J].Discrete dynamics in nature and society，2020，2020(4)：1-14.

⑬ WANG Q R，MAO Z X，et al.A study on the coupling coordination between tourism and the low-carbon city[J].Asia Pacific journal of tourism research，2019(6)：550-562.

⑭ FAN Y P，FANG C L，ZHANG Q.Coupling coordinated development between social economy and ecological environment in Chinese provincial capital cities-assessment and policy implications[J].Journal of cleaner production，2019，22(9)：289-298.

⑮ KAROL K.Nature conservation in polish agriculture under conditions of EU membership[J].Economic and environmetal studies，2014(1)：175-188.

⑯ 李志龙.乡村振兴–乡村旅游系统耦合机制与协调发展研究：以湖南凤凰县为例[J].地理研究，2019，38(3)：643-654.

⑰ 莫莉秋.海南省乡村旅游资源可持续发展评价指标体系构建[J].中国农业资源与区划，2017，38(6)：170-177.

⑱ 张万胜.资源型美丽乡村可持续发展影响因素的实证分析[J].中国农业资源与区划，2016，37(6)：184-188.

⑲ 秦趣，胡泽黎，刘安乐，等.贫困山区旅游扶贫与生态环境耦合协调关系研究[J].世界地理研究，2020，29(6)：1272-1283.

体系结构。

①在乡村旅游资源质量子系统中，发展乡村旅游需要有一定数量和规模且品质高的景区支撑，因此选取乡村旅游资源规模和丰度、乡村文物古迹完整性、乡村旅游资源的历史文化价值、乡村旅游资源知名度、乡村文化保留程度、民族文化丰富度、民族文化独特性与地域性和乡村旅游适游期 8 个指标作为乡村旅游资源质量的指标。

②在乡村旅游基础设施子系统中，为了开发乡村旅游资源，需要建立旅游基础设施，因此选取乡村旅游咨询服务中心、乡村绿化率、乡村旅游基础设施投入、乡村交通条件、住宿床位和餐厅餐位 6 个指标作为乡村旅游基础设施的指标。

③在乡村旅游经济效益子系统中，乡村旅游经济效益指在乡村旅游发展中，旅游业对乡村地区及其村民形成的作用和影响，是乡村旅游发展的目的。由此选取乡村旅游接待总人数、乡村旅游收入、乡村旅游产业投资机会、乡村旅游收入占 GDP 比重、乡村旅游地居民人均可支配收入、乡村游客停留时间、乡村旅游就业率、乡村游客入住率、游客量年增长率和乡村旅游扶贫效应 10 个因子作为乡村旅游经济效益的指标。

总体而言，依据系统论的观点，从乡村旅游资源质量子系统、乡村旅游基础设施子系统和乡村旅游经济效益子系统三个方面进行层次与结构分析，从而构建乡村旅游评价指标体系框架，具体如图 6-1 所示。

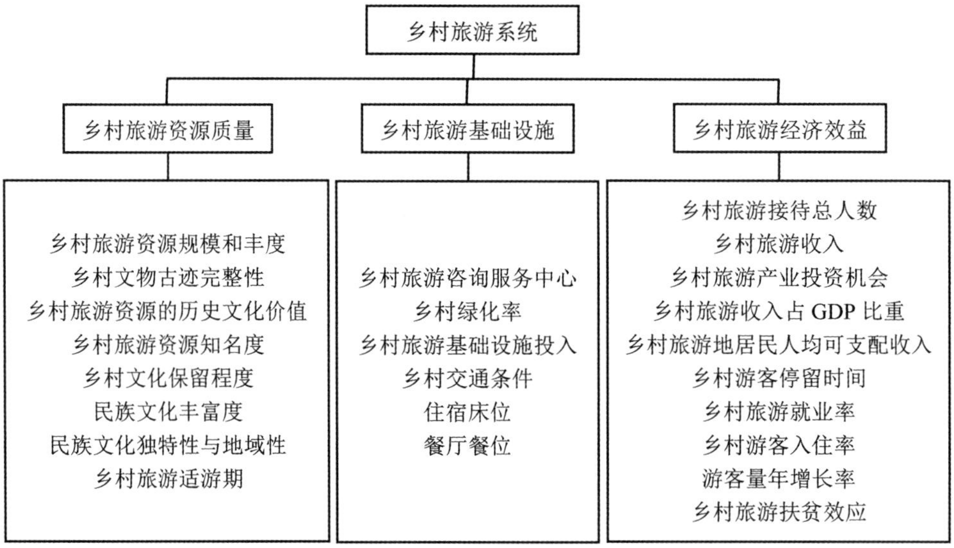

图 6-1　乡村旅游指标体系结构

6.1.2.2　生态环境指标体系结构

对生态环境指标体系的研究，国内外学术界作了大量的探讨，根据生态环境指标的研究内容和目标，其体系结构大致分为两类：一类是环境保护部门为生态环境质量评价所开展的生态环境指标体系；另一类是针对可持续发展而建立的生态环境评价指标体系。本书在参考压力-状态-响应模型的基础上，与乡村旅游与生态环境的作用机制相结合，把乡村旅游地的生态环境系统分为三个子系统，即由生态环境压力、生态环境保护投入和生态环境保护效率，三个子系统构成一级指标，同理遴选出 24 个二级指标反映生态环境系统情况①②③④⑤，构成生态环境指标体系结构。

①生态环境压力指标。在乡村旅游发展过程中，各种旅游基础设施增多，游客数量不断增加，由此产生的各种垃圾对生态环境形成压力。因此选取水土流失率、生活废气排放量、年均降水量、年均气温、生活污水排放量、生活垃圾清运量、化肥施用强度、农药施用强度和乡村人口密度 9 个因子作为生态环境压力的指标。

②生态环境保护投入指标。大力发展乡村旅游对乡村生态环境形成污染，于是应当增加生态环境保护投入，加大生态环境保护力度。因此选取农村自来水普及率、造林面积、乡村公路里程、卫生厕所普及率、垃圾收集设施、人均拥有道路面积和环保投资指数 7 个因子作为生态环境保护投入指标。

③生态环境保护效率指标。最终生态环境保护成效如何？怎样变化？这需要作量化测度。由此选取生活垃圾无害化处理率、生活污水处理率、饮用水水质达标率、空气质量优良天数率、乡村劳动力生产率、植被覆盖率、人均公共绿地面积和生物多样性 8 个指标作为生态环境保护效率的指标。

生态环境系统具体指标体系结构如图 6-2 所示。

在上述初步建立的评价指标体系结构中，有的指标能够科学合理地反映乡村旅游系统和生态环境系统的发展情况，而有的评价指标存在着不科学、不合理或者不适合本次评价的需要，为了避免出现这一情况，建立科学合理的评价指标体系，本书拟采用德尔斐法对初级指标进行筛选，即通过专家咨询，经过筛选建立乡村旅游系统和生态环境系统的评价指标体系。

德尔斐法（Delphi Method）是一种设定程序的专家咨询方法，亦称为专家意见法⑥。该方法是由赫尔姆和达尔克于 20 世纪 40 年代发明的，此后在兰德公司和戈登的发展下

---

① 李智慧，王凯，余芳芳，等.中国旅游业碳排放-旅游经济-生态环境耦合协调时空分异研究[J].地理与地理信息科学，2022，38(6)：110-118.

② 李昕，王淑娟.旅游经济与生态环境协调发展时空分异研究：以山东省沿黄九市为例[J].山东社会科学，2022，36(10)：118-127.

③ 屈小爽，徐文成.旅游业与生态环境协调及高质量发展：基于黄河流域研究[J].技术经济与管理研究，2021，42(11)：123-128.

④ 韩文艳，陈兴鹏，庞家幸，等.城镇化-生态环境-旅游产业耦合协调发展研究：以丝绸之路经济带 9 省(区、市)为例[J].兰州大学学报(自然科学版)，2018，54(62)：762-769.

⑤ 刘德光，屈小爽.中国旅游经济与生态环境协调发展度测算及区域差异分析[J].广东财经大学学报，2016，31(4)：89-96.

⑥ 刘学毅.德尔斐法在交叉学科研究评价中的运用[J].西南交通大学学报(社会科学版)，2007，8(2)：21-25.

形成，它因为古希腊一座叫德尔斐的城市而得名①。德尔斐法的实施过程是在实施者的统筹下，对某个问题拟定调查问卷表，运用函件等方式向有关专家发送调查问卷表进行咨询，依据相关程序规定，有关专家通过实施者组织获取的反馈材料进行匿名的交流，通过多次咨询从而获得多位专家集中统一的意见，最后得到较为科学合理具有应用价值的判断结果②。这一方法主观性强，代表性广泛，比较可靠，其决策过程高度运用了专家们的智慧、知识与经验，能有效地解决非结构化的一些问题，因此应用广泛，在科学决策和民主化方面具有重要的参考价值③。

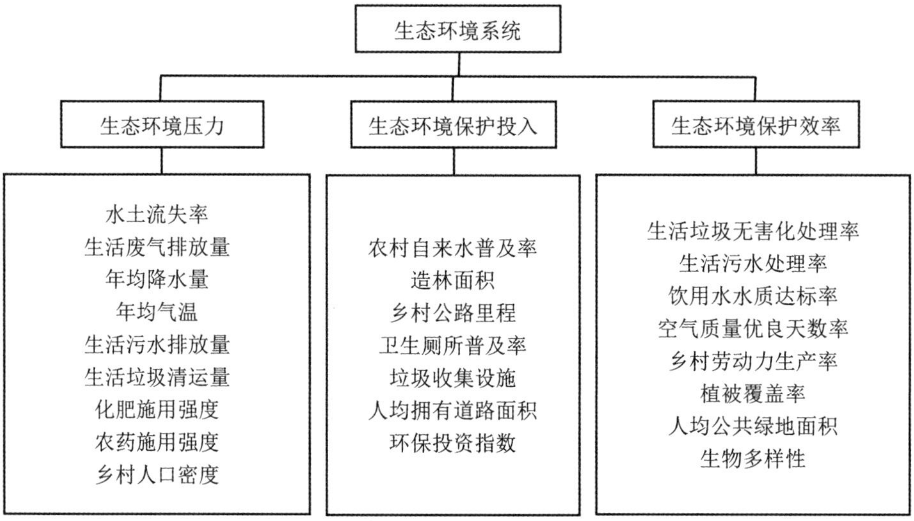

图 6-2　生态环境指标体系结构

根据德尔斐法的步骤和要求，本书对 20 位专家进行咨询与调查，这 20 位专家来自不同的工作单位或部门，主要有重庆理工大学、重庆交通大学、上海对外经贸大学、淮北师范大学、贵州师范大学和贵州师范学院等，专家们从事的专业包括旅游学、生态学、环境学、经济学和地理学等。对专家的咨询问卷根据各评价指标的重要程度运用一级分等法进行赋值，即分为绝对重要、很重要、比较重要、一般重要、不重要五个层次，赋值分别为 9、7、5、3、1，由此确定科学合理的评价指标。其公式为

$$Y = \frac{\sum_{i=1}^{n} C_i A_i}{n}, \ i = 1, 2, \cdots, 5 \tag{6-1}$$

① SAATY T L.The analytic hierarchy process[M].New York：McGraw-Hill，1980，55.

② 李洪燕，樊治平.群体决策中两种不同偏好信息的集成方法[J].东北大学学报(自然科学版)，2000，46(3)：336-338.

③ 田军，张朋柱，王刊良，等.基于德尔菲法的专家意见集成模型研究[J].系统工程理论与实践，2004，24(1)：57-62.

式中，Y——各评价指标的评分值；

C_i——评价指标各等级的评分赋值；

A_i——第 i 级评分等级的专家人数；

n——进行咨询打分的总人数。

在 20 位专家对各评价指标赋值汇总的基础上，把相关数据代入式(6-1)，得到不同层次各评价指标重要性数值结果，并对结果按由大到小的顺序排序，具体情况如表 6-1 至表 6-4 所示。

表 6-1　六盘水市乡村旅游系统一级指标重要性排序

序号	评价指标	绝对重要	很重要	比较重要	一般重要	不重要	重要性数值
1	乡村旅游资源质量	15	3	1	1	0	8.2
2	乡村旅游基础设施	11	5	3	1	0	7.6
3	乡村旅游经济效益	10	7	2	1	0	7.6

表 6-2　六盘水市乡村旅游系统二级指标重要性排序

序号	评价指标	绝对重要	很重要	比较重要	一般重要	不重要	重要性数值
1	乡村旅游资源规模和丰度	18	1	1	0	0	8.7
2	乡村旅游收入	17	2	1	0	0	8.6
3	乡村旅游基础设施投入	16	2	2	0	0	8.4
4	乡村旅游接待总人数	15	4	1	0	0	8.4
5	乡村旅游地居民人均可支配收入	15	3	2	0	0	8.3
6	乡村旅游收入占 GDP 比重	14	5	1	0	0	8.3
7	乡村旅游咨询服务中心	14	4	1	1	0	8.1
8	乡村旅游资源知名度	13	4	2	1	0	7.9
9	乡村旅游适游期	12	5	2	1	0	7.8
10	住宿床位	11	6	2	1	0	7.7
11	餐厅餐位	9	7	3	1	0	7.4
12	乡村旅游就业率	8	8	2	2	0	7.2
13	游客量年增长率	9	7	2	1	1	7.2
14	乡村旅游扶贫效应	8	7	3	1	1	7.0
15	乡村文物古迹完整性	7	7	4	2	0	6.9
16	民族文化独特性与地域性	7	6	5	2	0	6.8
17	乡村游客停留时间	7	7	4	1	1	6.8
18	乡村文化保留程度	7	6	5	1	1	6.7

表6-2(续)

序号	评价指标	绝对重要	很重要	比较重要	一般重要	不重要	重要性数值
19	乡村旅游资源的历史文化价值	6	7	5	2	0	6.7
20	乡村游客入住率	7	5	7	0	1	6.7
21	民族文化丰富度	8	4	5	2	1	6.6
22	乡村绿化率	5	8	5	2	0	6.6
23	乡村交通条件	7	5	5	3	0	6.6
24	乡村旅游产业投资机会	7	4	7	1	1	6.5

表 6-3　六盘水市生态环境系统一级指标重要性排序

序号	评价指标	绝对重要	很重要	比较重要	一般重要	不重要	重要性数值
1	生态环境保护效率	18	1	1	0	0	8.7
2	生态环境保护投入	16	2	2	0	0	8.4
3	生态环境压力	16	2	1	1	0	8.2

表 6-4　六盘水市生态环境系统二级指标重要性排序

序号	评价指标	绝对重要	很重要	比较重要	一般重要	不重要	重要性数值
1	环保投资指数	17	2	1	0	0	8.6
2	生活污水排放量	16	3	1	0	0	8.5
3	生活废气排放量	14	5	1	0	0	8.3
4	生活垃圾无害化处理率	15	3	2	0	0	8.3
5	生活污水处理率	15	3	2	0	0	8.3
6	水土流失率	13	5	2	0	0	8.1
7	造林面积	13	5	2	0	0	8.1
8	植被覆盖率	13	5	1	1	0	8.0
9	生活垃圾清运量	12	5	2	1	0	7.8
10	人均公共绿地面积	12	5	2	1	0	7.8
11	农村自来水普及率	11	6	2	1	0	7.7
12	空气质量优良天数率	12	4	3	1	0	7.7
13	生物多样性	12	4	2	2	0	7.6
14	化肥施用强度	11	5	2	2	0	7.5
15	农药施用强度	11	5	2	2	0	7.5
16	饮用水水质达标率	10	6	3	1	0	7.5

表6-4(续)

序号	评价指标	绝对重要	很重要	比较重要	一般重要	不重要	重要性数值
17	垃圾收集设施	9	7	3	1	0	7.4
18	乡村人口密度	8	8	2	1	1	7.1
19	人均拥有道路面积	8	6	3	3	0	6.9
20	年均降水量	8	5	5	1	1	6.8
21	年均气温	7	6	5	1	1	6.7
22	乡村劳动力生产率	7	7	3	2	1	6.7
23	乡村公路里程	7	6	4	2	1	6.6
24	卫生厕所普及率	6	6	6	1	1	6.5

依据前述对各评价指标的赋值方法，当咨询的专家觉得某一个评价指标很重要时，其赋值为 7 分，由此认为评价指标的信度为 7。当评价指标的综合得分大于或等于 7 时，这一指标具有合理性并成为本书的评价指标。从表 6-2 和表 6-4 可以看出，乡村旅游系统共有 14 个指标成为六盘水市乡村旅游综合评价指标，具体情况如表 6-5 所列；生态环境系统共有 18 个指标成为六盘水市生态环境综合评价指标，具体情况如表 6-6 所列。

表 6-5 六盘水市乡村旅游综合评价指标体系

系统层	一级指标	二级指标	测量单位	指标序号	指标属性
乡村旅游系统	乡村旅游资源质量	乡村旅游资源规模和丰度	个	X_1	正向
		乡村旅游资源知名度	%	X_2	正向
		乡村旅游适游期	天	X_3	正向
	乡村旅游基础设施	乡村旅游基础设施投入	万元	X_4	正向
		乡村旅游咨询服务中心	个	X_5	正向
		住宿床位	个	X_6	正向
		餐厅餐位	个	X_7	正向
	乡村旅游经济效益	乡村旅游接待总人数	万人次	X_8	正向
		乡村旅游收入	万元	X_9	正向
		乡村旅游收入占 GDP 比重	%	X_{10}	正向
		乡村旅游地居民人均可支配收入	万元	X_{11}	正向
		乡村旅游就业率	%	X_{12}	正向
		游客量年增长率	%	X_{13}	正向
		乡村旅游扶贫效应	%	X_{14}	正向

表 6-6 六盘水市生态环境综合评价指标体系

系统层	一级指标	二级指标	测量单位	指标序号	指标属性
生态环境系统	生态环境压力	水土流失率	%	Y_1	负向
		生活废气排放量	万标方	Y_2	负向
		生活污水排放量	万吨	Y_3	负向
		生活垃圾清运量	万吨	Y_4	负向
		化肥施用强度	千克/公顷	Y_5	负向
		农药施用强度	千克/公顷	Y_6	负向
		乡村人口密度	万人/平方公里	Y_7	负向
	生态环境保护投入	农村自来水普及率	%	Y_8	正向
		造林面积	公顷	Y_9	正向
		垃圾收集设施	个	Y_{10}	正向
		环保投资指数	%	Y_{11}	正向
	生态环境保护效率	生活垃圾无害化处理率	%	Y_{12}	正向
		生活污水处理率	%	Y_{13}	正向
		饮用水水质达标率	%	Y_{14}	正向
		空气质量优良天数率	%	Y_{15}	正向
		植被覆盖率	%	Y_{16}	正向
		人均公共绿地面积	平方米	Y_{17}	正向
		生物多样性	%	Y_{18}	正向

6.1.3 乡村旅游与生态环境评价指标的释义

6.1.3.1 乡村旅游系统评价指标的释义

乡村旅游资源规模和丰度(X_1)：指在乡村地区旅游资源的富集与丰富程度，它对乡村旅游资源的开发规模与发展方向具有决定性作用，能为乡村旅游的发展提供科学参考依据。用乡村具有观赏价值且已经开发的所有景点个数表示。

乡村旅游资源知名度(X_2)：指乡村旅游资源单体在本地区以外被人们所知、了解和认可等的程度和范围。用乡村 A 级旅游景区数量与省 A 级旅游景区数量的比值表示。

乡村旅游适游期(X_3)：指乡村旅游资源单体开发并运营后，一年中能够接收游客开展各种旅游活动(如观赏、垂钓、徒步和娱乐等)的天数。根据当地气温、降水、光照、风力和干湿度等气候条件适合进行各种旅游活动的时间，用一年中适合旅游的天数表示。

乡村旅游基础设施投入(X_4)：指在乡村旅游发展过程中，为开发和经营乡村旅游而购置的各种固定资产等形成的投入。用景区各种扩建和新建等的总投入表示。

乡村旅游咨询服务中心(X_5)：表征乡村旅游提供咨询服务的能力，用乡村旅游地咨询服务中心的总数量表示。

住宿床位(X_6)：表征乡村旅游地住宿接待能力，用乡村各种住宿设施的床位总数表示。

餐厅餐位(X_7)：表征乡村旅游地餐饮接待能力，用乡村餐厅和餐馆单次就餐位置数量表示。

乡村旅游接待总人数(X_8)：用一定时期内(通常为一年)到乡村进行各种旅游活动的人次总和表示。

乡村旅游收入(X_9)：指乡村旅游接待部门在一定时期内(通常为一年)出售各种乡村旅游产品和服务得到的所有货币收入。其包括基本旅游收入和非基本旅游收入。基本旅游收入由旅游过程中游客必须支付的费用，如浏览费、住宿费和交通费等。非基本收入由旅游过程中旅游才可能形成的费用组成，如购物费、修理费、通信费和咨询费等组成。本书主要考虑基本旅游收入，用乡村旅游景区获得的旅游者异地消费总和表示。

乡村旅游收入占 GDP 比重(X_{10})：反映乡村旅游在当地经济社会发展中的地位和产生发挥的作用，用乡村旅游总收入与当地国内生产总值的比值表示。

乡村旅游地居民人均可支配收入(X_{11})：指乡村村民能够用来进行储蓄和最终消费支出的收入总和，亦即当地村民家庭能够自由运用支配的收入。其包含实物收入和现金收入等，依据不同的收入来源方式，可支配收入包括工资性收入、财产性收入、转移性收入和经营性净收入等四项收入。用当地村民可支配总收入与总人口的比值表示。

乡村旅游就业率(X_{12})：指乡村从事旅游业的就业人口与当地 16 岁及以上总人口的百分比。用当地旅游就业人数与 16 岁及以上村民总人数的比值表示。

游客量年增长率(X_{13})：指一定时期内，一定地域的游客量平均每年的增长速度。这里用当年年末游客量减去上一年的年末游客量，与上一年的年末游客量之比表示。

乡村旅游扶贫效应(X_{14})：指乡村旅游资源的开发与经营而形成的乡村社会、经济、文化及环境等多种因素的总和①。用乡村旅游脱贫人数与建档立卡的贫困人口总数的比值表示。

6.1.3.2 生态环境系统评价指标的释义

水土流失率(Y_1)：水土流失是指水土资源及土地生产力在风力、水力和重力等外营力的影响下受到破坏和损失的现象。其包含土壤、土壤母质、松软岩层和岩屑等的侵蚀、破坏、搬运和沉积等过程。水土流失率则指水土流失的比例，表征乡村水土保持状态，用乡村水土流失面积与当地土地总面积的比值反映。

生活废气排放量(Y_2)：指乡村村民在生活过程中排出有毒和有害的各种气体。其表

① 何红，王淑新.多维视角下中国乡村旅游扶贫效应研究评述[J].中国农业资源与区划，2019，40(4)：180-87.

征村民生活废气对大气环境产生的压力，用村民排放的各种废气总量反映。

生活污水排放量（Y_3）：指乡村村民每年排放的各种生活污水。其表征村民生活污水对水环境产生的压力，用村民一年排放的污水量反映。

生活垃圾清运量（Y_4）：指日常生活或者为日常生活提供服务的活动中形成的固体废弃物被消纳和转运的数量总和。其表征生活垃圾对生态环境产生的压力，用生活垃圾产量中能够被清运至垃圾消纳场所或转运场所的数量表示。

化肥施用强度（Y_5）：指一年内单位面积土地实际使用于农业生产的化肥总量。其表征观光农业生产对生态环境产生的压力，用土地每年每公顷化肥施用量表示。

农药施用强度（Y_6）：指一年内单位面积土地实际使用于农业生产的农药总量。其表征观光农业生产对生态环境产生的压力，用土地每年每公顷农药施用量表示。

乡村人口密度（Y_7）：指单位土地面积上承载的人口数量。其表征研究地区人口的密集程度，用乡村常住总人口与该地土地总面积之比表示。

农村自来水普及率（Y_8）：指一定区域内使用自来水人口数占当地人口总数的百分比。表征农村地区生产生活用水的普及程度，反映农村地区村民的生活文明状况，用农村自来水用户人口数与农村总人口数的比值表示。

造林面积（Y_9）：指在荒山荒漠等荒地上的成片人工造林和飞机播种造林面积的总和。其中，人工造林面积的统计标准为成活率在85%以上的成片面积，没有达到85%的面积不计算在内。表征乡村荒地绿化状况，用人工造林面积与飞机播种造林面积之和表示。

垃圾收集设施（Y_{10}）：表征乡村垃圾收集情况，用垃圾箱、垃圾压缩运输车、垃圾中转站等的总数表示。

环保投资指数（Y_{11}）：指当年环境保护投资占当年国内生产总值的百分比，其包含环境污染治理投入和环境管理与污染防治科技投入两个方面。其表征乡村环境管理资金的投入充足性，用乡村环境保护投资占GDP的比值表示。

生活垃圾无害化处理率（Y_{12}）：指无害化处理的乡村生活垃圾数量占该地生活垃圾产生总量的比重。其表征乡村垃圾处理情况，用乡村经过处理的生活垃圾量占生活垃圾总量的比值表示。

生活污水处理率（Y_{13}）：指乡村生活污水经过处理后达到排放标准的生活污水量占全村排放生活污水总量的比重。表征乡村污水处理状况，用乡村污水处理量占污水排放量的比值表示。

饮用水水质达标率（Y_{14}）：表征乡村饮用水水体质量情况，用生活饮用水卫生标准GB5749达到二级及以上的水体质量占总量的比值表示。

空气质量优良天数率（Y_{15}）：表征乡村空气质量情况，用乡村空气质量优良天数与全年总天数的比值表示。

植被覆盖率（Y_{16}）：指某一地域的植物垂直投影面积占该地土地总面积的比重。其表征乡村森林资源的丰富程度与实现绿化程度的总体状况，用乡村植被所占有的面积与乡村土地总面积的比值反映。

人均公共绿地面积(Y_{17})：指在乡村居住生活的每一个村民能够占有的公共绿地的面积，是反映乡村村民生活质量和生活环境的重要指标。其表征乡村村民生活环境的优劣状况，用区域绿地面积与该地人口总数的比值表示。

生物多样性(Y_{18})：指研究区域内所有生物体及其所包含的基因和这些生物体与基因赖以生存的生态环境的变异性和多样性，其包括三个层次的内容，即特种多样性、生态系统多样性和遗传多样性。其中，生物多样性丰富程度的关键标志是特种的数量。乡村生物多样性表征乡村物种变化状态，用当地植物种数与所在生物地理区植物种数的比值反映。

6.2 乡村旅游与生态环境保护非协调性耦合的判定模型

6.2.1 乡村旅游与生态环境指标权重确定

确定各评价指标权重的方法很多，这些方法主要分为两类，即主观性方法和客观性方法。主观性方法主要有层次分析法(AHP)和德尔斐法等，客观性方法主要有熵权法、灰色关联法、无限方案多目标决策方法、均方差决策法、变异系数法和离差最大化法等。这些方法各有优缺点，如层次分析法将研究对象看成一个整体的系统，根据评价目标层层分解，两两相互比较，进行决策，能够反映评价指标体系各层次之间关系的重要性，但是邀请专家在对评价各要素的相对重要性进行赋分时，专家根据自己的经验赋分，主观性太强，可能存在未能真实反映各评价指标权重的实际情况；德尔斐法一般是组织专家开会，在专家集体讨论的基础上，得到一致预测意见的方法。其优点在于，在专家会议上，能集思广益，广泛运用各位专家的见识与作用，因此准确性较高。同时，召开专家会议还能将各位专家对同一事物的不同看法表达出来，经过充分讨论与论证，采取各位专家的长处，而避免各位专家的短处。但是，德尔斐法也存在一些缺点，如在专家会议上，权威专家的意见往往会影响其他专家的意见；一部分专家碍于情面，不愿意发表与其他专家不同的意见；而有的专家自尊心强，不愿意修改自己原本不太全面的想法。与此同时，专家们在思想上缺乏交流与沟通，可能存在一定的主观片面性，容易忽略少数人的不同想法，这样可能使得预测的结果与实际情况不符，存在组织者的主观影响。在客观性方法中，也存在各自的优点和缺点。例如，熵权法的优点是能够深刻地反映指标的区分能力，赋权更加客观，有理论依据，计算方法简单，易于操作，可信度也更高，能较好地确定权重。其缺点为不能够考虑指标与指标之间的横向影响，对样本依赖性强，随着建模样本的变化，权重值也会跟随发生改变，可能使得权重值失真，导致最终的结果无效。均方差法求权重的优点是方差的算术平方根反映一个数据集的离散程度。通常，某个指标的标准差越大，表明指标值的变异程度越大，提供的信息量越大，在综合评价中所起的作用越大，权重值也越大。其缺点是当平均数相同时，标准差未必相同。变异系数法求权重优点：在计算时，不需要参考数据的平均值，所以在比较两组不同维度或不同均值的数据时，应以变异系数代替标准差作为比较的参考。其缺点是当平均值接近0时，微小的扰动也会对变异系数产生很大的影响，从而导致精度不足。且变异系数不能开发出类似均值的置信区间工具。

由此，在确定各评价指标的权重时，因为各种赋权法都有自己的优点和缺点，为降低各种赋权法的缺点，利用其优点，从而获得科学合理并与实际情况相符合的评价指标权重值，本书把主观赋权法和客观赋权法相结合，以期求得更趋合理的指标权重值。主观赋权法选择层次分析法（AHP）①，客观赋权法选择熵权法②、变异系数法③和均方差决策法④，在以上四种方法求得各评价指标权重值的基础上，运用拉格朗日函数建立组合赋权模型，计算出各个评价指标的组合权重值，使各个评价指标的权重值更符合实际情况。其模型框架如图 6-3 所示。

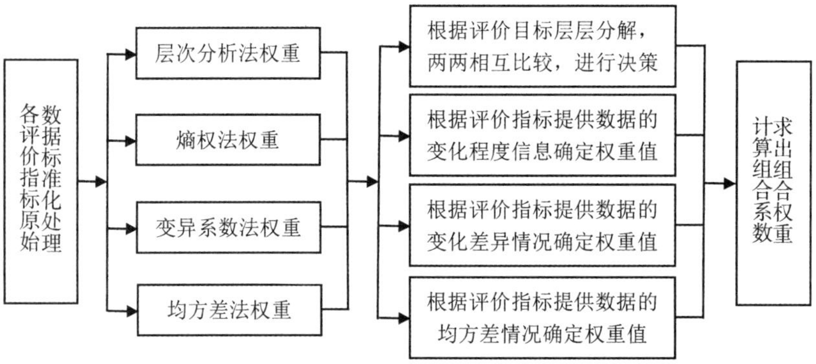

图 6-3　基于组合赋权的模型框架

6.2.1.1　评价指标原始数据标准化处理

因为被评价事物的指标物理量纲不同，其发展趋势也不一致，计算时往往导致数据

① 秦趣，冯维波，梁振民，等.我国四大直辖市生态基础设施品质对比研究［J］.华中师范大学学报（自然科学版，2008，42（3）：471-476.

② 秦趣，代稳，杨琴.基于熵权模糊综合评价法的城市生态系统安全研究［J］.西北师范大学学报（自然科学版），2014，50（2）：110-114.

③ 汪嘉杨，翟庆伟，郭倩，等.太湖流域水环境承载力评价研究［J］.中国环境科学，2017，37（5）：1979-1987.

④ 王秋贤，王富喜.基于均方差权值法的烟台市城市土地利用效益比较研究［J］.水土保持通报，2016，36（2）：151-156.

异常，因此，为消除各个评价指标不同物理量纲产生的影响，在进行评价之前要把各评价指标数据作无量纲标准化处理。在本书中，拟采用线性插值法对各评价指标的原始数据进行无量纲化处理，当评价某个区域 m 年 n 个指标的情况时，其原始数据矩阵如下①：

$$\boldsymbol{H}=\begin{bmatrix} x_{11} & x_{12} & \cdots & x_{1n} \\ x_{21} & x_{22} & \cdots & x_{2n} \\ \vdots & \vdots & & \vdots \\ x_{m1} & x_{m2} & \cdots & x_{mn} \end{bmatrix} \tag{6-2}$$

一般情况下，评价指标分为四种类型，即正向指标、适中型指标、区间型指标和逆向指标，对不同类型的评价指标采用不同的方法进行标准化处理②③。

(1)正向指标标准化

若 $X_{ij}(i=1,\ 2,\ \cdots,\ m;\ j=1,\ 2,\ \cdots,\ n)$ 是第 i 个被评价事物第 j 项指标的数值，当该评价指标数值越大越好时，其原始数据标准化公式如下：

$$Y_{ij}=\frac{X_{ij}-\min\limits_{1\leqslant i\leqslant m}(X_{ij})}{\max\limits_{1\leqslant i\leqslant m}(X_{ij})-\min\limits_{1\leqslant i\leqslant m}(X_{ij})} \tag{6-3}$$

式中，Y_{ij}——第 i 个被评价事物第 j 项指标原始数据标准化后的数值；

X_{ij}——第 i 个被评价事物的第 j 项指标的原始数据；

m——被评价事物的数量，$\max(X_{ij})$ 代表最大值，$\min(X_{ij})$ 代表最小值，$i=1,\ 2,\ \cdots,\ m;\ j=1,\ 2,\ \cdots,\ n$。

(2)负向指标标准化

若 $X_{ij}(i=1,\ 2,\ \cdots,\ m;\ j=1,\ 2,\ \cdots,\ n)$ 是第 i 个被评价事物第 j 项指标的数值，当该评价指标数值越大越差时，其原始数据标准化公式如下：

$$Y_{ij}=\frac{\max\limits_{1\leqslant i\leqslant m}(X_{ij})-X_{ij}}{\max\limits_{1\leqslant i\leqslant m}(X_{ij})-\min\limits_{1\leqslant i\leqslant m}(X_{ij})} \tag{6-4}$$

式中，Y_{ij}——第 i 个被评价事物第 j 项指标原始数据标准化后的数值；

---

① 秦趣，梁振民，刘安乐，等.基于 DPSIRM 框架模型的高原湿地生态安全评价[J].冰川冻土，2020，42(4)：1363-1375.

② 秦趣，代稳，刘兴荣.乌蒙山区城市人工湿地生态系统健康评价：以六盘水明湖国家湿地公园为例[J].水生态学杂志，2013，34(5)：43-47.

③ 宁宝权，陕振沛.基于改进熵和欧氏贴进度的模糊物元分析模型及应用[J].六盘水师范学院学报，2015，27(2)：79-83.

X_{ij}——第 i 个被评价事物的第 j 项指标的原始数据；

m——被评价事物的数量，$\max(X_{ij})$ 代表最大值，$\min(X_{ij})$ 代表最小值，$i=1, 2, \cdots, m$；$j=1, 2, \cdots, n$。

(3)适中型指标标准化

当某个评价指标数值与某一个固定值越接近越好时，这个指标被称为适中型指标，其原始数据标准化计算公式如下：

$$Y_{ij}=\begin{cases} 1-\dfrac{X_{i0}-X_{ij}}{\max\{X_{i0}-\min\limits_{1\leqslant i\leqslant m}(X_{ij}),\ \max\limits_{1\leqslant i\leqslant m}(X_{ij})-X_{i0}\}}, & \min\limits_{1\leqslant i\leqslant m}(X_{ij})<X_{ij}<X_{i0} \\ 1-\dfrac{X_{ij}-X_{i0}}{\max\{X_{i0}-\min\limits_{1\leqslant i\leqslant m}(X_{ij}),\ \max\limits_{1\leqslant i\leqslant m}(X_{ij})-X_{i0}\}}, & X_{i0}<X_{ij}<\max\limits_{1\leqslant i\leqslant m}(X_{ij}) \\ 1, & X_{ij}=X_{i0} \end{cases} \tag{6-5}$$

式中，Y_{ij}——第 i 个被评价事物第 j 项指标原始数据标准化后的数值；

X_{ij}——第 i 个被评价事物的第 j 项指标的原始数据；

X_{i0}——第 j 个评价指标的理想固定值；

m——被评价事物的数量，$\max(X_{ij})$ 代表最大值，$\min(X_{ij})$ 代表最小值，$i=1, 2, \cdots, m$；$j=1, 2, \cdots, n$。

(4)区间型指标标准化

当某个评价指标数值在某个特定的区间表现为最优时，这个指标被称为最佳区间型指标，其原始数据标准化计算公式如下：

$$Y_{ij}=\begin{cases} 1-\dfrac{Q_1-X_{ij}}{\max\{Q_1-\min\limits_{1\leqslant i\leqslant m}(X_{ij}),\ \max\limits_{1\leqslant i\leqslant m}(X_{ij})-Q_2\}}, & X_{ij}<Q_1 \\ 1-\dfrac{X_{ij}-Q_2}{\max\{Q_1-\min\limits_{1\leqslant i\leqslant m}(X_{ij}),\ \max\limits_{1\leqslant i\leqslant m}(X_{ij})-Q_2\}}, & X_{ij}>Q_2 \\ 1, & Q_1\leqslant X_{ij}\leqslant Q_2 \end{cases} \tag{6-6}$$

式中，Y_{ij}——第 i 个被评价事物第 j 项指标原始数据标准化后的数值；

X_{ij}——第 i 个被评价事物的第 j 项指标的原始数据；

Q_1——评价指标最佳区间的左边界的数值；

Q_2——评价指标最佳区间的右边界的数值；

m——被评价事物的数量，$\max(X_{ij})$ 代表最大值，$\min(X_{ij})$ 代表最小值，$i=1, 2, \cdots, m$；$j=1, 2, \cdots, n$。

6.2.1.2 层次分析法(AHP 法)确定权重

(1)层次分析法原理

层次分析法(analytic hierarchy process，AHP)是指把与决策有关的要素分解成多个层次，即目标层、准则层和方案层等层次，然后在这个基础上作定性与定量研究的方法。这一方法是 20 世纪 70 年代初由美国运筹学家 A. L. Saaty 提出的一种确定层次权重的决策分析方法，其因系统性强、简洁实用和所需定量数据信息少等而得到广泛应用。在复杂问题的研究中，AHP 法能将多个复杂的因素划分成相互联系且条理清楚的层次，并把咨询专家的分析与意见和数据有机结合。其原理为：把复杂问题系统化，厘清系统内部各要素间的关系，从而把复杂问题的要素分解为井然有序的层次，同时在相同层次的要素依据上一层次要素为准则，建立判断矩阵，作相应的判断比较，得到各评价要素的权重值①。层次分析法的计算过程一般分为四个步骤求解：第一步，构建评价对象层次结构模型；第二步，建立判断矩阵；第三步，层次单排序及其一致性检验；第四步，层次总排序及其一致性检验。具体详细步骤在下面介绍。

①构建评价对象层次结构模型。在分析清楚等待处理的问题后，把问题中的各种要素划分成一定的结构层次，一般划分成目标层、准则层和方案层，厘清各个层次结构及其要素的关系，并用框图表达。若一个层次含有的要素较多，则可把这个层次继续划分成多个子层次，从而形成目标层(在框图中的最上层)、准则层(在框图中的中间层)和方案层(在框图中的最下层)，具体情况如图 6-4 所示。

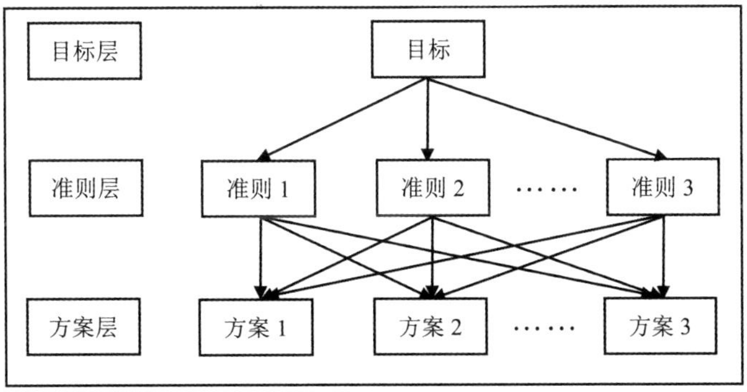

图 6-4 层次结构模型

②建立判断矩阵。在评价对象层次结构模型的基础上，根据各个层次的相互关系，把相同层次的元素对上一层次的重要性以 1~9 的标度法作两两比较，咨询专家赋值后形成判断矩阵。在矩阵中，上一层的元素。看作准则层 A，其下一层的元素则为目标层 P_1，

① 李崧，邱微，赵庆良，等.层次分析法应用于黑龙江省生态环境质量评价研究[J].环境科学，2006，27(5)：1031-1034.

P_2，…，P_n，从而构成 n 阶矩阵 $\boldsymbol{A}=(a_{ij})_{n\times n}$，$a_{ij}$代表准则层控制下的 P_i 元素对 P_j 元素的重要性，具体如表 6-7 和表 6-8 所列。

表 6-7　判断矩阵

准则	指标 1	指标 2	指标 3
指标 1	a_{ij}	a_{12}	a_{13}
指标 2	a_{21}	a_{ij}	a_{23}
指标 3	a_{31}	a_{32}	a_{ij}

咨询的专家按照自己的经验对各个评价指标作出主观评价，结合每个专家的意见，进行综合分析，对各个评价指标的相对重要性进行对比分析，把分析结果按照 1~9 的标度法表示，其矩阵标度含义如表 6-8 所列。

表 6-8　判断矩阵尺度及定义

判断尺度 $P_{ij}(i\leqslant j)$ 的取值	定义
1	P_i元素与 P_j元素相比较同等重要
3	P_i元素比 P_j元素稍微重要
5	P_i元素比 P_j元素明显重要
7	P_i元素比 P_j元素强烈重要
9	P_i元素比 P_j元素绝对重要
2，4，6，8	介于以上两个判断尺度之间对应情况的数值
倒数	当两两比较 j 和 i 相同时，判断结果为 $C_{ji}=1/C_{ji}$，$C_{ji}=1$

③层次单排序及其一致性检验。上面层次的要素控制下面层次要素的权重值，通过层次单排序来求得。在计算时首先求矩阵 $\boldsymbol{A}$ 的特征向量和特征根，再求下面层次要素的单排序权重值，整个过程为层次单排序。在具体计算时，一般有三种方法可以运用：一是方根法，二是和积法，三是幂法。

第一种方法：方根法。

第一步，求判断矩阵各行元素的乘积，其计算公式如下：

$$M_i=\prod_{j=1}^{n}a_{ij}\ ,\ i=1,\ 2,\ \cdots,\ n \tag{6-7}$$

式中，M_i——矩阵各行元素的积；

a_{ij}——准则层控制下的各行元素的重要性；

n——阶数。

第二步，对判断矩阵各行元素的几何平均值进行计算，即判断矩阵各行元素乘积的

n 次方根，得到向量$\overline{w}_i$，其计算公式如下：

$$\overline{w}_i = \sqrt[n]{M_i},\ i=1,\ 2,\ \cdots,\ n \tag{6-8}$$

式中，$\overline{w}_i$——判断矩阵各行元素的几何平均值；

M_i——矩阵各行元素的积；

n——代表阶数。

第三步，对向量$\overline{w}_i = [\overline{w_1},\ \overline{w_2},\ \cdots,\ \overline{w_3}]^T$ 作归一化处理，得到新的向量，即特征向量，其计算公式如下：

$$w_i = \frac{\overline{w_i}}{\sum_{i=1}^{n} \overline{w_i}},\ i=1,\ 2,\ \cdots,\ n \tag{6-9}$$

式中，w_i——特征向量；

$\overline{w}_i$——判断矩阵各行元素的几何平均值；

n——阶数。

特征向量 $w = [w_1,\ w_2,\ \cdots,\ w_n]^T$ 就是要求的评价指标权重值。

第四步，对判断矩阵最大特征值进行计算，其公式如下：

$$\lambda_{\max} = \sum_{i=1}^{n} \frac{(Aw)_i}{nw_i} \tag{6-10}$$

式中，$\lambda_{\max}$——判断矩阵最大特征值；

w_i——特征向量；

$(Aw)_i$——向量 Aw 的第 i 个分量。

第二种方法：和积法。

第一步，对判断矩阵的各列元素作归一化处理，其计算公式如下：

$$\overline{a_{ij}} = \frac{a_{ij}}{\sum_{k=1}^{n} a_{kj}},\ i,\ j=1,\ 2,\ \cdots,\ n \tag{6-11}$$

式中，$\overline{a_{ij}}$——归一化处理后得到的新矩阵；

a_{ij}——准则层控制下的各行元素的重要性；

n——阶数。

第二步，对新矩阵$\overline{a_{ij}}$的各行元素作和计算，得到向量$\overline{w_i}$，其计算公式如下：

$$\overline{w_i} = \sum_{j=1}^{n} \overline{a_{ij}}, \; i, j=1, 2, \cdots, n \tag{6-12}$$

式中，$\overline{w_i}$——矩阵各行元素的和；

$\overline{a_{ij}}$——归一化处理后得到的新矩阵数据；

n——阶数。

第三步，对向量$\overline{w}_i=[\overline{w_1}, \overline{w_2}, \cdots, \overline{w_3}]^T$作归一化处理，得到新的向量，即特征向量，其计算公式如下：

$$w_i = \frac{\overline{w_i}}{\sum_{i=1}^{n} \overline{w_i}}, \; i=1, 2, \cdots, n \tag{6-13}$$

式中，w_i——特征向量；

$\overline{w_i}$——矩阵各行元素的和；

n——阶数。

特征向量 $w=[w_1, w_2, \cdots, w_n]^T$ 就是要求的评价指标权重值。

第四步，对判断矩阵最大特征值进行计算，其公式如下：

$$\lambda_{max} = \sum_{i=1}^{n} \frac{(Aw)_i}{nw_i} \tag{6-14}$$

式中，λ_{max}——判断矩阵最大特征值；

w_i——特征向量；

$(Aw)_i$——向量 Aw 的第 i 个分量。

第三种方法：幂法。

幂法强调逐步迭代，在多次迭代进行计算后，根据预设的精度，计算得到判断矩阵的最大特征值及其向量。

第一步，构建初值向量矩阵：

以与判断矩阵 A 同阶的任何初值为向量 $X^{(0)}$，构成向量矩阵 $X^{(0)}=(x_1^{(0)}, x_2^{(0)}, \cdots, x_n^{(0)})^T$，计算：

$$m_0 = \| X^{(0)} \|_\infty = \max\{x_i^{(0)}\} \tag{6-15}$$

$$Y^{(0)} = \frac{X^{(0)}}{m_0} \tag{6-16}$$

第二步，迭代计算：

设 $k=0, 1, 2, \cdots$，计算：

$$X^{(k+1)}=AY^{(K)} \tag{6-17}$$

$$m_{k+1}=\|X^{(K+1)}\|\infty=\max\{x_i^{(k+1)}\} \tag{6-18}$$

$$Y^{(k+1)}=\frac{X^{(k+1)}}{m_{k+1}} \tag{6-19}$$

第三步，检验精度：

若精度设定为 ε，当 $|m_{k+1}-m_k|<\varepsilon$ 时，意味着所有的 $k=0, 1, 2, \cdots$ 均通过，继续进入下面第四步计算，不然转回到上面第二步进行计算。

第四步，计算矩阵最大特征值及其特征向量：

对 $Y^{(k+1)}$ 进行归一化处理，计算公式如下：

$$W=\frac{Y^{(K+1)}}{\sum_{i=1}^{m} y_i(k+1)} \tag{6-20}$$

$$\lambda_{\max}=m_{k+1} \tag{6-21}$$

运用层次分析法计算权重值，一般采用以上三种方法进行计算。不管采用哪一种方法计算，后面步骤都需要计算判断矩阵的最大特征根。若判断矩阵 A 的一致性非常好，则最大特征值 $\lambda_{\max}=n$，不过，出现这种情形的机会不多。因此需要对层次单排序的一致性进行检验，其计算公式为

$$C.I=\frac{\lambda_{\max}-n}{n-1} \tag{6-22}$$

式中，$C.I$——特征根的负平均值（不包含最大特征根）；

n——建立的判断矩阵阶数。

当 $C.I=0$ 时，表明判断矩阵 A 的一致性非常好；当 $C.I$ 较大，意味着断矩阵 A 的一致性较差。要判断一个判断矩阵的一致性是否可行，要对判断矩阵的一致性比率进行计算，其计算公式如下：

$$C.R=\frac{C.I}{R.I} \tag{6-23}$$

式中，$C.I$——特征根的负平均值（不包含最大特征根）；

$R.I$——平均随机一致性指标；

$C.R$——一致性比率。

一般情况下，当 $C.R$ 越大时，表明判断矩阵的一致性越不好。一般认为，当 $C.R \leq 0.1$ 时，判断矩阵层次单排序的一致性具有较好的满意度。判断矩阵 1~12 阶的 $R.I$ 的数值如表 6-9 所列。

表 6-9 判断矩阵 1~12 阶的 R.I 取值

矩阵阶数 n	1	2	3	4	5	6
$R.I$	0	0	0.52	0.89	1.12	1.24
矩阵阶数 n	7	8	9	10	11	12
$R.I$	1.32	1.41	1.45	1.49	1.51	1.54

④层次总排序及其一致性检验。一个层次中的全部元素对目标层(最高层)相对重要性排序权重值称为总层次排序。它是在层次单排序计算结果的基础上从高层次到低层次依次逐级计算得到，若上一层次元素 A_1，A_2，…，A_m 对应的权重值依次是 a_1，a_2，…，a_m；则 A_j 下一层次的相应元素 P_1，P_2，…，P_n 的层次单排序结果是$[p_1, p_2, \cdots, p_n]^T$(若 A_j 和 P_i 没有关系，则 $p^j{}_i=0$)，P 层次的总排序情况如表 6-10 所列。

表 6-10 层次总排序表

P 层次	A 层次				P 层次的总排序
	A_1	A_2	…	A_m	
	a_1	a_2	…	a_m	
P_1	p_1^1	p_1^2	…	p_1^m	$\sum_{j=1}^{m} a_j p_1^j$
P_2	p_2^1	p_2^2	…	p_2^m	$\sum_{j=1}^{m} a_j p_2^j$
⋮	⋮	⋮		⋮	⋮
P_n	p_n^1	p_n^2	…	p_n^m	$\sum_{j=1}^{m} a_j p_n^j$

从表 6-10 中不难发现，层次总排序之和等于 1，即 $\sum_{i=1}^{n}\sum_{j=1}^{m} a_j p_i^j = 1$，表明层次总排序是一个正规的向量。

关于层次总排序得到的结果，也要做一致性检验，看其一致性是否可以被接受。其计算公式为

$$C.I = \sum_{j=1}^{m} a_j C.I_j \tag{6-24}$$

$$R.I = \sum_{j=1}^{m} a_j R.I_j \tag{6-25}$$

$$C.R = \frac{C.I}{R.I} \tag{6-26}$$

式中，$C.I_j$——P 层次中与 a_j 对应的一致性评价指标值；

$C.I$——层次总排序一致性指标；

$R.I_j$——P 层次中与 a_j 对应的随机一致性评价指标值；

$R.I$——层次总排序随机一致性指标；

$C.R$——层次总排序随机一致性比率。

一般情况下，当 $C.R$ 越大时，表明判断矩阵的一致性越不好，一般认为，当 $C.R<0.1$ 时，说明判断矩阵的层次总排序的一致性具有较好的满意度；当 $C.R\geqslant 0.1$ 时，说明层次总排序的结果不能被接受，需要对判断矩阵的数值进行调整，直到 $C.R<0.1$ 为止。

(2)计算评价指标权重值

①构建评价对象层次结构模型。依据表 6-5 的内容，构建乡村旅游系统综合评价指标体系层次结构模型，具体如图 6-5 所示。

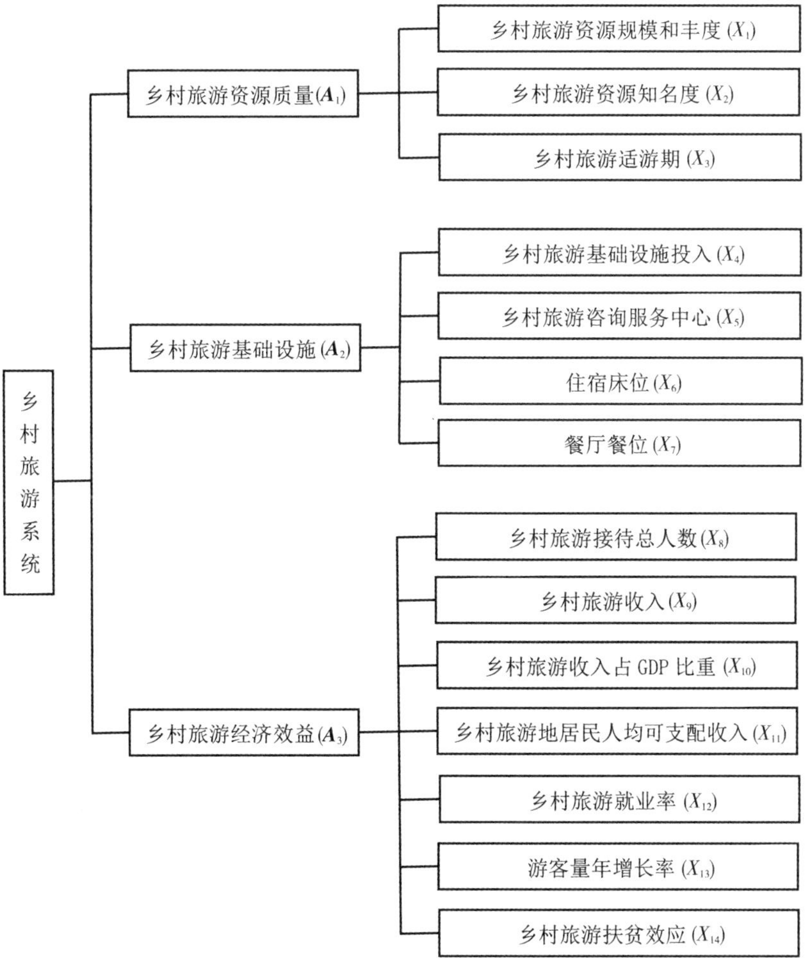

图 6-5　乡村旅游系统综合评价层次结构模型

依据表 6-6 的内容，构建生态环境系统旅游综合评价指标体系层次结构模型，具体如图 6-6 所示。

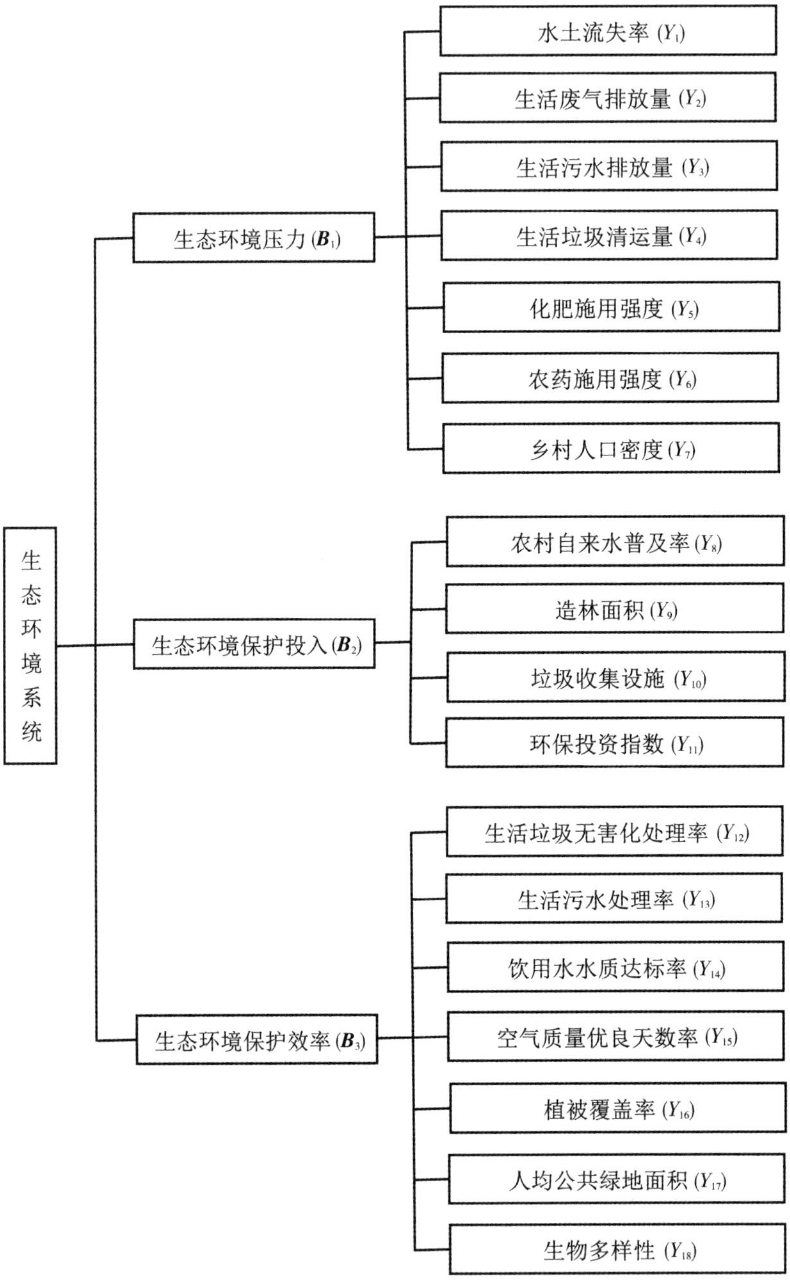

图 6-6　生态环境系统综合评价层次结构模型

②判断矩阵建立。为了对层次分析法计算权重值有一个清晰的认识，这里以乡村旅游经济效益及其包含的评价指标来说明层次分析法计算各评价指标权重的步骤。先咨询专家，在专家打分的基础上，得到各个评价指标对上一层指标的重要程度，形成判断矩阵 $\boldsymbol{A}_3$（即 $X_8 \sim X_{14}$），具体如表 6-11 所列。

表 6-11　六盘水市乡村旅游经济效益矩阵

乡村旅游经济效益（$\boldsymbol{A}_3$）	乡村旅游接待总人数（X_8）	乡村旅游收入（X_9）	乡村旅游收入占 GDP 比重（X_{10}）	乡村旅游地居民人均可支配收入（X_{11}）	乡村旅游就业率（X_{12}）	游客量年增长率（X_{13}）	乡村旅游扶贫效应（X_{14}）
乡村旅游接待总人数（X_8）	1	1/2	2	3	1/3	1/4	1/2
乡村旅游收入（X_9）	2	1	1	1	1/3	1/3	1/2
乡村旅游收入占 GDP 比重（X_{10}）	1	1	1	2	1/3	1/3	1/4
乡村旅游地居民人均可支配收入（X_{11}）	1/3	1/2	1/2	1	1/5	1/6	1
乡村旅游就业率（X_{12}）	3	3	3	5	1	3	2
游客量年增长率（X_{13}）	4	3	3	6	1/3	1	2
乡村旅游扶贫效应（X_{14}）	2	2	4	1	1/2	1/2	1

③层次单排序及其一致性检验。这里运用方根法进行运算，主要步骤如下。

第一步，根据式（6-7），计算判断矩阵各行元素的乘积：

$$M_1 = 1\times\frac{1}{2}\times2\times3\times\frac{1}{3}\times\frac{1}{4}\times\frac{1}{2}=\frac{1}{8}$$

同理可以得到：

$$M_2=1/9;\ M_3=1/8;\ M_4=1/360;\ M_5=810;\ M_6=144;\ M_7=4$$

第二步，根据式（6-8），对 M_i 的 7 次方根（$n=7$）进行计算，得到向量 $\overline{\boldsymbol{w}}_i$：

$$\overline{\boldsymbol{w}}_1=0.7430;\ \overline{\boldsymbol{w}}_2=0.7306;\ \overline{\boldsymbol{w}}_3=0.6617;\ \overline{\boldsymbol{w}}_4=0.4313;$$

$$\overline{\boldsymbol{w}}_5=2.6031;\ \overline{\boldsymbol{w}}_6=2.0339;\ \overline{\boldsymbol{w}}_7=1.2910$$

得到向量 $\overline{\boldsymbol{w}}_i=[0.7430,\ 0.7306,\ 0.6617,\ 0.4313,\ 2.6031,\ 2.0339,\ 1.2910]^{\mathrm{T}}$。

第三步，根据式(6-9)，对向量$\overline{w}_i$作归一化处理，得到新的向量，即特征向量：$w_1=0.0882$；$w_2=0.0867$；$w_3=0.0786$；$w_4=0.0512$；$w_5=0.3091$；$w_6=0.2415$；$w_7=0.1447$。由此获得新的向量w_i，即$w_i=[0.0882, 0.0867, 0.0786, 0.0512, 0.3091, 0.2415, 0.1447]^T$，这就是需要计算的相应评价指标权重值。

第四步，根据式(6-10)，对判断矩阵最大特征值进行计算：

$$
\boldsymbol{Aw}=\begin{bmatrix} 1 & 1/2 & 2 & 3 & 1/3 & 1/4 & 1/2 \\ 2 & 1 & 1 & 1 & 1/3 & 1/3 & 1/2 \\ 1 & 1 & 1 & 2 & 1/3 & 1/3 & 1/4 \\ 1/3 & 1/2 & 1/2 & 1 & 1/5 & 1/6 & 1 \\ 3 & 3 & 3 & 5 & 1 & 3 & 2 \\ 4 & 3 & 3 & 6 & 1/3 & 1 & 2 \\ 2 & 2 & 4 & 1 & 1/2 & 1/2 & 1 \end{bmatrix} \times \begin{bmatrix} 0.7430 \\ 0.7306 \\ 0.6617 \\ 0.4313 \\ 2.6031 \\ 2.0339 \\ 1.2190 \end{bmatrix} = \begin{bmatrix} 5.7115 \\ 5.1773 \\ 4.8484 \\ 3.4538 \\ 19.7056 \\ 15.0766 \\ 10.6755 \end{bmatrix}
$$

$$
\lambda_{\max}=\sum_{i=1}^{n}\frac{(\boldsymbol{Aw})_i}{n\boldsymbol{w}_i}=\frac{5.7115}{7\times0.7430}+\frac{5.1773}{7\times0.7306}+\frac{4.8484}{7\times0.6617}+\frac{3.4538}{7\times0.4313}+\frac{19.7056}{7\times2.6031}+\frac{15.0766}{7\times2.0339}+\frac{10.6755}{7\times1.2190}=7.6925
$$

第五步，根据式(6-22)，对层次单排序的一致性进行检验：

$$
C.I=\frac{\lambda_{\max}-n}{n-1}=\frac{7.6925-7}{7-1}=\frac{0.6925}{6}=0.1154
$$

第六步，由表 6-9 可知，7 阶判断矩阵 $R.I$ 的数值为 1.32。

第七步，对随机一致性比率 $C.R$ 进行计算：

$$
C.R=\frac{C.I}{R.I}=\frac{0.1154}{1.32}=0.0874
$$

由此可以看出，矩阵的随机一致性比例 $C.R=0.0874<0.1$，意味着矩阵的一致性比较满意。因此，评价指标 X_8，X_9，X_{10}，X_{11}，X_{12}，X_{13}和 X_{14}对 $\boldsymbol{A}_3$ 的权重值分别为 $w_1=0.0882$，$w_2=0.0867$，$w_3=0.0786$，$w_4=0.0512$，$w_5=0.3091$，$w_6=0.2415$，$w_7=0.1447$。其表达如表 6-12 所示。

表 6-12 六盘水市乡村旅游经济效益指标权重值

乡村旅游经济效益(A_3)	乡村旅游接待总人数(X_8)	乡村旅游收入(X_9)	乡村旅游收入占 GDP 比重(X_{10})	乡村旅游地居民人均可支配收入(X_{11})	乡村旅游就业率(X_{12})	游客量年增长率(X_{13})	乡村旅游扶贫效应(X_{14})	权重值
乡村旅游接待总人数(X_8)	1	1/2	2	3	1/3	1/4	1/2	0. 0882
乡村旅游收入(X_9)	2	1	1	1	1/3	1/3	1/2	0. 0867
乡村旅游收入占 GDP 比重(X_{10})	1	1	1	2	1/3	1/3	1/4	0. 0786
乡村旅游地居民人均可支配收入(X_{11})	1/3	1/2	1/2	1	1/5	1/6	1	0. 0512
乡村旅游就业率(X_{12})	3	3	3	5	1	3	2	0. 3091
游客量年增长率(X_{13})	4	3	3	6	1/3	1	2	0. 2415
乡村旅游扶贫效应(X_{14})	2	2	4	1	1/2	1/2	1	0. 1447

注：$\lambda_{max}=7.6925$，$C.I=0.1154$，$R.I=1.3200$，$C.R=0.0874$。

同理，应用这种方法建立其他层次评价指标的判断矩阵，能够求出各评价指标的权重值。具体如表 6-13 至表 6-19 所示。

表 6-13 六盘水市乡村旅游系统指标权重值

乡村旅游系统(O_1)	乡村旅游资源质量(A_1)	乡村旅游基础设施(A_2)	乡村旅游经济效益(A_3)	权重值
乡村旅游资源质量(A_1)	1	2	1/3	0. 2493
乡村旅游基础设施(A_2)	1/2	1	1/3	0. 1571
乡村旅游经济效益(A_3)	3	3	1	0. 5936

注：$\lambda_{max}=3.0537$，$C.I=0.0268$，$R.I=0.5200$，$C.R=0.0516$。

表 6-14 六盘水市乡村旅游资源质量指标权重值

乡村旅游资源质量(A_1)	乡村旅游资源规模和丰度(X_1)	乡村旅游资源知名度(X_2)	乡村旅游适游期(X_3)	权重值
乡村旅游资源规模和丰度(X_1)	1	1	3	0. 4434
乡村旅游资源知名度(X_2)	1	1	2	0. 3874
乡村旅游适游期(X_3)	1/3	1/2	1	0. 1692

注：$\lambda_{max}=3.0183$，$C.I=0.0091$，$R.I=0.5200$，$C.R=0.0176$。

表 6-15 乡村旅游基础设施指标权重值

乡村旅游基础设施(A_2)	村旅游基础设施投入(X_4)	乡村旅游咨询服务中心(X_5)	住宿床位(X_6)	餐厅餐位(X_7)	权重值
村旅游基础设施投入(X_4)	1	1/2	1/2	1/3	0.1214
乡村旅游咨询服务中心(X_5)	2	1	1/3	1/2	0.1716
住宿床位(X_6)	2	3	1	1	0.3535
餐厅餐位(X_7)	3	2	1	1	0.3535

注：$\lambda_{max}=4.1023$，$C.I=0.0341$，$R.I=0.8900$，$C.R=0.0383$。

表 6-16 六盘水市生态环境系统指标权重值

生态环境系统(O_2)	生态环境压力(B_1)	生态环境保护投入(B_2)	生态环境保护效率(B_3)	权重值
生态环境压力(B_1)	1	2	2	0.4934
生态环境保护投入(B_2)	1/2	1	2	0.3108
生态环境保护效率(B_3)	1/2	1/2	1	0.1958

注：$\lambda_{max}=3.0536$，$C.I=0.0268$，$R.I=0.5200$，$C.R=0.0516$。

表 6-17 六盘水市生态环境压力指标权重值

生态环境压力(B_1)	水土流失率(Y_1)	生活废气排放量(Y_2)	生活污水排放量(Y_3)	生活垃圾清运量(Y_4)	化肥施用强度(Y_5)	农药施用强度(Y_6)	乡村人口密度(Y_7)	权重值
水土流失率(Y_1)	1	1/3	1	1/4	1/3	1/3	1/2	0.0598
生活废气排放量(Y_2)	3	1	3	2	1/3	1/2	1/2	0.1365
生活污水排放量(Y_3)	1	1/3	1	1/4	1/2	1/4	1/2	0.0608
生活垃圾清运量(Y_4)	4	1/2	4	1	1	1	1	0.1733
化肥施用强度(Y_5)	3	3	2	1	1	1	1	0.1946
农药施用强度(Y_6)	3	2	4	1	1	1	1/2	0.1837
乡村人口密度(Y_7)	2	2	2	1	1	2	1	0.1913

注：$\lambda_{max}=7.2538$，$C.I=0.0423$，$R.I=1.3200$，$C.R=0.0320$。

表 6-18 六盘水市生态环境保护投入指标权重值

生态环境保护投入($\boldsymbol{B}_2$)	农村自来水普及率(Y_8)	造林面积(Y_9)	垃圾收集设施(Y_{10})	环保投资指数(Y_{11})	权重值
农村自来水普及率(Y_8)	1	1/2	1/2	1/3	0.1265
造林面积(Y_9)	2	1	1	1	0.2799
垃圾收集设施(Y_{10})	2	1	1	2	0.3330
环保投资指数(Y_{11})	3	1	1/2	1	0.2606

注：$\lambda_{max}=4.1171$，$C.I=0.0390$，$R.I=0.8900$，$C.R=0.0439$。

表 6-19 六盘水市生态环境保护效率指标权重值

生态环境保护效率($\boldsymbol{B}_3$)	生活垃圾无害化处理率(Y_{12})	生活污水处理率(Y_{13})	饮用水水质达标率(Y_{14})	空气质量优良天数率(Y_{15})	植被覆盖率(Y_{16})	人均公共绿地面积(Y_{17})	生物多样性(Y_{18})	权重值
生活垃圾无害化处理率(Y_{12})	1	1/2	2	1/6	1/3	1/3	1/2	0.0622
生活污水处理率(Y_{13})	2	1	3	1/2	1/4	1/2	1	0.1055
饮用水水质达标率(Y_{14})	1/2	1/3	1	1/4	1/3	1/5	1	0.0524
空气质量优良天数率(Y_{15})	6	2	4	1	1	2	2	0.2572
植被覆盖率(Y_{16})	3	4	3	1	1	2	3	0.2616
人均公共绿地面积(Y_{17})	3	2	5	1/2	1/2	1	1/2	0.1466
生物多样性(Y_{18})	2	1	1	1/3	1/2	2	1	0.1145

注：$\lambda_{max}=7.6145$，$C.I=0.1024$，$R.I=1.3200$，$C.R=0.0776$。

由表 6-12 至表 6-19 可以看出，各类矩阵的随机一致性比例 $C.R<0.1$，说明各类矩阵的一致性比较满意，其求出的各个评价指标的权重值是可行的。

④层次总排序及其一致性检验。以乡村旅游系统为例，对层次总排序及其一致性检验进行计算。

第一步，计算乡村旅游系统方案层的各评价指标对目标层的权重值：

依据表 6-10 层次总排序的方法，计算 $\boldsymbol{w}_1=\sum_{j=1}^{m}a_i p_1^j=0.2493\times0.4434=0.1105$，根据这种方法能够求出 $\boldsymbol{w}_2-\boldsymbol{w}_{14}$ 的权重值，具体权重值为 $\boldsymbol{w}_i=[\boldsymbol{w}_1, \boldsymbol{w}_2, \cdots, \boldsymbol{w}_{14}]=[0.1105, 0.0966, 0.0422, 0.0191, 0.0269, 0.0555, 0.0555, 0.0524, 0.0515, 0.0467, 0.0304, 0.1835, 0.1433, 0.0859]$。

第二步，对随机一致性比率 $C.R$ 进行计算：

$$C.R = \frac{C.I}{R.I} = \frac{\sum_{j=1}^{m} a_j C.I_j}{\sum_{j=1}^{m} a_j R.I_j}$$

$$= \frac{0.2493 \times 0.0091 + 0.1571 \times 0.0341 + 0.5936 \times 0.1154}{0.2493 \times 0.52 + 0.1571 \times 0.89 + 0.5936 \times 1.32}$$

$$= \frac{0.0761}{1.0530} = 0.0723$$

从计算结果可以看出，矩阵的随机一致性比例 $C.R = 0.0723 < 0.1$，说明矩阵的一致性比率是可行的。由此，得到乡村旅游系统各个评价指标的分项权重值和总权重值如表6-20 所示。

表 6-20　六盘水市乡村旅游系统综合评价指标分项权重值和总权重值

系统层	一级指标	总权重值	二级指标	分项权重值	权重值
乡村旅游系统	乡村旅游资源质量	0.2493	乡村旅游资源规模和丰度(X_1)	0.4434	0.1105
			乡村旅游资源知名度(X_2)	0.3874	0.0966
			乡村旅游适游期(X_3)	0.1692	0.0422
	乡村旅游基础设施	0.1571	乡村旅游基础设施投入(X_4)	0.1214	0.0191
			乡村旅游咨询服务中心(X_5)	0.1716	0.0269
			住宿床位(X_6)	0.3535	0.0555
			餐厅餐位(X_7)	0.3535	0.0555
	乡村旅游经济效益	0.5936	乡村旅游接待总人数(X_8)	0.0882	0.0524
			乡村旅游收入(X_9)	0.0867	0.0515
			乡村旅游收入占 GDP 比重(X_{10})	0.0786	0.0467
			乡村旅游地居民人均可支配收入(X_{11})	0.0512	0.0304
			乡村旅游就业率(X_{12})	0.3091	0.1835
			游客量年增长率(X_{13})	0.2415	0.1433
			乡村旅游扶贫效应(X_{14})	0.1447	0.0859

注：$C.I = 0.0761$，$R.I = 1.0530$，$C.R = 0.0723$。

同理，可以计算得到生态环境系统各个评价指标的分项权重值和总权重值如表 6-21 所列。

表 6-21　六盘水市生态环境系统综合评价指标分项权重值和总权重值

系统层	一级指标	总权重值	二级指标	分项权重值	权重值
生态环境系统	生态环境压力	0.4934	水土流失率(Y_1)	0.0598	0.0295
			生活废气排放量(Y_2)	0.1365	0.0673
			生活污水排放量(Y_3)	0.0608	0.0300
			生活垃圾清运量(Y_4)	0.1733	0.0855
			化肥施用强度(Y_5)	0.1946	0.0960
			农药施用强度(Y_6)	0.1837	0.0906
			乡村人口密度(Y_7)	0.1913	0.0944
	生态环境保护投入	0.3108	农村自来水普及率(Y_8)	0.1265	0.0393
			造林面积(Y_9)	0.2799	0.0870
			垃圾收集设施(Y_{10})	0.3330	0.1035
			环保投资指数(Y_{11})	0.2606	0.0810
	生态环境保护效率	0.1958	生活垃圾无害化处理率(Y_{12})	0.0622	0.0122
			生活污水处理率(Y_{13})	0.1055	0.0207
			饮用水水质达标率(Y_{14})	0.0524	0.0103
			空气质量优良天数率(Y_{15})	0.2572	0.0504
			植被覆盖率(Y_{16})	0.2616	0.0512
			人均公共绿地面积(Y_{17})	0.1466	0.0287
			生物多样性(Y_{18})	0.1145	0.0224

注：$C.I=0.0530$，$R.I=1.1864$，$C.R=0.0447$。

6.2.1.3　熵权法确定权重

(1)熵权法原理

熵最早出现在物理学中。1865 年，德国物理学学者克劳修斯在研究能量时提出了“熵”的概念，用以表达能量的分布情况。他认为，能量在空间中分布得越均匀，熵的数值将会越大①。熵的概念问世后，很多领域的学者给予高度关注，他们从各自的学科特点出发，把熵的概念融入各种研究领域中，熵的概念由此在多个领域得到应用和发展。1948 年，美国学者把熵的概念与信息论相结合，提出了“信息熵”的概念，探讨信息源中所发出的有关信号的不确定性，创立了信息熵理论②。在信息熵理论的基础上，发展提出了交叉熵理论，进而逐步发展形成了熵权法。熵权法在评价指标权重赋值方面属于

① 王清源，潘旭海.熵权法在重大危险源应急救援评估中的应用[J].南京工业大学学报(自然科学版)，2011，33(3)：87-92.

② 曾凡伟.基于层次—熵权法的地质公园综合评价：以兴文、四姑娘山、剑门关地质公园为例[D].成都：成都理工大学，2014：148-150.

一种客观赋值求权重的方法，与专家赋值求权重的主观方法相比，其优点在于灵活性好，客观性强，应用方便。其原理是通过建立好的评价指标体系计算得到结果，即根据评价指标体系中所获得的各评价指标的原始数据标准化后得到的数值进行计算求得熵值和熵权，由此，这种方法在很多学科中得到广泛应用①。

实际操作时，在一个系统中，若系统有序性强，则信息熵就弱，熵值就小；相反，若系统有序性弱，则信息熵就强，熵值就大。同时，若在一个系统中获得的信息量大，则不确定性就小，熵值也低；相反，若在一个系统中获得的信息量小，则不确定性就大，熵值就高。熵权法是为了求权重而在信息熵的背景下引入权重而形成，把各个评价指标整个系统的影响程度称为熵权，即为权重。熵权由信息熵的相关公式计算得到。若某个元素对相应评价指标的数据相差较大，则熵值就小，意味着这个评价指标形成的信息量较多，指标权重就较大；相反，若某个元素对相应评价指标的数据相差较小，则熵值就大，意味着这个评价指标形成的信息量较少，指标权重就较小。

(2)计算步骤

第一步：构建原始数据矩阵，并作标准化处理。

设有 m 个评价对象，n 个评价指标，收集各个评价指标的原始数据，构建 m 个评价对象的 n 个评价指标的矩阵 $\boldsymbol{R}=(r_{ij})_{n\times m}$，有

$$\boldsymbol{R}=\begin{bmatrix} r_{11} & r_{12} & \cdots & r_{1m} \\ r_{21} & r_{22} & \cdots & r_{2m} \\ \vdots & \vdots & & \vdots \\ r_{n1} & r_{n2} & \cdots & r_{nm} \end{bmatrix}$$

式中，$\boldsymbol{R}$——原始数据构成的矩阵；

r_{ij}——第 j 个评价对象的第 i 个评价指标的数值。

同时，因为被评价事物的指标物理量纲不同，其发展趋势也不一致，计算时往往导致数据异常，因此要作数据标准化处理，其计算公式按式(6-3)至式(6-6)进行。

第二步：定义比重。

对第 j 个评价对象相应的第 i 个评价指标数据的比重 P_{ij} 进行计算，其计算公式如下：

$$P_{ij}=\frac{r_{ij}}{\sum_{j=1}^{m} r_{ij}},\ i=1,\ 2,\ \cdots,\ n;\ j=1,\ 2,\ \cdots,\ m \tag{6-27}$$

式中，P_{ij}——第 j 个评价对象相应的第 i 个评价指标标准值的比重；

① 王琬茹.中百集团财务风险评价与防范研究：基于熵权法运用角度[D].北京：中央民族大学，2022：30.

r_{ij}——第 j 个评价对象相应的第 i 个评价指标数值。

第三步：定义熵。

对第 i 个评价指标的熵值 e_i 进行计算，其计算公式如下：

$$e_i = -k\sum_{j=n}^{m} p_{ij}\ln p_{ij},\ i = 1,\ 2,\ \cdots,\ n \tag{6-28}$$

式中，e_i——第 i 个评价指标的熵值；

p_{ij}——第 j 个评价对象相应的第 i 个评价指标标准值的比重。

第四步：定义熵权。

对第 i 个评价指标的熵权 u_i 进行计算，其计算公式如下：

$$u_i = \frac{1 - e_i}{\sum_{i=1}^{n} 1 - e_i},\ i = 1,\ 2,\ \cdots,\ n \tag{6-29}$$

式中，u_i——第 i 个评价指标的权重值，$0 \leqslant u_i \leqslant 1$，$\sum_{u=1}^{m} u_i = 1$；

e_i——第 i 个评价指标的熵值。

考虑到熵权法计算各个评价指标的权重值时需要用到各个评价指标的原始数据，因此，这种方法计算的各个评价指标的权重值在这里暂时不计算，在实例应用中把各个指标的相关数据代入以上公式，就能得到各个评价指标相应的权重值，有关计算将在以后的内容中呈现。

6.2.1.4 变异系数法确定权重

(1)变异系数法原理

变异系数法是一种客观赋权的方法，其运用各个评价指标提供的各种信息，通过计算求得各个评价指标的权重值，这种方法在评价体系的权重值计算中得到广泛应用①。在多指标的评价系统中，变异系数法由被评价项目收集的数据所反映的变异程度强弱计算评价指标的权重值，表明系统评价指标在被评价项目的演化情况。若一个系统指标的观测数据变异程度越大，意味着评价项目越难达到评价指标的平均水平，则评价指标的权重值也随之越大；相反，评价指标的权重值就越小②。当一个评价指标数据没有变化，其变异程度为零，权重值也为零，那么这个指标便失去了评价的意义。

变异系数法的优点是直观表明评价系统每个评价指标的变异情况，其变异情况既有

① 王丽.城市旅游环境承载力预警研究[D].秦皇岛：燕山大学，2012：31.

② 王兆峰，谢佳亮，吴卫.环长株潭城市群旅游业高质量发展水平变化及其影响因素[J].经济地理，2022，42(3)：172-181.

纵向的变异情况，也有横向的变异情况，不管通过截面数据还是时间数据，都能够计算出各个评价指标的权重值。其缺点是当评价指标的变异程度很小甚至为零时，这个指标便失去了评价的价值。

(2)计算步骤

第一步：构建原始数据矩阵。

设有 m 个评价对象，n 个评价指标，收集各个评价指标的原始数据，构建 m 个评价对象的 n 个评价指标的矩阵 $\boldsymbol{R}=(r_{ij})_{n\times m}$，有

$$\boldsymbol{R}=\begin{bmatrix} r_{11} & r_{12} & \cdots & r_{1m} \\ r_{21} & r_{22} & \cdots & r_{2m} \\ \vdots & \vdots & & \vdots \\ r_{n1} & r_{n2} & \cdots & r_{nm} \end{bmatrix}$$

式中，$\boldsymbol{R}$——原始数据构成的矩阵；

r_{ij}——第 j 个评价对象的第 i 个评价指标的数值。

第二步：定义平均值。

对各个评价指标的平均值 $\overline{x_j}$ 进行计算，其计算公式如下：

$$\overline{x_j}=\frac{1}{n}\sum_{i=1}^{n}x_{ij},\ j=1,\ 2,\ \cdots,\ m \tag{6-30}$$

式中，$\overline{x_j}$——第 j 个评价指标的均值；

x_{ij}——第 i 个评价对象的第 j 个评价指标的数值；

n——第 i 个评价对象的第 j 个评价指标的个数。

第三步：定义标准差。

对各个评价指标的标准差 S_j 进行计算，其计算公式如下：

$$S_j=\sqrt{\frac{1}{n}\sum_{i=1}^{n}(x_{ij}-\overline{x_j})^2},\ j=1,\ 2,\ \cdots,\ m \tag{6-31}$$

式中，S_j——第 j 个评价指标的标准差；

$\overline{x_j}$——第 j 个评价指标的均值；

x_{ij}——第 i 个评价对象的第 j 个评价指标的数值；

n——第 i 个评价对象的第 j 个评价指标的个数。

第四步：定义变异系数。

对各评价指标的变异系数 V_j 进行计算，其计算公式如下：

$$V_j = \frac{S_j}{\overline{x_j}},\ j=1,\ 2,\ \cdots,\ m \tag{6-32}$$

式中，V_j——第 j 个评价指标的变异系数；

S_j——第 j 个评价指标的标准差；

$\overline{x_j}$——第 j 个评价指标的均值。

第五步：定义权重值

对变异系数 V_j 作归一化运算，计算出各个评价指标的权重值 W_j，其计算公式如下：

$$W_j = \frac{V_j}{\sum_{j=1}^{m} V_j} \tag{6-33}$$

式中，W_j——第 j 个评价指标的权重值；

V_j——第 j 个评价指标的变异系数。

考虑到变异系数法计算各个评价指标的权重值时需要用到各个评价指标的原始数据，因此，这一种方法计算的各个评价指标的权重值在这里暂时不计算，在实例应用中把各个指标的相关数据代入以上公式，就能得到各个评价指标相应的权重值，有关计算将在以后的内容中呈现。

6.2.1.5 均方差决策法确定权重

(1)均方差决策法原理

均方差决策法(mean square deviation weighted decision，MSE)又被称为标准差法，它能够客观地计算出研究对象各个评价指标的权重值，因而是一种客观地给各个评价指标赋权的方法①。这种方法认为，对事物随机变量离散程度最关键的要素是随机变量的标准差和均方差，标准差越高，变异程度越高，信息量越大，所得到的权重值也越大②。其基本原理为：研究对象的各个评价指标即随机变量，把这些随机变量进行标准化处理的属性值作为该随机变量的取值。由此，以这些取值为基础，计算出随机变量的均方差，然后对随机变量的均方差值作归一化计算，这样计算得到的值就是研究对象各个评价指标的权重值。具体过程为：确定方案集$\{A_1,\ A_2,\ \cdots,\ A_n\}$；指标集$\{G_1,\ G_2,\ \cdots,\ G_j\}$；权重集$\{W_1,\ W_2,\ \cdots,\ W_n\}^{\mathrm{T}}$，有 $\sum_{j=1}^{m} w_j = 1$。指标集 G 作标准化处理后，得到矩阵 $\mathbf{Z}$，$\mathbf{Z} = \mathbf{Z}_{ij} \times n \times$

① 何苏玲，邹凤琼，王金亮.基于 AHP 和 MSE 赋权法的龙南县生态敏感性评价[J].2021，40(9)：2927-2935.

② 王明涛.多指标综合评价中权数确定的离差、均方差决策方法[J].中国软科学，1999，14(8)：100-101.

m, $\boldsymbol{Z}$ 为方案集 A 对指标集 G 的矩阵①②。随机变量是指研究对象的各个评价指标，而随机变量的取值就是每个方案集 A_i 在各个评价指标 G_j 的标准化处理的属性值。

均方差决策法的优点是不根据人们的主观判断确定权重值，而是依据随机变量的离散程度为各个评价指标赋权。该方法的客观性比较强，概念比较清晰，计算过程比较简便，计算得到的权重值精确度也比较高，因此得到广泛的应用。

(2)计算步骤

第一步：各个评价指标原始数据标准化处理。

各个评价指标原始数据标准化处理如前所述，其计算公式按式(6-3)至式(6-6)进行。

第二步：对随机变量的平均值进行计算。

$$E(G_j) = \frac{1}{n}\sum_{i=1}^{n} Z_{ij} \tag{6-34}$$

式中，$E(G_j)$——随机变量的平均值；

Z_{ij}——原始数据标准化处理后的数值；

n——随机变量中某个评价指标的指标数量。

第三步：对各个评价指标的均方差进行计算。

$$\sigma(G_j) = \sqrt{\frac{\sum_{i=1}^{n}[Z_{ij} - E(G_j)]^2}{n}} \tag{6-35}$$

式中，$\sigma(G_j)$——随机变量中第 j 个评价指标的均方差。

第四步：对各个评价指标的权重值进行计算。

$$W(G_j) = \frac{\sigma(G_j)}{\sum_{j=1}^{n}\sigma(G_j)} \tag{6-36}$$

式中，$W(G_j)$——随机变量中第 j 个评价指标的权重值。

6.2.1.6　组合赋权确定权重

(1)组合赋权确定权重

分别采用层次分析法(AHP 法)、熵权法、变异系数法和均方差决策法计算得到权重

① 时迪迪，张守红，王红.北沙河上游流域潜在非点源污染风险时空变化分析[J].环境科学研究，2020，33(4)：921-931.

② 王昆，宋海洲.三种客观权重赋权法的比较分析[J].技术经济与管理研究，2003，24(6)：48-49.

值 $w_c(c=1, 2, 3)$，组合权重计算公式如下：

$$w = \sum_{c=1}^{s} a_c w_c \tag{6-37}$$

式中，w——组合权重值；

w_c——不同的赋权方法计算得到的同一个评价指标的权重值；

a_c——组合权系数，$\sum_{c=1}^{s} a_c = 1$。

(2)计算组合权系数

计算下面各种因素形成的组合权系数 a_c。

①让各个评价事物的加权数值无限接近理想点，使其数值和理想点广义距离达到最小值①。

$$\min \sum_{i=1}^{n} l_i = \sum_{i=1}^{n} \sum_{j=1}^{m} \sum_{c=1}^{s} a_c w_j^c (1 - x_{ij}) \tag{6-38}$$

式中，l_i——各个评价事物的加权分值和理想点广义距离；

w_j^c——第 j 个评价指标运用第 c 种计算权重值的方法得到的权重值；

a_c——组合权系数；

x_{ij}——第 i 个评价事物的第 j 个评价指标规范化后的数值。

由式(6-37)计算得出各个评价指标的组合权重值，这使得各个评价事物的加权分值和理想点的广义距离达到最小，这是该方法的优点，距离理想点越近，其分值就越高。

②为了对各种方法计算权重结果之间的一致性程度进行反映，这里运用 Jaynes 最大熵原理，依据各种赋权结果差异最小的思维，建立目标函数如下②：

$$\max Z = -\sum_{c=1}^{s} a_c \ln a_c \tag{6-39}$$

由式(6-38)计算得出组合权系数，其优点是：运用 Jaynes 最大熵原理，反映各种方法所求权重值的一致性程度，依据各种方法所求权重值差异最小的思维得到组合权系数，避免了单一求权重值的方法对权重结果贡献不大，从而剔除了该方法对组合权重值没有贡献的问题。

由此，在以上要素的基础上，构建目标函数③：

---

① 于鹏飞，王丽娜.财务预警中样本数据无量纲化方法的选择[J].会计之友，2005，23(12)：43-44.

② 迟国泰，齐菲，张楠.基于最优组合赋权的城市生态评价模型及应用[J].运筹与管理，2012，21(2)：183-191.

③ 郭亚军.综合评价理论、方法及应用[M].北京：科学出版社，2002：46.

$$\min\theta\sum_{i=1}^{n}\sum_{j=1}^{m}\sum_{c=1}^{s}a_c w_j^c(1-x_{ij})+(1-\theta)\sum_{c=1}^{s}a_c\ln a_c$$

$$\text{s.t.}\ \sum_{c=1}^{s}a_c=1,\ x_c\geqslant 0 \tag{6-40}$$

式中，θ——平衡两个目标之间的系数，$0\leqslant\theta\leqslant1$，依据研究的情况事先确定，这里定 $\theta=0.5$。

由此构造拉格朗日函数，计算组合权系数 a_c，其函数公式如下：

$$a_c=\frac{\exp\left\{-\left[1+\theta\sum_{i=1}^{n}\sum_{j=1}^{m}w_j^c(1-x_{ij})/(1-\theta)\right]\right\}}{\sum_{c=1}^{s}\exp\left\{-\left[1+\theta\sum_{i=1}^{n}\sum_{j=1}^{m}w_j^c(1-x_{ij})/(1-\theta)\right]\right\}} \tag{6-41}$$

运用式(6-38)计算得到组合权系数，其优点表现在两个方面：一是由主观和客观两种因素组合求权重值，使得各个评价事物的加权分值和理想点的广义距离达到最小，表明距离理想点越近，其分值就越高的原理；二是运用 Jaynes 最大熵原理，反映各种方法所求权重值的一致性程度，依据各种方法所求权重值差异最小的思维得到组合系数，避免了单一求权重值的方法对权重结果贡献不大，从而剔除了该方法对组合权重值没有贡献的问题。

6.2.2 乡村旅游系统与生态环境系统综合评价模型

结合乡村旅游系统和生态环境系统各个评价指标的数据，依据以上各个评价指标计算得出的权重值，构建乡村旅游系统和生态环境系统综合评价模型，具体计算步骤如下：

① 基础评价指标综合发展水平(Y_{ij})：

$$Y_{ij}=w_j\times r_{ij}\text{或}\ Y_{ij}=w_j\times r_{ij}' \tag{6-42}$$

② 一级评价指标综合发展水平(Y_i)：

$$Y_i=\sum_{j=1}^{n}Y_{ij} \tag{6-43}$$

③ 子系统综合发展水平(Y)：

$$Y=\sum_{i=1}^{m}Y_i \tag{6-44}$$

式中，j——乡村旅游系统（或者生态环境系统）的指标序号；

i——研究时段内的年份；

r_{ij}——乡村旅游系统（或者生态环境系统）评价指标的标准化数值；

w_i——各个评价指标的权重值；

n——一级评价指标下的基础指标个数；

m——子系统下的一级评价指标个数。

通过以上步骤计算出乡村旅游系统和生态环境系统的综合发展水平，结果数值越高，意味着乡村旅游系统或者生态环境系统的发展水平越高；相反，则表明乡村旅游系统或者生态环境系统的发展水平越低①。

6.2.3 乡村旅游与生态环境保护非协调性耦合判定

在乡村旅游压力下，乡村旅游投入是在现状和发展要求的基础上进行的制度安排，并对生态环境产生影响，其非协调性即该制度安排成效的反馈机制，也是乡村地区发展战略和发展理念是否持续、是否协调的外在表现，其时间和空间是一个动态的表达过程。因此，非协调性是可持续发展的时空函数。从时间上来分析，一个乡村景区的发展就是不断抑制旅游空间扩展的非协调性，从而使得乡村景区发展呈螺旋式增长的过程。从空间上来分析，各乡村景区自然条件、人文条件、区位条件、历史基础和政府政策等不同，导致乡村旅游投入的非协调性空间格局不同，从而对乡村生态环境产生影响。例如，有的景区乡村旅游投入呈超前态势，其发展影响生态环境建设；有的景区乡村旅游投入适当，与生态环境发展协调；有的景区乡村旅游投入呈滞后状态，对生态环境影响小。由此认为，非协调性是可持续发展的反向映射，即高水平非协调性说明是低水平可持续性，而低水平非协调性则说明是高水平可持续性，二者此消彼长②。

综上所述，本书认为，乡村旅游与生态环境存在交互耦合的时空函数关系。一方面，乡村旅游通过旅游资源开发、经济增长和交通扩张等对生态环境形成胁迫作用，也有可能因为人口、旅游产业、旅游资本等在旅游景区的聚集而对环境的“扰动”降低；另一方面，生态环境又可以通过环境的宜居性、独特性和美誉度等对乡村旅游形成约束。在不同区域、不同时段显示出不同的耦合状态，这些耦合状态有的是协调的，有的是非协调

---

① 刘巧婧，王莉红.城市化与生态环境耦合协调关系研究：以杭州市为例[J].环境科学学报，2018，38(10)：4214-4222.

② 孙平军，丁四保，修春亮.中国城镇建设用地投入非协调性的动态演变研究[J].地理科学，2012，32(9)：1048-1053.

的。在协调性与非协调性之间互动关联的基础上，建立非协调性耦合识别模型①。

在建立非协调性耦合识别模型之前，先对各个评价指标原始数据作标准化处理，其相关计算公式运用式(6-3)至式(6-6)进行，并采用层次分析法、熵权法、变异系数法和均方差决策法组合得到权重值。然后，从逆向思维出发，以反映乡村旅游与生态环境耦合过程中存在的非协调情况，依据现有的耦合协调函数，建立乡村旅游系统与生态环境系统非协调耦合识别波函数。

(1)耦合度模型

耦合度是指各系统或者系统要素之间相互作用而产生的彼此影响的现象，当系统中各要素处于临界区划时，耦合作用形成了系统从无序向有序发展过程中各系统相变的特征和规律②。把容量耦合概念和容量耦合系数模型经过演绎发展，形成乡村旅游与生态环境耦合度的函数③，其计算公式如下：

$$C=\{f(U)\times g(E)/[f(U)+g(E)]^2\}^{1/2} \tag{6-45}$$

式中，C——乡村旅游系统与生态环境系统的耦合度值，$C\in[0,1]$，当 $C=0$ 时，耦合度值最小，各系统之间或系统内各要素之间呈不相关的状态，系统朝无序方向发展；当 $C=1$ 时，耦合度为最大值，各系统之间或系统内各要素之间呈良性共振的耦合状态，系统形成新的有序方向并随之发展；

$f(U)$——乡村旅游系统综合发展水平；

$g(E)$——生态环境系统综合发展水平。

(2)非协调性耦合识别模型

$$T=a\times f(U)+b\times g(E) \tag{6-46}$$

$$D=(C\times T)^{1/2} \tag{6-47}$$

$$ND=1-D \tag{6-48}$$

式中，ND——非协调性耦合度值；

D——协调性耦合度值；

C——耦合度值；

① 孙平军.1994—2011 年江苏省城市化与生态环境非协调性耦合关系的判别[J].长江流域资源与环境，2014，23(8)：1051-1056.

② LI Y，LI Y，ZHOU Y，et al. Investigation of a coupling model of coordination between urbanization and the environment [J].Journal of environmental management，2012，98(1)：127-132.

③ 张明斗，莫冬燕.城市土地利用效益与城市化的耦合协调性分析：以东北三省 34 个地级市为例[J].资源科学，2014，36(1)：8-16.

T——乡村旅游与生态环境综合水平；

$f(U)$——乡村旅游综合发展水平；

$g(E)$——生态环境综合发展水平；

a——乡村旅游对系统的贡献率；

b——生态环境对系统的贡献率，$a+b=1$，且乡村旅游与生态环境保护二者同等重要，因此取 $a=b=0.5$。

(3) 乡村旅游与生态环境保护非协调性耦合评判标准

在现有研究文献成果的基础上①②③，参照成果对耦合度与协调性耦合度阶段的划分，本书把乡村旅游与生态环境保护非协调性耦合度分为四个阶段，即低水平非协调性耦合阶段、拮抗非协调性耦合阶段、磨合非协调性耦合阶段和高水平非协调性耦合阶段，具体如表 6-22 所列。

①低水平非协调性耦合阶段。当 $0<ND\leqslant 0.2$ 时，属于低水平非协调性耦合，说明乡村旅游系统和生态环境保护系统之间从交互胁迫约束阶段发展为相互促进阶段。也就是说，现阶段在乡村旅游发展过程中更加注重保护生态环境，由此乡村旅游系统与生态环境系统同步发展，共同推进，乡村旅游系统与生态环境系统趋近于良性互动。

②拮抗非协调性耦合阶段。当 $0.2<ND\leqslant 0.5$ 时，属于拮抗非协调性耦合，表明乡村旅游及其活动快速发展，乡村旅游及其活动对生态环境系统产生巨大的冲击作用，乡村旅游系统与生态环境系统之间的矛盾逐渐加剧，乡村旅游的发展逐步接近生态环境承载量的最大阈值，乡村旅游系统与生态环境系统属于拮抗非协调性耦合阶段。但是，人们意识到生态环境保护的重要性，环保投资增加，乡村旅游系统与生态环境系统非良性互动关系改善。

③磨合非协调性耦合阶段。当 $0.5<ND\leqslant 0.8$ 时，属于磨合非协调性耦合，乡村旅游快速发展对生态环境产生了较强的胁迫作用，生态环境系统对乡村旅游系统的约束与限制作用也明显增强。此时，生态环境开始恶化，乡村旅游系统与生态环境系统之间非良性互动关系明显，但两个系统之间的矛盾不是十分尖锐。

④高水平非协调性耦合阶段。当 $0.8<ND\leqslant 1$ 时，乡村旅游系统与生态环境保护系统处于高水平非协调性耦合阶段。在这一阶段，乡村旅游系统发展水平较低，生态环境系统承载力较强，乡村旅游系统对生态环境系统的负面影响较小，生态环境系统对乡村旅

① 孙平军，丁四保，修春亮，等.东北地区“人口-经济-空间”城市化协调性研究[J].地理科学，2012，32(4)：450-457.

② 任梅，程钰，任建兰.山东省城市化与生态环境非协调耦合关系判别及空间类型研究[J].世界地理研究，2016，25(5)：58-68.

③ QIN Q, HU Z L, LIU A L, et al.Identification and evolution of the noncoordination coupling relationship between tourism poverty alleviation and ecological environments in poor mountainous areas[J].Discrete dynamics in nature and society, 2020, 2020(4)：1-14.

游系统的约束作用不强，两个系统的发展水平也不高，二者处于不协调发展状态。

表 6-22　六盘水市乡村旅游系统与生态环境系统耦合及非协调性耦合协调类型划分

类别	划分依据（C 和 ND 取值）	划分阶段	两个系统数值对比[$g(E)-f(U)$]	子类别	划分类型
耦合度	$0<C\leq 0.3$	低水平耦合阶段	$g(E)-f(U)>0.1$	乡村旅游滞后	Ⅰ1
			$\lvert g(E)-f(U)\rvert\leq 0.1$	系统均衡发展	Ⅰ2
			$g(E)-f(U)<-0.1$	生态环境滞后	Ⅰ3
	$0.3<C\leq 0.5$	拮抗阶段	$g(E)-f(U)>0.1$	乡村旅游滞后	Ⅱ1
			$\lvert g(E)-f(U)\rvert\leq 0.1$	系统均衡发展	Ⅱ2
			$g(E)-f(U)<-0.1$	生态环境滞后	Ⅱ3
	$0.5<C\leq 0.8$	磨合阶段	$g(E)-f(U)>0.1$	乡村旅游滞后	Ⅲ1
			$\lvert g(E)-f(U)\rvert\leq 0.1$	系统均衡发展	Ⅲ1
			$g(E)-f(U)<-0.1$	生态环境滞后	Ⅲ1
	$0.8<C\leq 1.0$	高水平耦合阶段	$g(E)-f(U)>0.1$	乡村旅游滞后	Ⅳ1
			$\lvert g(E)-f(U)\rvert\leq 0.1$	系统均衡发展	Ⅳ2
			$g(E)-f(U)<-0.1$	生态环境滞后	Ⅳ3
非协调性耦合度	$0<ND\leq 0.2$	低水平非协调性耦合阶段	$g(E)-f(U)>0.1$	乡村旅游滞后	Ⅰ1
			$\lvert g(E)-f(U)\rvert\leq 0.1$	系统均衡发展	Ⅰ2
			$g(E)-f(U)<-0.1$	生态环境滞后	Ⅰ3
	$0.2<ND\leq 0.5$	拮抗非协调性耦合阶段	$g(E)-f(U)>0.1$	乡村旅游滞后	Ⅱ1
			$\lvert g(E)-f(U)\rvert\leq 0.1$	系统均衡发展	Ⅱ2
			$g(E)-f(U)<-0.1$	生态环境滞后	Ⅱ3
	$0.5<ND\leq 0.8$	磨合非协调性耦合阶段	$g(E)-f(U)>0.1$	乡村旅游滞后	Ⅲ1
			$\lvert g(E)-f(U)\rvert\leq 0.1$	系统均衡发展	Ⅲ2
			$g(E)-f(U)<-0.1$	生态环境滞后	Ⅲ3
	$0.8<ND\leq 1.0$	高水平非协调性耦合阶段	$g(E)-f(U)>0.1$	乡村旅游滞后	Ⅳ1
			$\lvert g(E)-f(U)\rvert\leq 0.1$	系统均衡发展	Ⅳ2
			$g(E)-f(U)<-0.1$	生态环境滞后	Ⅳ3

◆◇ 6.3　本章小结

本章对乡村旅游系统与生态环境系统非协调性耦合的识别体系和判定模型进行了分析，论述了乡村旅游系统与生态环境系统非协调性耦合的识别体系和乡村旅游与生态环境保护非协调性耦合的判定模型，现作总结如下。

①乡村旅游系统与生态环境系统非协调性耦合评价指标体系。介绍了乡村旅游系统与生态环境系统非协调性耦合评价指标体系的构建原则，即科学性原则、适用性原则、系统性和全面性原则、整体性原则、简洁性原则等。构建了乡村旅游系统与生态环境系统指标体系结构，并运用德尔斐法对各个指标进行赋值，得到各个指标的重要性数值，最终从乡村旅游资源质量、乡村旅游基础设施和乡村旅游经济效益三个方面共 14 个指标建立乡村旅游综合评价指标体系，从生态环境压力、生态环境保护投入和生态环境保护效率三个方面共 18 个指标建立生态环境综合评价指标体系，并对各个评价指标的释义进行说明。

②乡村旅游系统与生态环境系统评价指标权重确定。采用主观赋权法和客观赋权法求各个评价指标的权重值，即运用层次分析法、熵权法、变异系数法和均方差决策法分别计算得到各个评价指标的权重值，再运用拉格朗日函数建立组合赋权模型，求出各个评价指标的权重值，使各个评价指标的权重值更接近实际情况。

③乡村旅游系统与生态环境系统非协调性耦合判定。基于乡村旅游系统与生态环境系统的耦合协调关系和非协调性的反馈机制，在协调性与非协调性之间互动关联的基础上，建立非协调性耦合识别模型。并对乡村旅游系统与生态环境系统耦合及非协调性耦合协调类型进行划分，为后面乡村旅游系统与生态环境系统的耦合与非协调性耦合进行实践研究作了必要的铺垫。

第7章　市域尺度下乡村旅游与生态环境保护非协调性耦合测度

7.1　数据来源及其处理方法

7.1.1　原始数据来源

本次研究选取六盘水市2001—2020年乡村旅游系统14个评价指标原始数据和生态环境系统18个评价指标原始数据作为研究对象，其所需要的原始数据从以下几个方面收集整理得到：《中国县域统计年鉴（县市卷）》（2002—2021）；《贵州省统计年鉴》（2002—2021）；《六盘水市统计年鉴》（2002—2021）；六盘水市政府提供的有关统计数据；《六盘水市水资源公报》（2002—2021）；《六盘水市社会经济发展公报》（2002—2021）；六盘水市文化广电旅游局、六盘水市生态环境局和六盘水市扶贫开发局等相关网站公布的统计结果数据；有关文献获取的原始数据；2021年课题组成员进行实地问卷调查获得的原始数据等；对于部分指标缺失部分年份相关数据，运用插值法插入数据得到。具体相关原始数据见附表7-1、附表7-2、附表8-1和附表8-2。

7.1.2　原始数据标准化处理

在本次研究中，因为乡村旅游系统和生态环境系统中各个评价指标的含义、性质以及原始数据的单位不一致，由于进行直接的综合研究分析存在困难，所以，应当对各个评价指标的原始数据作标准化处理，从而消除原始数据对研究结果产生的影响。原始数据标准化的计算公式在第6章中介绍过，这里运用式（6-2）到式（6-6）对原始数据进行标准化处理，具体相关原始数据标准化后的数值见附表9-1、附表9-2、附表10-1和附表10-2。

7.1.3 评价指标权重值的确定

确定评价指标权重值的方法有很多种，各种赋权法都有各自的优点和缺点，为发挥赋权法的优点，克服其缺点，使各个评价指标的权重值尽量与实际情况相符合，本次研究拟采用主观赋权法（层次分析法）和客观赋权法（熵权法、变异系数法、均方差决策法）分别求出各个评价指标的权重值，然后在此基础上，运用拉格朗日指数法计算各个评价指标的组合权重值，从而最终确定各个评价指标的权重值。具体步骤如下。

（1）用层次分析法确定权重值

在第 6 章中，已经用层次分析法计算出乡村旅游系统和生态环境系统各个层次及各个评价指标的权重值，相关数值见第 6 章中的表 6-16 和表 6-17。

（2）用熵权法确定权重值

熵权法计算各个评价指标权重值的公式在第 6 章中已经作了介绍，这里把六盘水市乡村旅游系统与生态环境系统各个评价指标原始数据标准化后的相应数值代入式（6-27）至式（6-29），即可计算出各个评价指标的权重值，乡村旅游系统和生态环境系统具体各个评价指标的标准值比重、信息熵、效用值和权重值等见表 7-1 和表 7-2。

表 7-1　六盘水市乡村旅游系统评价指标的标准值比重、信息熵、效用值和权重值

系统层	一级指标	二级指标	序号	属性	标准值比重（P_{ij}）	信息熵（e_i）	效用值（$1-e_i$）	权重值（u_i）
乡村旅游系统	乡村旅游资源质量 0.2767*	乡村旅游资源规模和丰度/个	X_1	正向	0.0514	0.7002	0.2998	0.0867
		乡村旅游资源知名度/%	X_2	正向	0.0551	0.6838	0.3162	0.0915
		乡村旅游适游期/天	X_3	正向	0.0610	0.6596	0.3404	0.0985
	乡村旅游基础设施 0.3148*	乡村旅游基础设施投入/万元	X_4	正向	0.0473	0.7198	0.2802	0.0811
		乡村旅游咨询服务中心/个	X_5	正向	0.0419	0.7484	0.2516	0.0728
		住宿床位/个	X_6	正向	0.0461	0.7260	0.2740	0.0793
		餐厅餐位/个	X_7	正向	0.0477	0.7179	0.2823	0.0816
	乡村旅游经济效益 0.4085*	乡村旅游接待总人数/万人次	X_8	正向	0.0249	0.8708	0.1292	0.0374
		乡村旅游收入/万元	X_9	正向	0.0187	0.9384	0.0616	0.0178
		乡村旅游收入占 GDP 比重/%	X_{10}	正向	0.0236	0.8841	0.1159	0.0335
		乡村旅游地居民人均可支配收入/万元	X_{11}	正向	0.0428	0.7434	0.2566	0.0742
		乡村旅游就业率/%	X_{12}	正向	0.0680	0.6639	0.3661	0.1059
		游客量年增长率/%	X_{13}	正向	0.0717	0.6217	0.3783	0.1094
		乡村旅游扶贫效应/%	X_{14}	正向	0.0225	0.8952	0.1048	0.0303

表 7-2　六盘水市生态环境系统评价指标的标准值比重、信息熵、效用值和权重值

系统层	一级指标	二级指标	序号	属性	标准值比重(P_{ij})	信息熵(e_i)	效用值($1-e_i$)	权重值(u_i)
生态环境系统	生态环境压力 0.3737*	水土流失率/%	Y_1	负向	0.0106	0.8246	0.1754	0.0303
		生活废气排放量/万标方	Y_2	负向	0.0300	0.6359	0.3641	0.0630
		生活污水排放量/万吨	Y_3	负向	0.0691	0.4846	0.5154	0.0892
		生活垃圾清运量/万吨	Y_4	正向	0.0093	0.8488	0.1512	0.0262
		化肥施用强度/(千克·公顷$^{-1}$)	Y_5	负向	0.0159	0.7513	0.2487	0.0430
		农药施用强度/(千克·公顷$^{-1}$)	Y_6	负向	0.0109	0.8201	0.1799	0.0311
		乡村人口密度/(万人·千米$^{-2}$)	Y_7	负向	0.0731	0.4744	0.5256	0.0909
	生态环境保护投入 0.2290*	农村自来水普及率/%	Y_8	正向	0.0141	0.7733	0.2267	0.0392
		造林面积/公顷	Y_9	正向	0.0699	0.4827	0.5173	0.0895
		垃圾收集设施/个	Y_{10}	正向	0.0262	0.6602	0.3398	0.0588
		环保投资指数/%	Y_{11}	正向	0.0151	0.7603	0.2397	0.0415
	生态环境保护效率 0.3973*	生活垃圾无害化处理率/%	Y_{12}	正向	0.0186	0.7232	0.2769	0.0479
		生活污水处理率/%	Y_{13}	正向	0.0341	0.6128	0.3872	0.0670
		饮用水水质达标率/%	Y_{14}	正向	0.0278	0.6499	0.3501	0.0606
		空气质量优良天数率/%	Y_{15}	正向	0.0338	0.6143	0.3857	0.0667
		植被覆盖率/%	Y_{16}	正向	0.0207	0.7036	0.2964	0.0513
		人均公共绿地面积/米^2	Y_{17}	正向	0.0145	0.7676	0.2324	0.0402
		生物多样性/%	Y_{18}	正向	0.0306	0.6323	0.3677	0.0636

注：* 为权重值。

(3)用变异系数法确定权重值

变异系数法计算各个评价指标权重值的公式在第 6 章中已经作了介绍，这里把六盘水市乡村旅游系统与生态环境系统各个评价指标原始数据标准化后的相应数值代入式(6-30) 至式(6-33)，即可计算出各个评价指标的权重值，乡村旅游系统和生态环境系统具体各个评价指标的平均值、变异系数和权重值等见表 7-3 和表 7-4。

表 7-3 六盘水市乡村旅游系统评价指标的平均值、变异系数和权重值

系统层	一级指标	二级指标	序号	属性	平均值（$\bar{x}_j$）	变异系数（V_j）	权重值（W_j）
乡村旅游系统	乡村旅游资源质量 0.1530*	乡村旅游资源规模和丰度/个	X_1	正向	0.4738	1.1938	0.0493
		乡村旅游资源知名度/%	X_2	正向	0.4672	1.2551	0.0519
		乡村旅游适游期/天	X_3	正向	0.5095	1.1210	0.0463
	乡村旅游基础设施 0.2643*	乡村旅游基础设施投入/万元	X_4	正向	0.4092	1.3956	0.0576
		乡村旅游咨询服务中心/个	X_5	正向	0.3239	1.6780	0.0693
		住宿床位/个	X_6	正向	0.3157	1.7791	0.0735
		餐厅餐位/个	X_7	正向	0.3581	1.5576	0.0643
	乡村旅游经济效益 0.5827*	乡村旅游接待总人数/万人次	X_8	正向	0.2584	2.2004	0.0909
		乡村旅游收入/万元	X_9	正向	0.2071	2.6931	0.1112
		乡村旅游收入占 GDP 比重/%	X_{10}	正向	0.2318	2.4127	0.0996
		乡村旅游地居民人均可支配收入/万元	X_{11}	正向	0.2485	2.1679	0.0895
		乡村旅游就业率/%	X_{12}	正向	0.3886	1.4432	0.0596
		游客量年增长率/%	X_{13}	正向	0.6184	0.9362	0.0387
		乡村旅游扶贫效应/%	X_{14}	正向	0.2252	2.3808	0.0983

注：* 为权重值。

表 7-4 六盘水市生态环境系统评价指标的平均值、变异系数和权重值

系统层	一级指标	二级指标	序号	属性	平均值（$\bar{x}_j$）	变异系数（V_j）	权重值（W_j）
生态环境系统	生态环境压力 0.3595*	水土流失率/%	Y_1	负向	0.5526	1.1339	0.0529
		生活废气排放量/万标方	Y_2	负向	0.5871	1.0107	0.0471
		生活污水排放量/万吨	Y_3	负向	0.6041	0.9435	0.044
		生活垃圾清运量/万吨	Y_4	负向	0.3195	1.7507	0.0816
		化肥施用强度/（千克·公顷$^{-1}$）	Y_5	负向	0.5204	1.1831	0.0551
		农药施用强度/（千克·公顷$^{-1}$）	Y_6	负向	0.5027	1.1815	0.0551
		乡村人口密度/（万人·千米$^{-2}$）	Y_7	负向	0.4625	1.2086	0.0563
	生态环境保护投入 0.2267*	农村自来水普及率/%	Y_8	正向	0.3639	1.5673	0.0731
		造林面积/公顷	Y_9	正向	0.4718	1.1987	0.0559
		垃圾收集设施/个	Y_{10}	正向	0.5262	1.1177	0.0521
		环保投资指数/%	Y_{11}	正向	0.5004	1.2114	0.0565
	生态环境保护效率 0.4138*	生活垃圾无害化处理率/%	Y_{12}	正向	0.5056	1.1976	0.0558
		生活污水处理率/%	Y_{13}	正向	0.5070	1.0955	0.0511
		饮用水水质达标率/%	Y_{14}	正向	0.5024	1.1160	0.0520
		空气质量优良天数率/%	Y_{15}	正向	0.5254	1.0800	0.0503
		植被覆盖率/%	Y_{16}	正向	0.4892	1.1961	0.0558
		人均公共绿地面积/米^2	Y_{17}	正向	0.5074	1.2031	0.0561
		生物多样性/%	Y_{18}	正向	0.5560	1.0553	0.0492

注：* 为权重值。

(4)用均方差决策法确定权重值

均方差决策法在第6章中已经作了介绍，这里把六盘水市乡村旅游系统与生态环境系统各个评价指标原始数据标准化后的相应数值代入式(6-34)至式(6-36)，即可计算出各个评价指标的权重值，乡村旅游系统和生态环境系统具体各个评价指标的平均值、变异系数和权重值等见表7-5和表7-6。

表7-5 六盘水市乡村旅游系统评价指标的平均值、均方差值和权重值

系统层	一级指标	二级指标	序号	属性	平均值 $[E(G_j)]$	均方差值 $[\sigma(G_j)]$	权重值 $[W(G_j)]$
乡村旅游系统	乡村旅游资源质量 0.1530*	乡村旅游资源规模和丰度/个	X_1	正向	0.4738	0.5657	0.0721
		乡村旅游资源知名度/%	X_2	正向	0.4672	0.5865	0.0748
		乡村旅游适游期/天	X_3	正向	0.5095	0.5711	0.0728
	乡村旅游基础设施 0.2643*	乡村旅游基础设施投入/万元	X_4	正向	0.4092	0.5711	0.0728
		乡村旅游咨询服务中心/个	X_5	正向	0.3239	0.5435	0.0693
		住宿床位/个	X_6	正向	0.3157	0.5617	0.0716
		餐厅餐位/个	X_7	正向	0.3581	0.5578	0.0711
	乡村旅游经济效益 0.5827*	乡村旅游接待总人数/万人次	X_8	正向	0.2584	0.5686	0.0725
		乡村旅游收入/万元	X_9	正向	0.2071	0.5576	0.0711
		乡村旅游收入占GDP比重/%	X_{10}	正向	0.2318	0.5592	0.0713
		乡村旅游地居民人均可支配收入/万元	X_{11}	正向	0.2485	0.5387	0.0687
		乡村旅游就业率/%	X_{12}	正向	0.3886	0.5609	0.0715
		游客量年增长率/%	X_{13}	正向	0.6184	0.5652	0.0721
		乡村旅游扶贫效应/%	X_{14}	正向	0.2252	0.5362	0.0683

注：*为权重值。

表7-6 六盘水市生态环境系统评价指标的平均值、均方差值和权重值

系统层	一级指标	二级指标	序号	属性	平均值 $[E(G_j)]$	均方差值 $[\sigma(G_j)]$	权重值 $[W(G_j)]$
生态环境系统	生态环境压力 0.3595*	水土流失率/%	Y_1	负向	0.5526	0.6266	0.0595
		生活废气排放量/万标方	Y_2	负向	0.5871	0.5934	0.0563
		生活污水排放量/万吨	Y_3	负向	0.6041	0.5699	0.0541
		生活垃圾清运量/万吨	Y_4	负向	0.3195	0.5593	0.0531
		化肥施用强度/(千克·公顷$^{-1}$)	Y_5	负向	0.5204	0.6156	0.0584
		农药施用强度/(千克·公顷$^{-1}$)	Y_6	负向	0.5027	0.5939	0.0563
		乡村人口密度/(万人·千米$^{-2}$)	Y_7	负向	0.4625	0.5590	0.0530
	生态环境保护投入 0.2267*	农村自来水普及率/%	Y_8	正向	0.3639	0.5703	0.0541
		造林面积/公顷	Y_9	正向	0.4718	0.5655	0.0537
		垃圾收集设施/个	Y_{10}	正向	0.5262	0.5881	0.0558
		环保投资指数/%	Y_{11}	正向	0.5004	0.6062	0.0575

表7-6(续)

系统层	一级指标	二级指标	序号	属性	平均值 [$E(G_j)$]	均方差值 [$\sigma(G_j)$]	权重值 [$W(G_j)$]
生态环境系统	生态环境保护效率 0.4138	生活垃圾无害化处理率%	Y_{12}	正向	0.5056	0.6055	0.0575
		生活污水处理率/%	Y_{13}	正向	0.5070	0.5554	0.0527
		饮用水水质达标率/%	Y_{14}	正向	0.5024	0.5808	0.0551
		空气质量优良天数率/%	Y_{15}	正向	0.5254	0.5675	0.0538
		植被覆盖率/%	Y_{16}	正向	0.4892	0.5852	0.0555
		人均公共绿地面积/米^2	Y_{17}	正向	0.5074	0.6105	0.0579
		生物多样性/%	Y_{18}	正向	0.5560	0.5867	0.0557

注：* 为权重值。

(5) 四种方法确定的评价指标权重值分析

为了对层次分析法、熵权法、变异系数法和均方差决策法计算得到的各个评价指标的权重值有更加清晰的认识，以不同赋权法求得的评价指标权重值为依据，分别作图 7-1 和图 7-2。

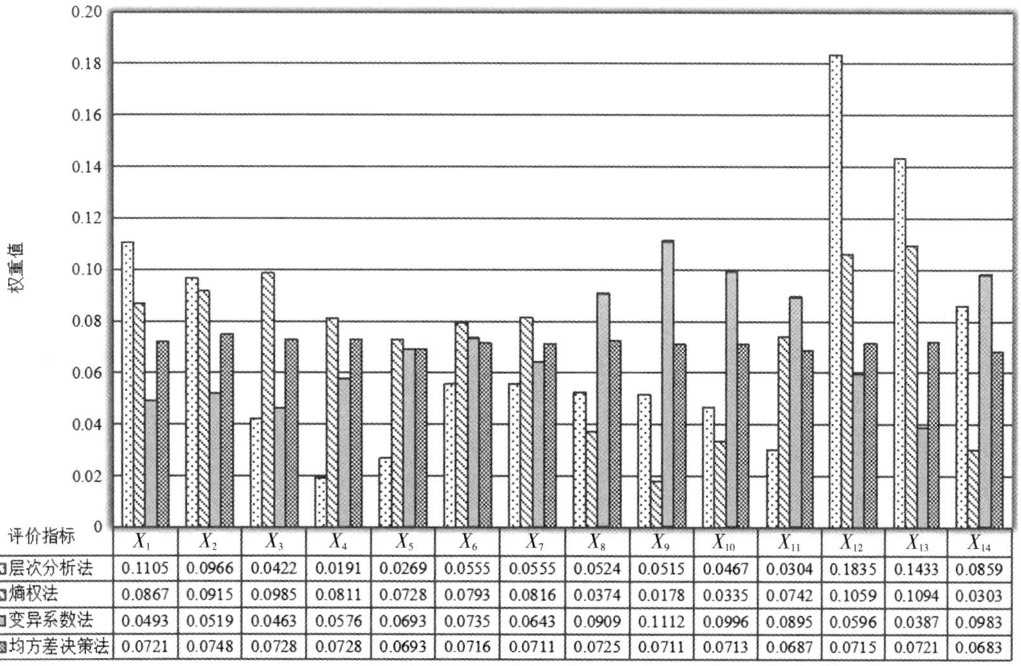

评价指标	X_1	X_2	X_3	X_4	X_5	X_6	X_7	X_8	X_9	X_{10}	X_{11}	X_{12}	X_{13}	X_{14}
层次分析法	0.1105	0.0966	0.0422	0.0191	0.0269	0.0555	0.0555	0.0524	0.0515	0.0467	0.0304	0.1835	0.1433	0.0859
熵权法	0.0867	0.0915	0.0985	0.0811	0.0728	0.0793	0.0816	0.0374	0.0178	0.0335	0.0742	0.1059	0.1094	0.0303
变异系数法	0.0493	0.0519	0.0463	0.0576	0.0693	0.0735	0.0643	0.0909	0.1112	0.0996	0.0895	0.0596	0.0387	0.0983
均方差决策法	0.0721	0.0748	0.0728	0.0728	0.0693	0.0716	0.0711	0.0725	0.0711	0.0713	0.0687	0.0715	0.0721	0.0683

图 7-1　不同赋权法的六盘水市乡村旅游系统评价指标权重值

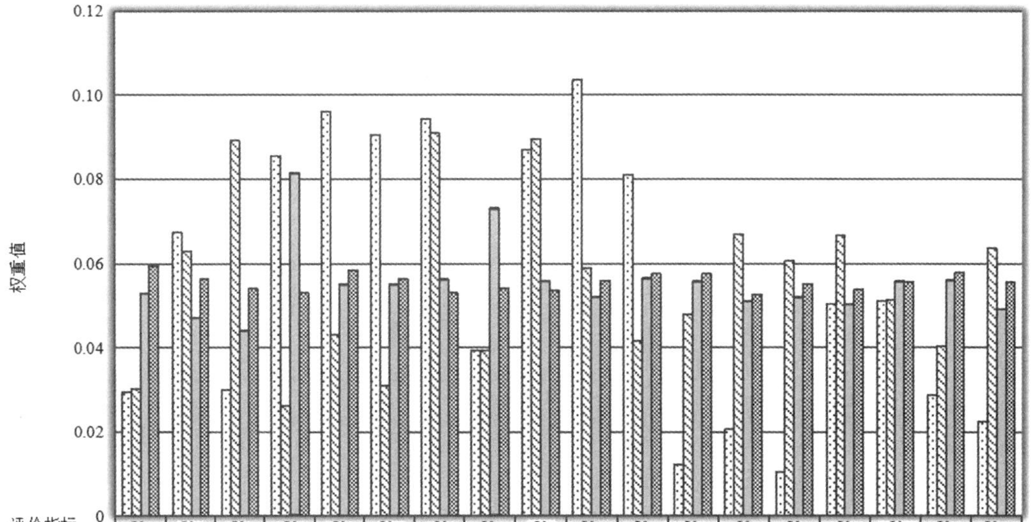

评价指标	Y_1	Y_2	Y_3	Y_4	Y_5	Y_6	Y_7	Y_8	Y_9	Y_{10}	Y_{11}	Y_{12}	Y_{13}	Y_{14}	Y_{15}	Y_{16}	Y_{17}	Y_{18}
层次分析法	0.0295	0.0673	0.0300	0.0855	0.0960	0.0906	0.0944	0.0393	0.0870	0.1035	0.0810	0.0122	0.0207	0.0103	0.0504	0.0512	0.0287	0.0224
熵权法	0.0303	0.0630	0.0892	0.0262	0.0430	0.0311	0.0909	0.0392	0.0895	0.0588	0.0415	0.0479	0.0670	0.0606	0.0667	0.0513	0.0402	0.0636
变异系数法	0.0529	0.0471	0.0440	0.0816	0.0551	0.0551	0.0563	0.0731	0.0559	0.0521	0.0565	0.0558	0.0511	0.0520	0.0503	0.0558	0.0561	0.0492
均方差决策法	0.0595	0.0563	0.0541	0.0531	0.0584	0.0563	0.0530	0.0541	0.0537	0.0558	0.0575	0.0575	0.0527	0.0551	0.0538	0.0555	0.0579	0.0557

图 7-2　不同赋权法的六盘水市生态环境系统评价指标权重值

从图 7-1 和图 7-2 可以看出，相同的评价指标采用不同的赋权方法得到的指标权重值不一样。对于相同的评价指标体系，运用不同的赋权方法在不同的评价指标体系中得到的各个评价指标的权重值差距不一样。在乡村旅游系统中，层次分析法得到的各个评价指标的权重值差距最大，该赋权法得到的最大权重值的指标是 X_{12}，其权重值为 0.1835，最小权重值的指标是 X_4，其权重值为 0.0191，最大值是最小值的 9.6073 倍；熵权法得到的各个评价指标的权重值差距排在第二位，该赋权法得到的最大权重值的指标是 X_{13}，其权重值为 0.1094，最小权重值的指标是 X_9，其权重值为 0.0178，最大值是最小值的 6.1461 倍；变异系数法得到的各个评价指标的权重值差距排在第三位，该赋权法得到的最大权重值的指标是 X_9，其权重值为 0.1112，最小权重值的指标是 X_{13}，其权重值为 0.0387，最大值是最小值的 2.8734 倍；均方差决策法得到的各个评价指标的权重值差距排在第四位，该赋权法得到的最大权重值的指标是 X_2，其权重值为 0.0748，最小权重值的指标是 X_{14}，其权重值为 0.0683，最大值是最小值的 1.0952 倍。总体来看，在乡村旅游系统中，层次分析法得到的各个评价指标的权重值差距最大，最大值是最小值的 9.6073 倍，均方差决策法得到的各个评价指标的权重值最均衡，差距最小，评价指标的最大值仅为最小值的 1.0952 倍。在生态环境系统中，层次分析法得到的各个评价指标的权重值差距最大，该赋权法得到的最大权重值的指标是 Y_{10}，其权重值为 0.1035，最小

权重值的指标是 Y_{14}，其权重值为 0. 0103，最大值是最小值的 10. 0485 倍；熵权法得到的各个评价指标的权重值差距排在第二位，该赋权法得到的最大权重值的指标是 Y_7，其权重值为 0. 0909，最小权重值的指标是 Y_4，其权重值为 0. 0262，最大值是最小值的 3. 4695 倍。变异系数法得到的各个评价指标的权重值差距排在第三位，该赋权法得到的最大权重值的指标是 Y_4，其权重值为 0. 0816，最小权重值的指标是 Y_3，其权重值为 0. 0440，最大值是最小值的 1. 8545 倍；均方差决策法得到的各个评价指标的权重值差距排在第四位，该赋权法得到的最大权重值的指标是 Y_1，其权重值为 0. 0595，最小权重值的指标是 Y_{13}，其权重值为 0. 0527，最大值是最小值的 1. 1290 倍。总体来看，在生态环境系统中，熵权法得到的各个评价指标的权重值差距最大，最大值是最小值的 3. 4695 倍，均方差决策法得到的各个评价指标的权重值最均衡，差距最小，评价指标的最大值仅为最小值的 1. 1290 倍。

在一些评价指标中，运用不同的赋权方法得到的权重值比较接近，差别不大，如乡村旅游系统中的 X_6 和 X_7，生态环境系统中的 Y_{15} 和 Y_{16}。按照层次分析法、熵权法、变异系数法和均方差决策法的次序对所选评价指标的权重值进行展示，X_6 的权重值依次为 0. 0555、0. 0793、0. 0735 和 0. 0716，四种方法得到权重值的差值为 0. 0238；X_7 的权重值依次为 0. 0555、0. 0816、0. 0643 和 0. 0711，四种方法得到权重值的差值为 0. 0261；Y_{15} 的权重值依次为 0. 0504、0. 0667、0. 0503 和 0. 0538，四种方法得到权重值的差值为 0. 0164；植被覆盖率 Y_{16} 的权重值依次为 0. 0512、0. 0513、0. 0558 和 0. 0555，四种方法得到权重值的差值仅为 0. 0046。

而在另外一些评价指标中，运用不同的赋权方法得到的权重值差别较大，如乡村旅游系统中的 X_9 和 X_{12}，生态环境系统中的 Y_6 和 Y_{14}。按照层次分析法、熵权法、变异系数法和均方差决策法的次序对所选评价指标的权重值进行展示，X_9 的权重值依次为 0. 0515、0. 0178、0. 1112 和 0. 0711，在变异系数法赋权中，该评价指标的权重值在乡村旅游系统中为所有评价指标的最大值，其权重值为 0. 1112。而在熵权法赋权中，该评价指标的权重值在乡村旅游系统中为所有评价指标的最小值，其权重值为 0. 0178，四种方法得到权重值的差值为 0. 0934；X_{12} 的权重值依次为 0. 1835、0. 1059、0. 0596 和 0. 0715，四种方法得到权重值的差值为 0. 1239；Y_6 的权重值依次为 0. 0906、0. 0311、0. 0551 和 0. 0563，四种方法得到权重值的差值为 0. 0595；Y_{14} 的权重值依次为 0. 0103、0. 0606、0. 0520 和 0. 0551，四种方法得到权重值的差值仅为 0. 0503。

从以上分析可以看出，同一个评价指标运用不同的赋权方法赋权时，得到的赋权结果存在一定的差异，甚至有的评价指标的差异性非常明显。因此，运用主客观赋权相结合的方法，相同的评价指标采用不同的赋权方法进行赋权，并以各种方法的赋权结果为基础，运用拉格朗日指数法求出组合权重值，其组合权重值更接近各个评价指标的实际权重值，此类方法具有一定的科学合理性，因此本书采用这样的方法进行相关研究。

(6)组合权重值的确定

在层次分析法、熵权法、变异系数法和均方差决策法求得各个评价指标权重值的基础上，为了让各个评价指标的权重值更接近实际，这里运用拉格朗日函数求出不同赋权法的组合权重系数，再计算出各个评价指标的组合权重值，其相关计算方法已在第 6 章中介绍。把乡村旅游系统四种不同赋权法得到的各个评价指标的权重值代入组合权系数计算式(6-38)至式(6-41)，计算出层次分析法、熵权法、变异系数法和均方差决策法的组合权系数分别为$[0.3481, 0.3882, 0.0854, 0.1783]^T$，再把相关数据代入组合权重计算式(6-37)，即可计算出乡村旅游系统各个评价指标的组合权重值，具体权重值如表 7-7 所列。

表 7-7　六盘水市乡村旅游系统评价指标的组合权重值

系统层	一级指标	二级指标	层次分析法权重值	熵权法权重值	变异系数法权重值	均方差决策法权重值	组合权重值
乡村旅游系统	乡村旅游资源质量 0.2460*	乡村旅游资源规模和丰度(X_1)/个	0.1105	0.0867	0.0493	0.0721	0.0892
		乡村旅游资源知名度(X_2)/%	0.0966	0.0915	0.0519	0.0748	0.0869
		乡村旅游适游期(X_3)/天	0.0422	0.0985	0.0463	0.0728	0.0699
	乡村旅游基础设施 0.2502*	乡村旅游基础设施投入(X_4)/万元	0.0191	0.0811	0.0576	0.0728	0.0560
		乡村旅游咨询服务中心(X_5)/个	0.0269	0.0728	0.0693	0.0693	0.0559
		住宿床位(X_6)/个	0.0555	0.0793	0.0735	0.0716	0.0691
		餐厅餐位(X_7)/个	0.0555	0.0816	0.0643	0.0711	0.0692
	乡村旅游经济效益 0.5038*	乡村旅游接待总人数(X_8)/万人次	0.0524	0.0374	0.0909	0.0725	0.0534
		乡村旅游收入(X_9)/万元	0.0515	0.0178	0.1112	0.0711	0.0470
		乡村旅游收入占 GDP 比重(X_{10})/%	0.0467	0.0335	0.0996	0.0713	0.0505
		乡村旅游地居民人均可支配收入(X_{11})/万元	0.0304	0.0742	0.0895	0.0687	0.0593
		乡村旅游就业率(X_{12})/%	0.1835	0.1059	0.0596	0.0715	0.1229
		游客量年增长率(X_{13})/%	0.1433	0.1094	0.0387	0.0721	0.1085
		乡村旅游扶贫效应(X_{14})/%	0.0859	0.0303	0.0983	0.0683	0.0622

注：* 为权重值。

同理，运用式(6-38)至式(6-41)，计算出生态环境系统层次分析法、熵权法、变异系数法和均方差决策法的组合权系数$[0.2499, 0.3373, 0.1769, 0.2359]^T$，再把相关数据代入组合权重计算式(6-37)，求出生态环境系统各个评价指标的组合权重值，具体权重值如表 7-8 所列。

表 7-8 六盘水市生态环境系统评价指标的组合权重值

系统层	一级指标	二级指标	层次分析法权重值	熵权法权重值	变异系数法权重值	均方差决策法权重值	组合权重值
生态环境系统	生态环境压力 0.4076*	水土流失率(Y_1)/%	0.0295	0.0303	0.0529	0.0595	0.0427
		生活废气排放量(Y_2)/万标方	0.0673	0.0630	0.0471	0.0563	0.0588
		生活污水排放量(Y_3)/万吨	0.0300	0.0892	0.0440	0.0541	0.0576
		生活垃圾清运量(Y_4)/万吨	0.0855	0.0262	0.0816	0.0531	0.0578
		化肥施用强度(Y_5)/(千克·公顷$^{-1}$)	0.0960	0.0430	0.0551	0.0584	0.0609
		农药施用强度(Y_6)/(千克·公顷$^{-1}$)	0.0906	0.0311	0.0551	0.0563	0.0556
		乡村人口密度(Y_7)/(万人·千米$^{-2}$)	0.0944	0.0909	0.0563	0.0530	0.0742
	生态环境保护投入 0.2462*	农村自来水普及率(Y_8)/%	0.0393	0.0392	0.0731	0.0541	0.0504
		造林面积(Y_9)/公顷	0.0870	0.0895	0.0559	0.0537	0.0723
		垃圾收集设施(Y_{10})/个	0.1035	0.0588	0.0521	0.0558	0.0661
		环保投资指数(Y_{11})/%	0.0810	0.0415	0.0565	0.0575	0.0574
	生态环境保护效率 0.3462*	生活垃圾无害化处理率(Y_{12})/%	0.0122	0.0479	0.0558	0.0575	0.0445
		生活污水处理率(Y_{13}/%	0.0207	0.0670	0.0511	0.0527	0.0499
		饮用水水质达标率(Y_{14})/%	0.0103	0.0606	0.0520	0.0551	0.0466
		空气质量优良天数率(Y_{15})/%	0.0504	0.0667	0.0503	0.0538	0.0563
		植被覆盖率(Y_{16})%	0.0512	0.0513	0.0558	0.0555	0.0534
		人均公共绿地面积(Y_{17})/米^2	0.0287	0.0402	0.0561	0.0579	0.0458
		生物多样性(Y_{18})/%	0.0224	0.0636	0.0492	0.0557	0.0497

注：* 为权重值。

7.2 六盘水市乡村旅游与生态环境保护非协调性耦合识别

7.2.1 六盘水市乡村旅游系统和生态环境系统评价指标贡献程度分析

7.2.1.1 六盘水市乡村旅游系统评价指标贡献程度分析

把表 7-7 乡村旅游系统中的一级指标乡村旅游资源质量、乡村旅游基础设施和乡村旅游经济效益根据权重值的大小进行排序，即乡村旅游经济效益(0.5038)>乡村旅游基础设施(0.2502)>乡村旅游资源质量(0.2460)。由此可以看出，对乡村旅游系统综合发展水平影响最大的因素是乡村旅游经济效益，然后依次是乡村旅游基础设施和乡村旅游资源质量。在乡村旅游评价指标体系中，按照各个评价指标组合权重值的大小进行排序，依次为 X_{12}(0.1229)>X_{13}(0.1085)>X_1(0.0892)>X_2(0.0869)>X_3(0.0699)>X_7(0.0692)>X_6(0.0691)>X_{14}(0.0622)>X_{11}(0.0593)>X_4(0.0560)>X_5(0.0559)>X_8(0.0534)>X_{10}(0.0505)>X_9(0.0470)。其中，贡献份额较大的指标依次是 X_{12}(0.1229)、X_{13}(0.1085)、X_1(0.0892)和 X_2(0.0869)，这四个指标的综合权重值累计占总权重的40.75%。这说明在研究时段内，对六盘水市乡村旅游快速发展有重要影响的因子是乡村旅游就业率、游客量年增长率、乡村旅游资源规模和丰度与乡村旅游资源知名度。因此，政府及其相关机构和乡村旅游规划者在发展乡村旅游时应当首先考虑乡村旅游就业率，然后提高游客量年增长率，高度关注乡村旅游资源规模和丰度，并让乡村旅游资源知名度不断提高。由此，采取恰当的乡村旅游发展战略对乡村旅游健康发展具有重要战略意义。

7.2.1.2 六盘水市生态环境系统评价指标贡献程度分析

把表 7-8 生态环境系统中的一级指标生态环境压力、生态环境保护投入和生态环境保护效率根据权重值的大小进行排序，即生态环境压力(0.4076)>生态环境保护效率(0.3462)>生态环境保护投入(0.2462)。从这个排序可以看出，对生态环境系统综合发展水平影响最大的因素是生态环境压力，然后依次是生态环境保护效率和生态环境保护投入。在生态环境系统评价指标体系中，按照各个评价指标组合权重值的大小进行排序，依次为 Y_7(0.0742)>Y_9(0.0723)>Y_{10}(0.0661)>Y_5(0.0609)>Y_2(0.0588)>Y_4(0.0578)>Y_3(0.0576)>Y_{11}(0.0574)>Y_{15}(0.0563)>Y_6(0.0556)>Y_{16}(0.0534)>Y_8(0.0504)>Y_{13}(0.0499)>Y_{18}(0.0497)>Y_{14}(0.0466)>Y_{17}(0.0458)>Y_{12}(0.0445)>Y_1(0.0427)。这意味着在研究时段内，在生态环境系统评价指标体系中，Y_7(0.0742)、Y_9(0.0723)、Y_{10}(0.0661)、Y_5(0.0609)、Y_2(0.0588)和 Y_4(0.0578)等六个评价指标对生态环境系统综合水平的贡献份额较大，其综合权重值累计占总权重的39.01%。总体而言，生态环境系统综合发展水平受生态环境压力和生态环境保护效率两个因素的影响最大。在研究时段内，对六盘水市生态环境系统发展有重要影响的因子是乡村人口密度、造林面积、垃圾收集设施、化肥施用强度、生活废气排放量和生活垃圾清运量。由此可以看出，乡村人口在社会生产生活等活动中进行物质消费和资源消耗，并产生废气等污染物。同时，过多使用化肥和农药，严重影响了乡村生态环境的发展，导致乡村生态环境发生变化。因此，增大生活垃圾清运量、加大造林面积，增加垃圾收集设施等是提高乡村生态环境系统综合发展水平的有力举措。

7.2.2 六盘水市乡村旅游系统和生态环境系统发展演变过程

7.2.2.1 六盘水市乡村旅游系统发展演变过程

把相关数据代入六盘水市乡村旅游系统综合评价模型，即式(6-42)至式(6-44)，计算得到六盘水市乡村旅游系统的演变过程，结果如表 7-9 和图 7-3 所示。

表 7-9 六盘水市乡村旅游系统综合发展水平变化表

年份	乡村旅游资源质量(A_1)	乡村旅游基础设施(A_2)	乡村旅游经济效益(A_3)	乡村旅游综合发展水平(U_1)
2001	0	0	0.0109	0.0109
2002	0.0059	0.0036	0.0149	0.0244
2003	0.0131	0.0081	0.0251	0.0463
2004	0.0245	0.0122	0.0364	0.0731
2005	0.0316	0.0197	0.0632	0.1145
2006	0.0501	0.0299	0.0795	0.1595
2007	0.0727	0.0377	0.1001	0.2105
2008	0.0832	0.0445	0.1132	0.2409
2009	0.0889	0.0498	0.1229	0.2616
2010	0.1069	0.0569	0.1733	0.3371
2011	0.1218	0.0663	0.1839	0.3720
2012	0.1316	0.0805	0.1961	0.4082
2013	0.1487	0.0937	0.2076	0.4500
2014	0.1727	0.1019	0.2249	0.4995
2015	0.1865	0.1154	0.2521	0.5540
2016	0.1979	0.1464	0.2925	0.6368
2017	0.2093	0.1787	0.3247	0.7127
2018	0.2345	0.2256	0.3826	0.8427
2019	0.2437	0.2421	0.4047	0.8905
2020	0.2460	0.2394	0.3681	0.8535

从表 7-9 六盘水市乡村旅游系统综合发展水平变化评分和图 7-3 发展演变过程可以发现，在研究时段内，六盘水市乡村旅游系统发展水平总体呈现出增长上升态势，从 2001 年的 0.0109 上升到 2019 年的 0.8905，2020 年略有下降，其综合发展水平为 0.8535，这与 2020 年新型冠状病毒在全世界流行，对全球旅游业造成极大影响有关。在此期间，乡村旅游系统综合发展水平总体呈上升趋势，但各个时段上升速度不一样，具

体发展变化情况如下。

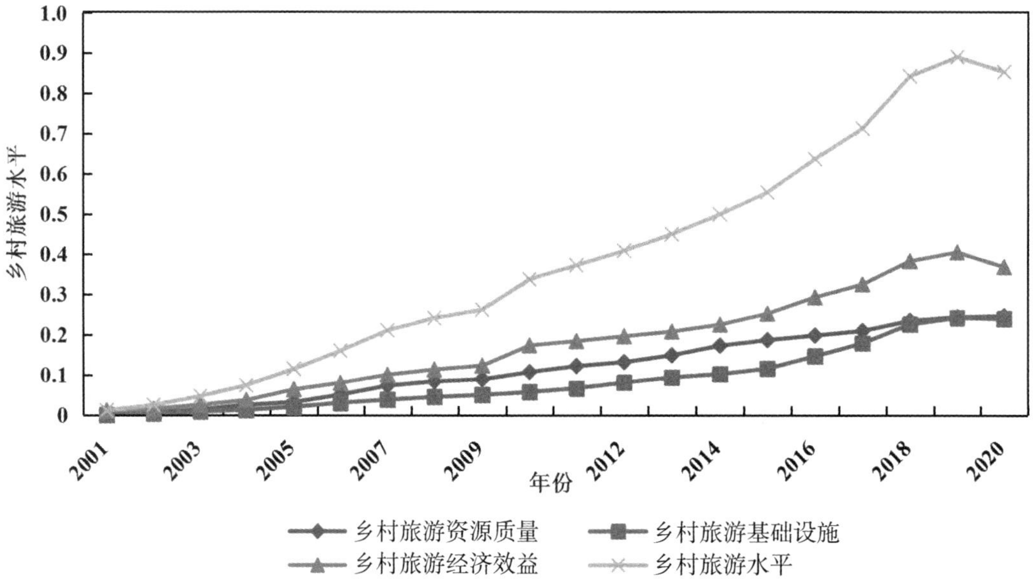

图 7-3　六盘水市乡村旅游系统发展演变过程

(1)乡村旅游系统综合发展水平缓慢发展上升阶段

2001—2004 年，六盘水市乡村旅游系统综合发展水平呈缓慢发展上升阶段，综合发展水平从 2001 年的 0.0109 上升到 2004 年的 0.0731。在这一时期，六盘水市主要以发展煤炭工业和钢铁工业为主，对旅游业的发展不够重视，乡村旅游发展缓慢，乡村旅游系统综合发展水平很低。

(2)乡村旅游系统综合发展水平较快发展上升阶段

2005—2009 年，六盘水市乡村旅游系统综合发展水平呈较快发展上升阶段，综合发展水平从 2005 年的 0.1145 上升到 2009 年的 0.2616。这主要是因为政府意识到发展煤炭工业和钢铁工业的单一性和后劲不足的问题，需要走产业转型发展的道路，急需寻找接续产业，旅游业由此受到政府的重视。2005 年，通过对六盘水市的气候资源进行分析与论证，中国气象学会授予六盘水市“中国凉都”称号，政府以此打造六盘水市的旅游品牌，城市知名度稳步提升。同时，六盘水市人民政府邀请中国科学院地质与地球物理研究所、北京大学地球与空间科学学院、中国科学院脊椎动物与古人类研究所和中国地质大学(武汉)资源学院规划建设六盘水市乌蒙山国家地质公园。通过四年的努力，乌蒙山国家地质公园于 2008 年建成并运行。同年，为了更好地发展六盘水市旅游业，以六盘水市乌蒙山国家地质公园建成运行为契机，六盘水市开展了主题为“满意六盘水”的活动，并逐渐形成了“中国凉都”品牌，乡村旅游借势得到了较好的发展。

(3) 乡村旅游系统综合发展水平快速发展上升阶段

2010—2015 年，六盘水市乡村旅游系统综合发展水平呈快速发展上升阶段，综合发展水平从 2010 年的 0. 3371 上升到 2015 年的 0. 5540。在这一时期，《国务院关于进一步促进贵州经济社会又好又快发展的若干意见》(国发〔2012〕2号) 强调 “大力发展文体和旅游业”，指出 “培育 ‘爽爽贵阳’ ‘梵天净土’ ‘水墨金州’ ‘凉都六盘水’ 等一批旅游休闲度假胜地”，六盘水市以此为契机，大力发展乡村旅游产业，大大促进了乡村旅游的发展。

(4) 乡村旅游系统综合发展水平新冠井喷式发展上升阶段

2016—2019 年，六盘水市乡村旅游系统综合发展水平呈井喷式发展上升阶段，综合发展水平从 2016 年的 0. 6368 上升到 2019 年的 0. 8905。在此时段内，六盘水市根据贵州省旅游供给侧结构性改革及 “十三五” 旅游发展规划，制定并实施《六盘水市旅游业发展持续井喷式增长助力脱贫攻坚行动计划》，进一步加快推进 “康养胜地 · 中国凉都” 旅游目的地的建设，乡村旅游由此出现井喷式发展态势。

(5) 乡村旅游系统综合发展水平新冠疫情后发展阶段

2020 年，六盘水市乡村旅游系统综合发展水平有所下降，其综合发展水平从 2019 年的 0. 8905 下降到 2020 年的 0. 8535。这主要是因为 2019 年底至 2020 年初，新型冠状病毒传入我国并在我国迅速暴发，全世界新型冠状病毒大流行，对全球旅游业造成极大影响，六盘水市乡村旅游发展也不可避免地受到影响，呈现出下降的趋势。

从乡村旅游系统各子系统演变来看，乡村旅游资源质量呈持续不断上升态势，乡村旅游基础设施和乡村旅游经济效益总体呈现出上升趋势，只是在 2020 年有所下降。乡村旅游资源质量一直保持上升态势，从 2001 年的 0 上升到 2020 年的 0. 2460，说明乡村旅游资源在研究时段内一直处于不断开发建设过程中，政府对乡村旅游资源质量建设高度重视，乡村旅游资源规模和丰度逐渐扩大，A 级旅游景区数量不断增加，乡村旅游资源质量得以持续提升。乡村旅游基础设施总体呈现上升的态势，从 2001 年的 0 上升到 2019 年的 0. 2421，然后从 2019 年的 0. 2421 下降到 2020 年的 0. 2394。表明研究时段内六盘水市乡村旅游基础设施不断得到改善，政府对乡村旅游基础设施投入与建设持续增加，只是 2020 年受新型冠状病毒感染影响，其基础设施投入与建设有所减少，乡村旅游基础设施才呈下降趋势。乡村旅游经济效益呈现出总体上升的态势，从 2001 年的 0. 0109 上升到 2019 年的 0. 4047，然后从 2019 年的 0. 4047 下降到 2020 年的 0. 3681。

在政府对乡村旅游发展高度重视的背景下，乡村旅游资源质量不断得到提升，旅游基础设施不断加强，乡村旅游经济效益在研究时段内开始不断提高，尤其是 2010 年后保持快速发展，并在 2016 年出现井喷式发展的上升态势，主要表现在乡村旅游接待游人数快速增长，乡村旅游收入不断增加，游客量年增长率上升等，说明要保持乡村旅游经济效益持续提升，应开发有特色的乡村旅游资源及产品，提升乡村旅游资源质量与服务，最大限度地吸引游客，从而使乡村旅游接待旅游人数持续增长，进而持续增加乡村旅游收入。2020 年，乡村旅游基础设施和乡村旅游经济效益下降与新型冠状病毒感染有关。总的来说，2001 年前后，六盘水市乡村旅游发展水平非常落后，乡村旅游资源质量差，乡村旅游基础设施投入极少，乡村旅游经济效益极低，这与当时六盘水市为“西南煤海”大力发展煤炭工业和钢铁工业而不重视旅游业的发展相匹配。2005 年，六盘水市提出产业转型，乡村旅游得到政府高度重视，当年规划建设六盘水市乌蒙山国家地质公园，并着力打造“中国凉都”旅游品牌。随后六盘水市政府多次出台推动旅游发展的多种措施，乡村旅游资源质量得以提升，乡村旅游投入不断增加，乡村旅游基础设施逐渐完善，乡村旅游经济效益得以提高。由此，乡村旅游综合水平得到迅速发展。

7.2.2.2　六盘水市生态环境系统发展演变过程

同理，把相关数据代入六盘水市生态环境系统综合评价模型，即式(6-42)至式(6-44)，计算得到六盘水市生态环境系统的演变过程，结果如表 7-10 和图 7-4 所示。

表 7-10　六盘水市生态环境系统综合发展水平变化表

年份	生态环境压力(B_1)	生态环境保护投入(B_2)	生态环境保护效益(B_3)	生态环境综合发展水平(U_2)
2001	0.1542	0.0053	0	0.1595
2002	0.1300	0.0138	0.0067	0.1505
2003	0.1241	0.0240	0.0146	0.1627
2004	0.1224	0.0364	0.0236	0.1824
2005	0.1282	0.0476	0.0371	0.2129
2006	0.1369	0.0605	0.0531	0.2505
2007	0.1424	0.0795	0.0713	0.2932
2008	0.1675	0.1024	0.0933	0.3632
2009	0.1843	0.1229	0.1235	0.4307
2010	0.2053	0.1404	0.1575	0.5032
2011	0.2255	0.1563	0.1791	0.5609
2012	0.2496	0.1629	0.2080	0.6205
2013	0.2605	0.1711	0.2392	0.6708
2014	0.2632	0.1756	0.2637	0.7025
2015	0.2726	0.1739	0.2856	0.7321
2016	0.2675	0.1737	0.3056	0.7468
2017	0.2696	0.1704	0.3185	0.7585
2018	0.2764	0.1678	0.3217	0.7659
2019	0.2755	0.1716	0.3325	0.7796
2020	0.2820	0.1765	0.3391	0.7976

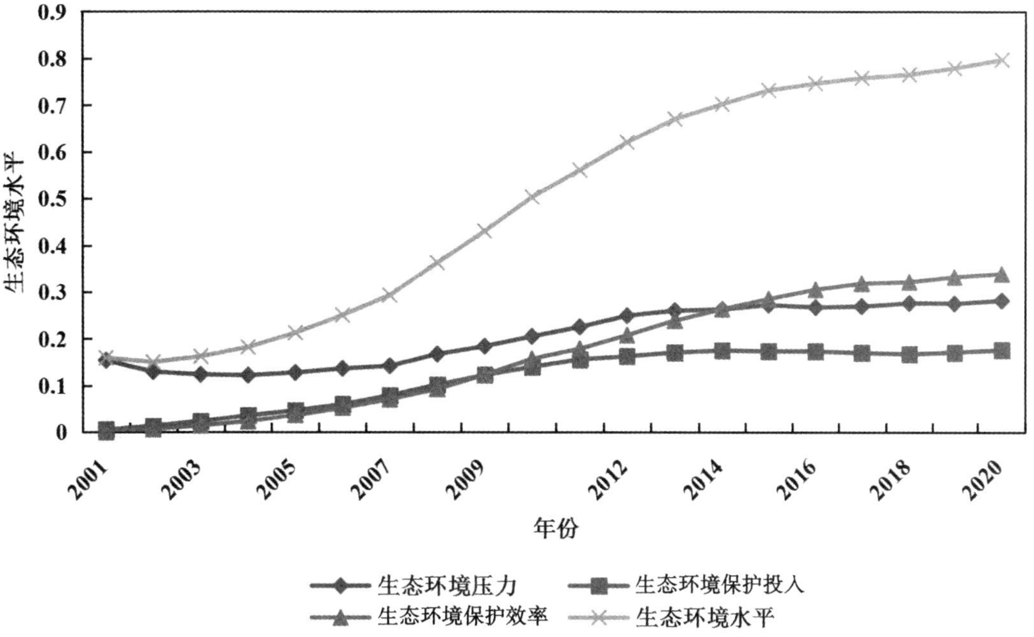

图 7-4　六盘水市生态环境系统发展演变过程

从表 7-10 六盘水市生态环境系统综合发展水平变化评分和图 7-4 六盘水市生态环境系统发展演变过程可以发现，在研究时段内，六盘水市生态环境系统发展水平总体呈现出先下降后增长上升态势，从 2001 年的 0.1595 下降到 2002 年的 0.1505，然后从 2002 年的 0.1505 上升到 2020 年的 0.7976。整体来看，六盘水市生态环境系统在前两年下降之后，此后的 18 年中一直呈现上升趋势，但各个时段上升速度不一样，总体为先缓慢上升，再较快上升，然后低速上升，之后平稳上升的格局，呈现出大致为 S 形的发展曲线，具体发展变化情况如下。

（1）生态环境系统综合发展水平下降阶段

2001—2002 年，六盘水市生态环境系统综合发展水平处于下降阶段，其综合发展水平从 2001 年的 0.1595 下降到 2002 年的 0.1505，下降值为 0.0090，下降速度为 5.64%。在这一时期，六盘水市煤炭开采业规模较大，并形成污染较大的多个下游及其相关产业，如蒙古窑炼焦炭、土法炼锌、火力发电厂、钢铁工业等，导致污染源较多。同时，政府对生态环境治理的投入较少，从而使得六盘水市生态环境系统综合发展水平下降。

（2）生态环境系统综合发展水平缓慢发展上升阶段

2003—2005 年，六盘水市生态环境系统综合发展水平处于极低的水平，但并没有下降，出现增长势头，但增长速度较慢，呈现出缓慢发展上升趋势，综合发展水平从 2003

年的 0. 1627 上升到 2005 年的 0. 2129，增加值为 0. 0502，年均增速为 10. 28%。在这一时期，六盘水市大力发展煤炭工业和钢铁工业，形成的污染物较多，且对生态环境保护投入不多，生态环境保护效率低下，对生态环境产生了较大的压力。但在此期间，政府对一些污染大的企业进行了处理，如改善炼焦的工艺流程，关闭蒙古窑炼焦炭和土法炼锌等企业，减少污染物的排放，从而使得该时段内六盘水市生态环境系统综合水平从下降趋势转变为上升趋势，只是上升发展缓慢。总体上来看，在该时段内，六盘水市生态环境系统综合发展水平处于缓慢发展阶段。

(3)生态环境系统综合发展水平较快发展上升阶段

2006—2010 年，六盘水市生态环境系统综合发展水平呈较快发展上升阶段，其综合发展水平从 2006 年的 0. 2505 上升到 2010 年的 0. 5032，增加值为 0. 2527，年均增速为 20. 18%。在这一时期，生态环境发展的特征主要表现为对污染物的排放治理，为配合乡村旅游发展，政府意识到旅游业需要良好的生态环境作为资源基础，由此重视生态环境保护，加大生态环境保护投入，并出台了一些促进生态环境建设的政策和措施。例如，2006 年，为提高六盘水市旅游竞争力，六盘水市政府全力打造“中国凉都”品牌，并开始加大生态环境建设力度，对六盘水市旅游景区进行了生态环境专项检查和土地污染状况调查；2008 年，六盘水市政府出台了《六盘水市煤炭洗选行业治理整顿实施方案》，大大减少煤炭洗选企业对生态环境的污染，从源头上减少了影响生态环境健康的污染物排放，减轻了生态环境的压力；在《六盘水市煤炭洗选行业治理整顿实施方案》执行一年取得明显效果后，2009 年，六盘水市政府计划对煤炭行业以外的主要污染源进行治理，出台了《六盘水市主要污染物总量减排攻坚行动方案》。由此，六盘水市生态环境系统综合水平得到明显提高。

(4)生态环境系统综合发展水平处于低速发展上升阶段

2011—2015 年，六盘水市生态环境系统综合发展水平呈低速发展上升态势，且其综合发展水平从 2011 年的 0. 5609 上升到 2015 年的 0. 7321，增加值为 0. 1712，年均增速为 6. 10%。在这一时期生态环境发展的特征主要表现为大气环境质量、水环境质量的提升及综合治理。六盘水市为提高生态环境质量，2015 年出台了《六盘水市 2015—2017 年大气污染防治专项行动实施方案》和《六盘水市环境保护重点案件督导督办办法(试行)》，要求六盘水市生态环境保护局对境内的主要河流水环境进行监测月报制度，要求气象局对大气环境进行质量日报制度，动态掌握六盘水市的生态环境质量状况，并采取相应的措施保护生态环境，使得六盘水市的生态环境质量进一步提高。

(5)生态环境系统综合发展水平平稳发展上升阶段

2016—2020 年，六盘水市生态环境系统综合发展水平呈平稳发展上升态势，且其综合发展水平从 2016 年的 0. 7468 上升到 2020 年的 0. 7976，增加值为 0. 0508，年均增速为 1. 36%。在这一时期生态环境发展的特征主要表现在绿化建设方面，当地政府从六盘水市属于喀斯特山区地貌的市情出发，依据喀斯特山区“山高、坡陡、植被覆盖率低”的自然生态环境特征，决定加快山区生态景观绿化建设，提高山区植被覆盖率，从而改善山区生态环境质量。2017 年，六盘水市制定了《六盘水市“十三五”林业发展规划》，加强生态环境管理和区域绿化建设，从而使得六盘水市的生态环境质量持续不断改善。

从生态环境系统的各子系统演变来看，生态环境压力和生态环境保护投入两个子系统呈现出波动上升的总体趋势。生态环境压力从 2001 年的 0.1542 下降到 2004 年 0.1224，2005 年上升到 0.1282，然后上升到 2015 年 0.2726，2016 年下降为 0.2675，然后上升到 2018 年的 0.2764，2019 年下降为 0.2755，2020 年上升为 0.2820；生态环境保护投入从 2001 年的 0.0053 上升到 2014 年 0.1756，此后从 2015 年开始下降，到 2018 年下降为 0.1678，2019 年开始上升，到 2020 年上升为 0.1765。生态环境保护效益子系统则呈现出持续上升的态势，从 2001 年的 0 上升到 2020 年 0.3391。

由此可见，2001 年前后，六盘水市生态环境综合水平非常低，生态环境质量差，政府对生态环境保护投入较少，生态环境保护效益低。此时过多考虑煤炭工业和钢铁工业及其相关产业的发展，而忽略了生态环境的建设。后来，几乎与乡村旅游开发建设相同步，生态环境得到了应有的重视，主要污染物的排放、大气环境和水环境等得到有效治理，区域绿化面积逐步提高，生态环境保护投入增加，生态环境效益随之提高，生态环境综合水平不断上升。但是，随着旅游资源的开发与建设，生态环境压力也逐渐凸显。

7.2.2.3　六盘水市乡村旅游系统与生态环境系统综合水平变化趋势

为了对六盘水市乡村旅游系统和生态环境系统综合水平变化趋势有一个清晰的认识，笔者以六盘水市乡村旅游系统综合发展水平结果数值和六盘水市生态环境系统综合发展水平结果数值绘制六盘水市乡村旅游系统与生态环境系统综合水平变化趋势图，具体如图 7-5 所示。

从图 7-5 可以看出，六盘水市乡村旅游系统与生态环境系统综合水平的差距大致呈倒 U 形变化趋势，产生这一变化特征的原因是上升速率不同。2001—2005 年，乡村旅游系统和生态环境系统总体处于缓慢的上升阶段，二者的综合水平都很低，说明该时段内生态环境受到的破坏严重，政府对生态环境保护力度不够，投入不足，乡村旅游发展缓慢，未得到当地政府的重视。在该时段内，生态环境系统水平高于乡村旅游系统水平，乡村旅游在当地经济发展中无足轻重，此时六盘水市主要发展煤炭工业和钢铁工业等重型工业，对乡村旅游的发展没有得到足够的重视。2006—2017 年，六盘水市政府意识到只发展煤炭工业和钢铁工业的单一性和矿竭城衰等问题，提出经济转型，积极寻找接续产业，由此，乡村旅游进入政府发展当地经济的视野。为配合乡村旅游发展，大力保护和建设生态环境是必然的选择。因此，六盘水市生态环境保护投入不断增加，各种设施建设加快，生态环境效益明显，生态环境系统综合水平不断提高，在研究时段内，生态环境综合水平高于乡村旅游系统综合水平。与此同时，随着生态环境系统的改善，乡村旅游也逐渐发展起来，而且发展速度越来越快，尤其是在2016年后出现井喷式的增长，乡村旅游系统综合水平快速上升，虽然在该时段内生态环境系统综合水平高于乡村旅游系统综合水平，但乡村旅游系统综合水平逐渐缩小与生态环境系统综合水平的差距。2018—2019年，乡村旅游系统和生态环境系统都处于增长过程中，但乡村旅游系统增长速度更快，其综合发展水平于2018年超过生态环境系统综合水平，这表明随着乡村旅游的不断发展，乡村旅游系统对生态环境系统产生了压力。2020年，受新型冠状病毒感染的影响，乡村旅游系统综合水平有所下降，但其发展水平仍然高于生态环境综合发展水平。因此，在大力发展乡村旅游的同时，应加大生态环境的保护力度，只有保护好乡村生态环境，才能促进乡村旅游系统与生态环境系统持续健康发展。

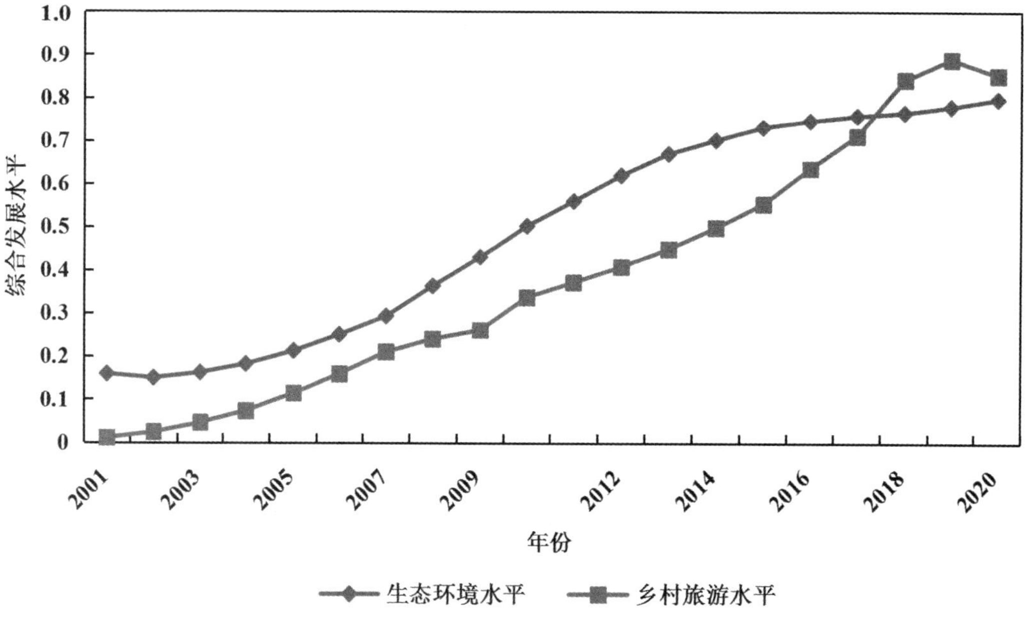

图7-5　六盘水市乡村旅游系统与生态环境系统综合水平变化趋势

7.2.3　乡村旅游系统与生态环境系统非协调性耦合度分析

把相关数据代入乡村旅游系统与生态环境系统耦合度模型和非协调性耦合识别模型，即式(6-45)至式(6-48)，计算得到六盘水市乡村旅游系统和生态环境系统的耦合度值、综合发展水平以及非协调性耦合度值，结果如表7-11、表7-12和图7-6所示。

表 7-11　六盘水市乡村旅游系统与生态环境系统非协调性耦合评价结果表

年份	乡村旅游系统综合发展水平（U_1）	生态环境系统综合发展水平（U_2）	耦合度值（C）	乡村旅游系统与生态环境系统综合发展水平（T）	非协调性耦合度值（ND）
2001	0. 0109	0. 1595	0. 0601	0. 0852	0. 8555
2002	0. 0244	0. 1505	0. 1200	0. 0874	0. 8230
2003	0. 0463	0. 1627	0. 1724	0. 1045	0. 7917
2004	0. 0731	0. 1824	0. 2042	0. 1277	0. 7598
2005	0. 1145	0. 2129	0. 2274	0. 1637	0. 7206
2006	0. 1595	0. 2505	0. 2377	0. 2050	0. 6838
2007	0. 2105	0. 2932	0. 2433	0. 2518	0. 6476
2008	0. 2409	0. 3632	0. 2398	0. 3020	0. 6154
2009	0. 2616	0. 4307	0. 2351	0. 3461	0. 5903
2010	0. 3371	0. 5032	0. 2402	0. 4202	0. 5462
2011	0. 3720	0. 5609	0. 2398	0. 4665	0. 5221
2012	0. 4082	0. 6205	0. 2396	0. 5144	0. 4984
2013	0. 4500	0. 6708	0. 2403	0. 5604	0. 4859
2014	0. 4995	0. 7025	0. 2429	0. 6010	0. 4558
2015	0. 5540	0. 7321	0. 2452	0. 6430	0. 4357
2016	0. 6368	0. 7468	0. 2484	0. 6918	0. 4128
2017	0. 7127	0. 7585	0. 2498	0. 7356	0. 3937
2018	0. 8427	0. 7659	0. 2494	0. 8043	0. 3662
2019	0. 8905	0. 7796	0. 2489	0. 8351	0. 3545
2020	0. 8535	0. 7976	0. 2497	0. 8256	0. 3577

注：U_1即$f(U)$，U_2即$g(E)$。

表 7-12　六盘水市乡村旅游系统与生态环境系统非协调性耦类型划分

年份	非协调性耦合度值（ND）	类别	两个系统数值对比[（$g(E)-f(U)$）]	子类别	类型
2001	0. 8555	高水平非协调性耦合	0. 1486	乡村旅游滞后	Ⅳ1
2002	0. 8230	高水平非协调性耦合	0. 1261	乡村旅游滞后	Ⅳ1
2003	0. 7917	磨合非协调性耦合	0. 1164	乡村旅游滞后	Ⅲ1
2004	0. 7598	磨合非协调性耦合	0. 1093	乡村旅游滞后	Ⅲ1
2005	0. 7206	磨合非协调性耦合	0. 0984	系统均衡发展	Ⅲ2
2006	0. 6838	磨合非协调性耦合	0. 0910	系统均衡发展	Ⅲ2

表7-12(续)

年份	非协调性耦合度值(*ND*)	类别	两个系统数值对比[(*g*(*E*)-*f*(*U*)]	子类别	类型
2007	0.6476	磨合非协调性耦合	0.0827	系统均衡发展	Ⅲ2
2008	0.6154	磨合非协调性耦合	0.1223	乡村旅游滞后	Ⅲ1
2009	0.5903	磨合非协调性耦合	0.1691	乡村旅游滞后	Ⅲ1
2010	0.5462	磨合非协调性耦合	0.1661	乡村旅游滞后	Ⅲ1
2011	0.5221	磨合非协调性耦合	0.1889	乡村旅游滞后	Ⅲ1
2012	0.4984	拮抗非协调性耦合	0.2123	乡村旅游滞后	Ⅱ1
2013	0.4859	拮抗非协调性耦合	0.2208	乡村旅游滞后	Ⅱ1
2014	0.4558	拮抗非协调性耦合	0.2030	乡村旅游滞后	Ⅱ1
2015	0.4357	拮抗非协调性耦合	0.1781	乡村旅游滞后	Ⅱ1
2016	0.4128	拮抗非协调性耦合	0.1100	乡村旅游滞后	Ⅱ1
2017	0.3937	拮抗非协调性耦合	0.0458	系统均衡发展	Ⅱ2
2018	0.3662	拮抗非协调性耦合	-0.0768	系统均衡发展	Ⅱ2
2019	0.3545	拮抗非协调性耦合	-0.1109	生态环境滞后	Ⅱ3
2020	0.3577	拮抗非协调性耦合	-0.0559	系统均衡发展	Ⅱ2

注：U_1即$f(U)$，U_2即$g(E)$。

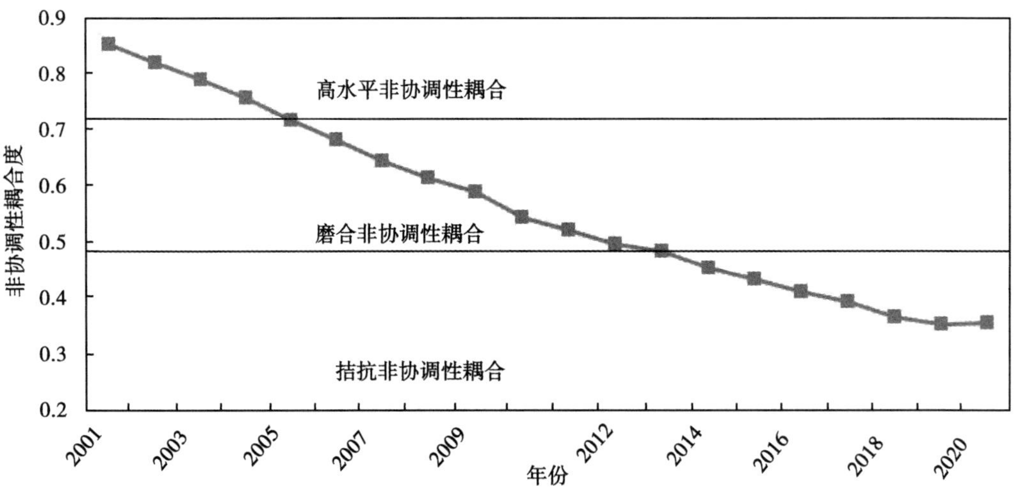

图7-6　六盘水市乡村旅游系统与生态环境系统非协调性耦合演变过程

从表7-11、表7-12和图7-6可以看出，在研究时段内，六盘水市乡村旅游系统与生态环境系统的非协调性耦合度值总体呈一条不断下降的曲线，从2001年0.8555下降到 2019 年的 0.3545，下降幅度为 58.56%；2019 年至 2020 年，非协调性耦合度值呈上升态势，从 2019 年 0.3545 上升到 2020 年的 0.3577，上升幅度为 0.90%，表明六盘水市乡村旅游系统与生态环境系统的非协调性耦合度值下降幅度明显，意味着两个系统的发展持续向好，但在 2020 年非协调性耦合度值年有所上升，主要是因为受到新型冠状病毒感染的影响，六盘水市乡村旅游同时受到影响。根据六盘水市乡村旅游系统与生态环境系统的非协调性耦合度值非协调性曲线变化的具体情况以及前述第 6 章表 6-22 对乡村旅游系统与生态环境系统非协调性耦合度划分的四个阶段可以看出，六盘水市乡村旅游系统与生态环境系统非协调性耦合处于三个发展阶段：第四个阶段（高水平非协调性耦合阶段）、第三个阶段（磨合非协调性耦合阶段）和第二个阶段（拮抗非协调性耦合阶段），非协调性耦合具体情况如下。

（1）高水平非协调性耦合阶段

2001—2002 年，六盘水市乡村旅游系统与生态环境系统非协调性耦合度值从 2001 年的 0.8555 下降到 2002 年的 0.8230，年均下降幅度为 3.80%。因为 $0.8<ND\leqslant1.0$，所以该时段内二者的非协调性表现为高水平非协调耦合，乡村旅游系统与生态环境系统处于不协调发展状态，该时段乡村旅游系统和生态环境系统二者的发展水平很低。这两年，$g(E)-f(U)$的值分别为 0.1486 和 0.1261，该时段内$|g(E)-f(U)|>0.1$，说明乡村旅游发展滞后，相对来说乡村旅游系统发展缓慢，没有明显的影响生态环境系统的发展水平，子类别属于“高水平非协调性耦合-乡村旅游滞后”。

（2）磨合非协调性耦合阶段

2003—2011 年，六盘水市乡村旅游系统与生态环境系统非协调性耦合度值从 2003 年的 0.7917 下降到 2011 年的 0.5221，年均下降幅度为 4.26%。因为 $0.5<ND\leqslant0.8$，所以该时段内二者的非协调性表现为磨合非协调性耦合，说明乡村旅游系统与生态环境系统的发展水平不断提高。根据二者的关系，又可分为以下三个类型。

①2003—2004 年，$g(E)-f(U)$的值分别为 0.1164 和 0.1093，此时段内 $g(E)-f(U)>0.1$，表明乡村旅游系统发展水平低于生态环境系统发展水平，乡村旅游系统发展水平相对滞后，未对生态环境系统的发展产生明显影响，子类别属于“磨合非协调性耦合-乡村旅游滞后”。

②2005—2007 年，$g(E)-f(U)$的值分别为 0.0984、0.0910 和 0.0827，此时段内 $g(E)-f(U)\leqslant0.1$，说明乡村旅游和生态环境两个系统均衡发展，相对来说乡村旅游系统发展缓慢，没有明显地影响生态环境系统的发展水平，子类别属于“磨合非协调性耦合-系统均衡发展”。

③2008—2011 年，$g(E)-f(U)$的值分别为 0.1223、0.1691、0.1661 和 0.1889，此时段内 $g(E)-f(U)>0.1$，表明乡村旅游系统发展水平低于生态环境系统发展水平，乡村旅游系统发展水平相对滞后，未对生态环境系统的发展产生明显影响，子类别属于“磨合非协调性耦合-乡村旅游滞后”。

(3)拮抗非协调性耦合阶段

2012—2020 年，六盘水市乡村旅游系统与生态环境系统非协调性耦合度值从 2013 年的 0.4984 下降到 2019 年的 0.3545，年均下降幅度为 4.81%。2019 年至 2020 年，非协调性耦合度值呈上升态势，从 2019 年 0.3545 上升到 2020 年的 0.3577，上升幅度为 0.90%，$0.2<ND\leq0.5$，表明该时段内二者的非协调性表现为拮抗非协调性耦合，乡村旅游系统与生态环境系统的发展水平快速提高，尤其是乡村旅游系统发展水平提升更快，根据二者的关系，又可分为以下四个类型。

①2012—2016 年，两个系统的非协调性耦合度值从 2012 年的 0.4984 下降到 2016 年的 0.4128，年均下降幅度为 4.29%。在此期间，$g(E)-f(U)$的值分别为 0.2123、0.2208、0.2030、0.1781 和 0.1100，乡村旅游系统虽然快速发展，但其发展水平仍然低于生态环境的发展水平，此时段内 $g(E)-f(U)>0.1$，子类别属于“拮抗非协调性耦合-乡村旅游滞后”。

②2017—2018 年，两个系统的非协调性耦合度值从 2017 年的 0.3937 下降到 2018 年的 0.3662，年均下降幅度为 6.99%。在此期间，$g(E)-f(U)$的值分别为 0.0458 和-0.0768，乡村旅游系统发展速度进一步加快，其发展水平逐步接近并超过生态环境系统的发展水平，此时段内$|g(E)-f(U)|\leq0.1$，子类别属于“拮抗非协调性耦合-系统均衡发展”。

③2019 年，两个系统的非协调性耦合度值为 0.3545，比上一年下降 3.19%，在此期间，$g(E)-f(U)$的值为-0.1109，乡村旅游系统井喷式增长发展后，其发展水平明显超过生态环境系统的发展水平，并对生态环境系统产生了一定的压力，但因为$|g(E)-f(U)|>0.1$，其子类别属于“拮抗非协调性耦合-生态环境滞后”。

④2020 年，两个系统的非协调性耦合度值为 0.3577，比上一年上升 0.90%。在此期间，$g(E)-f(U)$的值为-0.0559，乡村旅游系统在新型冠状病毒感染的影响下，其综合发展水平有所下降，导致两个系统非协调性耦合度值有所上升，乡村旅游系统对生态环境仍然存在一定的压力，但因为$|g(E)-f(U)|\leq0.1$，其子类别属于“拮抗非协调性耦合-系统均衡发展”。

以上分析结果表明，乡村旅游系统与生态环境系统非协调性关系显著，说明随着乡村旅游的不断发展，生态环境的压力逐渐增大。但乡村旅游系统与生态环境系统的耦合关系正逐渐向良性方向进步，已经从高水平非协调耦合发展转变为拮抗非协调性耦合阶段，只是要发展到低水平非协调性耦合阶段，道阻且长。

◆◇ 7.3 本章小结

本章对六盘水市域尺度下乡村旅游与生态环境保护非协调性耦合进行了测度研究，其研究过程总结如下。

①收集整理得到六盘水市 2001—2020 年乡村旅游系统 14 个评价指标的原始数据和生态环境系统 18 个评价指标的原始数据，并对两个系统的原始数据分别作标准化处理。

②采用主观赋权法(层次分析法)和客观赋权法(熵权法、变异系数法、均方差决策法)分别求出各个评价指标的权重值，然后在此基础上，运用拉格朗日指数法计算得到各个评价指标的组合权重值，从而最终确定各个评价指标的权重值，并由此对六盘水市乡村旅游系统和生态环境系统评价指标贡献程度进行了分析。在乡村旅游系统中，贡献份额较大的指标依次是乡村旅游就业率、游客量年增长率、乡村旅游资源规模和丰度和乡村旅游资源知名度，这四个指标的综合权重值累计占总权重的 40.75%。在生态环境系统中，乡村人口密度、造林面积、垃圾收集设施、化肥施用强度、生活废气排放量和生活垃圾清运量等六个评价指标的贡献份额较大，其综合权重值累计占总权重的 39.01%。

③运用乡村旅游系统与生态环境系统综合评价模型，对六盘水市乡村旅游系统和生态环境系统的综合发展水平与演变过程进行了分析。研究结果表明，六盘水市乡村旅游系统和生态环境系统发展水平总体呈现出增长上升的态势。乡村旅游系统综合发展水平总体上分为五个发展阶段，各个发展阶段的情况分别为：2001—2004 年，六盘水市乡村旅游系统综合发展水平为缓慢发展上升阶段；2005—2009 年，为较快发展上升阶段；2010—2015 年，为快速发展上升阶段；2016—2019 年，为井喷式发展上升阶段；2020 年为新冠疫情后发展阶段。生态环境系统综合发展水平总体上分为五个发展阶段，各个发展阶段的情况分别为：2001—2002 年，六盘水市生态环境系统综合发展水平为下降阶段；2003—2005 年，为缓慢发展上升阶段；2006—2010 年，为较快发展上升阶段；2011—2015 年，为低速发展上升阶段；2016—2020 年，为平稳发展上升阶段。

④运用乡村旅游系统与生态环境系统耦合度模型和非协调性耦合识别模型，对六盘水市乡村旅游系统和生态环境系统的非协调性耦合类型进行了研究。研究结果表明，六盘水市乡村旅游系统和生态环境系统的非协调性耦合类型分为三个类型，具体情况为：2001—2002 年处于高水平非协调性耦合阶段，属于“高水平非协调性耦合-乡村旅游滞后”子类别。2003—2011 年处于磨合非协调性耦合阶段。其中，2003—2004 年属于“磨合非协调性耦合-乡村旅游滞后”子类别；2005—2007 年属于“磨合非协调性耦合-系统均衡发展”子类别；2008—2011 年属于“磨合非协调性耦合-乡村旅游滞后”子类别。2012—2020 年处于拮抗非协调性耦合阶段。其中，2012—2016 年属于“拮抗非协调性耦

合-乡村旅游滞后”子类别；2017—2018 年属于“拮抗非协调性耦合-系统均衡发展”子类别；2019 年属于“拮抗非协调性耦合-生态环境滞后”子类别；2020 年属于“拮抗非协调性耦合-系统均衡发展”子类别。

第 8 章　县域尺度下乡村旅游与生态环境保护非协调性耦合测度

第 7 章从市域尺度方面对六盘水市乡村旅游系统与生态环境系统的非协调性耦合进行了研究，研究结果表明，六盘水市乡村旅游系统与生态环境系统的非协调性关系发展持续向好，从高水平非协调性耦合阶段发展到磨合非协调性耦合阶段，再提升到拮抗非协调性耦合阶段，目前属于拮抗非协调性耦合系统均衡发展阶段。为了更加细致地掌握六盘水市乡村旅游系统和生态环境系统的非协调性耦合协调度，需要从县域尺度对乡村旅游系统与生态环境系统的非协调性耦合协调度进行探讨。基于此，这里以六盘水市四个区县（六枝特区、盘州市、水城县和钟山区）为研究对象，对四个区县的乡村旅游系统与生态环境系统非协调性耦合协调度的时序发展演变过程和空间表现形式等进行比较研究。

8.1　研究总体框架

8.1.1　研究对象

在第 7 章中，以六盘水市 2001—2020 年乡村旅游系统与生态环境系统非协调性耦合为研究对象，对六盘水市的乡村旅游系统与生态环境系统非协调性耦合时序进行了测度与分析。本章在此基础上，以六盘水市四个区县（六枝特区、盘州市、水城县和钟山区）为研究对象，以 2001—2020 年的数据为基础，运用层次分析法、熵值法、变异系数法和均方差法求出每个评价指标的权重值，再利用拉格朗日指数法计算得到每种赋权法的指数值，得到各个评价指标的组合权重值，最后运用非协调性耦合识别模型对四个区县的乡村旅游系统与生态环境系统非协调性耦合度进行判定，相关研究方法与第 7 章的研究方法相同，在这里就不再赘述。

8.1.2 原始数据来源

本章选取六枝特区、盘州市、水城县和钟山区 2001—2020 年乡村旅游系统 14 个评价指标原始数据和生态环境系统 18 个评价指标原始数据作为研究对象，所需要的原始数据从以下几个方面收集整理得到。

①《中国县域统计年鉴(县市卷)》(2002—2021)。

②《贵州省统计年鉴》(2002—2021)。

③《六盘水市统计年鉴》(2002—2021)。

④六盘水市政府、六枝特区政府、盘州市政府、水城县政府、钟山区政府提供的有关统计数据。

⑤《六盘水市水资源公报》(2002—2021)、《六枝特区水资源公报》(2002—2021)、《盘州市水资源公报》(2002—2021)、《水城县水资源公报》(2002—2021)、《钟山区水资源公报》(2002—2021)。

⑥《六盘水市社会经济发展公报》(2002—2021)、《六枝特区社会经济发展公报》(2002—2021)、《盘州市社会经济发展公报》(2002—2021)、《水城县社会经济发展公报》(2002—2021)、《钟山区社会经济发展公报》(2002—2021)。

⑦六盘水市文化广电旅游局、六枝特区文化广电旅游局、盘州市文化广电旅游局、水城县文化广电旅游局、钟山区文化广电旅游局、六盘水市生态环境局、六枝特区生态环境局、盘州市生态环境局、水城县生态环境局、钟山区生态环境局、六盘水市扶贫开发局、六枝特区扶贫开发局、盘州市扶贫开发局、水城县扶贫开发局和钟山区扶贫开发局等相关网站公布的统计结果数据。

⑧有关文献获取的原始数据。

⑨2021 年课题组成员进行实地问卷调查获得的原始数据等。

⑩对于部分指标缺失的部分年份的相关数据，运用插值法插入数据得到，如乡村旅游系统中乡村旅游扶贫效应指标的部分数据。

乡村旅游系统相关原始数据情况如下：六枝特区的具体相关原始数据见附表 17-1 和附表 17-2，盘州市的具体相关原始数据见附表 18-1 和附表 18-2，水城县的具体相关原始数据见附表 19-1 和附表 19-2，钟山区的具体相关原始数据见附表 20-1 和附表 20-2。生态环境系统相关原始数据情况如下：六枝特区的具体相关原始数据见附表 21-1 和附表 21-2，盘州市的具体相关原始数据见附表 22-1 和附表 22-2，水城县的具体相关原始数据见附表 23-1 和附表 23-2，钟山区的具体相关原始数据见附表 24-1 和附表 24-2。

8.1.3 原始数据标准化处理

在计算过程中，需要对四个区县的原始数据进行标准化处理，处理的方式与第 7 章相同，运用第 6 章中的原始数据标准化处理式(6-2)至式(6-6)对六枝特区、盘州市、水城县和钟山区四个区县的原始数据进行标准化处理，乡村旅游系统具体相关原始数据标准化后的数值见附表 25-1 和附表 25-2(六枝特区)、附表 26-1 和附表 26-2(盘州市)、附表 27-1 和附表 27-2(水城县)、附表 28-1 和附表 28-2(钟山区)，生态环境系统具体相关原始数据标准化后的数值见附表 29-1 和附表 29-1(六枝特区)、附表 30-1 和附表 30-2(盘州市)、附表 31-1 和附表 31-2(水城县)、附表 32-1 和附表 32-2(钟山区)。

8.1.4 评价指标权重值的确定

对各个评价指标权重值的确定，与第 7 章的方法相同，即运用主观赋权法和客观赋权法相结合的方法，分别用层次分析法、熵权法、变异系数法和均方差决策法求出各个评价指标的权重值，然后在此基础上，运用拉格朗日指数法计算各个评价指标的组合权重值，从而最终确定各个评价指标的权重值。这里需要关注的是，层次分析法是通过咨询专家对各个评价指标的重要性进行打分后进行计算得到的结果，因此，其得到的各个评价指标的权重值与前面的结果相同，但是，对于熵权法、变异系数法和均方差决策法等客观方法所得到的指标权重值，因为客观数据的变化会使得各个评价指标的权重值产生相应的变化，所以需要对其进行实际计算才能得到相应的权重值，具体计算步骤与第 7 章相同，在这里就不再赘述。

(1)熵权法、变异系数法和均方差决策法确定权重值

运用熵权法、变异系数法和均方差决策法分别求得六枝特区、盘州市、水城县和钟山区四个区县的乡村旅游系统各个评价指标的权重值，具体计算结果如表 8-1 至表 8-6 所列。

表 8-1　六枝特区和盘州市乡村旅游系统评价指标的标准值比重、信息熵、效用值和权重值

六枝特区						盘州市					
一级指标	二级指标	标准值比重 (P_{ij})	信息熵 (e_i)	效用值 ($1-e_i$)	权重值 (u_i)	一级指标	二级指标	标准值比重 (P_{ij})	信息熵 (e_i)	效用值 ($1-e_i$)	权重值 (u_i)
乡村旅游资源质量 0.2819*	X_1	0.0467	0.6651	0.3349	0.0847	乡村旅游资源质量 0.2681*	X_1	0.0515	0.6133	0.3867	0.0945
	X_2	0.0563	0.6247	0.3753	0.0949		X_2	0.0369	0.6821	0.3179	0.0776
	X_3	0.0645	0.5951	0.4049	0.1023		X_3	0.0531	0.6069	0.3931	0.0960
乡村旅游基础设施 0.2565*	X_4	0.0389	0.7051	0.2949	0.0746	乡村旅游基础设施 0.2613*	X_4	0.0290	0.7321	0.2679	0.0654
	X_5	0.0312	0.7525	0.2475	0.0626		X_5	0.0332	0.704	0.2960	0.0723
	X_6	0.0232	0.8171	0.1829	0.0462		X_6	0.0270	0.7469	0.2531	0.0618
	X_7	0.0378	0.7109	0.2891	0.0731		X_7	0.0270	0.7468	0.2532	0.0618

表8-1(续)

六枝特区						盘州市					
一级指标	二级指标	标准值比重（P_{ij}）	信息熵（e_i）	效用值（$1-e_i$）	权重值（u_i）	一级指标	二级指标	标准值比重（P_{ij}）	信息熵（e_i）	效用值（$1-e_i$）	权重值（u_i）
乡村旅游经济效益 0.4616*	X_8	0.0190	0.8609	0.1391	0.0351	乡村旅游经济效益 0.4706*	X_8	0.0119	0.9152	0.0848	0.0207
	X_9	0.0146	0.9176	0.0824	0.0208		X_9	0.0088	0.9792	0.0208	0.0051
	X_{10}	0.0200	0.8493	0.1507	0.0381		X_{10}	0.0235	0.7755	0.2245	0.0548
	X_{11}	0.0375	0.7129	0.2871	0.0726		X_{11}	0.0312	0.7170	0.2830	0.0691
	X_{12}	0.0630	0.6002	0.3998	0.1011		X_{12}	0.0612	0.5776	0.4224	0.1031
	X_{13}	0.0740	0.5654	0.4346	0.1098		X_{13}	0.1079	0.4603	0.5397	0.1318
	X_{14}	0.0462	0.6675	0.3325	0.0841		X_{14}	0.0436	0.6476	0.3524	0.0860

注：* 为权重值。

表 8-2　水城县和钟山区乡村旅游系统评价指标的标准值比重、信息熵、效用值和权重值

水城县						钟山区					
一级指标	二级指标	标准值比重（P_{ij}）	信息熵（e_i）	效用值（$1-e_i$）	权重值（u_i）	一级指标	二级指标	标准值比重（P_{ij}）	信息熵（e_i）	效用值（$1-e_i$）	权重值（u_i）
乡村旅游资源质量 0.2401*	X_1	0.0392	0.6434	0.3566	0.0773	乡村旅游资源质量 0.2630*	X_1	0.0480	0.7200	0.2800	0.0794
	X_2	0.0374	0.6527	0.3473	0.0753		X_2	0.0559	0.6840	0.3160	0.0896
	X_3	0.0496	0.5962	0.4038	0.0875		X_3	0.0597	0.6686	0.3314	0.0940
乡村旅游基础设施 0.2985*	X_4	0.0412	0.6333	0.3667	0.0794	乡村旅游基础设施 0.2858*	X_4	0.0482	0.7190	0.2810	0.0797
	X_5	0.0406	0.6362	0.3639	0.0788		X_5	0.0416	0.7540	0.2459	0.0698
	X_6	0.0274	0.7141	0.2859	0.0619		X_6	0.0362	0.7870	0.2130	0.0604
	X_7	0.0402	0.6382	0.3618	0.0784		X_7	0.0455	0.7326	0.2674	0.0759
乡村旅游经济效益 0.4614*	X_8	0.0188	0.7886	0.2114	0.0458	乡村旅游经济效益 0.4512*	X_8	0.0305	0.8273	0.1727	0.0490
	X_9	0.0130	0.8620	0.1379	0.0298		X_9	0.0203	0.9238	0.0762	0.0216
	X_{10}	0.0178	0.8002	0.1998	0.0433		X_{10}	0.0254	0.8710	0.1290	0.0366
	X_{11}	0.0299	0.6969	0.3032	0.0657		X_{11}	0.0514	0.7037	0.2963	0.0840
	X_{12}	0.0630	0.5490	0.4510	0.0977		X_{12}	0.0682	0.6367	0.3633	0.1031
	X_{13}	0.0621	0.5518	0.4483	0.0971		X_{13}	0.0495	0.7131	0.2869	0.0814
	X_{14}	0.0438	0.6214	0.3786	0.0820		X_{14}	0.0453	0.7340	0.2660	0.0755

注：* 为权重值。

表 8-3 六枝特区和盘州市乡村旅游系统评价指标的平均值、变异系数和权重值

六枝特区					盘州市				
一级指标	二级指标	平均值（X_j）	变异系数（V_j）	权重值（W_j）	一级指标	二级指标	平均值（X_j）	变异系数（V_j）	权重值（W_j）
乡村旅游资源质量 0.1395*	X_1	0.4458	1.2627	0.0522	乡村旅游资源质量 0.1498*	X_1	0.5313	1.0818	0.0456
	X_2	0.5422	1.0957	0.0453		X_2	0.4596	1.2794	0.0539
	X_3	0.5536	1.0154	0.0420		X_3	0.4904	1.1946	0.0503
乡村旅游基础设施 0.2831*	X_4	0.3671	1.5197	0.0628	乡村旅游基础设施 0.2745*	X_4	0.3997	1.4639	0.0617
	X_5	0.3111	1.7524	0.0725		X_5	0.3154	1.7470	0.0736
	X_6	0.2849	1.9532	0.0807		X_6	0.3451	1.6620	0.0700
	X_7	0.3430	1.6219	0.0671		X_7	0.3461	1.6413	0.0692
乡村旅游经济效益 0.5774*	X_8	0.3000	1.9554	0.0808	乡村旅游经济效益 0.5757*	X_8	0.3164	1.8894	0.0796
	X_9	0.2095	2.6688	0.1103		X_9	0.2036	2.7454	0.1157
	X_{10}	0.2222	2.5203	0.1042		X_{10}	0.2451	2.2794	0.0961
	X_{11}	0.3505	1.6329	0.0675		X_{11}	0.3825	1.5175	0.0640
	X_{12}	0.3753	1.4812	0.0612		X_{12}	0.4064	1.3982	0.0589
	X_{13}	0.4784	1.1839	0.0489		X_{13}	0.4392	1.3130	0.0553
	X_{14}	0.2191	2.5288	0.1045		X_{14}	0.2205	2.5168	0.1061

注：* 为权重值。

表 8-4 水城县和钟山区乡村旅游系统评价指标的平均值、变异系数和权重值

水城县					钟山区				
一级指标	二级指标	平均值（X_j）	变异系数（V_j）	权重值（W_j）	一级指标	二级指标	平均值（X_j）	变异系数（V_j）	权重值（W_j）
乡村旅游资源质量 0.1565*	X_1	0.4256	1.3306	0.0562	乡村旅游资源质量 0.1502*	X_1	0.4580	1.2244	0.0522
	X_2	0.4596	1.2766	0.0539		X_2	0.4704	1.2479	0.0532
	X_3	0.5036	1.0966	0.0464		X_3	0.5333	1.0514	0.0448
乡村旅游基础设施 0.2672*	X_4	0.4183	1.3324	0.0563	乡村旅游基础设施 0.2736*	X_4	0.4274	1.3147	0.0560
	X_5	0.3358	1.5955	0.0674		X_5	0.3302	1.6347	0.0697
	X_6	0.2793	1.9609	0.0828		X_6	0.2772	1.9864	0.0846
	X_7	0.3805	1.4382	0.0607		X_7	0.3695	1.4845	0.0633

表8-4(续)

水城县					钟山区				
一级指标	二级指标	平均值 (X_j)	变异系数 (V_j)	权重值 (W_j)	一级指标	二级指标	平均值 (X_j)	变异系数 (V_j)	权重值 (W_j)
乡村旅游经济效益 0.5763*	X_8	0.3210	1.8362	0.0776	乡村旅游经济效益 0.5762*	X_8	0.3218	1.8325	0.0781
	X_9	0.2097	2.6516	0.1120		X_9	0.2097	2.6513	0.1130
	X_{10}	0.2211	2.5332	0.1070		X_{10}	0.2370	2.3571	0.1004
	X_{11}	0.3745	1.5470	0.0653		X_{11}	0.3685	1.5643	0.0667
	X_{12}	0.3846	1.4532	0.0614		X_{12}	0.3961	1.4229	0.0606
	X_{13}	0.5326	1.0984	0.0464		X_{13}	0.4950	1.1745	0.0500
	X_{14}	0.2196	2.5248	0.1066		X_{14}	0.2200	2.5207	0.1074

注：* 为权重值。

表 8-5　六枝特区和盘州市乡村旅游系统评价指标的平均值、均方差值和权重值

六枝特区					盘州市				
一级指标	二级指标	平均值 [$E(G_j)$]	均方差值 $\sigma[(G_j)]$	权重值 [$W(G_j)$]	一级指标	二级指标	平均值 [$E(G_j)$]	均方差值 $\sigma[(G_j)]$	权重值 [$W(G_j)$]
乡村旅游资源质量 0.2179*	X_1	0.4458	0.5630	0.0714	乡村旅游资源质量 0.2179*	X_1	0.5313	0.5747	0.0716
	X_2	0.5422	0.5941	0.0753		X_2	0.4596	0.5880	0.0733
	X_3	0.5536	0.5621	0.0712		X_3	0.4904	0.5858	0.0730
乡村旅游基础设施 0.2808*	X_4	0.3671	0.5579	0.0707	乡村旅游基础设施 0.2839*	X_4	0.3997	0.5851	0.0729
	X_5	0.3111	0.5452	0.0691		X_5	0.3154	0.5510	0.0687
	X_6	0.2849	0.5564	0.0705		X_6	0.3451	0.5735	0.0715
	X_7	0.3430	0.5563	0.0705		X_7	0.3461	0.5680	0.0708
乡村旅游经济效益 0.5013*	X_8	0.3000	0.5866	0.0744	乡村旅游经济效益 0.4982*	X_8	0.3164	0.5979	0.0745
	X_9	0.2095	0.5592	0.0709		X_9	0.2036	0.5591	0.0697
	X_{10}	0.2222	0.5600	0.0710		X_{10}	0.2451	0.5586	0.0696
	X_{11}	0.3505	0.5724	0.0725		X_{11}	0.3825	0.5804	0.0725
	X_{12}	0.3753	0.5558	0.0705		X_{12}	0.4064	0.5682	0.0708
	X_{13}	0.4784	0.5664	0.0718		X_{13}	0.4392	0.5766	0.0719
	X_{14}	0.2191	0.5541	0.0702		X_{14}	0.2205	0.5549	0.0692

注：* 为权重值。

表 8-6　水城县和钟山区乡村旅游系统评价指标的平均值、均方差值和权重值

水城县					钟山区				
一级指标	二级指标	平均值 [$E(G_j)$]	均方差值 [$\sigma(G_j)$]	权重值 [$W(G_j)$]	一级指标	二级指标	平均值 [$E(G_j)$]	均方差值 [$\sigma(G_j)$]	权重值 [$W(G_j)$]
乡村旅游资源质量 0.2165*	X_1	0.4256	0.5664	0.0719	乡村旅游资源质量 0.2166*	X_1	0.4580	0.5608	0.0711
	X_2	0.4596	0.5867	0.0745		X_2	0.4704	0.5871	0.0744
	X_3	0.5036	0.5522	0.0701		X_3	0.5333	0.5608	0.0711
乡村旅游基础设施 0.2778*	X_4	0.4183	0.5573	0.0708	乡村旅游基础设施 0.2789*	X_4	0.4274	0.5618	0.0712
	X_5	0.3358	0.5357	0.0680		X_5	0.3302	0.5398	0.0684
	X_6	0.2793	0.5476	0.0695		X_6	0.2772	0.5507	0.0698
	X_7	0.3805	0.5472	0.0695		X_7	0.3695	0.5485	0.0695
乡村旅游经济效益 0.5057*	X_8	0.3210	0.5894	0.0748	乡村旅游经济效益 0.5045*	X_8	0.3218	0.5897	0.0747
	X_9	0.2097	0.5560	0.0706		X_9	0.2097	0.5561	0.0705
	X_{10}	0.2211	0.5601	0.0711		X_{10}	0.2370	0.5586	0.0708
	X_{11}	0.3745	0.5794	0.0736		X_{11}	0.3685	0.5765	0.0731
	X_{12}	0.3846	0.5590	0.0709		X_{12}	0.3961	0.5636	0.0714
	X_{13}	0.5326	0.5850	0.0743		X_{13}	0.4950	0.5814	0.0737
	X_{14}	0.2196	0.5544	0.0704		X_{14}	0.2200	0.5546	0.0703

注：* 为权重值。

同理，可以求得六枝特区、盘州市、水城县和钟山区四个区县生态环境系统各个评价指标的权重值，具体计算结果如表 8-7 至表 8-12 所列。

表 8-7　六枝特区和盘州市生态环境系统评价指标的标准值比重、信息熵、效用值和权重值

六枝特区						盘州市					
一级指标	二级指标	标准值比重 (P_{ij})	信息熵 (e_i)	效用值 ($1-e_i$)	权重值 (u_i)	一级指标	二级指标	标准值比重 (P_{ij})	信息熵 (e_i)	效用值 ($1-e_i$)	权重值 (u_i)
生态环境压力 0.3910*	Y_1	0.0119	0.8751	0.1249	0.0248	生态环境压力 0.3787*	Y_1	0.0077	0.7122	0.2878	0.0387
	Y_2	0.0344	0.665	0.3350	0.0666		Y_2	0.0101	0.6725	0.3275	0.0441
	Y_3	0.0761	0.5084	0.4916	0.0978		Y_3	0.0651	0.3998	0.6002	0.0808
	Y_4	0.0093	0.9225	0.0775	0.0154		Y_4	0.0093	0.6847	0.3153	0.0424
	Y_5	0.0166	0.809	0.1910	0.0380		Y_5	0.0163	0.6027	0.3973	0.0535
	Y_6	0.0243	0.7338	0.2662	0.0530		Y_6	0.0078	0.7098	0.2902	0.0391
	Y_7	0.0717	0.5202	0.4798	0.0954		Y_7	0.0629	0.4050	0.5950	0.0801

表8-7(续)

六枝特区						盘州市					
一级指标	二级指标	标准值比重(P_{ij})	信息熵(e_i)	效用值($1-e_i$)	权重值(u_i)	一级指标	二级指标	标准值比重(P_{ij})	信息熵(e_i)	效用值($1-e_i$)	权重值(u_i)
生态环境保护投入 0.2427*	Y_8	0.0141	0.8417	0.1583	0.0315	生态环境保护投入 0.2198*	Y_8	0.0140	0.6243	0.3757	0.0506
	Y_9	0.0814	0.4953	0.5047	0.1004		Y_9	0.0605	0.4107	0.5893	0.0793
	Y_{10}	0.0386	0.6424	0.3576	0.0712		Y_{10}	0.0162	0.6039	0.3961	0.0533
	Y_{11}	0.0173	0.8008	0.1992	0.0396		Y_{11}	0.0069	0.7281	0.2719	0.0366
生态环境保护效率 0.3663*	Y_{12}	0.0179	0.7945	0.2055	0.0409	生态环境保护效率 0.4015*	Y_{12}	0.0183	0.5857	0.4143	0.0557
	Y_{13}	0.0337	0.6691	0.2309	0.0658		Y_{13}	0.0354	0.4889	0.5111	0.0688
	Y_{14}	0.0226	0.7482	0.2518	0.0501		Y_{14}	0.0233	0.5503	0.4497	0.0605
	Y_{15}	0.0335	0.6703	0.3297	0.0656		Y_{15}	0.0128	0.6377	0.3623	0.0487
	Y_{16}	0.0222	0.7520	0.2480	0.0494		Y_{16}	0.0204	0.5695	0.4305	0.0579
	Y_{17}	0.0145	0.8362	0.1638	0.0326		Y_{17}	0.0141	0.6241	0.3759	0.0506
	Y_{18}	0.0305	0.6887	0.3113	0.0619		Y_{18}	0.0220	0.5588	0.4412	0.0593

注：* 为权重值。

表 8-8 水城县和钟山区生态环境系统评价指标的标准值比重、信息熵、效用值和权重值

水城县						钟山区					
一级指标	二级指标	标准值比重(P_{ij})	信息熵(e_i)	效用值($1-e_i$)	权重值(u_i)	一级指标	二级指标	标准值比重(P_{ij})	信息熵(e_i)	效用值($1-e_i$)	权重值(u_i)
生态环境压力 0.3903*	Y_1	0.0117	0.8661	0.1339	0.0259	生态环境压力 0.3822*	Y_1	0.0111	0.7995	0.2005	0.0330
	Y_2	0.0438	0.6094	0.3906	0.0755		Y_2	0.0419	0.5641	0.4359	0.0718
	Y_3	0.0731	0.5098	0.4902	0.0948		Y_3	0.0726	0.4665	0.5335	0.0879
	Y_4	0.0093	0.9125	0.0875	0.0169		Y_4	0.0093	0.8322	0.1678	0.0276
	Y_5	0.0146	0.8235	0.1765	0.0341		Y_5	0.0158	0.7371	0.2629	0.0433
	Y_6	0.0217	0.7466	0.2533	0.0490		Y_6	0.0240	0.6635	0.3365	0.0555
	Y_7	0.0718	0.5133	0.4867	0.0941		Y_7	0.0311	0.6170	0.3830	0.0631
生态环境保护投入 0.2377*	Y_8	0.0140	0.8314	0.1686	0.0326	生态环境保护投入 0.2380*	Y_8	0.0142	0.7571	0.2429	0.0401
	Y_9	0.0747	0.5054	0.4946	0.0957		Y_9	0.0782	0.4533	0.5467	0.0901
	Y_{10}	0.0318	0.6718	0.3282	0.0635		Y_{10}	0.0299	0.6238	0.3762	0.0620
	Y_{11}	0.0200	0.7627	0.2373	0.0459		Y_{11}	0.0172	0.7220	0.2780	0.0458

表8-8(续)

水城县						钟山区					
一级指标	二级指标	标准值比重(P_{ij})	信息熵(e_i)	效用值($1-e_i$)	权重值(u_i)	一级指标	二级指标	标准值比重(P_{ij})	信息熵(e_i)	效用值($1-e_i$)	权重值(u_i)
生态环境保护效率 0.3720*	Y_{12}	0.0187	0.7755	0.2245	0.0434	生态环境保护效率 0.3798*	Y_{12}	0.0198	0.6973	0.3027	0.0499
	Y_{13}	0.0334	0.6622	0.3378	0.0653		Y_{13}	0.0336	0.6031	0.3969	0.0654
	Y_{14}	0.0231	0.7340	0.2660	0.0514		Y_{14}	0.0223	0.6765	0.3235	0.0533
	Y_{15}	0.0326	0.6672	0.3328	0.0643		Y_{15}	0.0228	0.6725	0.3275	0.0540
	Y_{16}	0.0218	0.7455	0.2545	0.0492		Y_{16}	0.0182	0.7119	0.2881	0.0475
	Y_{17}	0.0146	0.8238	0.1762	0.0341		Y_{17}	0.0149	0.7485	0.2515	0.0415
	Y_{18}	0.0325	0.6675	0.3325	0.0643		Y_{18}	0.0371	0.5860	0.4140	0.0682

注：* 为权重值。

表 8-9　六枝特区和盘州市生态环境系统评价指标的平均值、变异系数和权重值

六枝特区					盘州市				
一级指标	二级指标	平均值(X_j)	变异系数(V_j)	权重值(W_j)	一级指标	二级指标	平均值(X_j)	变异系数(V_j)	权重值(W_j)
生态环境压力 0.3970*	Y_1	0.5540	1.1282	0.0519	生态环境压力 0.3837*	Y_1	0.5658	1.116	0.0515
	Y_2	0.6185	0.9389	0.0432		Y_2	0.4986	1.2209	0.0563
	Y_3	0.5751	1.0263	0.0472		Y_3	0.6283	0.8835	0.0408
	Y_4	0.3195	1.7504	0.0805		Y_4	0.3195	1.7508	0.0808
	Y_5	0.5107	1.1973	0.0550		Y_5	0.5546	1.1193	0.0516
	Y_6	0.4742	1.2557	0.0577		Y_6	0.5401	1.1613	0.0536
	Y_7	0.4178	1.3391	0.0615		Y_7	0.4574	1.1913	0.0550
生态环境保护投入 0.2319*	Y_8	0.3590	1.5832	0.0728	生态环境保护投入 0.2214*	Y_8	0.3625	1.5706	0.0724
	Y_9	0.4544	1.2522	0.0576		Y_9	0.4685	1.2168	0.0561
	Y_{10}	0.5605	0.9880	0.0454		Y_{10}	0.4867	1.2275	0.0566
	Y_{11}	0.4946	1.2192	0.0561		Y_{11}	0.5130	1.2202	0.0563
生态环境保护效率 0.3711*	Y_{12}	0.4808	1.2495	0.0574	生态环境保护效率 0.3949*	Y_{12}	0.5472	1.119	0.0516
	Y_{13}	0.5022	1.1047	0.0508		Y_{13}	0.5229	1.0659	0.0492
	Y_{14}	0.4934	1.1712	0.0538		Y_{14}	0.5580	1.0567	0.0487
	Y_{15}	0.5159	1.0807	0.0497		Y_{15}	0.4505	1.3103	0.0604
	Y_{16}	0.4896	1.1917	0.0548		Y_{16}	0.4950	1.1902	0.0549
	Y_{17}	0.5082	1.2017	0.0553		Y_{17}	0.5110	1.1965	0.0552
	Y_{18}	0.5458	1.0725	0.0493		Y_{18}	0.5615	1.0627	0.0490

注：* 为权重值。

表 8-10　水城县和钟山区生态环境系统评价指标的平均值、变异系数和权重值

水城县					钟山区				
一级指标	二级指标	平均值 (X_j)	变异系数 (V_j)	权重值 (W_j)	一级指标	二级指标	平均值 (X_j)	变异系数 (V_j)	权重值 (W_j)
生态环境压力 0.3888*	Y_1	0.5525	1.1308	0.0531	生态环境压力 0.3859*	Y_1	0.5386	1.1614	0.0529
	Y_2	0.6507	0.9020	0.0423		Y_2	0.6487	0.9016	0.0411
	Y_3	0.5996	0.9624	0.0452		Y_3	0.5961	0.9661	0.0441
	Y_4	0.3194	1.7512	0.0822		Y_4	0.3196	1.7498	0.0798
	Y_5	0.5157	1.1940	0.0561		Y_5	0.5074	1.2098	0.0552
	Y_6	0.5087	1.1278	0.0530		Y_6	0.4750	1.2458	0.0568
	Y_7	0.4697	1.2111	0.0569		Y_7	0.4435	1.2286	0.0560
生态环境保护投入 0.2363*	Y_8	0.3600	1.5787	0.0741	生态环境保护投入 0.2408*	Y_8	0.3744	1.5367	0.0701
	Y_9	0.4864	1.1667	0.0548		Y_9	0.4123	1.4037	0.0640
	Y_{10}	0.5276	1.1077	0.0520		Y_{10}	0.5279	1.1107	0.0506
	Y_{11}	0.5055	1.1807	0.0554		Y_{11}	0.4874	1.2297	0.0561
生态环境保护效率 0.3749*	Y_{12}	0.4766	1.2628	0.0593	生态环境保护效率 0.3733*	Y_{12}	0.4973	1.2097	0.0552
	Y_{13}	0.4983	1.1123	0.0522		Y_{13}	0.5030	1.1040	0.0503
	Y_{14}	0.4935	1.1737	0.0551		Y_{14}	0.4979	1.1666	0.0532
	Y_{15}	0.5793	0.9780	0.0459		Y_{15}	0.4500	1.2690	0.0579
	Y_{16}	0.4868	1.2005	0.0564		Y_{16}	0.4858	1.2023	0.0548
	Y_{17}	0.5092	1.2004	0.0564		Y_{17}	0.5063	1.2022	0.0548
	Y_{18}	0.5531	1.0565	0.0496		Y_{18}	0.5637	1.0336	0.0471

注：* 为权重值。

表 8-11　六枝特区和盘州市生态环境系统评价指标的平均值、均方差值和权重值

六枝特区					盘州市				
一级指标	二级指标	平均值 [$E(G_j)$]	均方差值 [$\sigma(G_j)$]	权重值 [$W(G_j)$]	一级指标	二级指标	平均值 [$E(G_j)$]	均方差值 [$\sigma(G_j)$]	权重值 [$W(G_j)$]
生态环境压力 0.3934*	Y_1	0.5540	0.6250	0.0594	生态环境压力 0.3901*	Y_1	0.5658	0.6314	0.0592
	Y_2	0.6185	0.5808	0.0553		Y_2	0.4986	0.6111	0.0572
	Y_3	0.5751	0.5998	0.0571		Y_3	0.6283	0.5678	0.0532
	Y_4	0.3195	0.5592	0.0533		Y_4	0.3195	0.5593	0.0524
	Y_5	0.5107	0.6115	0.0583		Y_5	0.5546	0.6207	0.0582
	Y_6	0.4742	0.5954	0.0567		Y_6	0.5401	0.6272	0.0588
	Y_7	0.4178	0.5595	0.0533		Y_7	0.4574	0.5449	0.0511

表8-11(续)

六枝特区					盘州市				
一级指标	二级指标	平均值 [$E(G_j)$]	均方差值 [$\sigma(G_j)$]	权重值 [$W(G_j)$]	一级指标	二级指标	平均值 [$E(G_j)$]	均方差值 [$\sigma(G_j)$]	权重值 [$W(G_j)$]
生态环境保护投入 0.2187*	Y_8	0.3590	0.5684	0.0542	生态环境保护投入 0.2213*	Y_8	0.3625	0.5693	0.0533
	Y_9	0.4544	0.5690	0.0542		Y_9	0.4685	0.5701	0.0534
	Y_{10}	0.5605	0.5538	0.0528		Y_{10}	0.4867	0.5974	0.056
	Y_{11}	0.4946	0.6030	0.0575		Y_{11}	0.5130	0.6260	0.0586
生态环境保护效率 0.3879*	Y_{12}	0.4808	0.6008	0.0572	生态环境保护效率 0.3886*	Y_{12}	0.5472	0.6123	0.0574
	Y_{13}	0.5022	0.5548	0.0529		Y_{13}	0.5229	0.5574	0.0522
	Y_{14}	0.4934	0.5778	0.0551		Y_{14}	0.5580	0.5897	0.0553
	Y_{15}	0.5159	0.5575	0.0531		Y_{15}	0.4505	0.5902	0.0553
	Y_{16}	0.4896	0.5834	0.0556		Y_{16}	0.4950	0.5891	0.0552
	Y_{17}	0.5082	0.6107	0.0582		Y_{17}	0.5110	0.6114	0.0573
	Y_{18}	0.5458	0.5854	0.0558		Y_{18}	0.5615	0.5967	0.0559

注：* 为权重值。

表 8-12 水城县和钟山区生态环境系统评价指标的平均值、均方差值和权重值

水城县					钟山区				
一级指标	二级指标	平均值 [$E(G_j)$]	均方差值 [$\sigma(G_j)$]	权重值 [$W(G_j)$]	一级指标	二级指标	平均值 [$E(G_j)$]	均方差值 [$\sigma(G_j)$]	权重值 [$W(G_j)$]
生态环境压力 0.3914*	Y_1	0.5525	0.6247	0.0594	生态环境压力 0.3855*	Y_1	0.5386	1.1615	0.0530
	Y_2	0.6507	0.5872	0.0558		Y_2	0.6487	0.9016	0.0411
	Y_3	0.5996	0.5883	0.0559		Y_3	0.5961	0.9661	0.0441
	Y_4	0.3194	0.5593	0.0532		Y_4	0.3196	1.7498	0.0798
	Y_5	0.5157	0.6158	0.0585		Y_5	0.5074	1.2098	0.0552
	Y_6	0.5087	0.5737	0.0545		Y_6	0.4750	1.2458	0.0568
	Y_7	0.4697	0.5689	0.0541		Y_7	0.4435	1.2176	0.0555
生态环境保护投入 0.2204*	Y_8	0.3600	0.5683	0.0541	生态环境保护投入 0.2410*	Y_8	0.3744	1.5367	0.0701
	Y_9	0.4864	0.5675	0.0540		Y_9	0.4123	1.4037	0.0641
	Y_{10}	0.5276	0.5844	0.0556		Y_{10}	0.5279	1.1107	0.0507
	Y_{11}	0.5055	0.5968	0.0567		Y_{11}	0.4874	1.2297	0.0561

表8-12(续)

水城县					钟山区				
一级指标	二级指标	平均值 $[E(G_j)]$	均方差值 $[\sigma(G_j)]$	权重值 $[W(G_j)]$	一级指标	二级指标	平均值 $[E(G_j)]$	均方差值 $[\sigma(G_j)]$	权重值 $[W(G_j)]$
生态环境保护效率 0.3882*	Y_{12}	0.4766	0.6018	0.0572	生态环境保护效率 0.3735*	Y_{12}	0.4973	1.2097	0.0552
	Y_{13}	0.4983	0.5543	0.0527		Y_{13}	0.5030	1.1040	0.0504
	Y_{14}	0.4935	0.5793	0.0551		Y_{14}	0.4979	1.1666	0.0532
	Y_{15}	0.5793	0.5670	0.0539		Y_{15}	0.4500	1.269	0.0579
	Y_{16}	0.4868	0.5844	0.0556		Y_{16}	0.4858	1.2023	0.0548
	Y_{17}	0.5092	0.6112	0.0581		Y_{17}	0.5063	1.2022	0.0548
	Y_{18}	0.5531	0.5844	0.0556		Y_{18}	0.5637	1.0336	0.0472

注：* 为权重值。

(2)组合权重值的确定

在用层次分析法、熵权法、变异系数法和均方差决策法求得各个评价指标权重值的基础上，先运用拉格朗日函数求出不同赋权法的组合权重系数，再计算出各个评价指标的组合权重值，计算步骤和第 7 章的方法相同，把乡村旅游系统通过四种不同赋权法得到的各个评价指标的权重值代入组合权系数计算式(6-38)至式(6-41)，计算出层次分析法、熵权法、变异系数法和均方差决策法的组合权系数。值得一提的是，由于各个区县的原始数据不同，相同的赋权法得到的各个评价指标的权重值有所差异，因此运用拉格朗日指数法计算得到的各个区域的组合权系数也不相同。其中，六枝特区乡村旅游系统层次分析法、熵权法、变异系数法和均方差决策法的组合权系数为$[0.3104, 0.3764, 0.1078, 0.2054]^T$，盘州市的组合权系数为$[0.3126, 0.3520, 0.1225, 0.2129]^T$，水城县的组合权系数为$[0.3273, 0.3233, 0.1236, 0.2258]^T$，钟山区的组合权系数为$[0.3148, 0.3428, 0.1212, 0.2212]^T$，把相关数据代入组合权重计算式(6-37)，即可计算出乡村旅游系统各个评价指标的组合权重值，四个区县各个评价指标的组合权重值如表 8-13 和表 8-14 所列。

表 8-13 六枝特区和盘州市乡村旅游系统评价指标的组合权重值

六枝特区						盘州市					
评价指标	层次分析法权重值	熵权法权重值	变异系数法权重值	均方差决策法权重值	组合权重值	评价指标	层次分析法权重值	熵权法权重值	变异系数法权重值	均方差决策法权重值	组合权重值
X_1	0. 1105	0. 0847	0. 0522	0. 0714	0. 0865	X_1	0. 1105	0. 0945	0. 0456	0. 0716	0. 0886
X_2	0. 0966	0. 0949	0. 0453	0. 0753	0. 0861	X_2	0. 0966	0. 0776	0. 0539	0. 0733	0. 0797
X_3	0. 0422	0. 1023	0. 0420	0. 0712	0. 0708	X_3	0. 0422	0. 0960	0. 0503	0. 0730	0. 0687
X_4	0. 0191	0. 0746	0. 0628	0. 0707	0. 0553	X_4	0. 0191	0. 0654	0. 0617	0. 0729	0. 0521
X_5	0. 0269	0. 0626	0. 0725	0. 0691	0. 0539	X_5	0. 0269	0. 0723	0. 0736	0. 0687	0. 0575
X_6	0. 0555	0. 0462	0. 0807	0. 0705	0. 0578	X_6	0. 0555	0. 0618	0. 0700	0. 0715	0. 0629
X_7	0. 0555	0. 0731	0. 0671	0. 0705	0. 0664	X_7	0. 0555	0. 0618	0. 0692	0. 0708	0. 0627
X_8	0. 0524	0. 0351	0. 0808	0. 0744	0. 0535	X_8	0. 0524	0. 0207	0. 0796	0. 0745	0. 0493
X_9	0. 0515	0. 0208	0. 1103	0. 0709	0. 0503	X_9	0. 0515	0. 0051	0. 1157	0. 0697	0. 0469
X_{10}	0. 0467	0. 0381	0. 1042	0. 0710	0. 0546	X_{10}	0. 0467	0. 0548	0. 0961	0. 0696	0. 0605
X_{11}	0. 0304	0. 0726	0. 0675	0. 0725	0. 0589	X_{11}	0. 0304	0. 0691	0. 0640	0. 0725	0. 0571
X_{12}	0. 1835	0. 1011	0. 0612	0. 0705	0. 1161	X_{12}	0. 1835	0. 1031	0. 0589	0. 0708	0. 1159
X_{13}	0. 1433	0. 1098	0. 0489	0. 0718	0. 1058	X_{13}	0. 1433	0. 1318	0. 0553	0. 0719	0. 1133
X_{14}	0. 0859	0. 0841	0. 1045	0. 0702	0. 0840	X_{14}	0. 0859	0. 0860	0. 1061	0. 0692	0. 0848

表 8-14 水城县和钟山区乡村旅游系统评价指标的组合权重值

水城县						钟山区					
评价指标	层次分析法权重值	熵权法权重值	变异系数法权重值	均方差决策法权重值	组合权重值	评价指标	层次分析法权重值	熵权法权重值	变异系数法权重值	均方差决策法权重值	组合权重值
X_1	0. 1105	0. 0773	0. 0562	0. 0719	0. 0843	X_1	0. 1105	0. 0794	0. 0522	0. 0711	0. 0841
X_2	0. 0966	0. 0753	0. 0539	0. 0745	0. 0794	X_2	0. 0966	0. 0896	0. 0532	0. 0744	0. 0840
X_3	0. 0422	0. 0875	0. 0464	0. 0701	0. 0637	X_3	0. 0422	0. 0940	0. 0448	0. 0711	0. 0667
X_4	0. 0191	0. 0794	0. 0563	0. 0708	0. 0549	X_4	0. 0191	0. 0797	0. 0560	0. 0712	0. 0559
X_5	0. 0269	0. 0788	0. 0674	0. 0680	0. 0580	X_5	0. 0269	0. 0698	0. 0697	0. 0684	0. 0560
X_6	0. 0555	0. 0619	0. 0828	0. 0695	0. 0641	X_6	0. 0555	0. 0604	0. 0846	0. 0698	0. 0639
X_7	0. 0555	0. 0784	0. 0607	0. 0695	0. 0667	X_7	0. 0555	0. 0759	0. 0633	0. 0695	0. 0665
X_8	0. 0524	0. 0458	0. 0776	0. 0748	0. 0584	X_8	0. 0524	0. 0490	0. 0781	0. 0747	0. 0593
X_9	0. 0515	0. 0298	0. 1120	0. 0706	0. 0563	X_9	0. 0515	0. 0216	0. 1130	0. 0705	0. 0529
X_{10}	0. 0467	0. 0433	0. 1070	0. 0711	0. 0586	X_{10}	0. 0467	0. 0366	0. 1004	0. 0708	0. 0551
X_{11}	0. 0304	0. 0657	0. 0653	0. 0736	0. 0559	X_{11}	0. 0304	0. 0840	0. 0667	0. 0731	0. 0626
X_{12}	0. 1835	0. 0977	0. 0614	0. 0709	0. 1152	X_{12}	0. 1835	0. 1031	0. 0606	0. 0714	0. 1162
X_{13}	0. 1433	0. 0971	0. 0464	0. 0743	0. 1008	X_{13}	0. 1433	0. 0814	0. 0500	0. 0737	0. 0953
X_{14}	0. 0859	0. 0820	0. 1066	0. 0704	0. 0837	X_{14}	0. 0859	0. 0755	0. 1074	0. 0703	0. 0815

同理，运用式(6-38)至式(6-41)，可以求得六枝特区生态环境系统层次分析法、熵权法、变异系数法和均方差决策法的组合权系数为[0.2187, 0.3124, 0.2069, 0.2620]^T，盘州市的组合权系数为[0.2028, 0.2940, 0.2212, 0.2820]^T，水城县的组合权系数为[0.2213, 0.3328, 0.1947, 0.2512]^T，钟山区的组合权系数为[0.2209, 0.3348, 0.2221, 0.2222]^T，并把相关数据代入组合权重计算式(6-37)，即可计算出生态环境系统各个评价指标的组合权重值。四个区县生态环境系统评价指标的组合权重值，具体计算结果如表8-15和表8-16所列。

表8-15　六枝特区和盘州市生态环境系统评价指标的组合权重值

六枝特区						盘州市					
评价指标	层次分析法权重值	熵权法权重值	变异系数法权重值	均方差决策法权重值	组合权重值	评价指标	层次分析法权重值	熵权法权重值	变异系数法权重值	均方差决策法权重值	组合权重值
Y_1	0.0295	0.0248	0.0519	0.0594	0.0405	Y_1	0.0295	0.0387	0.0515	0.0592	0.0454
Y_2	0.0673	0.0666	0.0432	0.0553	0.0589	Y_2	0.0673	0.0441	0.0563	0.0572	0.0552
Y_3	0.0300	0.0978	0.0472	0.0571	0.0618	Y_3	0.0300	0.0808	0.0408	0.0532	0.0539
Y_4	0.0855	0.0154	0.0805	0.0533	0.0541	Y_4	0.0855	0.0424	0.0808	0.0524	0.0624
Y_5	0.0960	0.0380	0.0550	0.0583	0.0595	Y_5	0.0960	0.0535	0.0516	0.0582	0.0630
Y_6	0.0906	0.0530	0.0577	0.0567	0.0632	Y_6	0.0906	0.0391	0.0536	0.0588	0.0583
Y_7	0.0944	0.0954	0.0615	0.0533	0.0771	Y_7	0.0944	0.0801	0.0550	0.0511	0.0693
Y_8	0.0393	0.0315	0.0728	0.0542	0.0477	Y_8	0.0393	0.0506	0.0724	0.0533	0.0539
Y_9	0.0870	0.1004	0.0576	0.0542	0.0765	Y_9	0.0870	0.0793	0.0561	0.0534	0.0684
Y_{10}	0.1035	0.0712	0.0454	0.0528	0.0681	Y_{10}	0.1035	0.0533	0.0566	0.0560	0.0650
Y_{11}	0.0810	0.0396	0.0561	0.0575	0.0568	Y_{11}	0.0810	0.0366	0.0563	0.0586	0.0562
Y_{12}	0.0122	0.0409	0.0574	0.0572	0.0423	Y_{12}	0.0122	0.0557	0.0516	0.0574	0.0465
Y_{13}	0.0207	0.0658	0.0508	0.0529	0.0495	Y_{13}	0.0207	0.0688	0.0492	0.0522	0.0500
Y_{14}	0.0103	0.0501	0.0538	0.0551	0.0435	Y_{14}	0.0103	0.0605	0.0487	0.0553	0.0462
Y_{15}	0.0504	0.0656	0.0497	0.0531	0.0557	Y_{15}	0.0504	0.0487	0.0604	0.0553	0.0535
Y_{16}	0.0512	0.0494	0.0548	0.0556	0.0525	Y_{16}	0.0512	0.0579	0.0549	0.0552	0.0551
Y_{17}	0.0287	0.0326	0.0553	0.0582	0.0432	Y_{17}	0.0287	0.0506	0.0552	0.0573	0.0491
Y_{18}	0.0224	0.0619	0.0493	0.0558	0.0491	Y_{18}	0.0224	0.0593	0.0490	0.0559	0.0486

表 8-16　水城县和钟山区生态环境系统评价指标的组合权重值

水城县						钟山区					
评价指标	层次分析法权重值	熵权法权重值	变异系数法权重值	均方差决策法权重值	组合权重值	评价指标	层次分析法权重值	熵权法权重值	变异系数法权重值	均方差决策法权重值	组合权重值
Y_1	0.0295	0.0259	0.0531	0.0594	0.0404	Y_1	0.0295	0.0330	0.0529	0.0530	0.0411
Y_2	0.0673	0.0755	0.0423	0.0558	0.0623	Y_2	0.0673	0.0718	0.0411	0.0411	0.0572
Y_3	0.0300	0.0948	0.0452	0.0559	0.0610	Y_3	0.0300	0.0879	0.0441	0.0441	0.0557
Y_4	0.0855	0.0169	0.0822	0.0532	0.0539	Y_4	0.0855	0.0276	0.0798	0.0798	0.0636
Y_5	0.0960	0.0341	0.0561	0.0585	0.0582	Y_5	0.0960	0.0433	0.0552	0.0552	0.0411
Y_6	0.0906	0.0490	0.0530	0.0545	0.0604	Y_6	0.0906	0.0555	0.0568	0.0568	0.0602
Y_7	0.0944	0.0941	0.0569	0.0541	0.0769	Y_7	0.0944	0.0631	0.0560	0.0555	0.0638
Y_8	0.0393	0.0326	0.0741	0.0541	0.0475	Y_8	0.0393	0.0401	0.0701	0.0701	0.0667
Y_9	0.0870	0.0957	0.0548	0.0540	0.0753	Y_9	0.0870	0.0901	0.0640	0.0641	0.0533
Y_{10}	0.1035	0.0635	0.0520	0.0556	0.0681	Y_{10}	0.1035	0.0620	0.0506	0.0507	0.0778
Y_{11}	0.0810	0.0459	0.0554	0.0567	0.0582	Y_{11}	0.0810	0.0458	0.0561	0.0561	0.0661
Y_{12}	0.0122	0.0434	0.0593	0.0572	0.0431	Y_{12}	0.0122	0.0499	0.0552	0.0552	0.0582
Y_{13}	0.0207	0.0653	0.0522	0.0527	0.0497	Y_{13}	0.0207	0.0654	0.0503	0.0504	0.0439
Y_{14}	0.0103	0.0514	0.0551	0.0551	0.0440	Y_{14}	0.0103	0.0533	0.0532	0.0532	0.0488
Y_{15}	0.0504	0.0643	0.0459	0.0539	0.0550	Y_{15}	0.0504	0.0540	0.0579	0.0579	0.0438
Y_{16}	0.0512	0.0492	0.0564	0.0556	0.0527	Y_{16}	0.0512	0.0475	0.0548	0.0548	0.0549
Y_{17}	0.0287	0.0341	0.0564	0.0581	0.0433	Y_{17}	0.0287	0.0415	0.0548	0.0548	0.0516
Y_{18}	0.0224	0.0643	0.0496	0.0556	0.0500	Y_{18}	0.0224	0.0682	0.0471	0.0472	0.0446

评价指标的权重值对评价结果具有重要影响，为了对六枝特区、盘州市、水城县和钟山区四个区县的评价指标对乡村旅游系统和生态环境系统的贡献程度有一个清晰的对比认识，笔者在相同的赋权方法下（熵权法、变异系数法、均方差决策法以及运用几种方法综合得到组合权重值），分别为六枝特区、盘州市、水城县和钟山区四个区县评价指标的权重值绘制柱状图，具体如图 8-1 至图 8-10 所示。

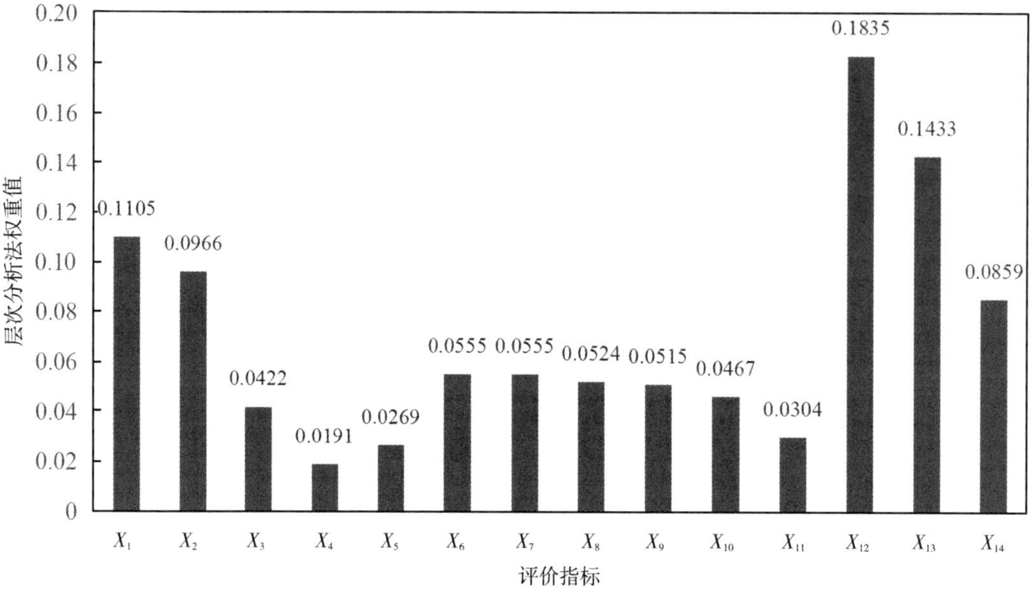

图 8-1　乡村旅游系统评价指标层次分析法权重值

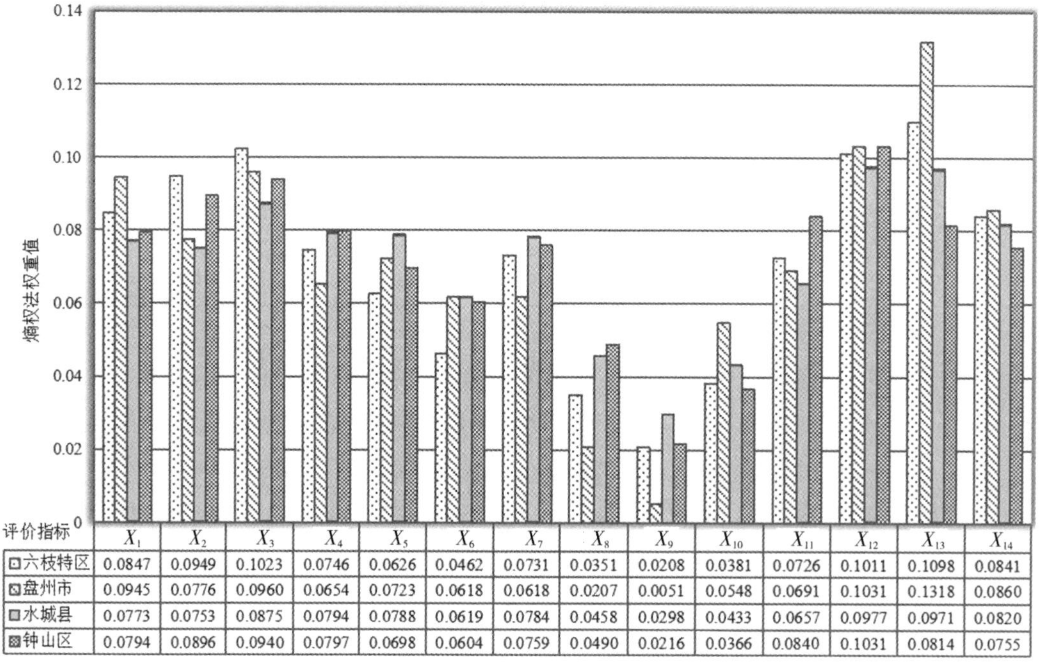

评价指标	X_1	X_2	X_3	X_4	X_5	X_6	X_7	X_8	X_9	X_{10}	X_{11}	X_{12}	X_{13}	X_{14}
六枝特区	0.0847	0.0949	0.1023	0.0746	0.0626	0.0462	0.0731	0.0351	0.0208	0.0381	0.0726	0.1011	0.1098	0.0841
盘州市	0.0945	0.0776	0.0960	0.0654	0.0723	0.0618	0.0618	0.0207	0.0051	0.0548	0.0691	0.1031	0.1318	0.0860
水城县	0.0773	0.0753	0.0875	0.0794	0.0788	0.0619	0.0784	0.0458	0.0298	0.0433	0.0657	0.0977	0.0971	0.0820
钟山区	0.0794	0.0896	0.0940	0.0797	0.0698	0.0604	0.0759	0.0490	0.0216	0.0366	0.0840	0.1031	0.0814	0.0755

六枝特区　盘州市　水城县　钟山区

图 8-2　四区县乡村旅游系统评价指标熵权法权重值

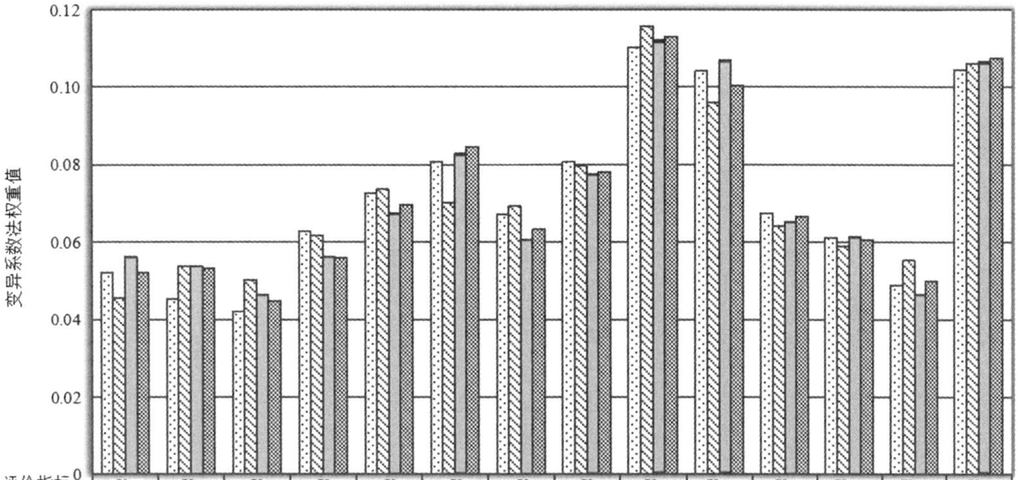

评价指标	X_1	X_2	X_3	X_4	X_5	X_6	X_7	X_8	X_9	X_{10}	X_{11}	X_{12}	X_{13}	X_{14}
六枝特区	0.0522	0.0453	0.0420	0.0628	0.0725	0.0807	0.0671	0.0808	0.1103	0.1042	0.0675	0.0612	0.0489	0.1045
盘州市	0.0456	0.0539	0.0503	0.0617	0.0736	0.0700	0.0692	0.0796	0.1157	0.0961	0.0640	0.0589	0.0553	0.1061
水城县	0.0562	0.0539	0.0464	0.0563	0.0674	0.0828	0.0607	0.0776	0.1120	0.1070	0.0653	0.0614	0.0464	0.1066
钟山区	0.0522	0.0532	0.0448	0.0560	0.0697	0.0846	0.0633	0.0781	0.1130	0.1004	0.0667	0.0606	0.0500	0.1074

六枝特区　盘州市　水城县　钟山区

图 8-3　四区县乡村旅游系统评价指标变异系数法权重值

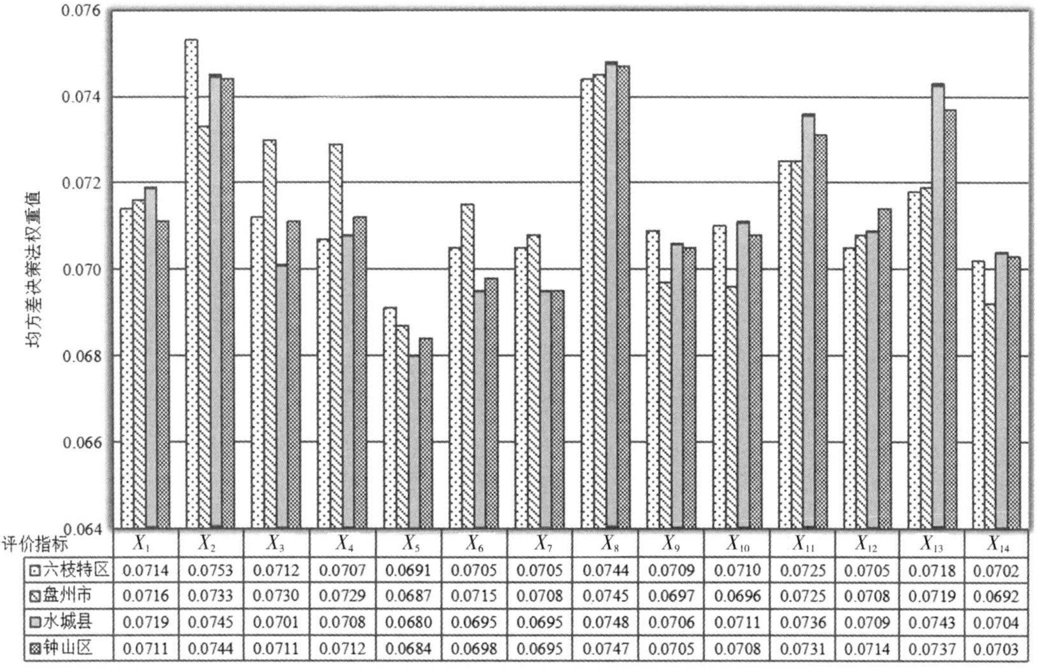

评价指标	X_1	X_2	X_3	X_4	X_5	X_6	X_7	X_8	X_9	X_{10}	X_{11}	X_{12}	X_{13}	X_{14}
六枝特区	0.0714	0.0753	0.0712	0.0707	0.0691	0.0705	0.0705	0.0744	0.0709	0.0710	0.0725	0.0705	0.0718	0.0702
盘州市	0.0716	0.0733	0.0730	0.0729	0.0687	0.0715	0.0708	0.0745	0.0697	0.0696	0.0725	0.0708	0.0719	0.0692
水城县	0.0719	0.0745	0.0701	0.0708	0.0680	0.0695	0.0695	0.0748	0.0706	0.0711	0.0736	0.0709	0.0743	0.0704
钟山区	0.0711	0.0744	0.0711	0.0712	0.0684	0.0698	0.0695	0.0747	0.0705	0.0708	0.0731	0.0714	0.0737	0.0703

六枝特区　盘州市　水城县　钟山区

图 8-4　四区县乡村旅游系统评价指标均方差决策法权重

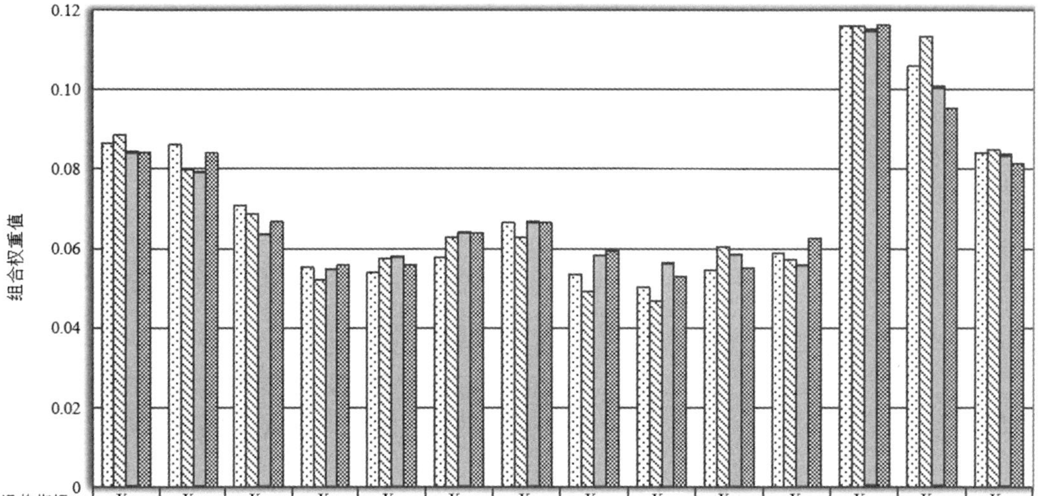

评价指标	X_1	X_2	X_3	X_4	X_5	X_6	X_7	X_8	X_9	X_{10}	X_{11}	X_{12}	X_{13}	X_{14}
六枝特区	0.0865	0.0861	0.0708	0.0553	0.0539	0.0578	0.0664	0.0535	0.0503	0.0546	0.0589	0.1161	0.1058	0.0840
盘州市	0.0886	0.0797	0.0687	0.0521	0.0575	0.0629	0.0627	0.0493	0.0469	0.0605	0.0571	0.1159	0.1133	0.0848
水城县	0.0843	0.0794	0.0637	0.0549	0.0580	0.0641	0.0667	0.0584	0.0563	0.0586	0.0559	0.1152	0.1008	0.0837
钟山区	0.0841	0.0840	0.0667	0.0559	0.0560	0.0639	0.0665	0.0593	0.0529	0.0551	0.0626	0.1162	0.0953	0.0815

图 8-5　四区县乡村旅游系统评价指标组合权重值

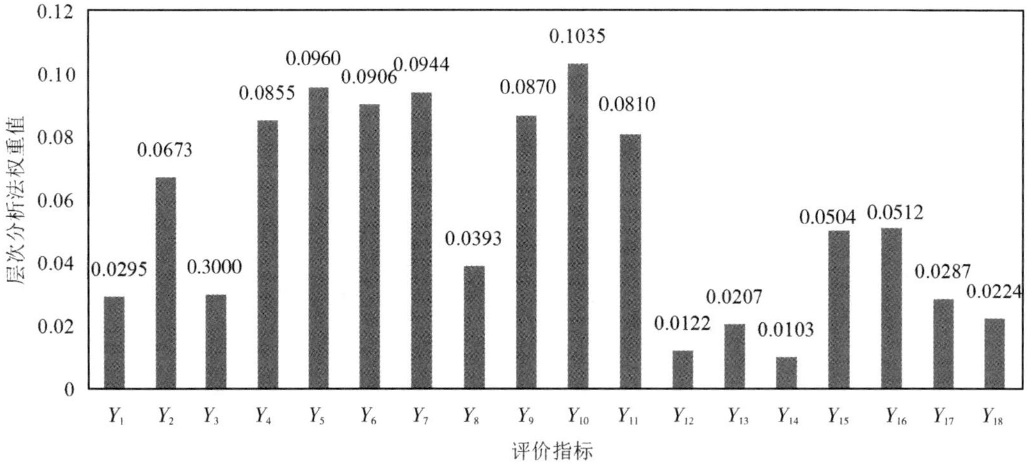

图 8-6　生态环境系统评价指标层次分析法权重值

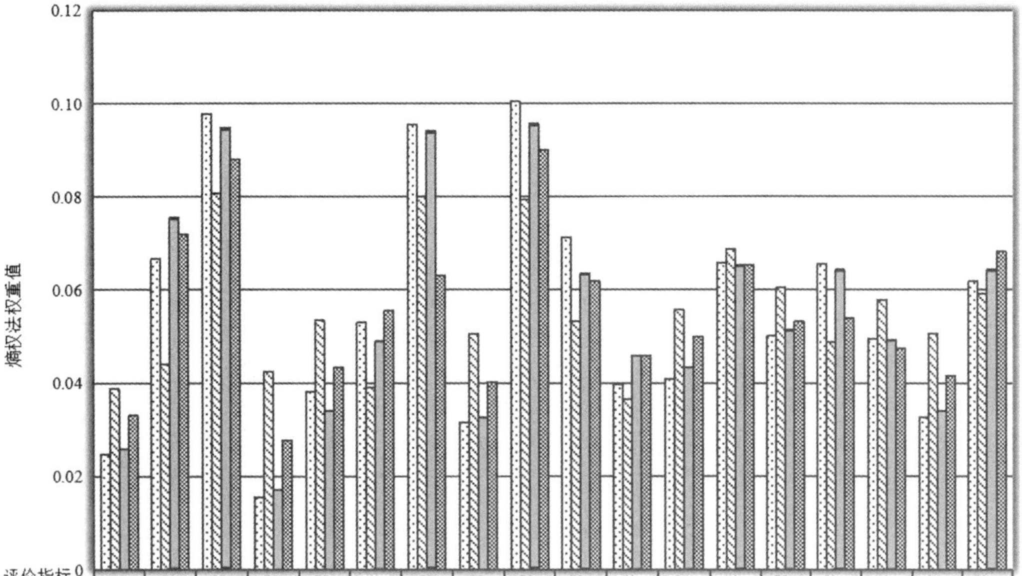

评价指标	Y_1	Y_2	Y_3	Y_4	Y_5	Y_6	Y_7	Y_8	Y_9	Y_{10}	Y_{11}	Y_{12}	Y_{13}	Y_{14}	Y_{15}	Y_{16}	Y_{17}	Y_{18}
六枝特区	0.0248	0.0666	0.0978	0.0154	0.0380	0.0530	0.0954	0.0315	0.1004	0.0712	0.0396	0.0409	0.0658	0.0501	0.0656	0.0494	0.0326	0.0619
盘州市	0.0387	0.0441	0.0808	0.0424	0.0535	0.0391	0.0801	0.0506	0.0793	0.0533	0.0366	0.0557	0.0688	0.0605	0.0487	0.0579	0.0506	0.0593
水城县	0.0259	0.0755	0.0948	0.0169	0.0341	0.0490	0.0941	0.0326	0.0957	0.0635	0.0459	0.0434	0.0653	0.0514	0.0643	0.0492	0.0341	0.0643
钟山区	0.0330	0.0718	0.0879	0.0276	0.0433	0.0555	0.0631	0.0401	0.0901	0.0620	0.0458	0.0499	0.0654	0.0533	0.0540	0.0475	0.0415	0.0682

图 8-7　四区县生态环境系统评价指标熵权法权重值

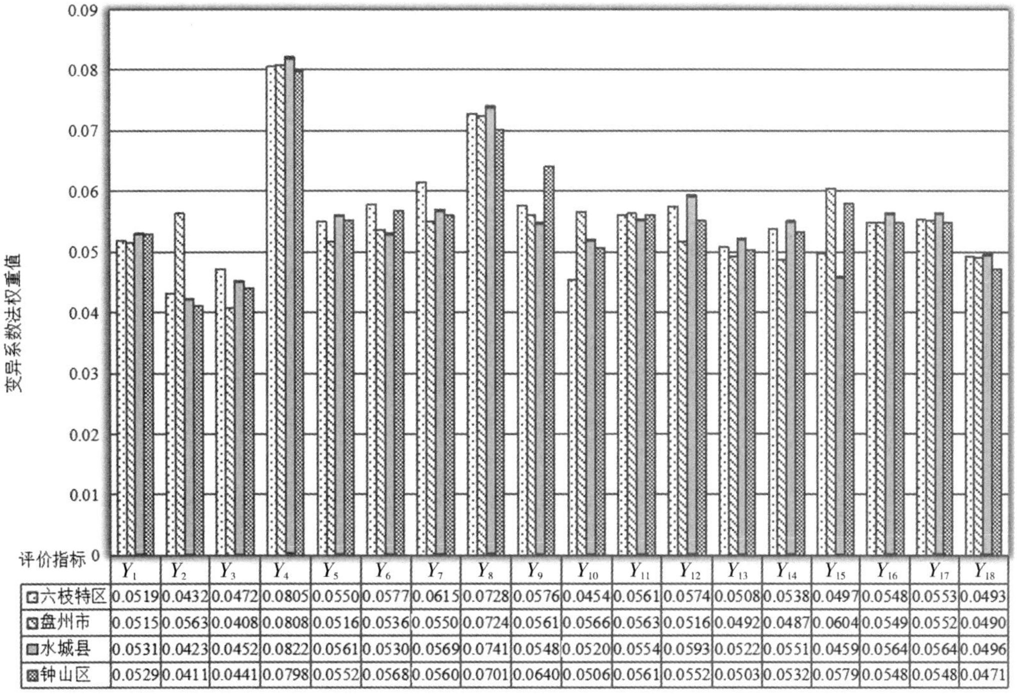

评价指标	Y_1	Y_2	Y_3	Y_4	Y_5	Y_6	Y_7	Y_8	Y_9	Y_{10}	Y_{11}	Y_{12}	Y_{13}	Y_{14}	Y_{15}	Y_{16}	Y_{17}	Y_{18}
六枝特区	0.0519	0.0432	0.0472	0.0805	0.0550	0.0577	0.0615	0.0728	0.0576	0.0454	0.0561	0.0574	0.0508	0.0538	0.0497	0.0548	0.0553	0.0493
盘州市	0.0515	0.0563	0.0408	0.0808	0.0516	0.0536	0.0550	0.0724	0.0561	0.0566	0.0563	0.0516	0.0492	0.0487	0.0604	0.0549	0.0552	0.0490
水城县	0.0531	0.0423	0.0452	0.0822	0.0561	0.0530	0.0569	0.0741	0.0548	0.0520	0.0554	0.0593	0.0522	0.0551	0.0459	0.0564	0.0564	0.0496
钟山区	0.0529	0.0411	0.0441	0.0798	0.0552	0.0568	0.0560	0.0701	0.0640	0.0506	0.0561	0.0552	0.0503	0.0532	0.0579	0.0548	0.0548	0.0471

图 8-8　四区县生态环境系统评价指标变异系数法权重值

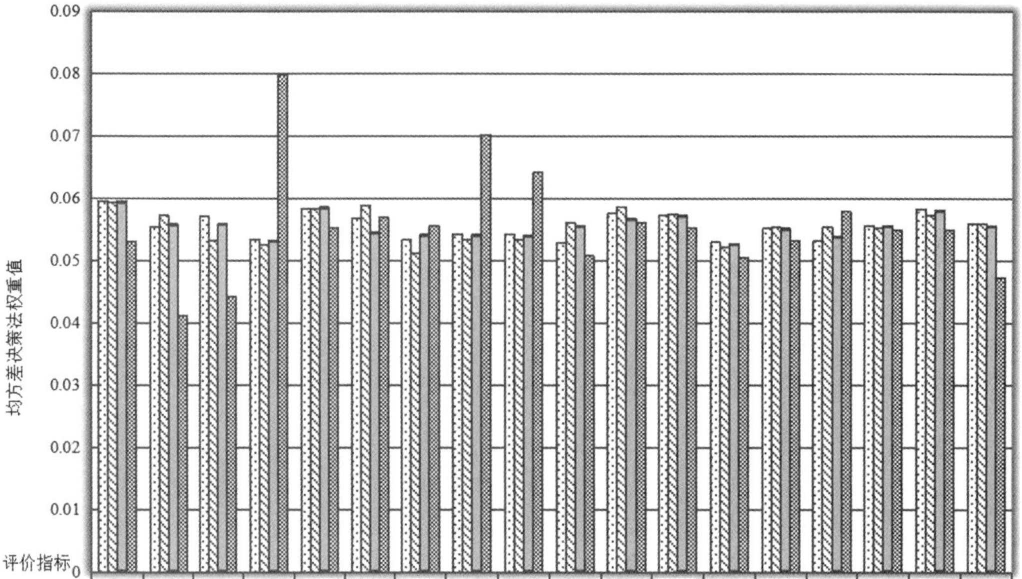

评价指标	Y_1	Y_2	Y_3	Y_4	Y_5	Y_6	Y_7	Y_8	Y_9	Y_{10}	Y_{11}	Y_{12}	Y_{13}	Y_{14}	Y_{15}	Y_{16}	Y_{17}	Y_{18}
六枝特区	0.0594	0.0553	0.0571	0.0533	0.0583	0.0567	0.0533	0.0542	0.0542	0.0528	0.0575	0.0572	0.0529	0.0551	0.0531	0.0556	0.0582	0.0558
盘州市	0.0592	0.0572	0.0532	0.0524	0.0582	0.0588	0.0511	0.0533	0.0534	0.0560	0.0586	0.0574	0.0522	0.0553	0.0553	0.0552	0.0573	0.0559
水城县	0.0594	0.0558	0.0559	0.0532	0.0585	0.0545	0.0541	0.0541	0.0540	0.0556	0.0567	0.0572	0.0527	0.0551	0.0539	0.0556	0.0581	0.0556
钟山区	0.0530	0.0411	0.0441	0.0798	0.0552	0.0568	0.0555	0.0701	0.0641	0.0507	0.0561	0.0552	0.0504	0.0532	0.0579	0.0548	0.0548	0.0472

图 8-9　四区县生态环境系统评价指标均方差法权重值

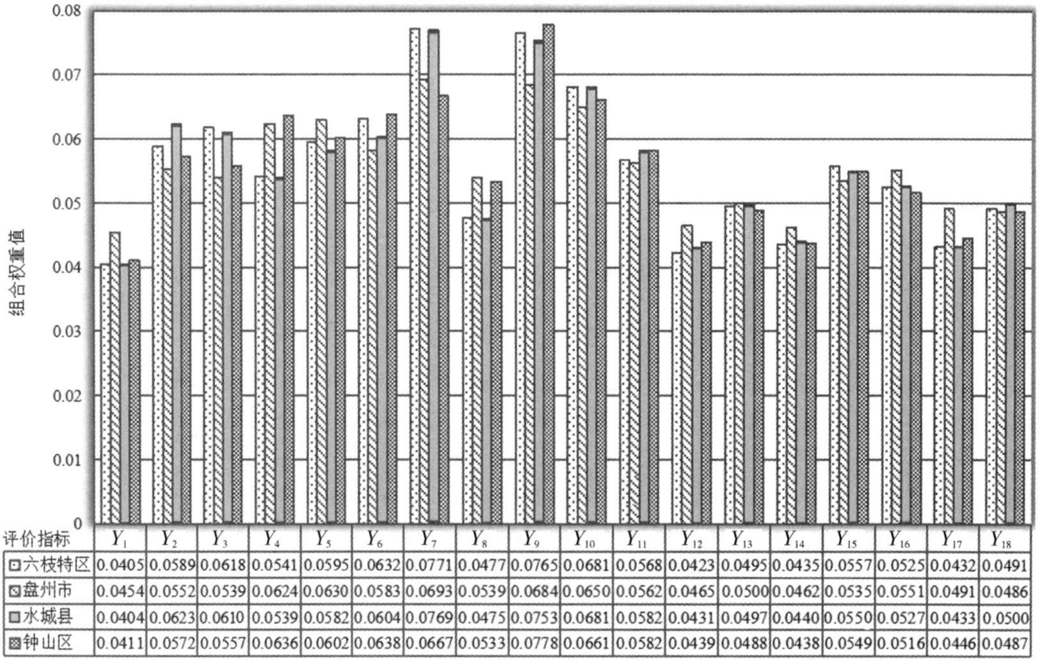

评价指标	Y_1	Y_2	Y_3	Y_4	Y_5	Y_6	Y_7	Y_8	Y_9	Y_{10}	Y_{11}	Y_{12}	Y_{13}	Y_{14}	Y_{15}	Y_{16}	Y_{17}	Y_{18}
六枝特区	0.0405	0.0589	0.0618	0.0541	0.0595	0.0632	0.0771	0.0477	0.0765	0.0681	0.0568	0.0423	0.0495	0.0435	0.0557	0.0525	0.0432	0.0491
盘州市	0.0454	0.0552	0.0539	0.0624	0.0630	0.0583	0.0693	0.0539	0.0684	0.0650	0.0562	0.0465	0.0500	0.0462	0.0535	0.0551	0.0491	0.0486
水城县	0.0404	0.0623	0.0610	0.0539	0.0582	0.0604	0.0769	0.0475	0.0753	0.0681	0.0582	0.0431	0.0497	0.0440	0.0550	0.0527	0.0433	0.0500
钟山区	0.0411	0.0572	0.0557	0.0636	0.0602	0.0638	0.0667	0.0533	0.0778	0.0661	0.0582	0.0439	0.0488	0.0438	0.0549	0.0516	0.0446	0.0487

图 8-10　四区县生态环境系统评价指标组合权重值

在评价指标赋权过程中，对于相同的数据，由于评价方法不同，会使得评价指标的权重值有所变化。或者对于相同的赋权方法，各个区域原始数据的变化会导致指标权重值的变化。从以上图中可以看出，评价指标赋权具有以下特征。

①在同一赋权法中，不同研究区域的指标权重值变化各异。从图 8-1 至图 8-10 可以看出，相同的评价指标赋权法，各个区县原始数据的不同会使得一些评价指标的权重值有很大的差异。例如，在乡村旅游系统中，运用熵权法赋权时，四个区县中评价指标乡村旅游收入(X_9)和乡村旅游接待总人数(X_8)的权重值差异就很明显。在乡村旅游收入(X_9)指标中，六枝特区、盘州市、水城县和钟山区的权重值依次为 0.0208、0.0051、0.0298 和 0.0216，水城县的权重值最大，达到 0.0298，而盘州市的权重值最小，仅为 0.0051，最大值是最小值的 5.843 倍。在乡村旅游接待总人数(X_8)指标中，六枝特区、盘州市、水城县和钟山区的权重值依次为 0.0351、0.0207、0.0458 和 0.0490，钟山区的权重值最大，为 0.0490，而盘州市的权重值最小，为 0.0207，最大值是最小值的 2.367 倍。在生态环境系统中，运用熵权法赋权时，四个区县中评价指标生活垃圾清运量(Y_4)的权重值差异也很明显，六枝特区、盘州市、水城县和钟山区的权重值依次为 0.0154、0.0424、0.0169 和 0.0276，盘州市的权重值最大，为 0.0424，而六枝特区的权重值最小，仅为 0.0154，最大值是最小值的 2.753 倍。

当然，在同一种赋权方法下，也有同一个评价指标的权重值在四个区县中变化不大的情况。例如，在运用均方差法赋权时，乡村旅游系统中的评价指标乡村旅游资源规模和丰度(X_1)与乡村旅游接待总人数(X_8)的权重值变化就不大。在乡村旅游资源规模和丰度(X_1)指标中，六枝特区、盘州市、水城县和钟山区的权重值依次为 0.0714、0.0716、0.0719 和 0.0711，水城县的权重值最大，为 0.0719，而钟山区的权重值最小，为 0.0711，最大值与最小值之间相差 0.0008。在乡村旅游接待总人数(X_8)指标中，六枝特区、盘州市、水城县和钟山区的权重值依次为 0.0744、0.0745、0.0748 和 0.0747，水城县的权重值最大，为 0.0748，而盘州市的权重值最小，为 0.0744，最大值与最小值之间仅相差 0.0004。生态环境系统中的评价指标环保投资指数(Y_{11})和植被覆盖率(Y_{16})的权重值在各个区县的变化也不大。在环保投资指数(Y_{11})指标中，六枝特区、盘州市、水城县和钟山区的权重值依次为 0.0575、0.0586、0.0567 和 0.0561，水城县的权重值最大，为 0.0586，而钟山区的权重值最小，为 0.0561，最大值与最小值之间相差 0.0025。在植被覆盖率(Y_{16})指标中，六枝特区、盘州市、水城县和钟山区的权重值依次为 0.0556、0.0552、0.0556 和 0.0548，六枝特区和水城县的权重值同为 0.0556，为最大值，钟山区的权重值最小，为 0.0548，最大值与最小值之间相差 0.0008。又如，在法赋权中，评价指标乡村旅游就业率(X_{12})的权重值变化也不大，该指标在六枝特区、盘州市、水城县和钟山区的权重值依次为 0.0612、0.0589、0.0614 和 0.0606，水城县的权重值最大，为 0.0614，而盘州市的权重值最小，为 0.0589，最大值与最小值之间相差 0.0025。乡村旅游系统中的评价指标乡村旅游地居民人均可支配收入(X_{11})和乡村旅游扶贫效应(X_{14})的权重值变化也不大。在乡村旅游地居民人均可支配收入(X_{11})指标中，六枝特区、盘州市、水城县和钟山区的权重值依次为0.0675、0.0640、0.0653和0.0667，六枝特区的权重值最大，为0.0675，而钟山区的权重值最小，为0.0640，最大值与最小值之间相差0.0035。在乡村旅游扶贫效应(X_{14})指标中，六枝特区、盘州市、水城县和钟山区的权重值依次为0.1045、0.1061、0.1066和0.1074，钟山区的权重值最大，为0.1074，而六枝特区的权重值最小，为0.1045，最大值与最小值之间相差0.0029。

②在相同的研究区域，随着评价指标赋权法的不同，指标权重值变化各异。从图8-1至图8-10可以看出，对于相同的研究区域，原始数据相同，但赋权方法的不同使得一些评价指标的权重值产生巨大变化。例如，在乡村旅游系统中，四个区县中评价指标乡村旅游收入(X_9)和乡村旅游收入占GDP比重(X_{10})的权重值差异就很大。在乡村旅游收入(X_9)指标中，运用熵权法赋权时，六枝特区、盘州市、水城县和钟山区的权重值依次为0.0208、0.0051、0.0298和0.0216，这个指标在乡村旅游系统14个评价指标中的权重值是最低的。运用变异系数法赋权时，六枝特区、盘州市、水城县和钟山区的权重值依次为0.1103、0.1157、0.1120和0.1130，这个指标在乡村旅游系统14个评价指标中的权重值是最高的。该指标分别运用熵权法和变异系数法赋权时，得到的两次权重值的差异很大。在乡村旅游收入占GDP比重(X_{10})指标中，运用熵权法赋权时，六枝特区、盘州市、水城县和钟山区的权重值依次为0.0381、0.0548、0.0433和0.0366，这个指标在乡村旅游系统14个评价指标中的权重值比较低。运用变异系数法赋权时，六枝特区、盘州市、水城县和钟山区的权重值依次为0.1042、0.0961、0.1070和0.1004，这个指标在乡村旅游系统14个评价指标中的权重值比较高，两种方法赋权得到的权重值的差异也较大。再如，在生态环境系统中，四个区县中评价指标水土流失率(Y_1)和生活垃圾清运量(Y_4)的权重值差异也很大。在水土流失率(Y_1)指标中，运用熵权法赋权时，六枝特区、盘州市、水城县和钟山区的权重值依次为0.0248、0.0387、0.0259和0.0330，这个指标在生态系统18个评价指标中的权重值较低。运用均方差决策法赋权时，六枝特区、盘州市、水城县和钟山区的权重值依次为0.0594、0.0592、0.0594和0.0530，这个指标在生态环境系统18个评价指标中的权重值较高，二者权重值的差异较大。在生活垃圾清运量(Y_4)指标中，运用熵权法赋权时，六枝特区、盘州市、水城县和钟山区的权重值依次为0.0154、0.0424、0.0169和0.0276，这个指标在生态系统18个评价指标中的权重值较低。运用变异系数法赋权时，六枝特区、盘州市、水城县和钟山区的权重值依次为0.0805、0.0808、0.0822和0.0798，这个指标在生态环境系统18个评价指标中的权重值最高。运用均方差决策法赋权时，六枝特区、盘州市、水城县和钟山区的权重值依次为0.0533、0.0524、0.0532和0.0798，这个指标在生态环境系统18个评价指标中的权重值中等。运用层次分析法赋权时，生活垃圾清运量(Y_4)的权重值为0.0855，在生态环境系统18个评价指标中的权重值较高。由此可以看出，对于一些评价指标而言，四种赋权法得到的权重值差异很大。

当然，也有一些指标，在不同赋权方法下，其权重值变化不明显，如乡村旅游系统评价指标住宿床位(X_6)、餐厅餐位(X_7)和生态环境系统中的植被覆盖率(Y_{16})。在住宿床位(X_6)指标中，运用层次分析法赋权时，其指标权重值为 0.0555；运用熵权法赋权时，其指标的权重值在六枝特区、盘州市、水城县和钟山区依次为 0.0462、0.0618、0.0619 和 0.0604；运用变异系数法赋权时，其指标的权重值在六枝特区、盘州市、水城县和钟山区依次为 0.0807、0.0700、0.0828 和 0.0846；运用均方差决策法赋权时，其指标的权重值在六枝特区、盘州市、水城县和钟山区依次为 0.0705、0.0715、0.0695 和 0.0698，运用不同的赋权法得到的权重值较接近。在餐厅餐位(X_7)指标中，运用层次分析法赋权时，其指标权重值为 0.0555；运用熵权法赋权时，其指标的权重值在六枝特区、盘州市、水城县和钟山区依次为 0.0731、0.0618、0.0784 和 0.0759；运用变异系数法赋权时，其指标的权重值在六枝特区、盘州市、水城县和钟山区依次为 0.0671、0.0692、0.0607 和 0.0633；运用均方差决策法赋权时，其指标的权重值在六枝特区、盘州市、水城县和钟山区依次为 0.0705、0.0708、0.0695 和 0.0695，其权重值变化不明显。在植被覆盖率(Y_{16})指标中，运用层次分析法赋权时，其指标权重值为 0.0512；运用熵权法赋权时，其指标的权重值在六枝特区、盘州市、水城县和钟山区依次为 0.0494、0.0579、0.0492 和 0.0475；运用变异系数法赋权时，其指标的权重值在六枝特区、盘州市、水城县和钟山区依次为 0.0548、0.0549、0.0564 和 0.0548；运用均方差决策法赋权时，其指标的权重值在六枝特区、盘州市、水城县和钟山区依次为 0.0556、0.0552、0.0556 和 0.0548，该指标运用各种赋权法得到的权重值变化不大。由此可以看出，对于一些评价指标，运用不同的赋权方法，在不同的研究区域得到的权重值较接近。

基于以上的情况分析，如图 8-5 和图 8-10 所示，乡村旅游系统和生态环境系统各个评价指标的权重值在运用主观赋权法(层次分析法)和客观赋权法(熵权法、变异系数法和均方差决策法)求得指标权重的基础上，再运用拉格朗日指数法，计算得到各个评价指标的权重值，该权重值更能反映各个评价指标的实际情况，其权重值更为科学合理。

8.2 四区县乡村旅游与生态环境保护非协调性耦合识别

8.2.1 四区县乡村旅游系统和生态环境系统评价指标贡献程度分析

8.2.1.1 四区县乡村旅游系统评价指标贡献程度分析

通过上面的计算，四个区县乡村旅游系统各个层次评价指标的组合权重值如表 8-13 和表 8-14 所列，从表 8-13、表 8-14 和图 8-5 可以看出，随着各个区县原始数据的变化，乡村旅游系统同一个评价指标在不同的区县权重值有所不同，但其整体变化弧度不大。根据计算结果，把乡村旅游系统中的一级指标乡村旅游资源质量、乡村旅游基础设施和乡村旅游经济效益权重值的大小进行排序，四个区县组合权重值最大指标是乡村旅游经济效益，六枝特区、盘州市、水城县和钟山区四区县乡村旅游经济效益的组合权重值依次为 0.5232、0.5278、0.5289 和 0.5229(这四个数字为表 8-13 和表 8-14 四个区县乡村旅游系统中乡村旅游经济效益所包含的指标 X_8 至 X_{14}组合权重值之和，下同)。第二名的指标四个区县略有变化。其中，六枝特区和盘州市第二名的指标是乡村旅游资源质量(六枝特区和盘州市乡村旅游资源质量的组合权重值依次为 0.2434 和 0.2370)，而水城县和钟山区第二名的指标是乡村旅游基础设施(水城县和钟山区乡村旅游基础设施的组合权重值依次为 0.2437 和 0.2423)。六枝特区和盘州市第三名的指标是乡村旅游基础设施(六枝特区和盘州市乡村旅游基础设施的组合权重值依次为 0.2334 和 0.2352)，而水城县和钟山区第三名的指标是乡村旅游资源质量(水城县和钟山区乡村旅游资源质量的组合权重值依次为 0.2274 和 0.2348)。因此，在四个区县中，对乡村旅游系统综合发展水平影响最大的因素是乡村旅游经济效益，而对于六枝特区和盘州市来说，次要因素依次是乡村旅游资源质量和乡村旅游基础设施，对于水城县和钟山区而言，次要因素依次为乡村旅游基础设施和乡村旅游资源质量。产生这一变化的因素可能与不同区县的乡村旅游发展与建设情况有关。

在乡村旅游系统二级评价指标体系中，按照各个评价指标组合权重值的大小进行排序，四个区县排前五位的评价指标主要是：乡村旅游就业率、游客量年增长率、乡村旅游资源规模和丰度、乡村旅游资源知名度和乡村旅游扶贫效应。虽然这五个评价指标的组合权重值在各区县中的排序略有变化，但它们在四个区县的排序总是在前五位，说明在四个区县中，上述五个评价指标对乡村旅游系统贡献份额最大，这与六盘水市的整体情况基本相同。因相同的评价指标在各个评价区域原始数据的不同，二级评价指标对乡村旅游系统的贡献份额及排序不断发生变化，各个区县的具体状况如下。

①六枝特区乡村旅游系统评价指标贡献份额排序。六枝特区评价指标贡献份额排序依次为：$X_{12}(0.1161)>X_{13}(0.1058)>X_1(0.0865)>X_2(0.0861)>X_{14}(0.0840)>X_3(0.0708)>X_7(0.0664)>X_{11}(0.0589)>X_6(0.0578)>X_4(0.0553)>X_{10}(0.0546)>X_5(0.0539)>X_8(0.0535)>X_9(0.0503)$。其中，贡献份额较大的指标依次是 X_{12}、X_{13}、X_1、X_2和 X_{14}，这 5 个指标的综合权重值累计占总权重的 47.85%。说明在研究时段内，对六枝特区乡村旅游快速发展有重要影响的因子是乡村旅游就业率、游客量年增长率、乡村旅游资源规模和丰度、乡村旅游资源知名度和乡村旅游扶贫效应。因此，政府及其相关部门和乡村旅游规划者在发展乡村旅游时应当在优先考虑乡村旅游就业率、游客量年增长率和乡村旅游资源规模和丰度的同时，还应注重提升乡村旅游资源知名度，提高乡村旅游扶贫效应。由此，采取恰当的乡村旅游发展战略对乡村旅游健康发展具有重要战略意义。

②盘州市乡村旅游系统评价指标贡献份额排序。盘州市评价指标贡献份额排序依次为：$X_{12}(0.1159)>X_{13}(0.1133)>X_1(0.0886)>X_{14}(0.0848)>X_2(0.0797)>X_3(0.0687)>X_6$

(0. 0629) > X_7 (0. 0627) > X_{10} (0. 0605) > X_5 (0. 0575) > X_{11} (0. 0571) > X_4 (0. 0521) > X_8 (0. 0493) > X_9 (0. 0469)。其中，贡献份额较大的指标依次是 X_{12}、X_{13}、X_1、X_{14} 和 X_2，这五个指标的综合权重值累计占总权重的 48. 23%。意味着在研究时段内，对盘州市乡村旅游快速发展有重要影响的因子是乡村旅游就业率、游客量年增长率、乡村旅游资源规模和丰度、乡村旅游扶贫效应和乡村旅游资源知名度。因此，政府及其相关部门和乡村旅游规划者在发展乡村旅游时应当在优先考虑乡村旅游就业率、游客量年增长率和乡村旅游资源规模和丰度的同时，还应注重提高乡村旅游扶贫效应，提升乡村旅游资源知名度。

③ 水城县乡村旅游系统评价指标贡献份额排序。水城县评价指标贡献份额排序依次为：X_{12}(0. 1152) > X_{13}(0. 1008) > X_1(0. 0843) > X_{14}(0. 0837) > X_2(0. 0794) > X_7(0. 0667) > X_6(0. 0641) > X_3(0. 0637) > X_{10}(0. 0586) > X_8(0. 0584) > X_5(0. 0580) > X_9(0. 0563) > X_{11}(0. 0559) > X_4(0. 0549)。其中，贡献份额较大的指标依次是 X_{12}、X_{13}、X_1、X_{14} 和 X_2，这五个指标的综合权重值累计占总权重的 46. 34%。

④钟山区乡村旅游系统评价指标贡献份额排序。钟山区评价指标贡献份额排序依次为：X_{12}(0. 1162) > X_{13}(0. 0953) > X_1(0. 0841) > X_2(0. 0840) > X_{14}(0. 0815) > X_3(0. 0667) > X_7(0. 0665) > X_6(0. 0639) > X_{11}(0. 0626) > X_8(0. 0593) > X_5(0. 0560) > X_4(0. 0559) > X_{10}(0. 0551) > X_9(0. 0529)。其中，贡献份额较大的指标依次是 X_{12}、X_{13}、X_1、X_2 和 X_{14}，这五个指标的综合权重值累计占总权重的 46. 11%。

通过以上分析可以看出，在研究时段内，对四区县乡村旅游快速发展有重要影响的因子主要是乡村旅游就业率、游客量年增长率、乡村旅游资源规模和丰度、乡村旅游扶贫效应和乡村旅游资源知名度，这与六盘水市乡村旅游的整体情况大致相同，各区县政府及其相关部门和乡村旅游规划者在发展乡村旅游时应当首先考虑乡村旅游就业率，提高游客量增长率，然后高度关注乡村旅游资源规模和丰度，并让乡村旅游扶贫效应不断增长，增强乡村旅游资源知名度。同时，根据各区县评价指标表现的不同特征，六枝特区和盘州市应着重提高乡村旅游收入和乡村旅游接待总人数，而水城县应着重提升乡村旅游基础设施投入和乡村旅游地居民人均可支配收入，钟山区则应着重提升乡村旅游收入和乡村旅游收入占 GDP 比重。因此，各地政府应根据本地的情况采取恰当的乡村旅游发展战略，这对乡村旅游健康发展具有重要战略意义。

8. 2. 1. 2　四区县生态环境系统评价指标贡献程度分析

通过上面的计算，四个区县生态环境系统各个层次评价指标的组合权重值如表 8-15 和表 8-16 所列，从表 8-15、表 8-16 和图 8-10 可以看出，随着各个区县原始数据的变化，生态环境系统同一个评价指标在不同区县的权重值有所不同，但其整体变化弧度不大。根据计算结果，把生态环境系统中的一级指标生态环境压力、生态环境保护投入和生态环境保护效率权重值的大小进行排序，四个区县评价指标组合权重值最大的是生态环境压力（六枝特区、盘州市、水城县和钟山区四区县的组合权重值依次为 0. 4151、0. 4075、0. 4131 和 0. 4083），然后是生态环境保护效率（六枝特区、盘州市、水城县和钟山区四区县的组合权重值依次为 0. 3358、0. 3490、0. 3378 和 0. 3363)，最后是生态环境保护投入(六枝特区、盘州市、水城县和钟山区四区县的组合权重值依次为 0. 2491、0. 2435、0. 2491 和 0. 2554)。因此，在四个区县中，对生态环境系统综合发展水平影响最大的因素是生态环境压力，然后依次是生态环境保护效率和生态环境保护投入，这与六盘水市生态环境系统一级指标贡献程度的整体情况相一致。

在生态环境系统二级评价指标体系中，按照各个评价指标组合权重值的大小进行排序，四个区县的排序变化较大，具体状况如下。

① 六枝特区生态环境系统评价指标贡献份额排序。六枝特区评价指标的贡献份额排序依次是：Y_7(0. 0771)>Y_9(0. 0765)>Y_{10}(0. 0681)>Y_6(0. 0632)>Y_3(0. 0618)>Y_5(0. 0595)>Y_2(0. 0589)>Y_{11}(0. 0568)>Y_{15}(0. 0557)>Y_4(0. 0541)>Y_{16}(0. 0525)>Y_{13}(0. 0495)>Y_{18}(0. 0491)>Y_8(0. 0477)>Y_{14}(0. 0435)>Y_{17}(0. 0432)>Y_{12}(0. 0423)>Y_1(0. 0405)。其中，贡献份额较大的指标依次是 Y_7、Y_9、Y_{10}、Y_6、Y_3和 Y_5等六个评价指标，其综合权重值累计占总权重的 40. 62%。

②盘州市生态环境系统评价指标贡献份额排序。盘州市评价指标的贡献份额排序依次是：Y_7(0. 0693)>Y_9(0. 0684)>Y_{10}(0. 0650)>Y_5(0. 0630)>Y_4(0. 0624)>Y_6(0. 0583)>Y_{11}(0. 0562)>Y_2(0. 0552)>Y_{16}(0. 0551)>Y_3(0. 0539) = Y_8(0. 0539)>Y_{15}(0. 0535)>Y_{13}(0. 0500)>Y_{17}(0. 0491)>Y_{18}(0. 0486)>Y_{12}(0. 0465)>Y_{14}(0. 0462)>Y_1(0. 0454)其中，贡献份额较大的指标依次是 Y_7、Y_9、Y_{10}、Y_5、Y_4和 Y_6等六个评价指标，其综合权重值累计占总权重的 38. 64%。

③水城县生态环境系统评价指标贡献份额排序。水城县评价指标的贡献份额排序依次是：Y_7(0. 0769)>Y_9(0. 0753)>Y_{10}(0. 0681)>Y_2(0. 0623)>Y_3(0. 0610)>Y_6(0. 0604)>Y_5(0. 0582) = Y_{11}(0. 0582)>Y_{15}(0. 0550)>Y_4(0. 0539)>Y_{16}(0. 0527)>Y_{18}(0. 0500)>Y_{13}(0. 0497)>Y_8(0. 0475)>Y_{14}(0. 0440)>Y_{17}(0. 0433)>Y_{12}(0. 0431)>Y_1(0. 0404)。其中，贡献份额较大的指标依次是 Y_7、Y_9、Y_{10}、Y_2、Y_3、Y_6等六个评价指标，其综合权重值累计占总权重的 40. 40%。

④钟山区生态环境系统评价指标贡献份额排序。钟山区评价指标的贡献份额排序依次是：Y_{10}(0. 0778)>Y_8(0. 0667)>Y_{11}(0. 0661)>Y_7(0. 0638)>Y_4(0. 0636)>Y_6(0. 0602)>Y_{12}(0. 0582)>Y_2(0. 0572)>Y_3(0. 0557)>Y_{16}(0. 0549)>Y_9(0. 0533)>Y_{17}(0. 0516)>Y_{14}(0. 0488)>Y_{18}(0. 0446)>Y_{13}(0. 0439)>Y_{15}(0. 0438)>Y_1(0. 0411)= Y_5(0. 0411)。其中，贡献份额较大的指标依次是 Y_{10}、Y_8、Y_{11}、Y_7、Y_4和 Y_6等六个评价指标，其综合权重值累计占总权重的 39. 82%。

通过以上分析可以看出，生态环境系统综合发展水平受生态环境压力和生态环境保护效率两个因素的影响较大，而受生态环境保护投入因素的影响较小。就生态环境系统二级评价指标体系而言，虽然四个区县的指标排序变化较大，但总体来说，在研究时段内，对四个区县生态环境系统发展有重要影响的因子是造林面积、乡村人口密度、垃圾收集设施、农药施用强度、生活废气排放量和环保投资指数。由此可知，乡村人口在社会生产生活等活动中进行物质消费和资源消耗，并产生废气等污染物。同时，过多使用农药和化肥，严重影响乡村生态环境的发展，导致乡村生态环境发生变化。因此，加大环保投入、增加造林面积，增加垃圾收集设施等是提高乡村生态环境系统综合发展水平的有力举措。

8.2.2 四区县乡村旅游系统和生态环境系统发展演变过程

8.2.2.1 四区县乡村旅游系统发展演变过程

把相关数据代入综合评价模型式(6.42)至式(6.44)，计算得到四个区县乡村旅游系统的演变过程，结果如表 8-17、表 8-18 所列和图 8-11 至图 8-14 所示。

表 8-17 六枝特区和盘州市乡村旅游系统综合发展水平变化表

六枝特区					盘州市				
年份	乡村旅游资源质量（A_1）	乡村旅游基础设施（A_2）	乡村旅游经济效益（A_3）	乡村旅游综合发展水平	年份	乡村旅游资源质量（A_1）	乡村旅游基础设施（A_2）	乡村旅游经济效益（A_3）	乡村旅游综合发展水平
2001	0	0	0.0010	0.0010	2001	0	0	0.0012	0.0012
2002	0.0046	0.0043	0.0032	0.0121	2002	0.0038	0.0026	0.0048	0.0112
2003	0.0155	0.0097	0.0296	0.0548	2003	0.0095	0.0055	0.0119	0.0269
2004	0.0311	0.0148	0.0201	0.0660	2004	0.0180	0.0086	0.0170	0.0436
2005	0.0408	0.0224	0.0481	0.1113	2005	0.0258	0.0126	0.0462	0.0864
2006	0.0600	0.0265	0.0632	0.1497	2006	0.0479	0.0197	0.0635	0.1311
2007	0.0850	0.0287	0.0817	0.1954	2007	0.0723	0.0245	0.0747	0.1716
2008	0.0969	0.0332	0.0922	0.2223	2008	0.0823	0.0329	0.1204	0.2356
2009	0.1027	0.0363	0.1014	0.2404	2009	0.0876	0.0385	0.1309	0.2570
2010	0.1181	0.0425	0.1401	0.3007	2010	0.1112	0.0475	0.1910	0.3497
2011	0.1392	0.0511	0.1593	0.3496	2011	0.1282	0.0609	0.2100	0.3991
2012	0.1518	0.0645	0.1982	0.4145	2012	0.1372	0.0791	0.2144	0.4307
2013	0.1695	0.0724	0.2275	0.4694	2013	0.1512	0.0948	0.2165	0.4625
2014	0.1834	0.0829	0.2519	0.5182	2014	0.1779	0.1044	0.2353	0.5176
2015	0.1803	0.1002	0.2642	0.5447	2015	0.1907	0.1185	0.2646	0.5738
2016	0.1924	0.1292	0.2839	0.6055	2016	0.1978	0.1496	0.3129	0.6603

表8-17(续)

六枝特区					盘州市				
年份	乡村旅游资源质量（A_1）	乡村旅游基础设施（A_2）	乡村旅游经济效益（A_3）	乡村旅游综合发展水平	年份	乡村旅游资源质量（A_1）	乡村旅游基础设施（A_2）	乡村旅游经济效益（A_3）	乡村旅游综合发展水平
2017	0.2021	0.1641	0.3237	0.6899	2017	0.2085	0.1767	0.2918	0.6770
2018	0.2286	0.2071	0.3369	0.7726	2018	0.2255	0.2144	0.3409	0.7808
2019	0.2434	0.2176	0.4084	0.8694	2019	0.2350	0.2303	0.4000	0.8653
2020	0.2434	0.2187	0.4044	0.8665	2020	0.2370	0.2259	0.3994	0.8623

表 8-18　水城县和钟山区乡村旅游系统综合发展水平变化表

水城县					钟山区				
年份	乡村旅游资源质量（A_1）	乡村旅游基础设施（A_2）	乡村旅游经济效益（A_3）	乡村旅游综合发展水平	年份	乡村旅游资源质量（A_1）	乡村旅游基础设施（A_2）	乡村旅游经济效益（A_3）	乡村旅游综合发展水平
2001	0	0	0.0026	0.0026	2001	0	0	0.0011	0.0011
2002	0.0074	0.0042	0.0065	0.0181	2002	0.0084	0.0039	0.0032	0.0155
2003	0.0164	0.0111	0.0154	0.0429	2003	0.0149	0.0091	0.0126	0.0366
2004	0.0251	0.0158	0.0331	0.0740	2004	0.0291	0.0131	0.0206	0.0628
2005	0.0319	0.0272	0.0815	0.1406	2005	0.0352	0.0224	0.0804	0.1380
2006	0.0451	0.0389	0.1013	0.1853	2006	0.0523	0.0389	0.0918	0.1830
2007	0.0631	0.0515	0.1156	0.2302	2007	0.0710	0.0492	0.1031	0.2233
2008	0.0700	0.0556	0.1089	0.2345	2008	0.0829	0.0543	0.1029	0.2401
2009	0.0750	0.0610	0.1141	0.2501	2009	0.0895	0.0593	0.1099	0.2587
2010	0.0872	0.0650	0.1498	0.3020	2010	0.1010	0.0631	0.1541	0.3182
2011	0.0964	0.0694	0.1478	0.3136	2011	0.1136	0.0672	0.1481	0.3289
2012	0.1039	0.0759	0.1604	0.3402	2012	0.1236	0.0736	0.1560	0.3532
2013	0.1211	0.0856	0.2296	0.4363	2013	0.1396	0.0827	0.2209	0.4432
2014	0.1448	0.0906	0.2463	0.4817	2014	0.1630	0.0879	0.2403	0.4912
2015	0.1623	0.0992	0.2848	0.5463	2015	0.1755	0.0985	0.2807	0.5547
2016	0.1792	0.1245	0.3221	0.6258	2016	0.1862	0.1302	0.3333	0.6497
2017	0.1940	0.1605	0.3264	0.6809	2017	0.1972	0.1621	0.3172	0.6765
2018	0.2134	0.2144	0.3528	0.7806	2018	0.2216	0.2146	0.3545	0.7907
2019	0.2254	0.2319	0.4120	0.8693	2019	0.2327	0.2331	0.4122	0.8780
2020	0.2274	0.2321	0.4054	0.8649	2020	0.2348	0.2300	0.4058	0.8706

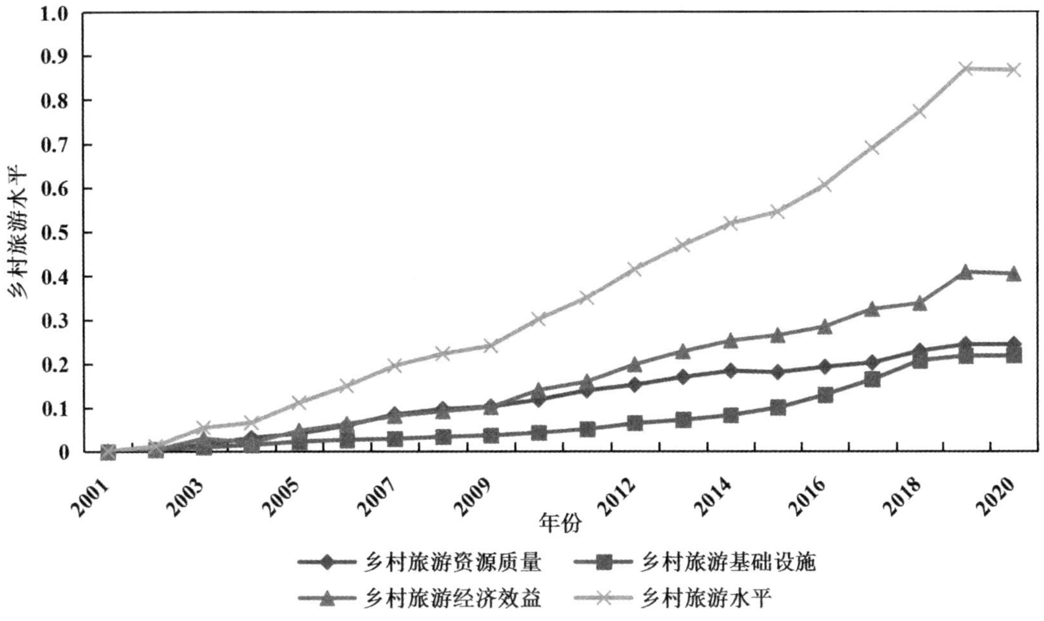

图 8-11　六枝特区乡村旅游系统发展演变过程

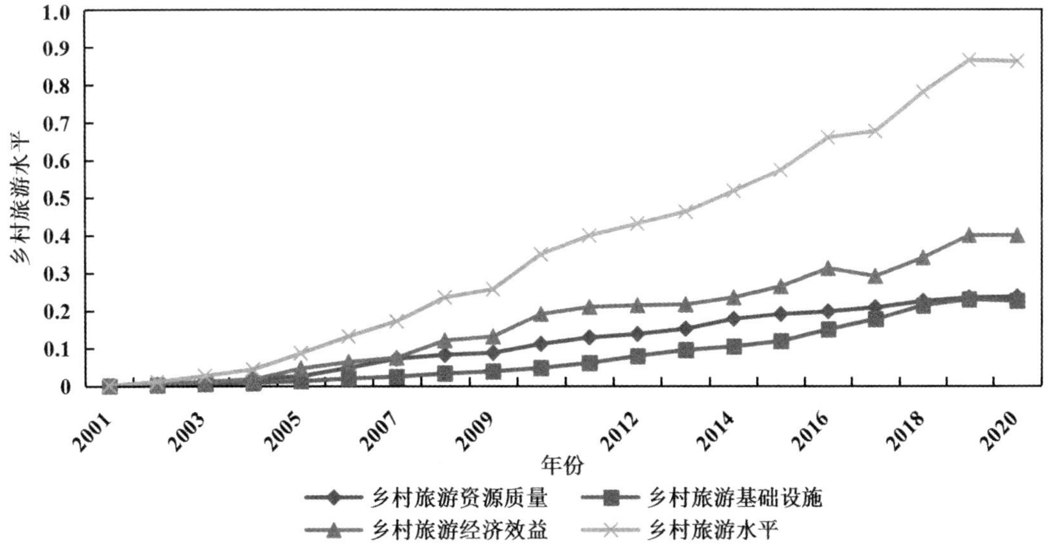

图 8-12　盘州市乡村旅游系统发展演变过程

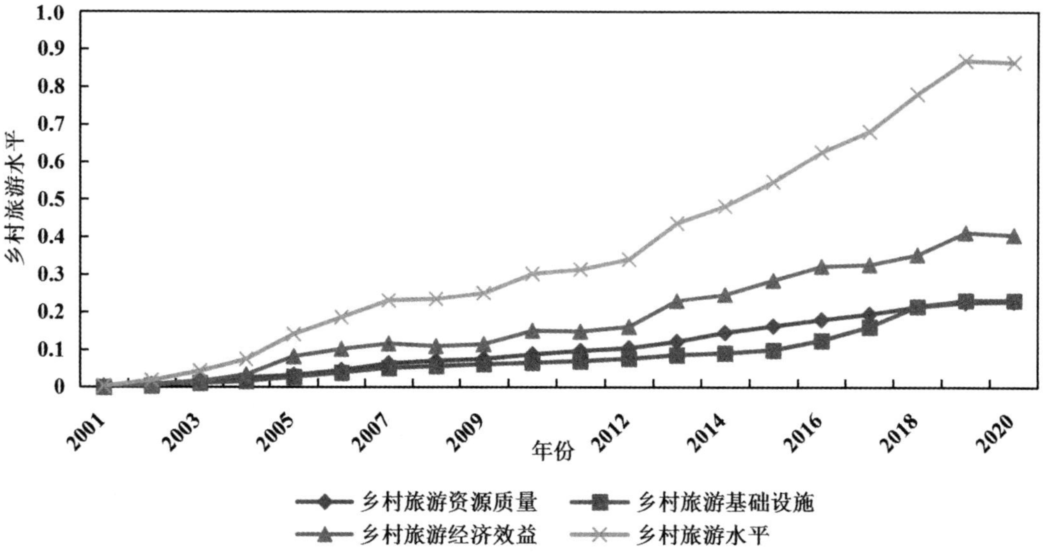

图 8-13　水城县乡村旅游系统发展演变过程

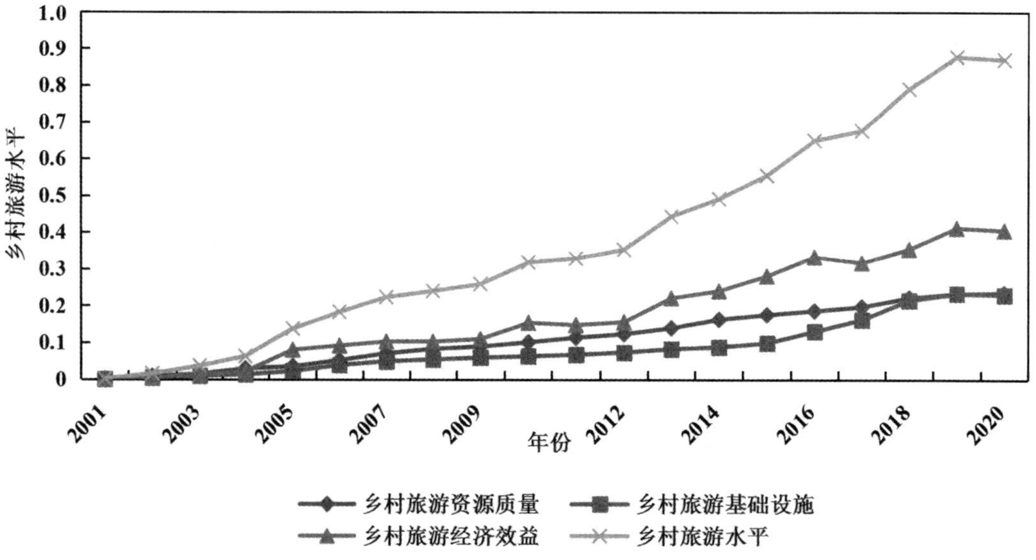

图 8-14　钟山区乡村旅游系统发展演变过程

从表 8-17 和表 8-18 四区县乡村旅游系统综合发展水平变化评分和图 8-11 至图 8-14 四区县乡村旅游系统发展演变过程可以发现，在研究时段内，四区县乡村旅游系统发展水平总体呈现出增长上升态势的曲线，根据其综合发展水平变化和发展演变过程，四区县乡村旅游系统的发展大致分为五个阶段，因为区域不同，各个区域在不同的阶段表现出不同的发展特征，具体发展变化情况如下。

(1)乡村旅游系统综合发展水平处于缓慢发展的上升阶段

2001—2004 年，四区县乡村旅游系统综合发展水平处于缓慢发展的上升阶段，其总体发展水平低，各个区县发展水平略有不同，其中，六枝特区乡村旅游综合发展水平从 2001 年的 0.0010 上升到 2004 年的 0.0660，盘州市综合发展水平从 0.0012 上升到 0.0436，水城县综合发展水平从 0.0026 上升到 0.0740，钟山区综合发展水平从 0.0011 上升到 0.0628。在该时段内，四区县发展水平按从高到低排序为水城县、六枝特区、钟山区、盘州市。

(2)乡村旅游系统综合发展水平处于较快发展的上升阶段

2005—2009 年，四区县乡村旅游系统综合发展水平处于较快发展的上升阶段，各个区县综合发展水平具体发展情况如下：六枝特区综合发展水平从 2005 年的 0.1113 上升到 2009 年的 0.2404，盘州市综合发展水平从 0.0864 上升到 0.2570，水城县综合发展水平从 0.1406 上升到 0.2501，钟山区综合发展水平从 0.1380 上升到 0.2587。在这一时期，钟山区发展较快，其综合发展水平超过水城县和六枝特区的综合发展水平，而六枝特区发展较慢，其综合发展水平在该时段内落后于盘州市和水城县。四区县发展水平按从高到低排序为钟山区、盘州市、水城县、六枝特区。

(3)乡村旅游系统综合发展水平处于快速发展的上升阶段

2010—2015 年，四区县乡村旅游系统综合发展水平处于快速发展的上升阶段，各个区县综合发展水平具体发展情况如下：六枝特区综合发展水平从 2010 年的 0.3007 上升到 2015 年的 0.5447，盘州市综合发展水平从 0.3497 上升到 0.5738，水城县综合发展水平从 0.3020 上升到 0.5463，钟山区综合发展水平从 0.3182 上升到 0.5547。在该时段内，盘州市发展取得进步，其综合发展水平超过了钟山区的发展。四区县发展水平按从高到低排序为盘州市、钟山区、水城县、六枝特区。

(4)乡村旅游系统综合发展水平处于井喷式发展的上升阶段

2016—2019 年，四区县乡村旅游系统综合发展水平处于井喷式发展的上升阶段，各个区县综合发展水平具体发展情况为：六枝特区综合发展水平从 2016 年的 0.6055 上升到 2019 年的 0.8694，盘州市综合发展水平从 0.6603 上升到 0.8653，水城县综合发展水平从 0.6258 上升到 0.8693，钟山区综合发展水平从 0.6497 上升到 0.8780。在这一时期，六枝特区发展进步明显，其综合发展水平超过了水城县和盘州市。四区县发展水平排序为钟山区、六枝特区、水城县、盘州市。

(5)乡村旅游系统综合发展水平新冠疫情后的发展阶段

2020 年，新型冠状病毒传入我国并暴发，全世界大流行，对全球旅游业造成极大影响，四区县乡村旅游发展也受到不同程度的影响，呈现出下降趋势，其乡村旅游系统综合发展水平有所下降，各个区县综合发展水平具体发展情况为：六枝特区综合发展水平为 0. 8665，盘州市综合发展水平为 0. 8623，水城县综合发展水平为 0. 8649，钟山区综合发展水平为 0. 8706。四区县发展水平按从高到低排序为钟山区、六枝特区、水城县、盘州市。

从乡村旅游系统的各子系统演变来看，四区县乡村旅游资源质量呈持续不断上升态势，乡村旅游基础设施质量也逐年上升，只是 2020 年受新冠疫情影响个别区县乡村旅游基础设施质量略有下降，而乡村旅游经济效益则呈现出波动上升的总体趋势，具体发展演变情况如下。

(1)在乡村旅游资源质量系统方面

四区县乡村旅游资源质量呈持续不断上升态势，六枝特区乡村旅游资源质量从 2001 年的 0 上升到 2020 年的 0. 2434；盘州市乡村旅游资源质量从 2001 年的 0 上升到 2020 年的 0. 2370；水城县乡村旅游资源质量从 2001 年的 0 上升到 2020 年的 0. 2274；钟山区乡村旅游资源质量从 2001 年的 0 上升到 2020 年的 0. 2348。四区县乡村旅游资源质量水平按从高到低最终排序为六枝特区、盘州市、钟山区、水城县。

(2)在乡村旅游基础设施系统方面

乡村旅游基础设施总体呈上升趋势，六枝特区乡村旅游基础设施从 2001 年的 0 上升到 2020 年的 0. 2187；盘州市乡村旅游基础设施从 2001 年的 0 上升到 2019 年的 0. 2303，2020 年则为 0. 2259；水城县乡村旅游基础设施从 2001 年的 0 上升到 2020 年的 0. 2321；钟山区乡村旅游基础设施从 2001 年的 0 上升到 2019 年的 0. 2331，2020 年则为 0. 2300。四区县乡村旅游基础设施发展水平按从高到低最终排序为钟山区、水城县、盘州市、六枝特区。

(3)在乡村旅游经济效益系统方面

乡村旅游经济效益则呈现出波动上升的趋势，六枝特区乡村旅游经济效益从 2001 年的 0. 0010 上升到 2003 年的 0. 0296，2004 年下降为 0. 0201，然后上升到 2019 年的 0. 4084，2020 年则下降为 0. 4044；盘州市乡村旅游经济效益从 2001 年的 0. 0012 上升到 2016 年的 0. 3129，2017 年下降为 0. 2918，然后 2019 年上升到 0. 4000，2020 年则下降为 0. 3994；水城县乡村旅游经济效益从 2001 年的 0. 0026 上升到 2007 年的 0. 1156，2008 年下降为 0. 1089，然后上升到 2010 年的 0. 1498，2011 年又下降为 0. 1478，到 2019 年上升为 0. 4120，2020 年则下降为 0. 4054；钟山区乡村旅游经济效益从 2001 年的 0. 0011 上升到 2010 年的 0. 1541，2011 年下降为 0. 1481，然后上升到 2016 年的 0. 3333，2017 年下降为 0. 3172，随后上升到 2019 年的 0. 4122，2020 年则下降为 0. 4058。四区县乡村旅游经济效益发展水平按从高到低最终排序为钟山区、水城县、六枝特区、盘州市。

总体上看，四个区县在乡村旅游经济效益系统方面呈现波动上升的格局，但在四个区县中，水城县的波动性更大。在乡村旅游资源质量和乡村旅游基础设施两个方面都不断上升的情况下，乡村旅游经济效益出现波动现象，意味着乡村旅游的发展不仅是提升旅游资源质量和乡村旅游基础设施建设两个方面，而且应该在提高旅游资源质量和乡村旅游基础设施建设的前提下加强管理服务水平和加大宣传力度，以持续吸引更多游客，逐步提升乡村旅游经济效益，从而促进乡村旅游的持续发展。

8.2.2.2 四区县生态环境系统发展演变过程

同理，把相关数据代入综合评价模型式(6-42)至式(6-44)，计算得到四个区县生态环境系统的演变过程，结果如表 8-19、表 8-20 所列和图 8-15 至图 8-18 所示。

表 8-19 六枝特区和盘州市生态环境系统综合发展水平变化表

六枝特区					盘州市				
年份	生态环境压力(B_1)	生态环境保护投入(B_2)	生态环境保护效率(B_3)	生态环境综合发展水平	年份	生态环境压力(B_1)	生态环境保护投入(B_2)	生态环境保护效率(B_3)	生态环境综合发展水平
2001	0.1445	0.0080	0	0.1525	2001	0.1312	0.0059	0	0.1371
2002	0.1397	0.0198	0.0110	0.1705	2002	0.1233	0.0036	0.0087	0.1356
2003	0.1331	0.0305	0.0219	0.1855	2003	0.1166	0.0215	0.0199	0.1580
2004	0.1301	0.0445	0.0440	0.2186	2004	0.1075	0.0317	0.0285	0.1677
2005	0.1375	0.0581	0.0536	0.2492	2005	0.1084	0.0393	0.0480	0.1957
2006	0.1455	0.0784	0.0676	0.2915	2006	0.1091	0.0476	0.0612	0.2179
2007	0.1586	0.1006	0.0871	0.3463	2007	0.1135	0.0584	0.0762	0.2481
2008	0.1694	0.1227	0.1058	0.3979	2008	0.1458	0.0896	0.1169	0.3523
2009	0.1858	0.1363	0.1291	0.4512	2009	0.1891	0.1140	0.1497	0.4528
2010	0.2068	0.1544	0.1599	0.5211	2010	0.2148	0.1320	0.1809	0.5277
2011	0.2248	0.1699	0.1756	0.5703	2011	0.2338	0.1497	0.1995	0.5830
2012	0.2399	0.1736	0.2051	0.6186	2012	0.2629	0.1577	0.2302	0.6508
2013	0.2452	0.1775	0.2306	0.6533	2013	0.2759	0.1690	0.2579	0.7028
2014	0.2473	0.1795	0.2484	0.6752	2014	0.2862	0.1753	0.2794	0.7409
2015	0.2600	0.1482	0.2716	0.6798	2015	0.2902	0.1821	0.2968	0.7691
2016	0.2478	0.1473	0.2927	0.6878	2016	0.2807	0.1778	0.3152	0.7737
2017	0.2549	0.1478	0.3099	0.7126	2017	0.2737	0.1726	0.3295	0.7758
2018	0.2665	0.1505	0.3162	0.7332	2018	0.2777	0.1678	0.3347	0.7802
2019	0.2699	0.1547	0.3287	0.7533	2019	0.2778	0.1702	0.3424	0.7904
2020	0.2771	0.1604	0.3337	0.7712	2020	0.2843	0.1751	0.3466	0.8060

表 8-20 水城县和钟山区生态环境系统综合发展水平变化表

水城县					钟山区				
年份	生态环境压力(B_1)	生态环境保护投入(B_2)	生态环境保护效率(B_3)	生态环境综合发展水平	年份	生态环境压力(B_1)	生态环境保护投入(B_2)	生态环境保护效率(B_3)	生态环境综合发展水平
2001	0.1634	0.0045	0	0.1697	2001	0.0992	0	0	0.0992
2002	0.1648	0.0135	0.0120	0.1903	2002	0.0964	0.0067	0.0099	0.1130

表8-20(续)

水城县					钟山区				
年份	生态环境压力（B_1）	生态环境保护投入（B_2）	生态环境保护效率（B_3）	生态环境综合发展水平	年份	生态环境压力（B_1）	生态环境保护投入（B_2）	生态环境保护效率（B_3）	生态环境综合发展水平
2003	0.1337	0.0263	0.0248	0.1848	2003	0.0916	0.0188	0.0201	0.1305
2004	0.1347	0.0415	0.0395	0.2157	2004	0.0932	0.0304	0.0327	0.1563
2005	0.1429	0.0550	0.0558	0.2537	2005	0.1023	0.0203	0.0481	0.1707
2006	0.1579	0.0687	0.0702	0.2968	2006	0.1167	0.0596	0.0727	0.2490
2007	0.1714	0.0941	0.0906	0.3561	2007	0.1306	0.0865	0.0823	0.2994
2008	0.1834	0.1104	0.1122	0.4060	2008	0.1450	0.1057	0.0998	0.3505
2009	0.1976	0.1306	0.1402	0.4684	2009	0.1596	0.1240	0.1270	0.4106
2010	0.2179	0.1464	0.1665	0.5308	2010	0.1811	0.1441	0.1547	0.4799
2011	0.2385	0.1597	0.1845	0.5827	2011	0.1992	0.1621	0.1746	0.5359
2012	0.2556	0.1660	0.2125	0.6341	2012	0.2170	0.1649	0.2019	0.5838
2013	0.2642	0.1719	0.2387	0.6748	2013	0.2277	0.1713	0.2284	0.6274
2014	0.2557	0.1751	0.2558	0.6866	2014	0.2876	0.1724	0.2511	0.7111
2015	0.2620	0.1712	0.2787	0.7119	2015	0.3156	0.1701	0.2730	0.7587
2016	0.2537	0.1723	0.2995	0.7255	2016	0.3193	0.1736	0.2938	0.7867
2017	0.2616	0.1684	0.3142	0.7442	2017	0.3108	0.1701	0.3105	0.7914
2018	0.2671	0.1634	0.3211	0.7516	2018	0.3188	0.1718	0.3174	0.8080
2019	0.2687	0.1684	0.3315	0.7686	2019	0.3222	0.1758	0.3271	0.8251
2020	0.2755	0.1738	0.3363	0.7856	2020	0.3301	0.1780	0.3347	0.8428

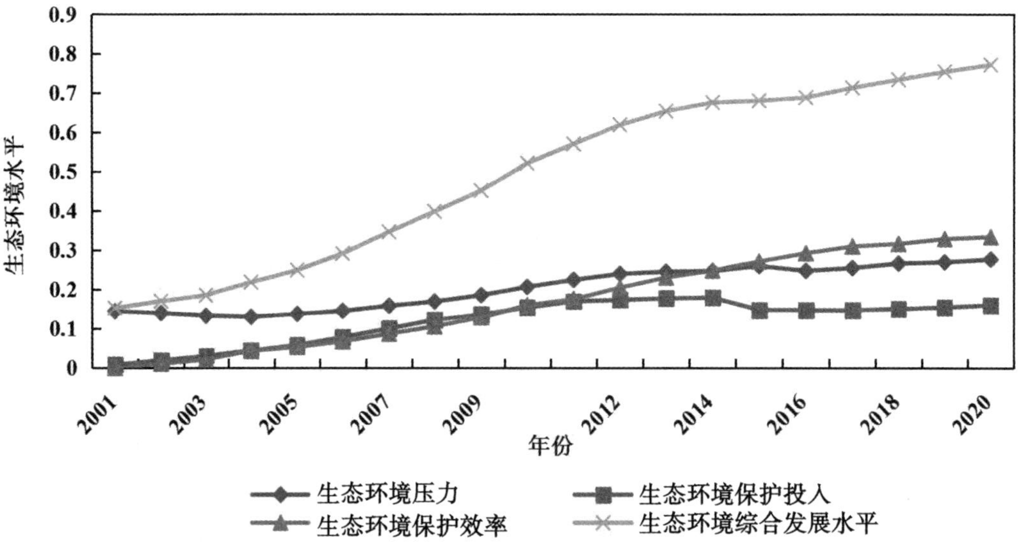

图 8-15　六枝特区生态环境系统发展演变过程

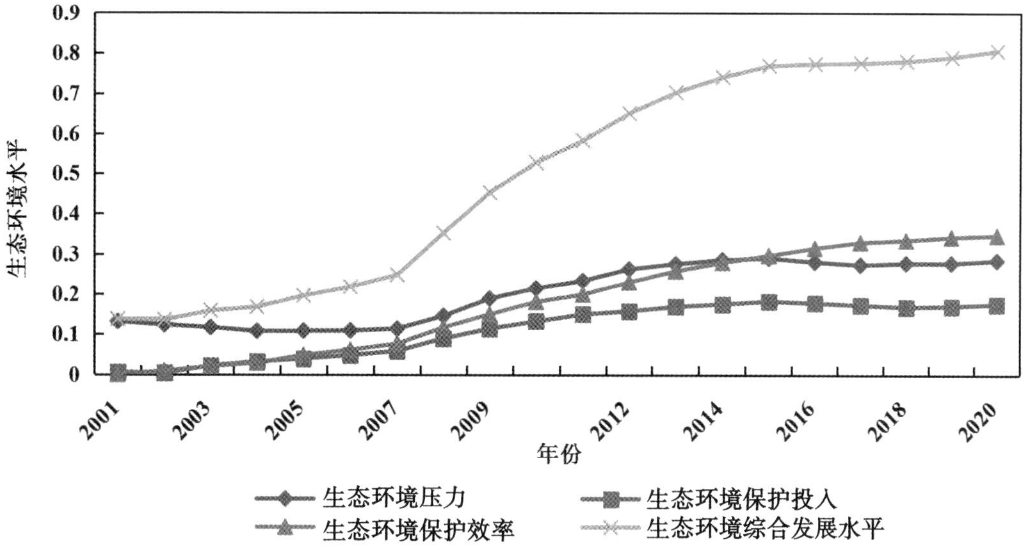

图 8-16　盘州市生态环境系统发展演变过程

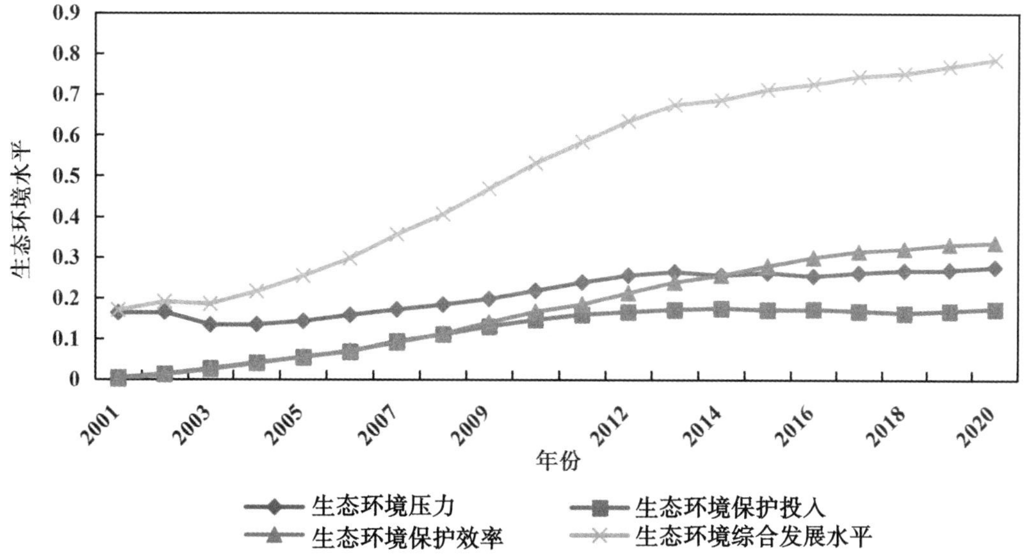

图 8-17　水城县生态环境系统发展演变过程

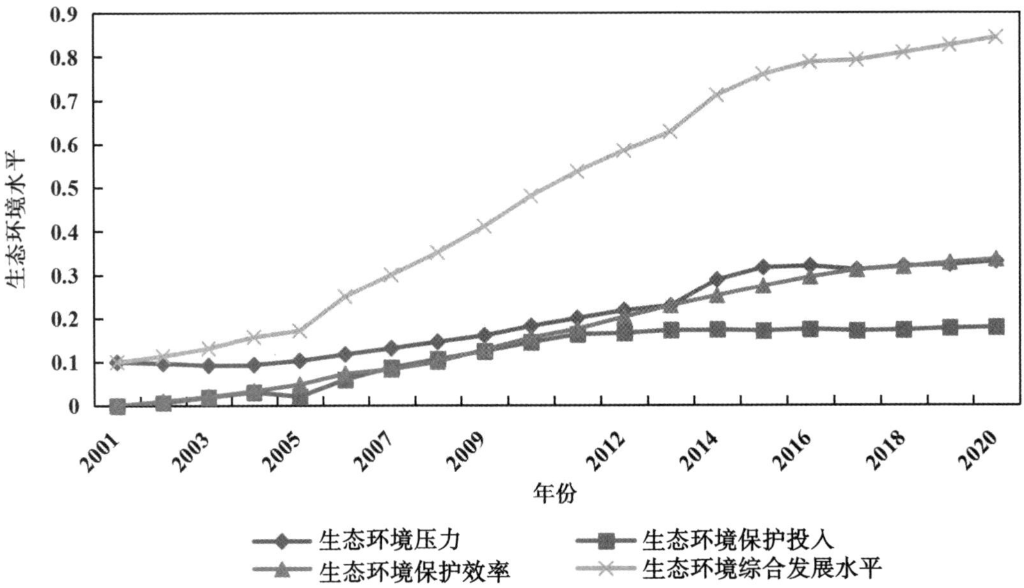

图 8-18 钟山区生态环境系统发展演变过程

从表 8-19 和表 8-20 四区县生态环境系统综合发展水平变化评分，以及图 8-15 至图 8-18 四区县生态环境系统发展演变过程可知，在研究时段内，四区县生态环境系统发展水平总体呈现上升态势的曲线。根据其综合发展水平变化和发展演变过程，四区县生态环境系统的发展大致分为三个阶段，各个区域在不同的阶段表现出不同的发展特征，具体发展变化情况如下。

(1)生态环境系统综合发展水平处于不稳定发展阶段

2001—2002 年，四区县生态环境系统综合发展水平处于不稳定的发展阶段。其中，六枝特区、水城县和钟山区的生态环境系统综合发展水平呈现出上升的态势，而盘州市的生态环境系统综合发展水平则处于下降的态势。六枝特区综合发展水平从 2001 年的 0.1525 上升到 2002 年的 0.1705，水城县综合发展水平从 0.1697 上升到 0.1903，钟山区综合发展水平从 0.0992 上升到 0.1130，盘州市综合发展水平则从 0.1371 下降到 0.1356。在该时段内，四区县发展水平按从高到低排序为水城县、六枝特区、钟山区、盘州市。

(2)生态环境系统综合发展水平处于缓慢发展的上升阶段

2003—2005 年，四区县生态环境系统综合发展水平处于缓慢发展的上升阶段，其总体发展水平低，各个区县发展略有不同。其中，六枝特区综合发展水平从 2003 年的 0.1855 上升到 2005 年的 0.2492，盘州市综合发展水平从 0.1580 上升到 0.1957，水城县综合发展水平从 0.1848 上升到 0.2537，钟山区综合发展水平从 0.1305 上升到 0.1707。

在该时段内，盘州市的生态环境系统综合发展水平超过了钟山区的生态环境系统综合发展水平，四区县发展水平按从高到低排序为水城县、六枝特区、盘州市、钟山区。

(3)生态环境系统综合发展水平处于较快发展的上升阶段

2006—2011 年，四区县生态环境系统综合发展水平处于较快发展的上升阶段，各个区县综合发展水平具体发展情况为：六枝特区综合发展水平从 2006 年的 0.2915 上升到 2011 年的 0.5703，盘州市综合发展水平从 0.2179 上升到 0.5830，水城县综合发展水平从 0.2968 上升到 0.5827，钟山区综合发展水平从 0.2490 上升到 0.5359。在这一时期，盘州市生态环境系统发展较快，其综合发展水平超过水城县和六枝特区的综合发展水平。四区县发展水平按从高到低排序为盘州市、水城县、六枝特区、钟山区。

(4)生态环境系统综合发展水平处于快速发展的上升阶段

2012—2020 年，四区县生态环境系统综合发展水平处于快速发展的上升阶段，各个区县综合发展水平具体发展情况如下：六枝特区综合发展水平从 2012 年的 0.6186 上升到 2020 年的 0.7712，盘州市综合发展水平从 0.6508 上升到 0.8060，水城县综合发展水平从 0.6341 上升到 0.7856，钟山区综合发展水平从 0.5838 上升到 0.8428。在该时段在内，钟山区生态环境系统综合发展水平取得进步，其综合发展水平超过了盘州市、水城县和六枝特区，位居第一，而六枝特区生态环境系统综合发展水平的发展虽然较快，但其发展速度在四区县中相对滞后，在各区县中位居末位。四区县发展水平按从高到低排序为钟山区、盘州市、水城县、六枝特区。

从生态环境系统的各子系统演变来看，四区县生态环境压力和生态环境保护投入呈现出波动上升的趋势，而生态环境保护效率则呈逐年持续不断上升态势，具体发展演变情况如下。

(1)在生态环境压力方面

四区县生态环境压力呈现出波动上升的趋势，六枝特区生态环境压力从 2001 年的 0.1445 下降到 2004 年的 0.1301，然后从 2005 年 0.1375 上升到 2015 年的 0.2600，2016 年下降为 0.2478，此后，上升到 2020 年的 0.2771。盘州市生态环境压力从 2001 年为 0.1312 下降到 2004 年的 0.1075，然后从 2005 年 0.1084 上升到 2015 年的 0.2902，此后从 2016 年 0.2807 下降到 2017 年的 0.2737，而后从 2018 年的 0.2777 上升到 2020 年的 0.2843。水城县生态环境压力从 2001 年的 0.1634 上升到 2002 年的 0.1648，2003 年下降为 0.1337，然后 2004 年从 0.1347 上升 2013 年的 0.2642，2014 年又略有下降，为 0.2557，2015 年略有上升，为 0.2620，2016 年下降为 0.2537，此后上升到 2020 年 0.2755。钟山区生态环境压力从 2001 年的 0.0992 上升到 2003 年的 0.0916，然后从 2004 年的 0.0932 上升到 2016 年下降为 0.3193，此后上升到 2020 年的 0.3301。四区县生态环境压力水平按从高到低最终排序为水城县、钟山区、盘州市、六枝特区。

(2)在生态环境保护投入方面

生态环境保护投入呈现出波动上升的趋势，六枝特区生态环境保护投入从 2001 年的0.0080上升到2014年的0.1795，然后下降到2016年的0.1473，此后上升为2020年的0.1604；盘州市生态环境保护投入从2001年的0.0059下降到2002年的0.0036，然后上升到2015年的0.1821，再下降到2018年的0.1678，此后上升到2020年的0.1751；水城县生态环境保护投入从2001年的0.0045上升到2014年的0.1751，然后下降到2015年的0.1712，2016年则上升为0.1723，此后上升到2020年的0.1738；钟山区生态环境保护投入从2001年的0上升到2014年的0.1724，然后下降到2015年0.1701，2016年上升为0.1736，2017年再次下降为0.1701，此后上升到2020年的0.1780。四区县生态环境保护投入发展水平按从高到低最终排序为钟山区、盘州市、水城县、六枝特区。

(3)在生态环境保护效率方面

生态环境保护效率呈逐年持续不断上升态势，六枝特区生态环境保护效率从2001年的0上升到2020年的0.3337；盘州市生态环境保护效率从2001年的0上升到2020年的0.3466；水城县生态环境保护效率从2001年的0上升到2020年0.3363；钟山区生态环境保护效率从2001年的0.0029上升到2020年0.3347。四区县生态环境保护效率发展水平按从高到低最终排序为水城县、盘州市、钟山区、六枝特区。

总体上看，四个区县在生态环境压力和生态环境保护投入方面呈现波动上升的格局，生态环境保护效率则呈逐年持续不断上升态势。这说明，随着生态环境保护投入的增加，生态环境保护效率得到提高，生态环境系统质量总体逐渐提升。

8.2.2.3　四区县乡村旅游系统与生态环境系统综合水平变化趋势

为了对四区县乡村旅游系统和生态环境系统综合水平变化趋势有一个清晰的认识，笔者以四区县乡村旅游系统综合发展水平结果数值和生态环境系统综合发展水平结果数值绘制四区县乡村旅游系统与生态环境系统综合水平变化趋势图，具体如表8-21至表8-24所列和图8-19至图8-22所示。

从图8-19至图8-22可以看出，四区县乡村旅游系统与生态环境系统综合水平的差距大致呈倒U形变化趋势，因各个区域乡村旅游系统和生态环境系统发展的差异性，四区县乡村旅游系统与生态环境系统的增长具有各自不同的特点。四区县中，2001年乡村旅游系统发展水平最高的是水城县，其乡村旅游系统综合发展水平为0.0026，其次是盘州市，其乡村旅游系统综合发展水平为0.0012，然后是钟山区，其乡村旅游综系统合发展水平为0.0011，而综合发展水平最低的是六枝特区，其乡村旅游系统综合发展水平同为0.0010。同时，2001年生态环境系统发展水平最高的是水城县，其生态环境系统综合发展水平为0.1697，其次是六枝特区，其生态环境系统综合发展水平为0.1525，然后是盘州市，其生态环境系统综合发展水平为0.1371，综合发展水平最低的是钟山区，其生态环境系统综合发展水平为0.0992。2001年，钟山区产业较多，环境污染较重，如首钢水钢集团以及当地土法炼锌企业等对环境产生了较大污染，导致该区域生态环境系统综合发展水平较低。此后，乡村旅游系统与生态环境系统二者在不同的区域呈现出不同的发展变化趋势，具体情况如下。

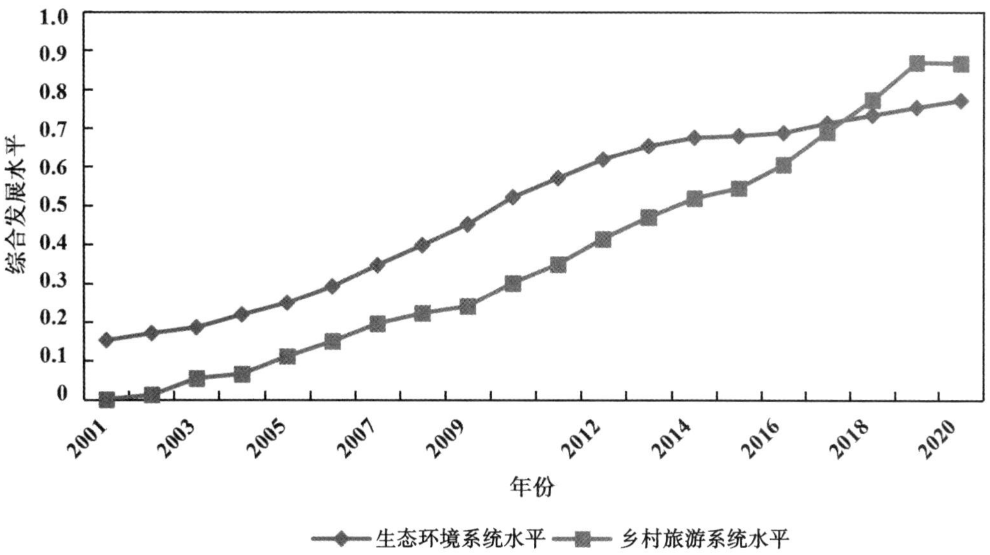

图 8-19　六枝特区乡村旅游系统与生态环境系统综合水平变化趋势

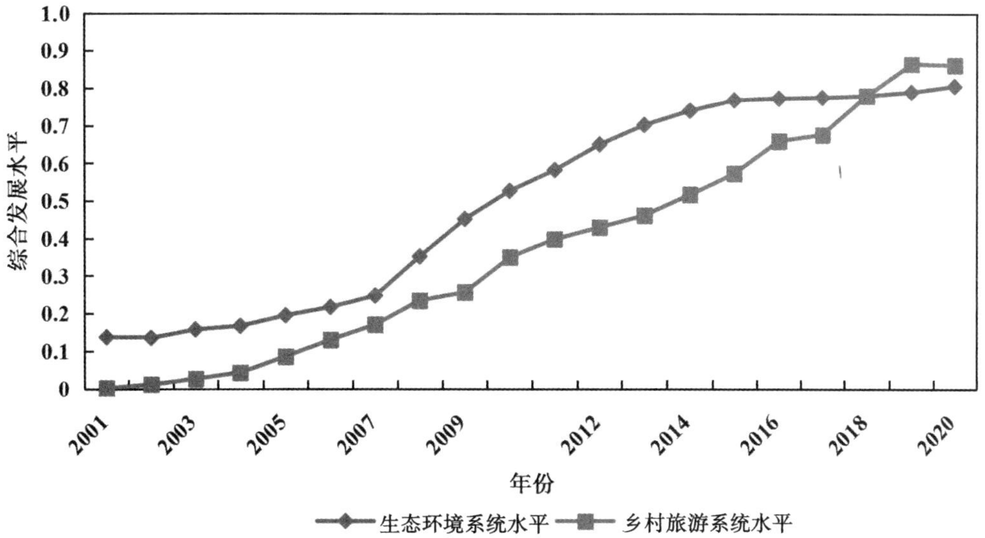

图 8-20　盘州市乡村旅游系统与生态环境系统综合水平变化趋势

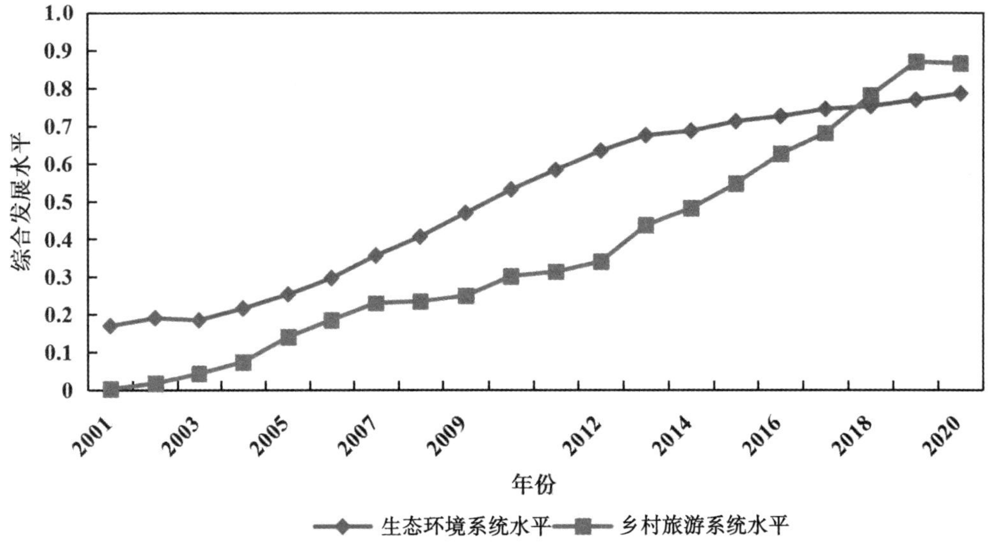

图 8-21　水城县乡村旅游系统与生态环境系统综合水平变化趋势

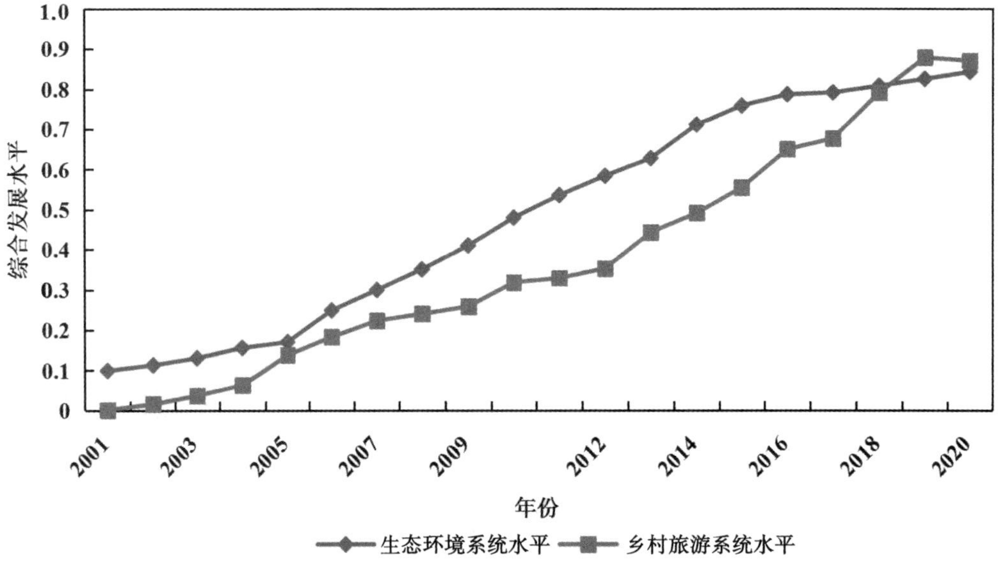

图 8-22　钟山区乡村旅游系统与生态环境系统综合水平变化趋势

①六枝特区乡村旅游系统与生态环境系统综合水平变化趋势。六枝特区生态环境系统综合水平呈平稳上升态势，从 2001 年的 0. 1525 上升到 2020 年 0. 7712，平均上升幅度为 3. 09%。乡村旅游系统综合水平总体也呈上升态势，从 2001 年的 0. 0010 上升到 2019

年 0.8694，平均上升幅度为 4.57%，2020 年有所下降，为 0.8665。

②盘州市乡村旅游系统与生态环境系统综合水平变化趋势。盘州市生态环境系统综合水平呈平稳上升态势，从 2001 年的 0.1371 上升到 2020 年 0.8060，平均上升幅度为 3.34%。乡村旅游系统综合水平总体也呈上升态势，从 2001 年的 0.0012 上升到 2019 年 0.8653，平均上升幅度为 4.55%，2020 年有所下降，为 0.8623。

③水城县乡村旅游系统与生态环境系统综合水平变化趋势。水城县生态环境系统综合水平呈平稳上升态势，从 2001 年的 0.1697 上升到 2020 年 0.7856，平均上升幅度为 3.08%。乡村旅游系统综合水平总体也呈上升态势，从 2001 年的 0.0026 上升到 2019 年 0.8693，平均上升幅度为 4.56%，2020 年有所下降，为 0.8649。总体来看，2001—2017 年，水城县生态环境系统综合水平高于乡村旅游系统综合水平，说明生态环境系统对乡村旅游系统支持作用较强。2018—2020 年，水城县乡村旅游系统综合水平超过了生态环境系统的发展水平，对生态环境产生了一定的压力。

④钟山区乡村旅游系统与生态环境系统综合水平变化趋势。钟山区生态环境系统综合水平呈平稳上升态势，从 2001 年的 0.0992 上升到 2020 年 0.8428，平均上升幅度为 3.72%。乡村旅游系统综合水平总体也呈上升态势，从 2001 年的 0.0011 上升到 2019 年 0.8780，上升幅度为 4.62%，2020 年有所下降，为 0.8706。

总体来看，2001—2017 年，六枝特区、盘州市和水城县生态环境系统综合水平高于乡村旅游系统综合水平，说明生态环境系统对乡村旅游系统支持作用较强。2018—2020 年，六枝特区、盘州市和水城县乡村旅游系统综合水平超过了生态环境系统的发展水平，对生态环境产生了一定的压力。对于钟山区而言，2001—2018 年，钟山区生态环境系统综合水平高于乡村旅游系统综合水平，说明生态环境系统对乡村旅游系统支持作用较强。2019—2020 年，钟山区乡村旅游系统综合水平超过了生态环境系统的发展水平，对生态环境产生了一定的压力。

从四区县的发展变化趋势来看，在生态环境系统方面，为配合乡村旅游的发展，四区县都很重视生态环境系统的发展，其生态环境系统都稳定地呈现出上升的态势。其中，表现最突出的是钟山区发展变化情况，因人口密度大，工业企业多，环境污染较为严重，2001 年其生态环境系统综合发展水平在四区县中是最低的，其综合发展水平仅为 0.0992，远低于其他三个区县生态环境系统的综合发展水平（2001 年，六枝特区、盘州市和水城县生态环境系统的综合发展水平分别为 0.1525、0.1371 和 0.1697），随着六盘水市资源型城市的转型发展战略的实施，作为市政府所在地的钟山区，对生态环境系统的发展更加重视，采取了一系列的强有力措施，如直接关闭污染严重的企业（土法炼锌企业、中小型火力发电厂、中小型煤矿开采企业等）、提高生产工艺减少排污等（首钢水钢集团炼铁炼钢生产工艺改进等），这些措施促进了钟山区生态环境系统的快速发展，2020 年时，其生态环境系统综合发展水平为 0.8428，超过了其他三个区县的水平（2020 年，六枝特区、盘州市和水城县生态环境系统的综合发展水平分别为 0.7712、0.8060 和

0.7856)，也正因为如此，当其他三个区县的生态环境系统综合发展水平被乡村旅游系统综合发展水平超过时，钟山区的生态环境系统综合发展水平在2001—2018年一直高于乡村旅游系统的综合发展水平，在2019—2020年，其生态环境系统综合发展水平才被乡村旅游系统的综合发展水平超过。在乡村旅游系统方面，四区县的综合发展水平总体上也呈现上升的态势，只是上升变化情况稍显不同。其中，水城县呈现出较平稳的上升态势，而六枝特区、盘州市和钟山区作为矿产资源最富集的三个地区，2001年时这三个区域的乡村旅游系统综合发展水平是较低，其乡村旅游系统综合发展水平同依次为0.0010、0.0012和0.0011，此后，乡村旅游系统开始进入发展期，可能是受到政府相关政策和旅游资源发展周期的影响，其发展速度变化较大。

8.2.3 乡村旅游与生态环境非协调性耦合度分析

把相关数据代入乡村旅游系统与生态环境系统耦合度模型和非协调性耦合识别模型，即式(6-45)至式(6-48)，计算得到四区县乡村旅游系统和生态环境系统的耦合度值、综合发展水平以及非协调性耦合度值，结果如表8-21至表8-24所列。

表8-21 六枝特区乡村旅游系统与生态环境系统非协调性耦合评价结果

年份	乡村旅游系统综合发展水平(U_1)	生态环境系统综合发展水平(U_2)	耦合度值(C)	乡村旅游系统与生态环境系统综合发展水平(T)	非协调性耦合度值(ND)
2001	0.0010	0.1525	0.0067	0.0768	0.9208
2002	0.0121	0.1705	0.0622	0.0913	0.8491
2003	0.0548	0.1855	0.1760	0.1201	0.7755
2004	0.0660	0.2186	0.1777	0.1427	0.7547
2005	0.1113	0.2492	0.2133	0.1802	0.7115
2006	0.1497	0.2915	0.2241	0.2205	0.6769
2007	0.1954	0.3463	0.2306	0.2708	0.6394
2008	0.2223	0.3979	0.2230	0.3101	0.6144
2009	0.2404	0.4512	0.2261	0.3481	0.5932
2010	0.3007	0.5211	0.2320	0.4109	0.5551
2011	0.3496	0.5703	0.2356	0.4599	0.5275
2012	0.4145	0.6186	0.2402	0.5166	0.4968
2013	0.4694	0.6533	0.2433	0.5614	0.4738
2014	0.5182	0.6752	0.2457	0.5967	0.4562

表8-21(续)

年份	乡村旅游系统综合发展水平(U_1)	生态环境系统综合发展水平(U_2)	耦合度值(C)	乡村旅游系统与生态环境系统综合发展水平(T)	非协调性耦合度值(ND)
2015	0. 5447	0. 6798	0. 2470	0. 6123	0. 4484
2016	0. 6055	0. 6878	0. 2490	0. 6467	0. 4320
2017	0. 6899	0. 7126	0. 2500	0. 7013	0. 4079
2018	0. 7726	0. 7332	0. 2498	0. 7529	0. 3865
2019	0. 8694	0. 7533	0. 2487	0. 8114	0. 3639
2020	0. 8665	0. 7712	0. 2491	0. 8118	0. 3607

注：U_1即$f(U)$，U_2即$g(E)$。

表 8-22 盘州市乡村旅游系统与生态环境系统非协调性耦合评价结果

年份	乡村旅游系统综合发展水平(U_1)	生态环境系统综合发展水平(U_2)	耦合度值(C)	乡村旅游系统与生态环境系统综合发展水平(T)	非协调性耦合度值(ND)
2001	0. 0012	0. 1371	0. 0083	0. 0692	0. 9206
2002	0. 0112	0. 1356	0. 0706	0. 0734	0. 8603
2003	0. 0269	0. 158	0. 1246	0. 0925	0. 8193
2004	0. 0436	0. 1677	0. 1639	0. 1056	0. 7932
2005	0. 0864	0. 1957	0. 2107	0. 1401	0. 7464
2006	0. 1311	0. 2179	0. 2345	0. 1745	0. 7093
2007	0. 1716	0. 2481	0. 2417	0. 2099	0. 6788
2008	0. 2356	0. 3523	0. 2402	0. 2940	0. 6205
2009	0. 2570	0. 4528	0. 2310	0. 3549	0. 5870
2010	0. 3497	0. 5277	0. 2397	0. 4387	0. 5365
2011	0. 3991	0. 5830	0. 2412	0. 4910	0. 5089
2012	0. 4307	0. 6508	0. 2396	0. 5408	0. 4855
2013	0. 4625	0. 7028	0. 2394	0. 5827	0. 4661
2014	0. 5176	0. 7409	0. 2421	0. 6292	0. 4436
2015	0. 5738	0. 7691	0. 2447	0. 6714	0. 4237
2016	0. 6603	0. 7737	0. 2484	0. 7170	0. 4022
2017	0. 6770	0. 7758	0. 2488	0. 7264	0. 3980
2018	0. 7808	0. 7802	0. 2500	0. 7805	0. 3753

表8-22(续)

年份	乡村旅游系统综合发展水平(U_1)	生态环境系统综合发展水平(U_2)	耦合度值(C)	乡村旅游系统与生态环境系统综合发展水平(T)	非协调性耦合度值(ND)
2019	0. 8653	0. 7904	0. 2495	0. 8279	0. 3569
2020	0. 8623	0. 8060	0. 2497	0. 8342	0. 3544

注：U_1即$f(U)$，U_2即$g(E)$。

表 8-23 水城县乡村旅游系统与生态环境系统非协调性耦合评价结果

年份	乡村旅游系统综合发展水平(U_1)	生态环境系统综合发展水平(U_2)	耦合度值(C)	乡村旅游系统与生态环境系统综合发展水平(T)	非协调性耦合度值(ND)
2001	0. 0026	0. 1679	0. 0153	0. 0853	0. 8973
2002	0. 0181	0. 1903	0. 0793	0. 1042	0. 8287
2003	0. 0429	0. 1848	0. 1529	0. 1139	0. 7890
2004	0. 0740	0. 2157	0. 1901	0. 1449	0. 7487
2005	0. 1406	0. 2537	0. 2295	0. 1972	0. 6927
2006	0. 1853	0. 2968	0. 2366	0. 2410	0. 6576
2007	0. 2302	0. 3561	0. 2385	0. 2932	0. 6216
2008	0. 2345	0. 4060	0. 2321	0. 3203	0. 6072
2009	0. 2501	0. 4684	0. 2269	0. 3593	0. 5863
2010	0. 3020	0. 5308	0. 2311	0. 4164	0. 5526
2011	0. 3136	0. 5827	0. 2274	0. 4482	0. 5377
2012	0. 3402	0. 6341	0. 2273	0. 4871	0. 5181
2013	0. 4363	0. 6748	0. 2385	0. 5555	0. 4792
2014	0. 4817	0. 6866	0. 2423	0. 5842	0. 4638
2015	0. 5463	0. 7119	0. 2457	0. 6290	0. 4416
2016	0. 6258	0. 7255	0. 2486	0. 6758	0. 4195
2017	0. 6809	0. 7442	0. 2495	0. 7126	0. 4034
2018	0. 7806	0. 7516	0. 2499	0. 7661	0. 3811
2019	0. 8693	0. 7686	0. 2491	0. 8189	0. 3607
2020	0. 8649	0. 7856	0. 2494	0. 8252	0. 3580

注：U_1即$f(U)$，U_2即$g(E)$。

表 8-24 钟山区乡村旅游系统与生态环境系统非协调性耦合评价结果

年份	乡村旅游系统综合发展水平(U_1)	生态环境系统综合发展水平(U_2)	耦合度值(C)	乡村旅游系统与生态环境系统综合发展水平(T)	非协调性耦合度值(ND)
2001	0.0011	0.0992	0.0108	0.0501	0.9279
2002	0.0155	0.1130	0.1063	0.0642	0.8553
2003	0.0366	0.1305	0.1711	0.0836	0.8141
2004	0.0628	0.1563	0.2044	0.1095	0.7775
2005	0.1380	0.1707	0.2472	0.1544	0.7230
2006	0.1830	0.2490	0.2422	0.2160	0.6733
2007	0.2233	0.2994	0.2447	0.2613	0.6404
2008	0.2401	0.3505	0.2413	0.2953	0.6191
2009	0.2587	0.4106	0.2371	0.3347	0.5963
2010	0.3182	0.4799	0.2397	0.3990	0.558
2011	0.3289	0.5359	0.2357	0.4325	0.5418
2012	0.3532	0.5838	0.2349	0.4685	0.5235
2013	0.4432	0.6274	0.2426	0.5353	0.4865
2014	0.4912	0.7111	0.2416	0.6011	0.4564
2015	0.5547	0.7587	0.2440	0.6567	0.4305
2016	0.6497	0.7867	0.2477	0.7182	0.4021
2017	0.6765	0.7914	0.2485	0.7339	0.3952
2018	0.7907	0.8080	0.2500	0.7994	0.3678
2019	0.8780	0.8251	0.2498	0.8515	0.3476
2020	0.8706	0.8428	0.2499	0.8567	0.3455

注：U_1即$f(U)$，U_2即$g(E)$。

根据第 6 章六盘水市乡村旅游系统与生态环境系统耦合及非协调性耦合协调类型划分标准，得到四个区县的乡村旅游系统与生态环境系统耦合及非协调性耦合协调类型，结果如表 8-25 至表-28 所列。

表 8-25 六枝特区乡村旅游系统与生态环境系统非协调性耦合类型划分

年份	乡村旅游系统综合发展水平(U_1)	生态环境系统综合发展水平(U_2)	非协调性耦合度值(ND)	类别	两个系统数值对比[($g(E)-f(U)$)]	子类别	类型
2001	0.0010	0.1525	0.9208	高水平非协调性耦合	0.1515	乡村旅游滞后	Ⅳ1
2002	0.0121	0.1705	0.8491		0.1584	乡村旅游滞后	Ⅳ1
2003	0.0548	0.1855	0.7755	磨合非协调性耦合	0.1307	乡村旅游滞后	Ⅲ1
2004	0.0660	0.2186	0.7547		0.1526	乡村旅游滞后	Ⅲ1
2005	0.1113	0.2492	0.7115		0.1379	乡村旅游滞后	Ⅲ1
2006	0.1497	0.2915	0.6769		0.1418	乡村旅游滞后	Ⅲ1
2007	0.1954	0.3463	0.6394		0.1509	乡村旅游滞后	Ⅲ1
2008	0.2223	0.3979	0.6144		0.1756	乡村旅游滞后	Ⅲ1
2009	0.2404	0.4512	0.5932		0.2108	乡村旅游滞后	Ⅲ1
2010	0.3007	0.5211	0.5551		0.2204	乡村旅游滞后	Ⅲ1
2011	0.3496	0.5703	0.5275		0.2207	乡村旅游滞后	Ⅲ1
2012	0.4145	0.6186	0.4968	拮抗非协调性耦合	0.2041	乡村旅游滞后	Ⅱ1
2013	0.4694	0.6533	0.4738		0.1839	乡村旅游滞后	Ⅱ1
2014	0.5182	0.6752	0.4562		0.1570	乡村旅游滞后	Ⅱ1
2015	0.5447	0.6798	0.4484		0.1351	乡村旅游滞后	Ⅱ1
2016	0.6055	0.6878	0.4320		0.0823	系统均衡发展	Ⅱ2
2017	0.6899	0.7126	0.4079		0.0227	系统均衡发展	Ⅱ2
2018	0.7726	0.7332	0.3865		-0.0394	系统均衡发展	Ⅱ2
2019	0.8694	0.7533	0.3639		-0.1161	生态环境滞后	Ⅱ3
2020	0.8665	0.7712	0.3607		-0.0953	系统均衡发展	Ⅱ2

注：U_1即$f(U)$，U_2即$g(E)$。

表 8-26 盘州市乡村旅游系统与生态环境系统非协调性耦合类型划分

年份	乡村旅游系统综合发展水平(U_1)	生态环境系统综合发展水平(U_2)	非协调性耦合度值(ND)	类别	两个系统数值对比[($g(E)-f(U)$)]	子类别	类型
2001	0.0012	0.1371	0.9206	高水平非协调性耦合	0.1359	乡村旅游滞后	Ⅳ1
2002	0.0112	0.1356	0.8603		0.1244	乡村旅游滞后	Ⅳ1
2003	0.0269	0.1580	0.8193		0.1311	乡村旅游滞后	Ⅳ1

表8-26(续)

年份	乡村旅游系统综合发展水平(U_1)	生态环境系统综合发展水平(U_2)	非协调性耦合度值(ND)	类别	两个系统数值对比[$(g(E)-f(U)$]	子类别	类型
2004	0.0436	0.1677	0.7932	磨合非协调性耦合	0.1241	乡村旅游滞后	Ⅲ1
2005	0.0864	0.1957	0.7464		0.1093	乡村旅游滞后	Ⅲ1
2006	0.1311	0.2179	0.7093		0.0868	系统均衡发展	Ⅲ2
2007	0.1716	0.2481	0.6788		0.0765	系统均衡发展	Ⅲ2
2008	0.2356	0.3523	0.6205		0.1167	乡村旅游滞后	Ⅲ1
2009	0.2570	0.4528	0.5870		0.1958	乡村旅游滞后	Ⅲ1
2010	0.3497	0.5277	0.5365		0.1780	乡村旅游滞后	Ⅲ1
2011	0.3991	0.5830	0.5089		0.1839	乡村旅游滞后	Ⅲ1
2012	0.4307	0.6508	0.4855	拮抗非协调性耦合	0.2201	乡村旅游滞后	Ⅱ1
2013	0.4625	0.7028	0.4661		0.2403	乡村旅游滞后	Ⅱ1
2014	0.5176	0.7409	0.4436		0.2233	乡村旅游滞后	Ⅱ1
2015	0.5738	0.7691	0.4237		0.1953	乡村旅游滞后	Ⅱ1
2016	0.6603	0.7737	0.4022		0.1134	乡村旅游滞后	Ⅱ1
2017	0.6770	0.7758	0.3980		0.0988	系统均衡发展	Ⅱ2
2018	0.7808	0.7802	0.3753		0.0006	系统均衡发展	Ⅱ2
2019	0.8653	0.7904	0.3569		-0.0749	系统均衡发展	Ⅱ2
2020	0.8623	0.8060	0.3544		-0.0563	系统均衡发展	Ⅱ2

注：U_1即$f(U)$，U_2即$g(E)$。

表 8-27 水城县乡村旅游系统与生态环境系统非协调性耦合类型划分

年份	乡村旅游系统综合发展水平(U_1)	生态环境系统综合发展水平(U_2)	非协调性耦合度值(ND)	类别	两个系统数值对比[$(g(E)-f(U)$]	子类别	类型
2001	0.0026	0.1679	0.8973	高水平非协调性耦合	0.1671	乡村旅游滞后	Ⅳ1
2002	0.0181	0.1903	0.8287		0.1722	乡村旅游滞后	Ⅳ1

表8-27(续)

年份	乡村旅游系统综合发展水平(U_1)	生态环境系统综合发展水平(U_2)	非协调性耦合度值(ND)	类别	两个系统数值对比[($g(E)-f(U)$]	子类别	类型
2003	0. 0429	0. 1848	0. 7890	磨合非协调性耦合	0. 1419	乡村旅游滞后	Ⅲ1
2004	0. 0740	0. 2157	0. 7487		0. 1417	乡村旅游滞后	Ⅲ1
2005	0. 1406	0. 2537	0. 6927		0. 1131	乡村旅游滞后	Ⅲ1
2006	0. 1853	0. 2968	0. 6576		0. 1115	乡村旅游滞后	Ⅲ1
2007	0. 2302	0. 3561	0. 6216		0. 1259	乡村旅游滞后	Ⅲ1
2008	0. 2345	0. 4060	0. 6072		0. 1715	乡村旅游滞后	Ⅲ1
2009	0. 2501	0. 4684	0. 5863		0. 2183	乡村旅游滞后	Ⅲ1
2010	0. 3020	0. 5308	0. 5526		0. 2288	乡村旅游滞后	Ⅲ1
2011	0. 3136	0. 5827	0. 5377		0. 2691	乡村旅游滞后	Ⅲ1
2012	0. 3402	0. 6341	0. 5181		0. 2939	乡村旅游滞后	Ⅲ1
2013	0. 4363	0. 6748	0. 4792	拮抗非协调性耦合	0. 2385	乡村旅游滞后	Ⅱ1
2014	0. 4817	0. 6866	0. 4638		0. 2049	乡村旅游滞后	Ⅱ1
2015	0. 5463	0. 7119	0. 4416		0. 1656	乡村旅游滞后	Ⅱ1
2016	0. 6258	0. 7255	0. 4195		0. 0997	系统均衡发展	Ⅱ2
2017	0. 6809	0. 7442	0. 4034		0. 0633	系统均衡发展	Ⅱ2
2018	0. 7806	0. 7516	0. 3811		-0. 0290	系统均衡发展	Ⅱ2
2019	0. 8693	0. 7686	0. 3607		-0. 1007	生态环境滞后	Ⅱ3
2020	0. 8649	0. 7856	0. 3580		-0. 0793	系统均衡发展	Ⅱ2

注：U_1即$f(U)$，U_2即$g(E)$。

表 8-28　钟山区乡村旅游系统与生态环境系统非协调性耦合类型划分

年份	乡村旅游系统综合发展水平(U_1)	生态环境系统综合发展水平(U_2)	非协调性耦合度值(ND)	类别	两个系统数值对比[$g(E)-f(U)$]	子类别	类型
2001	0. 0011	0. 0992	0. 9279	高水平非协调性耦合	0. 0981	系统均衡发展	Ⅳ2
2002	0. 0155	0. 1130	0. 8553		0. 0975	系统均衡发展	Ⅳ2
2003	0. 0366	0. 1305	0. 8141		0. 0939	系统均衡发展	Ⅳ2

表8-28(续)

年份	乡村旅游系统综合发展水平(U_1)	生态环境系统综合发展水平(U_2)	非协调性耦合度值(ND)	类别	两个系统数值对比[g(E)-f(U)]	子类别	类型
2004	0.0628	0.1563	0.7775	磨合非协调性耦合	0.0935	系统均衡发展	Ⅲ2
2005	0.1380	0.1707	0.7230		0.0327	系统均衡发展	Ⅲ2
2006	0.1830	0.2490	0.6733		0.0660	系统均衡发展	Ⅲ2
2007	0.2233	0.2994	0.6404		0.0761	系统均衡发展	Ⅲ2
2008	0.2401	0.3505	0.6191		0.1104	乡村旅游滞后	Ⅲ1
2009	0.2587	0.4106	0.5963		0.1519	乡村旅游滞后	Ⅲ1
2010	0.3182	0.4799	0.558		0.1617	乡村旅游滞后	Ⅲ1
2011	0.3289	0.5359	0.5418		0.2070	乡村旅游滞后	Ⅲ1
2012	0.3532	0.5838	0.5235		0.2306	乡村旅游滞后	Ⅲ1
2013	0.4432	0.6274	0.4865	拮抗非协调性耦合	0.1842	乡村旅游滞后	Ⅱ1
2014	0.4912	0.7111	0.4564		0.2199	乡村旅游滞后	Ⅱ1
2015	0.5547	0.7587	0.4305		0.2040	乡村旅游滞后	Ⅱ1
2016	0.6497	0.7867	0.4021		0.1370	乡村旅游滞后	Ⅱ1
2017	0.6765	0.7914	0.3952		0.1149	乡村旅游滞后	Ⅱ1
2018	0.7907	0.8080	0.3678		0.0173	系统均衡发展	Ⅱ2
2019	0.8780	0.8251	0.3476		-0.0529	系统均衡发展	Ⅱ2
2020	0.8706	0.8428	0.3455		-0.0278	系统均衡发展	Ⅱ2

注：U_1即$f(U)$，U_2即$g(E)$。

为了对四区县乡村旅游系统和生态环境系统的非协调性耦合度及其非协调性耦类型划分有一个直观的了解和认识，这里运用四区县乡村旅游系统和生态环境系统的非协调性耦合度数据和非协调性耦类型数据制作图形，具体如图 8-23 至图 8-27 所示。

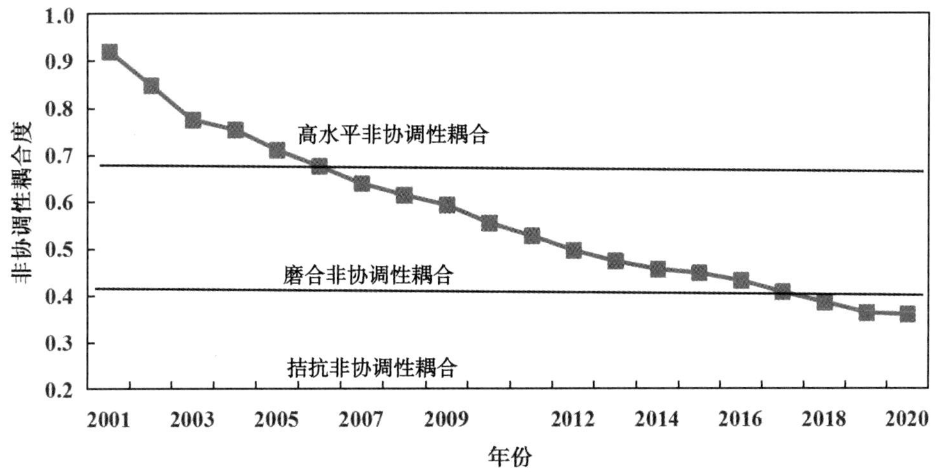

图 8-23　六枝特区乡村旅游系统与生态环境系统非协调性耦合演变过程

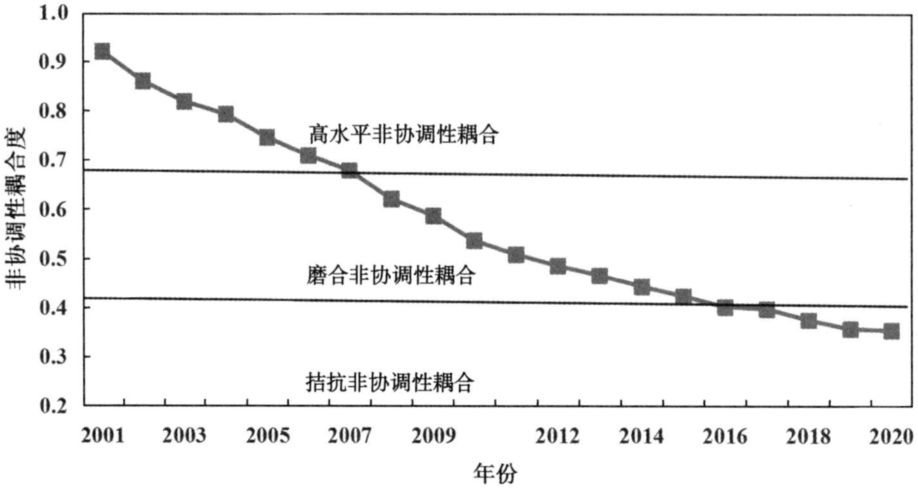

图 8-24　盘州市乡村旅游系统与生态环境系统非协调性耦合演变过程

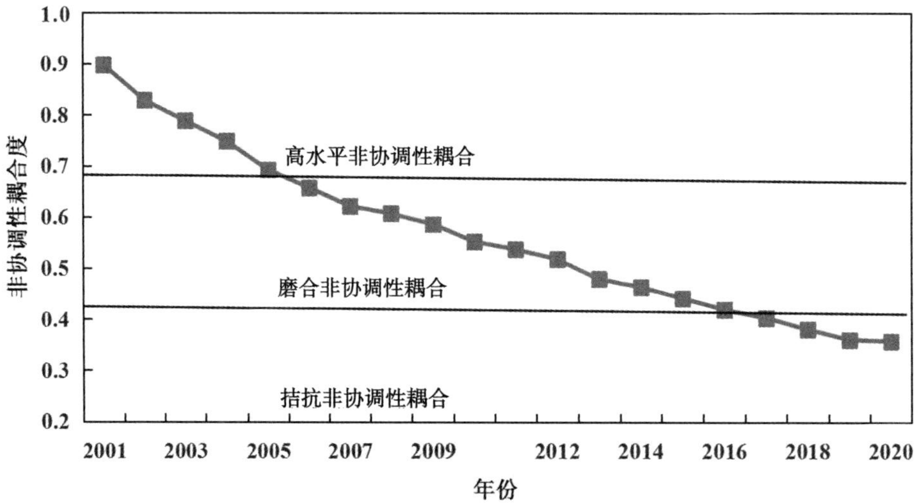

图 8-25　水城县乡村旅游系统与生态环境系统非协调性耦合演变过程

从表 8-21 至表 8-28 以及图 8-23 至图 8-27 可以看出，在研究时段内，四区县乡村旅游系统与生态环境系统的非协调性耦合度呈一条不断下降的曲线，其乡村旅游系统与生态环境系统的非协调性关系发展持续向好；根据非协调性曲线变化的具体情况以及前述第 6 章表 6-22 对乡村旅游系统与生态环境系统非协调性耦合度划分的四个阶段可以看出，四区县乡村旅游系统与生态环境系统非协调性耦合处于第二个阶段（拮抗非协调性耦合阶段）、第三个阶段（磨合非协调性耦合阶段）和第四个阶段（高水平非协调性耦

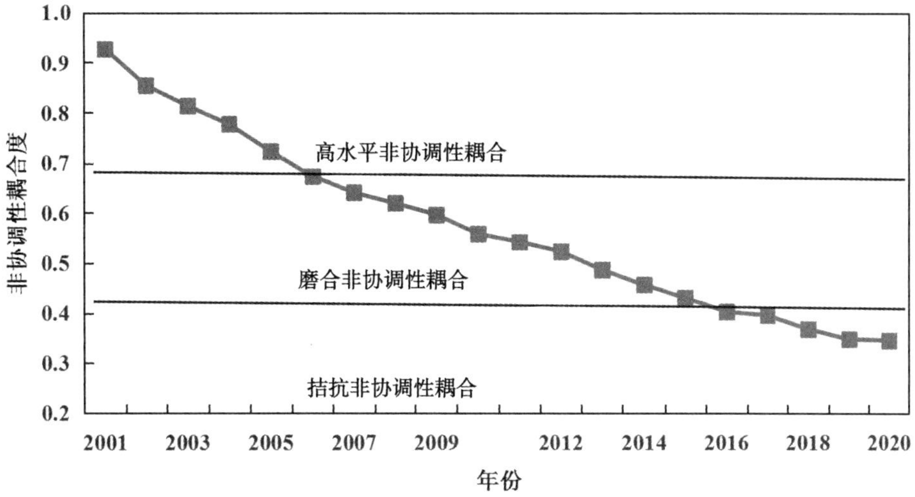

图 8-26 钟山区乡村旅游系统与生态环境系统非协调性耦合演变过程

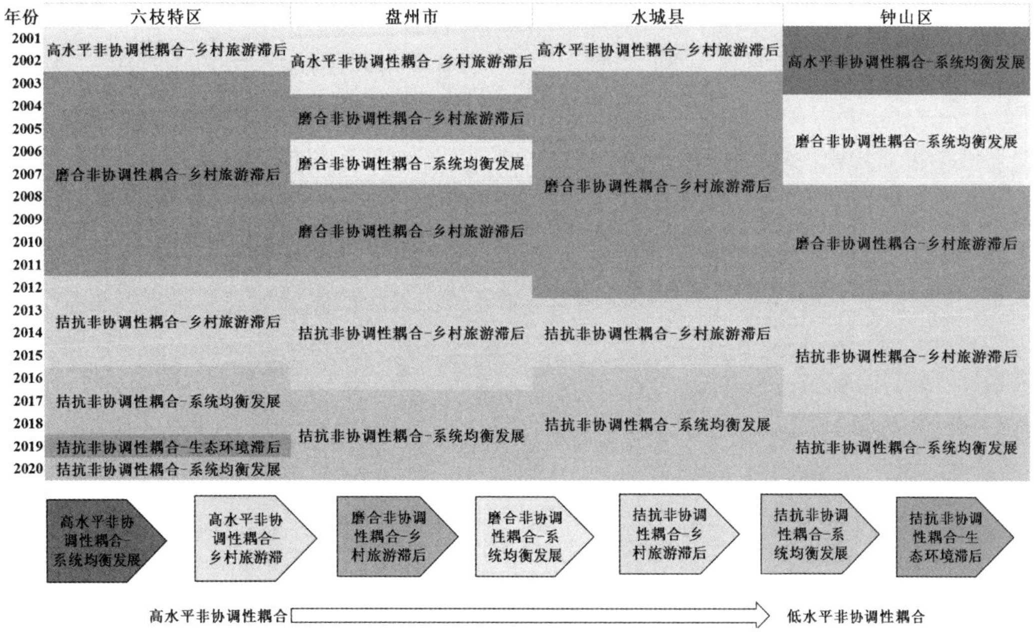

图 8-27 四区县乡村旅游系统与生态环境系统非协调性耦类型划分

合阶段)，在各个阶段内又有不同的子类别划分，四个区县的具体情况如下。

(1)六枝特区乡村旅游系统与生态环境系统的非协调性耦合类型划分

从表 8-21 和表 8-25、图 8-23 和图 8-27 可以看出，在研究时段内，六枝特区乡村旅游系统与生态环境系统的非协调性耦合度呈一条不断下降的曲线，从 2001 年 0.9208 下降到 2020 年的 0.3607，年均下降幅度为 2.80%。表明六枝特区乡村旅游系统与生态环境系统的非协调性关系发展持续向好。在研究时段内，其乡村旅游系统与生态环境系统非协调性耦合度划分的为三个阶段，即高水平非协调性耦合阶段、磨合非协调性耦合阶段和拮抗非协调性耦合阶段，具体情况如下。

①高水平非协调性耦合阶段。2001—2002 年，六枝特区乡村旅游系统与生态环境系统非协调性耦合度从 2001 年的 0.9208 下降到 2002 年的 0.8491，年均下降幅度为 3.59%。$0.8<ND\leq1.0$，说明该时段内二者的非协调性表现为高水平非协调性耦合，乡村旅游系统与生态环境系统处于不协调发展状态；该时段内乡村旅游系统和生态环境系统二者的发展水平很低。在此时段内，$g(E)-f(U)>0.1$，说明其为Ⅳ1 类型，属于“高水平非协调性耦合-乡村旅游滞后”子类别，相对来说乡村旅游系统发展缓慢，没有明显的影响生态环境系统的发展水平。

②磨合非协调性耦合阶段。2003—2011 年，六枝特区乡村旅游系统与生态环境系统非协调性耦合度从 2003 年的 0.7755 下降到 2011 年的 0.5275，年均下降幅度为 2.76%。$0.5<ND\leq0.8$，表明该时段内二者的非协调性表现为磨合非协调性耦合，乡村旅游系统与生态环境系统的发展水平不断提高，同时，$g(E)-f(U)>0.1$，但乡村旅游系统发展水平低于生态环境系统发展水平，乡村旅游系统发展水平相对滞后，未对生态环境系统的发展产生明显影响，说明其为Ⅲ1 类型，属于“磨合非协调性耦合-乡村旅游滞后”子类别。

③拮抗非协调性耦合阶段。2012—2020 年，六枝特区乡村旅游系统与生态环境系统非协调性耦合度从 2012 年的 0.4968 下降到 2020 年的 0.3607，年均下降幅度为 1.51%。$0.3<ND\leq0.5$，表明该时段内二者的非协调性表现为拮抗非协调性耦合，乡村旅游系统与生态环境系统的综合发展水平快速提高，尤其是乡村旅游系统发展水平提升更快。根据二者的关系，又可分为以下三个子类别：一是在 2012—2015 年，乡村旅游系统虽然快速发展，但其发展水平仍然低于生态环境的发展水平，$g(E)-f(U)>0.1$，其为Ⅱ1 类型，属于“拮抗非协调性耦合-乡村旅游滞后”类别。二是在 2016—2018 年和 2020 年，乡村旅游系统发展快速进一步加快，其发展水平逐步接近生态环境系统的发展水平，并于 2018 年后超过了生态环境系统的发展水平，$|g(E)-f(U)|\leq0.1$，其为Ⅱ2 类型，属于“拮抗非协调性耦合-系统均衡发展”子类别。三是在 2019 年，乡村旅游系统水平超过了生态环境系统的发展水平，并且$|g(E)-f(U)|>0.1$，其类型为Ⅱ3 类型，子类别属于“拮抗非协调性耦合-生态环境滞后”子类别，这说明乡村旅游系统的发展对生态环境系统带来极大的压力，生态环境发展滞后。

(2)盘州市乡村旅游系统与生态环境系统的非协调性耦合类型划分

从表 8-22 和表 8-26、图 8-24 和图 8-27 可以看出，在研究时段内，盘州市乡村旅游系统与生态环境系统的非协调性耦合度呈一条不断下降的曲线，从 2001 年的 0.9206

下降到 2020 年的 0.3544，下降幅度为 2.83%，表明盘州市乡村旅游系统与生态环境系统的非协调性关系发展持续向好。其乡村旅游系统与生态环境系统非协调性耦合度划分为三个阶段，即高水平非协调性耦合、磨合非协调性耦合阶段和拮抗非协调性耦合阶段阶段，具体情况如下。

①高水平非协调性耦合阶段。2001—2003 年，盘州市乡村旅游系统与生态环境系统非协调性耦合度从 2001 年的 0.9206 下降到 2003 年的 0.8193，年均下降幅度为 3.38%。$0.8<ND\leq1.0$，说明该时段内二者的非协调性表现为高水平非协调性耦合，乡村旅游系统与生态环境系统处于不协调发展状态；该时段内乡村旅游系统和生态环境系统二者的发展水平很低，$g(E)-f(U)>0.1$，说明其为Ⅳ1 类型，属于“高水平非协调性耦合-乡村旅游滞后”子类别。相对来说乡村旅游系统发展缓慢，没有明显的影响生态环境系统的发展水平。

②磨合非协调性耦合阶段。2004—2011 年，盘州市乡村旅游系统与生态环境系统非协调性耦合度从 2004 年的 0.7932 下降到 2011 年的 0.5089，年均下降幅度为 3.55%。$0.5<ND\leq0.8$，表明该时段内二者的非协调性表现为磨合非协调性耦合，乡村旅游系统与生态环境系统的综合发展水平不断提高。根据二者的关系，又可分为以下两个子类别：一是在 2004—2005 年和 2008—2011 年这两个时段内，乡村旅游系统虽然快速发展，但其综合发展水平仍然明显低于生态环境的综合发展水平，$g(E)-f(U)>0.1$，其为Ⅱ1 类型，属于“磨合非协调性耦合-乡村旅游滞后”类别。二是在 2006—2007 年，乡村旅游系统发展速度较快，其综合发展水平接近生态环境系统的综合发展水平，$|g(E)-f(U)|\leq0.1$，其为Ⅱ2 类型，属于“磨合非协调性耦合-系统均衡发展”子类别。

③拮抗非协调性耦合阶段。2012—2020 年，盘州市乡村旅游系统与生态环境系统非协调性耦合度从 2012 年的 0.4855 下降到 2020 年的 0.3544，年均下降幅度为 1.46%。$0.3<ND\leq0.5$，表明该时段内二者的非协调性表现为拮抗非协调性耦合，乡村旅游系统与生态环境系统的综合发展水平快速提高，尤其是乡村旅游系统发展水平提升更快。根据二者的关系，又可分为以下两个子类别：一是在 2012—2016 年，乡村旅游系统虽然快速发展，但其综合发展水平仍然远低于生态环境的综合发展水平，$g(E)-f(U)>0.1$，其为Ⅱ1 类型，属于“拮抗非协调性耦合-乡村旅游滞后”类别。二是在 2017—2020 年，乡村旅游系统发展速度进一步加快，其综合发展水平接近并超过了生态环境系统的综合发展水平，$|g(E)-f(U)|\leq0.1$，其为Ⅱ2 类型，属于“拮抗非协调性耦合-系统均衡发展”子类别。

(3)水城县乡村旅游系统与生态环境系统的非协调性耦合类型划分

从表 8-23 和表 8-27、图 8-24 和图 8-27 可以看出，在研究时段内，水城县乡村旅游系统与生态环境系统的非协调性耦合度呈一条不断下降的曲线，从 2001 年 0.8973 下降到 2020 年的 0.3580，年均下降幅度为 2.70%。表明水城县乡村旅游系统与生态环境系统的非协调性关系发展持续向好。在研究时段内，其乡村旅游系统与生态环境系统非协调性耦合度划分的为三个阶段，即高水平非协调性耦合阶段、磨合非协调性耦合阶段和拮抗非协调性耦合阶段，具体情况如下。

①高水平非协调性耦合阶段。2001—2002 年，水城县乡村旅游系统与生态环境系统非协调性耦合度从 2001 年的 0.8973 下降到 2002 年的 0.8287，年均下降幅度为 3.43%。$0.8<ND\leq 1.0$，说明该时段内二者的非协调性表现为高水平非协调性耦合，乡村旅游系统与生态环境系统处于不协调发展状态；该时段内乡村旅游系统和生态环境系统二者的综合发展水平很低，$g(E)-f(U)>0.1$，说明其为Ⅳ1 类型，属于“高水平非协调性耦合-乡村旅游滞后”子类别。相对来说乡村旅游系统发展缓慢，没有明显的影响生态环境系统的发展水平。

②磨合非协调性耦合阶段。2003—2012 年，水城县乡村旅游系统与生态环境系统非协调性耦合度从 2003 年的 0.7890 下降到 2012 年的 0.5181，年均下降幅度为 2.71%。$0.5<ND\leq 0.8$，表明该时段内二者的非协调性表现为磨合非协调性耦合，乡村旅游系统与生态环境系统的综合发展水平不断提高，同时，$g(E)-f(U)>0.1$，说明乡村旅游系统综合发展水平低于生态环境系统综合发展水平，乡村旅游系统综合发展水平相对滞后，未对生态环境系统的发展产生明显影响，说明其为Ⅲ1 类型，属于“磨合非协调性耦合-乡村旅游滞后”子类别。

③拮抗非协调性耦合阶段。2013—2020 年，水城县乡村旅游系统与生态环境系统非协调性耦合度从 2013 年的 0.4792 下降到 2020 年的 0.3580，年均下降幅度为 1.52%。$0.3<ND\leq 0.5$，表明该时段内二者的非协调性表现为拮抗非协调性耦合，乡村旅游系统与生态环境系统的综合发展水平快速提高，尤其是乡村旅游系统综合发展水平提升更快。根据二者的关系，又可分为以下三个子类别：一是在 2012—2015 年，乡村旅游系统虽然快速发展，但其发展水平仍然低于生态环境的发展水平，$g(E)-f(U)>0.1$，其为Ⅱ1 类型，属于“拮抗非协调性耦合-乡村旅游滞后”类别。二是在 2016—2018 年和 2020 年，乡村旅游系统发展快速进一步加快，其综合发展水平接近并超过了生态环境系统的综合发展水平，$|g(E)-f(U)|\leq 0.1$，其为Ⅱ2 类型，属于“拮抗非协调性耦合-系统均衡发展”子类别。三是在 2019 年，乡村旅游系统水平超过了生态环境系统的发展水平，并且$|g(E)-f(U)|>0.1$，其为Ⅱ3 类型，属于“拮抗非协调性耦合-生态环境滞后”子类别，这说明乡村旅游系统的发展对生态环境系统带来极大的压力，生态环境发展滞后。

（4）钟山区乡村旅游系统与生态环境系统的非协调性耦合类型划分

从表 8-24 和表 8-28、图 8-26 和图 8-27 可以看出，在研究时段内，钟山区乡村旅游系统与生态环境系统的非协调性耦合度呈一条不断下降的曲线，从 2001 年的 0.9408 下降到 2020 年的 0.3362，年均下降幅度为 3.02%。表明钟山区乡村旅游系统与生态环境系统的非协调性关系发展持续向好。在研究时段内，其乡村旅游系统与生态环境系统非协调性耦合度划分的为三个阶段，即高水平非协调性耦合阶段、磨合非协调性耦合阶段和拮抗非协调性耦合阶段，具体情况如下。

①高水平非协调性耦合阶段。2001—2003 年，钟山区乡村旅游系统与生态环境系统非协调性耦合度从 2001 年的 0.9279 下降到 2003 年的 0.8141，年均下降幅度为 3.79%。$0.8<ND\leq 1.0$，说明该时段内二者的非协调性表现为高水平非协调性耦合，乡村旅游系统与生态环境系统处于不协调发展状态；该时段内乡村旅游系统和生态环境系统二者的综合发展水平很低，$g(E)-f(U)\leq 0.1$，说明其为Ⅳ2 类型，属于“高水平非协调性耦合-系统均衡发展”子类别。相对来说乡村旅游系统发展缓慢，没有明显地影响生态环境系统的发展水平。

②磨合非协调性耦合阶段。2004—2012 年，钟山区乡村旅游系统与生态环境系统非协调性耦合从 2004 年的 0.7775 下降到 2012 年的 0.5235，年均下降幅度为 2.82%。$0.5<ND\leq 0.8$，表明该时段内二者的非协调性表现为磨合非协调性耦合，乡村旅游系统与生态环境系统的综合发展水平不断提高。根据二者的关系，又可分为以下两个子类别：一是在 2004—2007 年，乡村旅游系统虽然快速发展，但其综合发展水平仍然低于生态环境的综合发展水平，$g(E)-f(U)\leq 0.1$，其为Ⅲ2 类型，属于“磨合非协调性耦合-系统均衡发展”子类别。二是在 2008—2012 年，乡村旅游系统发展速度进一步加快，但其综合发展水平低于生态环境系统综合发展水平，乡村旅游系统发展水平相对滞后，未对生态环境系统的发展产生明显影响，$g(E)-f(U)\leq 0.1$，其为Ⅲ1 类型，属于“磨合非协调性耦合-乡村旅游滞后”子类别。

③拮抗非协调性耦合阶段。2013—2020 年，钟山区乡村旅游系统与生态环境系统非协调性耦合从 2013 年的 0.4865 下降到 2020 年的 0.3455，年均下降幅度为 1.76%。$0.3<ND\leq 0.5$，表明该时段内二者的非协调性表现为拮抗非协调性耦合，乡村旅游系统与生态环境系统的综合发展水平快速提高，尤其是乡村旅游系统的综合发展水平提升更快。根据二者的关系，又可分为以下两个子类别：一是在 2013—2017 年，乡村旅游系统虽然快速发展，但其综合发展水平仍然低于生态环境的综合发展水平，$g(E)-f(U)>0.1$，其为Ⅱ1 类型，属于“拮抗非协调性耦合-乡村旅游滞后”子类别。二是在 2018—2020 年，乡村旅游系统发展快速进一步加快，其综合发展水平接近并超过了生态环境系统的综合发展水平，$|g(E)-f(U)|\leq 0.1$，其为Ⅱ2 类型，属于“拮抗非协调性耦合-系统均衡发展”子类别。

总体来说，在研究时段内，四区县的乡村旅游系统与生态环境系统非协调性耦合度划分为三个阶段，即拮抗非协调性耦合阶段、磨合非协调性耦合阶段和高水平非协调性耦合阶段。根据二者的关系，在不同的时段内又分为高水平非协调性耦合-系统均衡发展、高水平非协调性耦合-乡村旅游滞后、磨合非协调性耦合-乡村旅游滞后、磨合非协调性耦合-系统均衡发展、拮抗非协调性耦合-乡村旅游滞后、拮抗非协调性耦合-系统均衡发展和拮抗非协调性耦合-生态环境滞后等七个子类别。

8.3 四区县乡村旅游与生态环境保护综合发展水平空间分析

8.3.1 四区县乡村旅游系统综合发展水平空间分析

为了对六枝特区、盘州市、水城县和钟山区四区县乡村旅游系统综合发展水平空间表现形式有一个清晰的认识，这里以四区县2001年、2007年、2014年和2020年的乡村旅游系统综合发展水平数进行分析。对于四区县乡村旅游系统综合发展水平的等级划分标准，本书在参考前人研究的基础上，结合四区县的实际情况，制定乡村旅游系统综合发展水平的等级划分标准如下：0~0.0199为低等乡村旅游综合水平，0.0200~0.1999为较低等乡村旅游综合水平，0.2000~0.4999为中等乡村旅游综合水平，0.5000~0.8699为较高等乡村旅游综合水平，0.8700~1.0000为高等乡村旅游综合水平。根据这一等级划分标准，四区县乡村旅游系统综合发展水平总体呈现出增长态势，但四区县的综合发展水平存在空间变化差异，具体情况如下。

①2001年，四区县乡村旅游系统综合发展水平呈现出中部区域高于周围区域发展的空间格局，东部的六枝特区、南部的盘州市和北部的钟山区为低等乡村旅游综合水平，而中部的水城县为较低等乡村旅游综合水平。

②2007年，随着乡村旅游系统综合发展水平的不断提高，四区县呈现中部和北部区域优于东部和南部区域的空间特征，中部的水城县和北部的钟山区为中等乡村旅游综合水平，东部的六枝特区和南部的盘州市为较低等乡村旅游综合水平。在此期间，北部的钟山区乡村旅游系统发展较快，从2001年的低等乡村旅游综合水平发展为2007年中等乡村旅游综合水平，中部的水城县从较低等乡村旅游综合水平发展为中等乡村旅游综合水平，东部的六枝特区和南部的盘州市则从低等乡村旅游综合水平发展为较低等乡村旅游综合水平。

③2014年，四区县乡村旅游系统综合发展水平进一步提升，其综合发展水平呈现出东部和南部优于中部和北部区域的空间特征。东部的六枝特区和南部的盘州市发展较快，它们的乡村旅游综合发展水平从2007年的较低等乡村旅游综合水平发展为2014年的较高等乡村旅游综合水平，中部的水城县和北部的钟山区乡村旅游综合水平虽然有所提高，但2014年时仍为中等乡村旅游综合水平。

④2020年，随着四区县乡村旅游的深入发展，其乡村旅游发展综合水平的空间差异逐渐变小，呈现出北部区域优于中部、东部和南部区域的空间特征。在此期间，北部的钟山区乡村旅游系统发展最快，乡村旅游综合发展水平从2014年的中等乡村旅游综合水平发展为2020年的高等乡村旅游综合水平。中部的水城县乡村旅游系统发展也较快，

乡村旅游综合发展水平从中等乡村旅游综合水平发展为较高等乡村旅游综合水平。而东部的六枝特区和南部的盘州市乡村旅游综合水平虽然有所提高，但 2020 年时仍为较高等乡村旅游综合水平。

总体来看，2001 年，中部的水城县乡村旅游发展优于东部的六枝特区、南部的盘州市和北部的钟山区，主要原因是水城县矿产资源相对较少，该区域较早发展乡村旅游。而钟山区、六枝特区和盘州市矿产资源相对较为丰富，三地主要发展采矿业及其相关产业，对乡村旅游的关注较少，因此这三个区域乡村旅游发展水平相对较低。在此后的发展过程中，钟山区的乡村旅游有两个时段发展较快，其乡村旅游综合发展水平逐步赶上并超过其他三个区域，主要是因为钟山区作为六盘水市政府所在地，政府对乡村旅游的发展高度重视，因此发展较快，使得该地乡村旅游综合水平逐渐上升并超过了其他三个区域。

8.3.2 四区县生态环境系统综合发展水平空间分析

同理，对四区县 2001 年、2007 年、2014 年和 2020 年的生态环境系统综合发展水平数据进行分析。对于四区县生态环境系统综合发展水平的等级划分标准，本书在参考前人研究的基础上，结合四区县的实际情况，制定生态环境系统综合发展水平的等级划分标准如下：0 ~0. 1499 为低等生态环境综合水平，0. 1500 ~0. 3499 为较低等生态环境综合水平，0. 3500 ~0. 6999 为中等生态环境综合水平，0. 7000 ~0. 8399 为较高等生态环境综合水平，0. 8400 ~1. 0000 为高等生态环境综合水平。根据这一等级划分标准，四区县生态环境系统综合发展水平的空间分布与乡村旅游系统综合发展水平的空间分布有一些相似的规律，即四区县生态环境系统综合发展水平总体呈现出增长态势，生态环境系统综合发展水平从低等生态环境水平到高等生态环境水平逐渐转化。但是，在生态环境系统综合发展水平不断转好的同时，四区县的生态环境系统综合发展水平也存在空间变化差异，具体情况如下。

①2001 年，四区县生态环境系统综合发展水平呈现中部区域和东部区域高于南北区域发展的空间格局，南部的盘州市和北部的钟山区为低等生态环境综合水平，而中部的水城县和东部的六枝特区为较低等生态环境综合水平。

②2007 年，随着生态环境系统综合发展水平的不断提高，四区县呈现出中部区域高于东部、南部和北部区域的空间特征，中部的水城县为中等生态环境综合水平，东部的六枝特区、南部的盘州市和北部的钟山区为较低等生态环境综合水平。在此期间，中部的水城县生态环境系统发展较快，从 2001 年的较低等生态环境综合水平发展为 2007 年中等生态环境综合水平；南部的盘州市和北部的钟山区从低等生态环境综合水平上升为较低等生态环境综合水平；东部的六枝特区生态环境综合发展水平虽然取得进步，但仍为较低等生态环境综合水平。

③2014 年，四区县生态环境系统综合水平进一步提升，其发展呈现出南部和北部区域优于中部和东部区域的空间特征。南部的盘州市和北部的钟山区为较高等生态环境综合水平，中部的水城县和东部的六枝特区为中等生态环境综合水平。在此期间，南部的盘州市和北部的钟山区生态环境系统发展较快，从 2007 年的较低等生态环境综合水平发展为 2014 年较高等生态环境综合水平；东部的六枝特区从 2007 年的较低等生态环境综合水平发展为 2014 年中等生态环境综合水平；中部的水城县生态环境综合发展水平虽然有所提高，但在这一时期发展较慢，仍为中等生态环境综合水平。

④2020 年，随着四区县生态环境系统综合水平的进一步发展，呈现出北部区域优于东部、南部和中部区域的空间特征，北部的钟山区生态环境综合水平发展较快，为高等生态环境综合水平，而东部的六枝特区、中部的水城县和南部的盘州市为较高等生态环境综合水平。在此期间，北部的钟山区生态环境系统发展较快，从 2014 年的较高等生态环境综合水平发展为 2020 年的高等生态环境综合水平；东部的六枝特区和中部的水城县从 2014 年的中等生态环境综合水平发展为 2020 年较高等生态环境综合水平；南部的盘州市生态环境综合发展水平虽然有所提高，但此时发展较慢，仍为较高等生态环境综合水平。

综合各方面的因素来看，2001 年，南部的盘州市和北部的钟山区的生态环境系统发展水平低于中部的水城县和东部六枝特区。对于南部的盘州市而言，煤矿资源丰富，矿井较多，坑口电站也多，加上煤炭炼焦等企业的分布，对生态环境产生较大影响，因此生态环境系统综合发展水平低；而位于北部的钟山区，有西南著名的首钢水钢企业分布，又有较多的矿井和火力发电厂以及土法炼锌等企业，也影响了生态环境系统的发展，因此生态环境系统综合发展水平也低。与乡村旅游系统的发展相联系，此时南部的盘州市和北部的钟山区的乡村旅游综合发展水平也低，这进一步说明生态环境的发展对乡村旅游的发展具有促进作用。也正因为意识到这一点，钟山区和盘州市在区域转型发展过程中强调大力发展乡村旅游，但乡村旅游的发展需要良好生态环境的支撑，为配合乡村旅游的发展，各个区域致力于生态环境的建设和综合发展水平的提升。由此，四区县生态环境系统综合发展水平逐渐上升。其中，作为六盘水市政府所在地的钟山区生态环境系统发展水平上升最快，2020 年，其生态环境系统综合发展水平为高等综合水平。

8.4 四区县乡村旅游系统和生态环境系统非协调性耦合空间分析

为进一步理解六枝特区、盘州市、水城县和钟山区四区县乡村旅游系统和生态环境系统非协调性耦合的空间表现形式，考虑四县乡村旅游系统和生态环境系统非协调性耦合变化特征以及新冠病毒感染等因素的影响等，这里以 2001 年、2007 年、2012 年和

2019 年为时间节点，判别四区县乡村旅游系统和生态环境非协调性耦合关系，并对六枝特区、盘州市、水城县和钟山区四区县的乡村旅游系统和生态环境系统非协调性耦合数据进行分析，对于四区县乡村旅游系统和生态环境系统非协调性耦合等级划分标准，采用第 6 章表 6-22 乡村旅游与生态环境非协调性耦合协调类型划分标准，即 0～0.2000 为低水平非协调性耦合阶段，0.2001～0.5000 为拮抗非协调性耦合阶段，0.5001～0.8000 为磨合非协调性耦合阶段，0.8001～1.0000 为高水平非协调性耦合阶段。根据这一等级划分标准，四区县乡村旅游系统和生态环境系统非协调性耦合呈现出下降态势，二者的非协调性耦合度从高水平非协调性耦合发展到磨合非协调性耦合，再发展到拮抗非协调性耦合，乡村旅游系统和生态环境系统的协调关系得到了较好的改善，具体情况如下。

① 2001 年，四区县乡村旅游系统和生态环境系统非协调性耦合度差异不明显，变化不大，四区县均处于"高水平非协调性耦合"阶段，只是子类别有所变化。其中，东部的六枝特区、南部的盘州市和中部的水城县为"高水平非协调性耦合-乡村旅游滞后"子类别，北部的钟山区为"高水平非协调性耦合-系统均衡发展"子类别。

②2007 年，随着乡村旅游系统与生态环境系统的不断发展，四区县乡村旅游系统与生态环境系统非协调性耦合度为"磨合非协调性耦合"阶段，但由于乡村旅游系统与生态环境系统内部之间差距大小的关系，呈现出南北部区域优于中部区域和东部区域的空间特征，表现为"磨合非协调性耦合-系统均衡发展"和"磨合非协调性耦合-乡村旅游滞后"两种不同的发展子类别。南部的盘州市和北部的钟山区为"磨合非协调耦合-系统均衡发展"子类别，说明乡村旅游系统与生态环境系统二者的差距较小，其差值接近于 0，两个系统均衡发展；而中部的水城县和东部的六枝特区为"磨合非协调性耦合-乡村旅游滞后"子类别，说明乡村旅游系统与生态环境系统二者的差距较大，其差值大于 0.1，乡村旅游滞后。

③2012 年，四区县乡村旅游系统与生态环境系统进一步发展，乡村旅游系统与生态环境系统非协调性耦合度表现为两种不同的发展阶段：磨合非协调性耦合和拮抗非协调性耦合阶段。从空间表现形式来看，呈现出东部和南部区域明显优于北部和中部区域的空间格局。东部的六枝特区和南部的盘州市乡村旅游系统与生态环境系统非协调性耦合度为"拮抗非协调性耦合"阶段，而北部的钟山区和中部的水城县乡村旅游系统与生态环境系统非协调性耦合度则为"磨合非协调性耦合"阶段。根据乡村旅游系统与生态环境系统内部之间差距大小的关系，东部的六枝特区和南部的盘州市表现为"拮抗非协调性耦合-乡村旅游滞后"子类别，北部的钟山区和中部的水城县则表现为"磨合非协调性耦合-乡村旅游滞后"子类别。在该研究时段，东部六枝特区和南部盘州市的乡村旅游系统和生态环境系统的综合发展水平明显高于北部的钟山区和中部的水城县，生态环境保护明显促进了乡村旅游的发展，乡村旅游系统与生态环境系统二者之间的非良性互动改善明显。

④2019 年，四区县乡村旅游系统和生态环境系统非协调性耦合度差异缩小，四区县

均处于“拮抗非协调性耦合”阶段，根据乡村旅游系统与生态环境系统内部之间差距大小的关系，呈现出南北部区域优于中部区域和东部区域的空间特征。南部盘州市和北部钟山区乡村旅游系统和生态环境系统非协调性耦合表现为“拮抗非协调性耦合-系统均衡发展”子类别，说明生态环境建设有力地促进了乡村旅游的发展，乡村旅游与生态环境二者之间的非良性互动效果良好。而东部六枝特区和中部水城县乡村旅游系统和生态环境系统非协调性耦合则表现为“拮抗非协调性耦合-生态环境滞后”子类别，意味着乡村旅游的发展给生态环境带来了压力，应当在发展乡村旅游的同时，更加注重生态环境的保护，以期实现二者的持续均衡发展。

总体来看，2001 年，四区县乡村旅游系统和生态环境系统非协调性耦合度差异不明显，均处于“高水平非协调性耦合”阶段，东部的六枝特区、南部的盘州市和中部的水城县为“高水平非协调性耦合-乡村旅游滞后”子类别，北部的钟山区为“高水平非协调性耦合-系统均衡发展”子类别。2007 年，四区县乡村旅游系统与生态环境系统非协调性耦合度为“磨合非协调性耦合”子阶段，但呈现出南北部区域优于中部区域和东部区域的空间特征，南部的盘州市和北部的钟山区为“磨合非协调耦合-系统均衡发展”子类别，而中部的水城县和东部的六枝特区为“磨合非协调性耦合-乡村旅游滞后”子类别。2012 年，四区县乡村旅游系统与生态环境系统非协调性耦合度分为磨合非协调性耦合和拮抗非协调性耦合两个发展阶段。东部的六枝特区和南部的盘州市乡村旅游系统与生态环境系统非协调性耦合度处于“拮抗非协调性耦合”阶段，而北部的钟山区和中部的水城县乡村旅游系统与生态环境系统非协调性耦合度处于“磨合非协调性耦合”阶段。其中，东部的六枝特区和南部的盘州市表现为“拮抗非协调性耦合-乡村旅游滞后”子类别，北部的钟山区和中部的水城县则表现为“磨合非协调性耦合-乡村旅游滞后”子类别。2019 年，四区县均处于“拮抗非协调性耦合”阶段。其中，南部盘州市和北部钟山区乡村旅游系统和生态环境系统非协调性耦合表现为“拮抗非协调性耦合-系统均衡发展”子类别，而东部六枝特区和中部水城县乡村旅游系统和生态环境系统非协调性耦合则表现为“拮抗非协调性耦合-生态环境滞后”子类别。

8.5 本章小结

本章对六枝特区、盘州市、水城县和钟山区四区县的县域尺度下乡村旅游与生态环境保护非协调性耦合进行了测度研究，其研究过程总结如下。

①收集整理得到六枝特区、盘州市、水城县和钟山区四区县 2001—2020 年乡村旅游系统 14 个评价指标原始数据和生态环境系统 18 个评价指标原始数据，并对原始数据作标准化处理。

②采用主观赋权法(层次分析法)和客观赋权法(熵权法、变异系数法与均方差决策

法）计算得到六枝特区、盘州市、水城县和钟山区四区县各个评价指标的权重值，然后在此基础上，运用拉格朗日指数法计算出四区县各个评价指标的组合权重值，从而最终确定各个评价指标的权重值。在对各个区县评价指标权重值等进行分析的基础上，分别对四区县乡村旅游系统和生态环境系统评价指标的贡献程度进行了分析。

③运用乡村旅游系统与生态环境系统综合评价模型，对六枝特区、盘州市、水城县和钟山区四区县乡村旅游系统和生态环境系统的综合发展水平与演变过程进行了分析。研究结果表明，在乡村旅游系统方面，四区县乡村旅游系统综合发展水平总体呈现出增长上升态势的曲线。对于子系统而言，四区县在乡村旅游经济效益系统方面呈现波动上升的格局，但在四区县中，水城县的波动性更大；在乡村旅游资源质量和乡村旅游基础设施两个方面则呈不断上升的趋势。在生态环境系统方面，四区县生态环境系统综合发展水平总体呈现出增长上升态势的曲线。对于子系统而言，四区县在生态环境压力系统和生态环境保护投入系统方面呈现波动上升的格局，生态环境效率系统则呈逐年持续不断上升态势。

④运用乡村旅游系统与生态环境系统耦合度模型和非协调性耦合识别模型，对六枝特区、盘州市、水城县和钟山区四区县乡村旅游系统和生态环境系统的非协调性耦合类型进行了研究。结果表明，在研究时段内，四区县乡村旅游系统与生态环境系统的非协调性耦合度呈一条不断下降的曲线，四区县的乡村旅游系统与生态环境系统非协调性耦合度划分为三个阶段，即拮抗非协调性耦合阶段、磨合非协调性耦合阶段和高水平非协调性耦合阶段。根据二者的关系，在不同的时段内又分为高水平非协调性耦合-系统均衡发展、高水平非协调性耦合-乡村旅游滞后、磨合非协调性耦合-乡村旅游滞后、磨合非协调性耦合-系统均衡发展、拮抗非协调性耦合-乡村旅游滞后、拮抗非协调性耦合-生态环境滞后和拮抗非协调性耦合-系统均衡发展等七个子类别。

⑤对四区县乡村旅游与生态环境保护综合发展水平空间表现形式进行了研究，主要从以下两个方面进行了分析：一方面，研究了四区县乡村旅游系统综合发展水平空间表现形式。2001 年，东部的六枝特区、南部的盘州市和北部的钟山区为低等乡村旅游综合水平，而中部的水城县为较低等乡村旅游综合水平。2007 年，中部的水城县和北部的钟山区为中等乡村旅游综合水平，东部的六枝特区和南部的盘州市为较低等乡村旅游综合水平。2014 年，东部的六枝特区和南部的盘州市乡村旅游综合发展水平为高等乡村旅游综合水平，中部的水城县和北部的钟山区乡村旅游综合水平则为中等乡村旅游综合水平。2020 年，北部的钟山区为高等乡村旅游综合水平，中部的水城县、东部的六枝特区和南部的盘州市为较高等乡村旅游综合水平。另一方面，研究了四区县生态环境系统综合发展水平空间表现形式。2001 年，南部的盘州市和北部的钟山区为低等生态环境综合水平，而中部的水城县和东部的六枝特区为较低等生态环境综合水平。2007 年，东部的六枝特区、南部的盘州市和北部的钟山区为较低等生态环境综合水平，中部的水城县为中等生态环境综合水平。2014 年，南部的盘州市和北部的钟山区为较高等生态环境综合

水平，中部的水城县和东部的六枝特区为中等生态环境综合水平。2020 年，北部的钟山区生态环境综合水平为高等生态环境综合水平，而东部的六枝特区、中部的水城县和南部的盘州市为较高等生态环境综合水平。

⑥对四区县乡村旅游系统和生态环境系统非协调性耦合进行了空间分析。2001 年，四区县乡村旅游系统和生态环境系统非协调性耦合协调度均处于高水平非协调性耦合阶段。其中，东部的六枝特区、南部的盘州市和中部的水城县为高水平非协调性耦合-乡村旅游滞后子类别，北部的钟山区为高水平非协调性耦合-系统均衡发展子类别。2007 年，四区县乡村旅游系统与生态环境系统非协调性耦合协调度处于磨合非协调性耦合阶段，南部的盘州市和北部的钟山区为磨合非协调性耦合-系统均衡发展类别，而中部的水城县和东部的六枝特区为磨合非协调性耦合-乡村旅游滞后类别。2012 年，四区县乡村旅游系统与生态环境系统非协调性耦合度表现为磨合非协调性耦合和拮抗非协调性耦合两个发展阶段，东部的六枝特区和南部的盘州市乡村旅游系统与生态环境系统非协调性耦合度处于拮抗非协调性耦合阶段，而北部的钟山区和中部的水城县乡村旅游系统与生态环境系统非协调性耦合度则处于磨合非协调性耦合阶段。东部的六枝特区和南部的盘州市表现为拮抗非协调性耦合-乡村旅游滞后子类别；北部的钟山区和中部的水城县则表现为磨合非协调性耦合-乡村旅游滞后子类别。2019 年，四区县均处于拮抗非协调性耦合阶段，但南部盘州市和北部钟山区乡村旅游系统和生态环境系统非协调性耦合表现为拮抗非协调性耦合-系统均衡发展子类别，东部六枝特区和中部水城县乡村旅游系统和生态环境系统非协调性耦合则表现为拮抗非协调性耦合-生态环境滞后子类别。

第9章　乡村旅游与生态环境保护非良性互动形成机理

在乡村旅游与生态环境两个子系统中，乡村旅游系统是核心，生态环境系统是载体，只有保证乡村旅游系统和生态环境系统形成良性互动关系，才能确保乡村旅游系统与生态环境系统二者的持续健康发展。当乡村旅游系统的综合发展水平超过生态环境系统的综合发展水平，即出现生态环境滞后型，乡村旅游系统的发展就会对生态环境系统带来压力，造成生态环境系统的破坏，进而影响乡村旅游系统自身的持续健康发展。如果生态环境系统的综合发展水平超过乡村旅游系统的综合发展水平，即出现乡村旅游滞后型，就会出现乡村旅游系统的发展，进而对当地经济社会的发展带来影响，停滞不前的经济社会也会阻碍生态环境系统的健康发展。前面两章对乡村旅游系统和生态环境系统的非协调性耦合进行了定量分析，从研究结果来看，六盘水市各区县的乡村旅游系统和生态环境系统的综合发展水平整体上都呈现出不断上升的态势，而乡村旅游系统的综合发展水平增长速度快于生态环境系统的综合发展水平增长速度。在研究时段内，乡村旅游系统的综合发展水平逐步接近并超过生态环境系统的综合发展水平，并在一些区域的一些年份，出现生态环境滞后的情况。由此，本章从国际层面、国内层面和地方政府层面分析乡村旅游系统与生态环境系统非良性互动的形成机理，为乡村旅游与生态环境保护良性互动对策与建议提供研究基础。

在研究时段内，六盘水市乡村旅游发展较快，其乡村旅游系统的综合发展水平逐步接近并超过生态环境系统的综合水平，对生态环境系统产生一定的压力，其形成原因与国际国内乡村旅游的发展背景密切相关。在地方政府各种政策的支持其与鼓励下，乡村旅游系统发展优于生态环境系统发展。同时，自然环境的制约影响因素也对生态环境系统的发展有一定的影响作用。

9.1 国内外旅游业的发展推动乡村旅游发展快于生态环境发展

9.1.1 国际旅游业的发展推动乡村旅游快速发展

19 世纪中后期，英国等国出现了最早的乡村旅游活动。“二战”结束后，特别是 20 世纪 60 年代以后，国际社会总体趋于稳定，为旅游业的发展提供了良好的社会环境。人们认识到进行旅游活动能够让人放松身心，恢复体力，并丰富阅历和增长见识，从而提高人们的素质，促进社会发展。由此，各国积极为旅游活动创造条件，把旅游业作为国家发展的战略内容。例如，美国联邦政府成立美国旅游事务署(USTU)，指出要“尽最大可能为美国人民的健康和福利作贡献”，并实施《国家旅游政策法案》。法国政府也明确其旅游业的目的是提高国民生活质量。西欧多个国家都倡导发展“社会旅游”，各国政府都支持旅游业的发展。

在旅游业蓬勃发展的背景下，乡村旅游在许多国家得到快速发展。例如，法国政府积极发展乡村旅游。1951 年，建设乡村旅馆吸引游客；1955 年，对从事乡村旅游的人们提供贷款服务；1962 年，实施《马尔罗法》，对乡村旅游资源开发进行指导；1972 年，进一步实施《乡村旅游发展质量规范法》，提出乡村旅游发展的质量标准。美国以乡村休闲农场的形式发展乡村旅游。1970 年，乡村休闲农场在美国开始发展；1980 年，美国东海岸的休闲农场数量达到 1500 处之多；1990 年，乡村旅游向大城市附近发展。日本乡村旅游发展也较早。20 世纪 60 年代，日本在城市近郊以休闲农园和观光果园的模式发展乡村旅游；70 年代，以农业观光农场的方式发展；80 年代，发展成农业休闲度假村，其乡村旅游在“外国旅客访日计划”的推动下得以快速发展。在国际旅游业的发展推动下，乡村旅游快速发展。

9.1.2 国内旅游业的发展促进乡村旅游迅速发展

(1)国内经济高速发展促进旅游业的快速发展

新中国成立之后，尤其是改革开放以来，中国经济迅速发展，促进了旅游业的快速发展，旅游业的发展取得了前所未有的进步。从经济层面来看，世界经济一般认为，当一个国家或地区的国民人均年收入为 300~400 美元时，这个国家或地区的居民就有了出游国内景点的想法；当国民人均年收入超过 1000 美元时，国民的旅游方式将不再是简单的观光旅游，而是朝着休闲旅游和度假旅游转化，有了到邻国旅游的愿望；当国民人均年收入超过 3000 美元时，休闲消费就进入大众化阶段；当国民人均年收入超过 5000 美元时，休闲消费将进入快速增长期。以人民币对美元当时的汇率计算，1992 年，我国的城镇居民人均可支配收入为 331 美元，首次突破 300 美元；2003 年为 1024 美元，超过 1000 美元；2012 年为 3891 美元，超过 3000 美元；2015 年为 5009 美元，超过 5000 美元；2021 年为 7439 美元①。近年来，我国城镇居民人均可支配收入如图 9-1 所示。由此看来，我国已经进入休闲消费的快速增长期。2016 年，中国社会科学院舆情实验室首次发布的《中国乡村旅游发展指数报告》指出，我国的乡村旅游已经进入大旅游时代。国内社会与经济的高速发展，为旅游业的发展提供了必要的物质基础，促进了旅游业的快速发展。

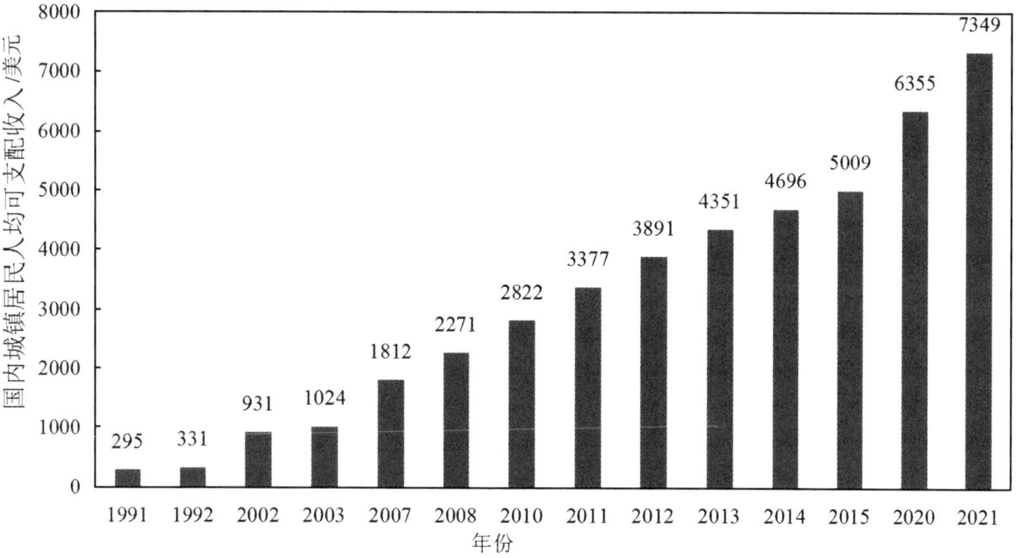

图 9-1　全国城镇居民人均可支配收入

资料来源：根据国家统计公布的历年国民经济与社会发展统计公报整理

(2)国家有关政策促进乡村旅游高速发展

我国对乡村旅游的研究起步较晚。20 世纪 80 年代末，深圳成功举办荔枝节，我国乡村旅游兴起；90 年代后，乡村旅游快速发展；2006 年，国家旅游局确定当年为“乡村旅游年”，乡村旅游进入全新的发展时期。在国内经济高速发展的背景下，旅游业迅速发展，乡村旅游得到了政府的大力支持，尤其是党的十八大以来，党和国家对发展乡村旅游高度重视，制定了一系列关于促进乡村旅游发展的政策②，国家层面关于休闲农业

① 袁茏，岳坤前.乡村旅游高质量发展研究：乡村振兴战略实践之贵州样本[M].北京：经济科学出版社，2023：56-57.

② 李晓琴.美丽乡村与乡村旅游协同发展研究[M].北京：科学出版社，2023：11-13.

和乡村旅游的有关政策如表 9-1 所列。

表 9-1 近十年我国休闲农业与乡村旅游的有关政策

年份	政策制定主体	政策文件	属性
2014	国务院	《国务院关于促进旅游业改革发展的若干意见》(国发〔2014〕31号)	综合性
	农业部	《农业部关于进一步促进休闲农业持续健康发展的通知》(农加发〔2014〕4 号)	专项性
	国家发展改革委、国家旅游局等 7 部委	《关于实施乡村旅游富民工程推进旅游扶贫工作的通知》(发改社会〔2014〕2344 号)	专项性
2015	中共中央、国务院	《中共中央 国务院关于加大改革创新力度加快农业现代化建设的若干意见》(中发〔2015〕1 号)	综合性
	国务院办公厅	《国务院办公厅关于进一步促进旅游投资和消费的若干意见》(国办发〔2015〕62 号)	综合性
	国务院办公厅	《国务院办公厅关于推进农村一二三产业融合发展的指导意见》(国办发〔2015〕93 号)	综合性
	农业部等 11 部门	《农业部等 11 部门关于积极开发农业多种功能大力促进休闲农业发展的通知》(农加发〔2015〕5 号)	专项性
2016	中共中央、国务院	《中共中央 国务院关于落实发展新理念加快农业现代化 实现全面小康目标的若干意见》(中发〔2016〕1 号)	综合性
	农业部、国家发展改革委等 14 部门	《关于大力发展休闲农业的指导意见》(农加发〔2016〕3 号)	专项性
	国家旅游局、国家发展改革委员会等 12 部门	《关于印发乡村旅游扶贫工程行动方案的通知》(旅发〔2016〕121 号)	专项性
2017	中共中央、国务院	《中共中央 国务院关于深入推进农业供给侧结构性改革 加快培育农业农村发展新动能的若干意见》(中发〔2017〕1 号)	综合性
	农业部办公厅	《农业部关于推动落实休闲农业和乡村旅游发展政策的通知》(农办加〔2017〕15 号)	专项性
	国家发展改革委、工业和信息化部等 14 部门	《促进乡村旅游发展及提质升级行动方案(2017 年)》(发改社会〔2017〕1292 号)	专项性

表9-1(续)

年份	政策制定主体	政策文件	属性
2018	中共中央、国务院	《中共中央 国务院关于实施乡村振兴战略意见》(中发〔2018〕1号)	综合性
	国务院办公厅	《国务院办公厅关于深入开展消费扶贫助力打赢脱贫攻坚战的指导意见》(国办发〔2018〕129号)	综合性
	国务院办公厅	《国务院办公厅关于促进全域旅游发展的指导意见》(国办发〔2018〕15号)	综合性
	文化和旅游部、国家发展改革委等17部门	《关于促进乡村旅游可持续发展的指导意见》(文旅资源发〔2018〕98号)	专项性
	国家发展改革委、财政部等13部门	《促进乡村旅游发展提质升级行动方案(2018年—2020年)》(发改综合〔2018〕1465号)	专项性
	农业农村部	《农业农村部关于开展休闲农业和乡村旅游升级行动的通知》(农加发〔2018〕3号)	专项性
2019	国务院	《国务院关于促进乡村产业振兴的指导意见》(国发〔2019〕12号)	综合性
	中共中央、国务院	《关于坚持农业农村优先发展做好“三农”工作的若干意见》(中发〔2019〕1号)	综合性
2020	中共中央、国务院	《中共中央 国务院关于抓好“三农”领域重点工作确保如期实现全面小康的意见》(中发〔2020〕1号)	综合性
2021	农业农村部办公厅、中国农业银行办公室	《农业农村部办公厅 中国农业银行办公室关于加强金融支持乡村休闲旅游业发展的通知》(农办产〔2021〕4号)	专项性
	国务院	《“十四五”旅游业发展规划》(国发〔2021〕32号)	专项性
	中共中央、国务院	《中共中央 国务院关于全面推进乡村振兴加快农业农村现代化的意见》(中发〔2021〕1号)	综合性
2022	国家林业和草原局、农业农村部等	《“十四五”乡村绿化美化行动方案》(林生发〔2022〕104号)	专项性
	中共中央办公厅、国务院	《“十四五”文化发展规划》	专项性
	文化和旅游部、教育部、自然资源部、农业农村部等	《关于推动文化产业赋能乡村振兴的意见》	专项性

表9-1(续)

年份	政策制定主体	政策文件	属性
2023	文化和旅游部办公厅、中国银行	《文化和旅游部办公厅 中国银行关于金融支持乡村旅游高质量发展的通知》(办资源发〔2023〕121 号)	专项性
	中共中央、国务院	《中共中央 国务院关于 2023 年全面推进乡村振兴重点工作的意见》(中发〔2021〕1 号)	综合性

近年来，在国家休闲农业与乡村旅游各种政策的激励下，我国休闲农业与乡村旅游取得了长足进步。据统计，2012—2019 年，我国休闲农业与乡村旅游接待人次、休闲农业与乡村旅游营业收入呈现逐步上升的态势。其中，休闲农业与乡村旅游接待人次从 2012 年的 7.2 亿人次上升到 2019 年的 32 亿人次，年均增长率为 23.7%，每年具体接待人次及增长率如图 9-2 所示。休闲农业与乡村旅游营业收入从 2012 年的 2400 亿元上升到 2019 年的 8500 亿元，年均增长率为 17.9%①，每年具体营业收入及增长率如图 9-3 所示。在国内休闲农业与乡村旅游快速增长的背景下，六盘水市适时抓住发展机遇，乡村旅游取得较好的发展成果，使得乡村旅游系统发展优于生态环境系统发展。

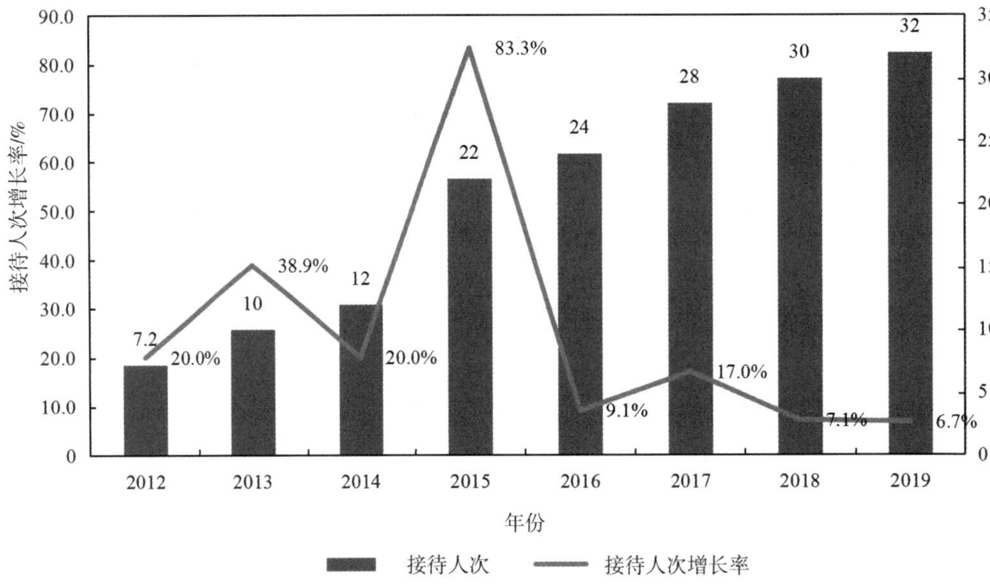

图 9-2　2012—2019 年全国休闲农业与乡村旅游接待人次及增长率

资料来源：根据中商产业研究院相关资料整理

① 石培化，黄萍，杨旭等.乡村旅游发展的中国模式[M].北京：中国旅游出版社，2022：45.

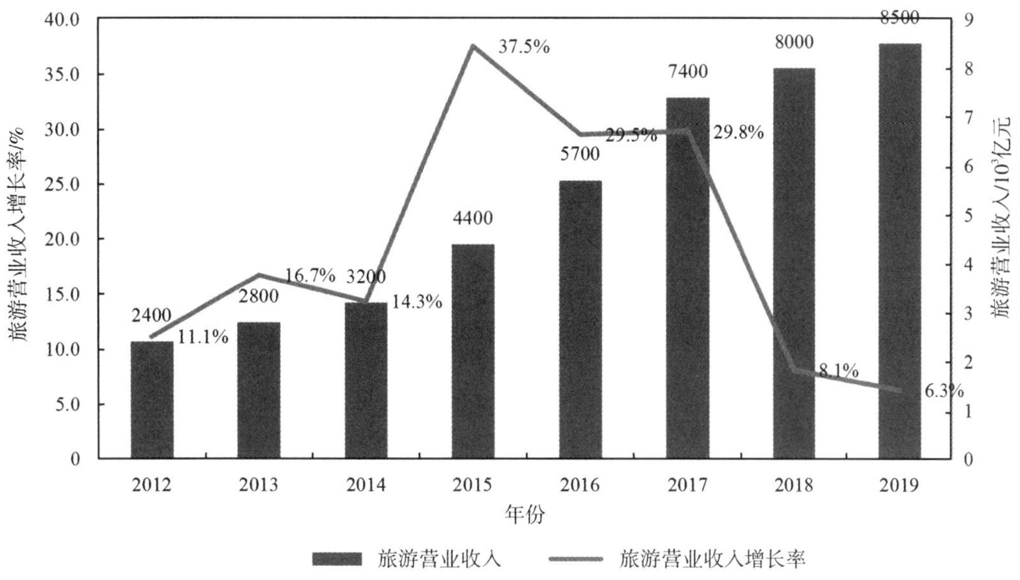

图 9-3　2012—2019 年全国休闲农业与乡村旅游营业收入及增长率

资料来源：根据中商产业研究院相关资料整理

9.2　地方政府行为对乡村旅游和生态环境的影响

地方政府行为对乡村旅游和生态环境的发展具有明显的影响，对于六盘水市而言，其乡村旅游与生态环境处于高水平非协调性耦合、磨合非协调性耦合和拮抗非协调性耦合三个阶段，这与地方政府的行为直接联系，导致这一现象的非协调性耦合形成机理如下。

(1)政绩评价缺乏理性

经济发展优先，强调地方政府政绩考核时非常重视经济指标，并以 GDP 为核心建立考核体制来鼓励其发展，这是一种重视经济发展而轻视生态环境建设的举措。虽然表面推行柔性考核标准，不以 GDP 论成败，而实际上地方政府仍把 GDP 当作重要指标，甚至唯一指标。在产业刚性和发展利益等的主导下，地方政府对生态环境建设重视不够，进行生态环境建设往往成为政治口号。同时，地方政府任职期限为五年，这影响了政府发展战略方针，一些战略由于发展时间长、见效慢而不被政府采纳，如生态环境建设就因为见效慢、时间长、不具备竞争力而不被地方政府喜爱，而一些见效快、时间短、污染大的粗放型产业获得建设时机，这带来了经济的快速增长，却导致生态环境遭到污染和破坏。另外，在乡村旅游资源开发过程中，政府急功近利，过快开发乡村旅游资源，不合理地使用甚至非法使用山区土地资源，占用乡村高产农田、湖泊、生态湿地等，既破坏了乡村的原始风貌，又恶化了乡村的生态环境。

(2)地方经济发展驱动

六盘水市是我国“江南煤都”，煤炭资源丰富，因此大力发展煤炭采掘业，并以煤炭为依托，发展火电电力工业和钢铁工业，这些产业都是典型的高能耗、高污染的产业，这使得生态环境压力增大。同时，地方政府为了使经济快速增长，不顾生态环境破坏提出资源利用能快就快，例如，水城县发耳电厂投资上百亿元，手续未全，盲目开工生产，以牺牲生态环境作为代价发展经济。2006 年 9 月 22 日，国务院七部委环保专项督查组检查六盘水市时，六盘水市政府认为六盘水市没有污染企业。2007 年 1 月 10 日，针对高污染企业违规问题，国家环保总局对六盘水市进行区域限批，涉及的企业主要有高污染严重违规的野马寨电厂和发耳电厂等。这些违规污染企业的限制批准和整改，对六盘水市生态环境保护无疑起到了良好的作用。在区域经济发展转型过程中，六盘水市大力发展旅游业，旅游业的发展需要优良的生态环境，在生态环境投入持续增大的情况下，六盘水市生态环境明显好转，生态环境压力减小。然而，随着乡村旅游工作的深入开展，旅游人数增加，尤其到夏季，到“中国凉都”六盘水市避暑的人数增加，区域一度出现“一房难求”的现象，过多的游客对景区生态环境产生了巨大压力。因此，2015 年以后，六盘水市生态环境压力开始处于上升阶段。乡村旅游与生态环境非协调性虽然向好的方向发展，但要走的路还长，生态环境建设是一个长期的过程。

9.3 自然环境的制约因素影响

六盘水市为我国西南岩溶山区的中心，其岩溶地貌较发育，碳酸岩分布面积约 6263 平方千米，约为土地总面积的 63%，其中，石漠化面积达到 2575 平方千米，占土地面积的 26%左右，是西南岩溶山区石漠化最严重的地区之一。岩溶山区生态环境脆弱，极易受到破坏，而生态环境被破坏后不易修复。由于地方财政压力大，因此，有意无意地忽视了生态环境的建设与保护。同时，因人们对岩溶山区的生态环境脆弱性认识不足，在经济发展过程中对山区生态环境破坏的事情时有发生。例如，在某景区，为汇聚水源修建水库，有关单位把河谷的水源随意改道，流向修建水库所在地，使得河谷没有流水，形成干谷，导致峡谷原有的地貌植被等受到影响，生态环境遭到破坏。

近年来，随着“绿水青山就是金山银山”这一理念的不断深入，人们逐渐认识到生态环境的重要性。在乡村旅游发展过程中，人们逐步重视生态环境保护，有意识地建设生态环境，并加大生态环境保护和治理的投入，让生态环境和乡村旅游发展的非协调性耦合逐渐改善。然而，从目前来看，投入力度还不够，治理和建设生态环境的路还很长。

9.4 本章小结

本章分析了六盘水市乡村旅游与生态环境保护非良性互动形成机理，具体情况如下。

①国内外旅游业的发展使得乡村旅游快速发展。在旅游业蓬勃发展的背景下，乡村旅游在许多国家得到快速发展。在国内，经济高速发展促进旅游业的快速发展，国家有关政策也促进乡村旅游高速发展。

②地方政府行为对乡村旅游和生态环境的影响。地方政府政绩评价缺乏理性，经济发展优先，强调地方政府政绩考核时非常重视经济指标，使得地方政府重视乡村旅游的快速发展，而对生态环境的重视不够。在地方经济发展驱动下，在研究时段前期，部分污染较重企业的发展对生态环境产生了影响。

③自然环境的制约因素的影响。六盘水市为我国西南岩溶山区的中心，其岩溶地貌较发育，而岩溶山区生态环境脆弱，极易受到破坏，生态环境被破坏后不易修复。

第 10 章 六盘水市乡村旅游与生态环境保护良性互动对策与建议

从对乡村旅游与生态环境非协调性耦合测度的结果可知，乡村旅游与生态环境非良性互动影响乡村旅游与生态环境的发展。为实现乡村旅游与生态环境良性互动并促进乡村旅游与生态环境的持续健康发展，需要从理念与规划引领、制度与技术创新、夯实产业基础和加强宣传与环保投入等四个维度，构建乡村旅游与生态环境良性互动机制，促进乡村旅游与生态环境持续健康发展。

10.1 理念与规划先行——引领乡村旅游与生态环境协调发展

10.1.1 树立先进的乡村旅游与生态环境发展理念

要树立先进的乡村旅游与生态环境发展的理念，必须理解“生态”的科学内涵。这里的“生态”，不仅包含传统意义的大气、水体、土壤、动物和植物等自然环境，还与人们的行为和理念有关。也就是说，这里的“生态”包含在自然界中生存的人类的一切生产生活活动，如人们的环境价值观、科技运用、社会行为、道德行为、生产意识等。由此，应当树立生态意识与理念，只有从生态的视角凝视乡村旅游的发展，才能做到乡村旅游系统与生态环境系统良性互动发展。

党的十七大报告提出建设生态文明和美丽中国，走可持续发展道路。党的十九大报告要求“必须树立和践行绿水青山就是金山银山的理念”。建设生态文明和美丽中国，关键在乡村，同时，乡村也是践行“绿水青山就是金山银山”理念的主战场，科学发展乡村旅游是建设生态文明和美丽中国、践行“绿水青山就是金山银山”理念的重要抓手。因此，在发展乡村旅游的过程中，应当首先树立先进的乡村旅游与生态环境发展理念，优先考虑乡村生态环境发展，在优先保护乡村生态环境的前提下，进行乡村旅游资源的开发与经营，并科学管理，实现乡村旅游与生态环境协调发展，走双赢的发展道路。在乡村旅游资源开发与经营过程中，制止破坏生态环境的行为，杜绝污染生态环境的乡村旅游资源开发，保护乡村生态环境，实现乡村旅游资源开发朝“生态效益观”方向发展，从而使得乡村旅游资源开发与生态环境保护二者有机统一。

同时，管理者要有长远发展的理念与意识，科学对待目前可得利益与未来发展利益的关系，正确对待国家层面、地方层面和乡村层面三者的关系，杜绝“短、平、快”的发展模式。无论在什么样的情况下，都应优先保护生态环境，既不能“先污染后治理”，也不能“涸泽而渔”，更不能“缘木求鱼”，以破坏乡村生态环境换取乡村旅游的发展。因此，在有序发展乡村旅游的同时，应加强乡村地区生态环境的保护，在确保乡村旅游资源有效开发的同时，也要有效保护乡村生态环境，实现乡村旅游与生态环境持续健康发展。

10.1.2 制订科学合理的乡村旅游与生态环境保护规划

在树立先进的乡村旅游与生态环境发展理念之后，应当运用相关理念与意识指导相关规划，制订科学合理的乡村旅游与生态环境保护规划，以此引领乡村旅游系统和生态环境系统二者协调发展。

(1)规划理念方面

由于乡村旅游资源开发具有系统性和复杂性的特点，因此，其规划应以生态文明理念为指导，遵循“人地和谐”发展与“天人合一”的思想，科学论证，合理规划。也就是说，乡村旅游规划应根据生态文明的科学内涵，结合当地实际，寻找与乡村地域特征相匹配的乡村旅游发展模式和发展思路，其规划应在乡村民众、经营者、有关专家和政府等多方商讨的基础上，制定融合保护、实用和协调等为一体的乡村旅游整体规划。在乡村旅游开发过程中，以乡村生态旅游资源为基础，以绿色经营的方式，融合乡村特色文化，开发具有当地特色的乡村旅游生态产品。同时，提高乡村居民的综合素质和文化水平，提升乡村旅游的文化、经济、政治与社会功能，从而推动乡村旅游系统与生态环境系统的持续健康和协调发展。在实际规划应用过程中，结合生态文明理念和六盘水市的实际情况，应遵循以下原则。

①乡村旅游规划应符合美丽乡村建设规划的要求，以六盘水市生态环境保护规划和美丽乡村规划等为基础进行乡村旅游规划的编制及应用。

②乡村旅游规划应当尊重自然、因地制宜、强调乡土气息和乡村地域文化特色，突出乡村地区自然与人文景观的和谐一致，提高乡村生态文明的发展水平。

③乡村旅游规划应提升配套设施的水平，在满足游客舒适旅游要求的同时，使当地民众享受到乡村旅游发展带来的文明成果。

(2)规划方法方面

在一些乡村旅游规划中，生态环境保护方法的应用会受到规划内容和成果表达等的限制，因此，乡村旅游系统与生态环境系统规划寻求融合与探寻方法创新，融合国土空间规划，依据山水林田湖草各个子系统的特色进行方法创新。对于乡村山体生态系统，根据山体的实际情况与保护面积，制定合理的管控要求；对于乡村水体生态系统，保护原有水体格局，优化水体周边土地资源的保护与利用，遵守水体河道蓝线，制定科学管控要求；对于森林生态系统，以植被覆盖率目标为基准，明确生态林和商品林的保护范围，并出台相应的保护政策；对于农田生态系统，根据乡村永久基本农田的保护任务，划定需要保护的范围，出台永久基本农田的保护政策。总之，在乡村旅游规划过程中，应提供多种规划方法支持，其规划应以生态环境保护为基础，坚持人工干预少，自然化、生态化和地域化等多，让游客走进自然，领略生态，享受乡村之美。

(3)规划内容方面

古色古香的村容风貌和优异的生态环境是乡村旅游得以长足发展的根基，因此乡村旅游规划的前提是生态环境保护规划。在开发乡村旅游资源时，应根据不同乡村的自然景观特征和民俗文化元素，合理编制乡村旅游生态环境保护规划，其规划内容如下。

①对乡村的自然环境要素和人文环境要素进行全面的综合调查。自然环境要素包括气候、地貌、水文土壤和动植物等；人文环境要素包括乡村民俗、经济社会、建筑文化、历史文化和人口发展等。在掌握乡村自然环境要素和人文环境要素的基础上，对乡村生态环境作出科学评价，并由此制定客观合理的生态环境承载力，保证乡村旅游发展在生态环境承载力之内进行。

②对生态环境保护进行功能分区，划定保护红线，建立相应的评价指标体系，并布局好乡村生态基础设施规划。

③保护乡村的真容真貌，对乡村的整体格局和风貌进行科学合理的规划。

总之，通过以上规划内容，利用乡村良好的生态环境和丰富的旅游资源，既发展了乡村旅游，又保护了乡村生态环境，实现乡村旅游与生态环境的良性互动和持续健康发展。

(4)宏观调控方面

强化宏观调控，完善乡村旅游与生态环境保护相关规划。目前，乡村旅游开发存在过度建设和同质化开发的问题。例如，六盘水市境内有四个冰雪旅游项目，盘州市境内的坡上草原景区有两个滑雪场，而水城县的玉舍森林公园滑雪场与钟山区梅花山的滑雪场相距仅 45 千米。因此，地方政府应发挥政府宏观调控的功能，制定乡村旅游的中期和长期发展战略，在确定乡村旅游项目开发前，应多方面地咨询相关部门意见，从而保证乡村旅游项目科学、合理、规范和有序地开发，避免盲目开发乡村旅游项目的问题出现。例如，在开发水体旅游项目和森林旅游项目前，政府和主体建设单位应主动与水利部门和林业部门进行沟通，咨询、探讨和论证项目开发的可行性，以保证乡村旅游项目开发与乡村生态环境保护的协调持续发展。

10. 2　制度与技术创新——促进乡村旅游与生态环境协调发展

10. 2. 1　创新促进乡村旅游与生态环境协调发展的法律和制度

(1)不断创新生态环境保护立法建设

生态文明建设要求对生态环境的治理应有法可依，因此，在发展乡村旅游和乡村生态环境保护时，应结合实际，根据需要不断创新并完善乡村生态环境保护的有关法律及环保条例，从法律的角度为乡村生态环境建设保驾护航，维护相关法律的权威，得到相关法律的支持。创新制定相关法律之后，应当严格执法，加大执法力度，做到执法必严，违法必究，对乡村生态环境造成破坏的责任人，应当依法进行赔偿，构成犯罪的应当追究刑事责任，从而把乡村生态环境建设工作做实做牢，并产生成效，切实推进乡村旅游系统与生态环境系统同步发展。

(2)建立健全生态环境保护监督与奖惩制度

在乡村旅游资源开发与经营管理过程中，为了对乡村生态环境进行有效的保护，必须在保护效率和保护质量等方面对生态环境保护建立评价指标体系。政府有关部门加强对乡村旅游的监督和管理工作，从宏观层面构建乡村生态环境保护工作的奖励与惩罚制度，以便考核乡村生态环境保护的工作成效，奖励乡村生态环境保护工作做得优秀的景区，惩罚乡村生态环境保护工作做得差的景区，并监督改进。与此同时，结合生态环境保护公益性强的特点，政府需要鼓励群众参与建设，把乡村生态环境保护项目与群众就业和生存等问题结合，解决群众的就业与生存难题，提高人民群众参与乡村生态环境保护的积极性和热情。例如，某村寨实行“分工制”，促进群众的积极性，一方面积极收集乡村旅游资源并进行整合开发，另一方面主动参加乡村生态环境保护工作，实现乡村旅游与生态环境的稳定与协调发展，其经验值得其他乡村旅游发展借鉴和参考。

(3)制订乡村旅游生态补偿机制

在乡村旅游发展过程中，部分组织(如环保组织)或个人以培训、捐赠、宣传和参与劳动等方式进行乡村生态环境建设等活动，当地群众也会以自觉或非自觉的形式参与到本区域的乡村生态环境建设中，如保护水源和保护森林等。虽然这些活动的初衷不一定是发展乡村旅游，但其行动不仅保护了乡村生态环境，也对发展乡村旅游作出了贡献，并且在开展活动中付出了时间、成本以及损失了部分利益等。由此可见，乡村旅游开发的受益者应对这些个人或组织进行科学的补偿，补偿的方式可以有以下两种方式：一是以参与乡村生态环境保护的相关组织或个人对乡村生态环境保护工作的贡献情况为依据，建立一定等级的荣誉称号，公开授奖，进行精神鼓励；也可以让参加乡村生态环境保护工作的人员免费获得乡村旅游景区门票等方式，进行物质奖励。二是建立乡村生态环境保护基金，奖励在乡村生态环境保护过程中作出积极贡献的组织或个人，对他们进行物质补偿。

10.2.2 加强技术保障，支持乡村旅游与生态环境协调发展

乡村旅游资源的开发与利用必须以生态环境保护技术作为基础，因此应当加强生态环境保护相关技术的创新与研发，使生态环境系统得到优化和应用，以支持乡村旅游系统与生态环境系统的协调发展。在实际应用中，相关高校、研发单位以及企业应加强技术集成，把高校与研发单位的研究成果和技术通过企业在乡村旅游开发与规划以及经营管理中得到应用，使得新成果新技术在乡村旅游系统与生态环境系统中转化落地。

例如，在盘州市乌蒙大草原乡村旅游资源开发过程中，对景区生态环境进行修复，在地质灾害防护方面，根据景区大多数岩石属于玄武岩颗粒与少量泥土混合，土质较疏松，岩体容易松动，产生滑坡，形成地质灾害的问题，运用喷混植生防护技术进行生态恢复，该技术是集岩石工程力学、生物学、土壤学、肥料学、园艺学、环境生态学等学科于一体的综合环保技术，其核心是通过成孔物质的合理配置，在岩石坡面上营造一个既让植物生长发育，又保证种植基质不被冲刷的多孔稳定结构，使建植层固、液、气三相物质基本平衡。该技术实际运用到施工过程中，根据实际情况分为以下三种形态。

①对于相对稳定，但高度较高，雨水冲刷严重的边坡，在顶部须修建截水沟（见图10-1），约占总面积的50%。

②对于稳定性较差，危险性较大的边坡，须设置SNS柔性主动防护系统，同时顶部须修建截水沟（见图10-2）。这类边坡数量不多，约占总面积的5%。

③对于相对稳定，高度较矮的边坡，直接采用喷混植生防护技术。这类边坡数量较大，约占总面积的45%。

这些防护技术的运用，大大减少了因工程建设而导致的山体滑坡等地质灾害，从而既有效地保护山区乡村生态环境，又很好地开发了乡村旅游资源。

在植被恢复技术方面，对种植基材的组成材料选取主要有土壤、有机质、肥料、保水剂、黏合剂、改良剂等，对植被的选取主要根据当地海拔及气候特点，选择的草本植物有百喜草、狗牙根、白三叶、高羊茅等，灌木有胡枝子、紫穗槐、山毛豆、银合欢等，藤本植物有大翼豆、葛藤等。通过植被恢复，盘州市乌蒙大草原乡村旅游资源开发过程中沿途边坡植被生长良好，有效地避免了旅游资源开发对生态环境的破坏（见图10-3和图10-4）。

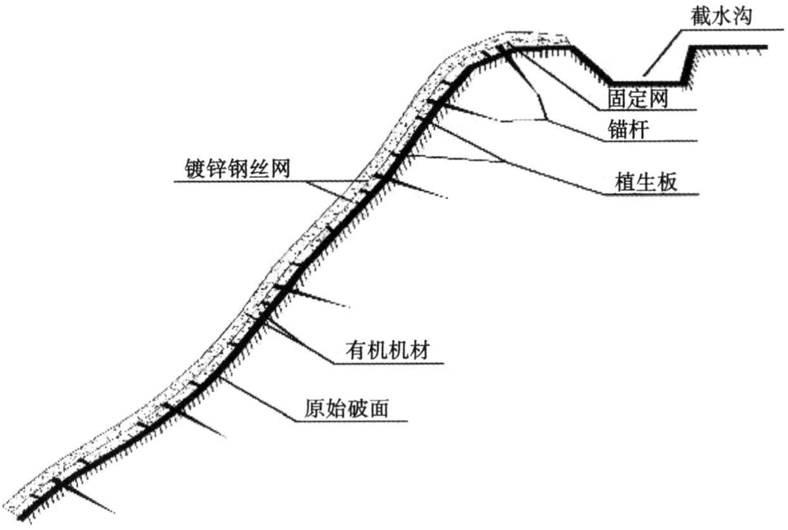

图 10-1　边坡相对稳定修复技术

资料来源：贵州乌蒙大草原旅游开发投资有限公司

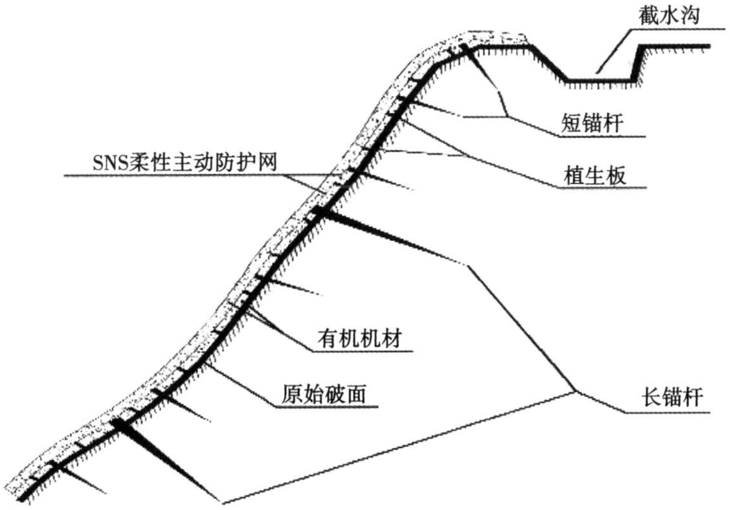

图 10-2　边坡稳定性较差修复技术

资料来源：贵州乌蒙大草原旅游开发投资有限公司

图 10-3　沿途边坡修复前

资料来源：贵州乌蒙大草原旅游开发投资有限公司

图 10-4　沿途边坡修复后

资料来源：贵州乌蒙大草原旅游开发投资有限公司

同时，为实现乡村旅游与乡村生态环境的良性发展与互动，在乡村污染物产生与排放时，还应当运用大数据相关技术对其进行监测，在废弃物利用方面，也应当采用循环使用技术等，对各种生产生活废弃物等运用物理、化学与生物相结合的综合方式进行处理；在乡村旅游经营与管理中尽量运用绿色技术做生态化处理，尽量节约能源节约资源，实现乡村旅游与乡村生态环境的持续发展。

10.3 夯实产业基础——巩固乡村旅游与生态环境协调发展

10.3.1 开发生态友好型农业，促进乡村旅游绿色和持续发展

生态友好型农业在乡村推广发展，可以改善农业结构，提高乡村生态效益和经济效益。在生态友好型农业的基础上开发乡村旅游，有利于促进乡村旅游的发展，并有效保护乡村生态环境。例如，水城县猴场乡大力发展具有地标性质的水城红心猕猴桃产业，将猕猴桃的栽种、施肥和采摘等农事活动结合起来，整合发展农业产业园和旅游度假村，将度假村发展成集休闲、观光、避暑和健身等为一体的乡村旅游度假地。猴场乡以绿色和低碳为主线，坚持以“绿水青山就是金山银山”的理念为指导，积极发展生态友好型农业，打造乡村旅游产品，既促进了乡村旅游的发展和乡村经济的转型升级，又保持了水土绿化了乡村，让旅游经济效益和生态环境效益二者有机融合，实现了乡村旅游与生态环境保护的协调发展。由此看出，乡村旅游系统和生态环境系统是两个相互影响、相互促进的有机统一体，各乡村应根据自己区位优势、自然特点、地方特色和文化基础等，寻找适合自己的发展路径，实现乡村旅游系统与生态环境系统的协调发展。通过乡村旅游的合理规划、发展生态友好农业，促进乡村旅游绿色发展，提高村民实际收入，提升村民环保意识，从而使得乡村社会、经济和生态共同进步。

10.3.2 保护乡村民俗文化与生态环境

乡村因所在区域不同而存在不同的自然资源和人文资源差异，并由此产生了不同的文化差异。从本质上看，乡村的自然属性和文化属性是乡村旅游的两个重要特性。在发展乡村旅游时，应当在考虑乡村旅游资源自然属性的基础上，人为破坏乡村生态环境的行为发生率应最大可能地降低，同时梳理乡村原生态与民俗文化，并把它们融入乡村旅游资源开发中，提供具有乡村气息的原生态民俗文化给旅游者，让游客充分感受到原生态的乡村自然风光和民俗文化魅力，愿意积极主动地参与到乡村旅游活动中。六盘水市地处云贵高原贵州省西部喀斯特山区，境内有云贵高原海拔最高点韭菜坪，其海拔 2900.03 米，同时居住着苗族、白族和回族等多个少数民族。因此，在开发六盘水市乡村旅游资源时，要寻找对山区原生态民族文化和生态环境科学有效的保护路径。具体来说，应根据各乡村优良的喀斯特山区自然风光和具有当地特色的农耕文明和丰富的民族习俗、节庆和建筑文化等，提升乡村旅游对周边地区游客的吸引力，促进乡村旅游的发展。所以，在发展六盘水市乡村旅游时，应充分考虑整合全市的乡村旅游资源，规避乡

村旅游发展中存在的盲目开发、重复发展、低层次竞争等问题，以免造成资源浪费、环境污染和生态破坏等。坚持以政府为主导和以村民为主体的开发方式，坚持以乡村旅游发展和乡村生态环境保护协调统一的思路，制定保护乡村民俗文化与生态环境的措施，促进乡村民俗文化与乡村生态环境的有效保护，从而形成乡村旅游与生态环境的协调发展。

10.3.3 加强乡村基础设施建设，保障乡村旅游健康发展

在乡村旅游开发与生态环境建设中，基础设施建设具有举足轻重的作用，其配套是否完整影响乡村旅游开发与生态环境建设的成败。目前，乡村旅游的发展主要是以政府为主导的企业参与运营模式，由此，各级政府及其相关部门应出台各种激励措施，多方调动各种资源对乡村基础设施进行投资，积极建设乡村道路、水电、公共厕所、网络通信等基础设施。针对乡村基础设施不完善、不配套和不健全的问题，在政府的指导下，各部门积极主动牵头，社会力量积极参与，在乡村旅游开发带动下，在建设乡村旅游接待功能项目时(如游客服务中心等)，建成或完善当地乡村旅游基础设施或配套设施。在这些基础的建设与完善过程中，政府可运用补贴的方式，引导企业积极投资，实行乡村与企业合作、共同运营的措施，建设或完善乡村的道路、垃圾处理、污水处理、清洁能源、景区标识系统以及水电等基础设施，为乡村景区景点提供绿色环保的基础设施，促进乡村旅游与生态环境的协同发展。

10.3.4 提高乡村旅游服务与管理质量，促进乡村旅游发展

在发展乡村旅游过程中，应当融合乡村的民风与民俗、村民生产与生活以及文化与传承等，重点强调乡村地域特色，开发不同于其他乡村的旅游项目，以此让乡村旅游的服务质量、管理质量和旅游品牌质量等得以提高。目前，六盘水市乡村旅游开发与经营的服务意识不强，管理水平不高。针对这一突出问题，政府、行业和有关部门应当出台相应的服务与管理标准，并要求各乡村旅游景区景点严格按照相关标准进行乡村旅游服务，使乡村旅游的服务与管理得到改善，不断促进乡村旅游质量的提高。同时，为进一步让乡村旅游从业人员等的服务与管理达到相应的标准，应当根据村民和乡村旅游从业者的具体实际情况，科学合理设计专门的课程，通过开办专题培训班、讲座、论坛和沙龙等形式多样的方式，对村民和乡村旅游从业者进行培训与教育，以提高他们进行乡村旅游服务和管理的主动性，让他们认识到乡村旅游能否持续健康发展，关键在于大家的服务接待意识和管理水平能否提高。如果旅游服务与管理自由、散漫或服务意识不好，那么当地的乡村旅游将会很难发展。因此，提高村民和乡村旅游从业者的服务与管理水平势在必行。

10.4 加强宣传和环保投入——支持乡村旅游与生态环境协调发展

10.4.1 强化乡村旅游产品与生态环境保护的宣传与推广作用

(1)强化乡村旅游产品的宣传与推广作用

强化乡村旅游产品的宣传与推广，提升六盘水市乡村旅游产品的市场效应。在运用互联网、媒体和节庆活动等宣传方式的基础上，使用多样化的经营方式对六盘水市的乡村旅游产品进行宣传，主要有以下几种宣传方式。

①主题集中方式。主要是根据休闲型、度假型和观光型等乡村旅游目标市场，以贵州省和六盘水市的营销平台为依托，宣传具有六盘水市地域特色和文化体验的乡村旅游活动，并以专门的主题来宣传促销。如六盘水市凉都消夏文化节、六盘水市彝族火把节和六盘水市国际马拉松金牌赛事等。

②部门协同方式。乡村旅游产品的宣传与推广，不仅是当地旅游管理部门一家的工作，还需要地方政府和各个部门的参与合作，形成多部门人人参与营销乡村旅游产品的局面。

③区域联动方式。与周边区域安顺、毕节、兴义、宣威以及曲靖等地区加强合作，打造特色互补的乡村旅游产品，并实现跨区域双赢甚至多赢的旅游市场推销格局。

(2)强化生态环境保护的宣传与推广作用

强化生态环境保护的宣传与推广，通过形式多样的各种宣传与教育活动，让乡村居民、旅游从业人员、游客、政府工作人员等的生态环境保护意识逐步提高，使乡村旅游资源及其生态环境进行保护的理念深入人心，使人们敬畏、尊重和顺应自然，展现生态文明价值取向，自觉地进行乡村生态环境保护，从而构建起乡村旅游与生态环境协调发展的局面。由于各类人员在乡村旅游与生态环境保护中的作用与地位等存在差异，因此，在对他们进行宣传与教育培训时，方法与内容要有区别，主要有以下三种类型。

①对乡村居民的宣传与教育。乡村旅游资源开发并运营，极大地改变了当地乡村居民的生产生活方式，宣传与培训人员应细致地解读乡村生态环境保护的相关法律法规与政策文件等，让村民对乡村生态环境保护有完整的认识，从而循序渐进地培养良好的生产和生活方式，改变过去伐木、垦荒和狩猎等初级的生产与生活方式，从根本上对乡村生态环境进行保护。

②对游客的宣传与教育。在乡村旅游活动中，游客是主体，其数量巨大，来源不同，活动形式各异。因此，在乡村旅游景区的相关基础设施和乡村旅游整个活动过程中，都

要抓住时机对游客进行乡村生态环境保护的宣传与教育。比如，在乡村旅游景区充分利用广播、媒体、路牌、标识、游览图和宣传栏等进行乡村生态环境保护的宣传与教育。在乡村旅游活动过程中，有关人员适时强调乡村生态环境保护的重要性和必要性。为了使游客易于接受并践行生态环境保护的理念，在各种形式各个环节的宣传与教育活动中，加强艺术与感情色彩投入，少用或者不用“禁止”和“罚款”等伤感情的词语，多用“倡导”和“提倡”等易于接受的语句。

③对旅游从业人员的宣传与教育。直接为游客服务的是旅游从业人员，这些人员在旅游景区居住或工作，因此在旅游景区停留的时间最长，对乡村生态环境的影响也比较大。对这个群体的宣传与教育主要是从道德上培养职业操守和文明礼仪素质等，让他们形成更高层次的乡村生态环境保护意识和相关的知识素养。他们不但有自觉遵守乡村生态环境保护的责任，而且还要正面影响带动其他人(如游客)参与到乡村生态环境保护活动中来。

10.4.2 持续增加乡村生态环境保护投入

只有持续不断地向乡村生态环境保护建设中投入资金，才能从本质上解决乡村旅游资源开发与生态环境保护过程中所遇到的各种矛盾。

①乡村地大物博，面积宽广，治理面大，需要有源源不断的资金来建设生态环境，因此要求持续投入一定比例的财政资金，进行生态环境建设与保护。建议从中央到地方各级政府定期划拨一定比例的专项资金，用于建设、治理和保护乡村生态环境。

②加大乡村生态环境保护相关技术的研发与推广投入，加大乡村生态环境保护基础设施建设等的投入。例如，在水污染方面，建设和完善处理乡村污水的管网系统和集中处理中心，对乡村生产生活污水进行无害化达标处理。在固体废弃物方面，建议在乡村旅游景区的游客服务中心、游览区和休息区等地点安放垃圾分类回收箱，回收和处理固体垃圾等。同时，倡导和鼓励乡村居民和旅游者使用无毒害或对生态环境污染较轻的用品(如纸质和布质的用品)，代替对生态环境污染较重的用品(如塑料制品等)，以便于其产生的固体垃圾能够回收利用，从而减少对生态环境的破坏。在大气污染物方面，鼓励和倡导低碳旅游和绿色旅游，对开展自驾游活动的私家车，限制其进入乡村旅游景区，主动使用公共交通方式进入景区，减少对乡村旅游地产生大气污染物的气体废弃物的排放。

③加大对乡村能源结构改革的投入。对乡村的生活炉灶、取暖用电以及生产能源等进行改革，改变过去粗放的烧柴、烧煤和烧气等使用能源方式，代之使用清洁能源方式，从而减少对乡村生态环境的污染。

10.5 本章小结

本章从理念与规划引领、制度与技术创新、夯实产业基础和加强宣传与环保投入等四个维度，提出了乡村旅游与生态环境良性互动对策与建议，具体建议如下。

(1)理念与规划先行

引领乡村旅游与生态环境协调发展。强调树立先进的乡村旅游与生态环境发展理念；制订科学合理的乡村旅游与生态环境保护规划。

(2)制度与技术创新

促进乡村旅游与生态环境协调发展。注重创新促进乡村旅游与生态环境协调发展的法律和制度；加强技术保障以支持乡村旅游与生态环境协调发展。

(3)夯实产业基础

巩固乡村旅游与生态环境协调发展。要求开发生态友好型农业，促进乡村旅游绿色和持续发展；保护乡村民俗文化与生态环境；加强乡村基础设施建设，保障乡村旅游健康发展；提高乡村旅游服务与管理质量，促进乡村旅游发展。

(4)加强宣传和环保投入

支持乡村旅游与生态环境协调发展。强化乡村旅游产品与生态环境保护的宣传与推广作用；持续增加乡村生态环境保护投入。

参考文献

A. 外文专著

[1] AGHION P, HOWITT P.Endogenous growth theory[M].Cambridge: MIT Press, 1998.

[2] BRAMWELL B, LANE B.Rural tourism and sustainable rural development[M].UK: Channel View Publications, 1994.

[3] COLE H S D, FREEMAN C, JAHODA M.Thinking about the future: a critique of the limits to growth[M].Brighton: Sussex University Press, 1973.

[4] DASGUPTA P, HEAL G.Economic theory and exhaustible resources[M].Cambridge: Cambridge University Press, 1979.

[5] DURKHEIM E.The Division of Labour in Society[M].London: Macmillan Education, 2013.

[6] INSKEEP E.Tourism planning: an integrated and sustainable development approach [M].New York: Van Nostrand Reinhold, 1991.

[7] ENGELS.Dialectics of nature[M].Moscow: Foreign Languages Publishing House, 1954.

[8] GUNN C A.Tourism planning[M].New York: Crane Rusak, 1979.

[9] GUNN C A.Tourism planning: concepts, practices, cases[M].New York: Taylor and Francis, 1994.

[10] VICTOR T Y H, CHANG P, BLACKBURN K.Endogenous growth, environment and R&D[M].Berlin:Springer Netherlands, 1994.

[11] SAATY T L.The analytic hierarchy process[M].New York: McGraw-Hill, 1980.

[12] World Commission on Environment and Development.Our common future[M].Oxford: Oxford University Press, 1987.

[13] LANE B.Rural tourism and sustainable rural development[M].New York: Channel View Publications, 1994.

B. 外文期刊

[14] ACQUAYE A, FRNG K S, OPPON E, et al.Measuring the environmental sustainability performance of global supply chains: a multi-regional input-output analysis for carbon, sulphur oxide and water footprints[J].Journal of environmental management, 2017, 51

(5): 187-201.

[15] COLLINS A.Tourism development and natural capital[J].Annals of tourism research, 1999, 26(1): 98-109.

[16] REICHEL A, LOWENGART O, MILMAN A.Rural tourism in Israel: service quality and orientation[J].Tourism management, 2000(21): 451-459.

[17] AUGUSTYN M M.Environmental management for rural tourism and recreation[J].Annals of tourism research, 2002, 29(1): 284-287.

[18] BARBIER E B, STERN D I, COMMON M S.Economic growth and environmental degradation: the nvironmental Kuznets curve and sustainable development[J].World development, 2004, 24(7): 1151-1160.

[19] BELL M, DEAN C, BLAKE M.Forecasting the pattern of urban growth with PUP: a web-based model interfaced with GIS and 3D animation[J].Computers environment & urban systems, 2000, 24(6): 559-581.

[20] BELLE N, BRAINWELL B.Climate change and small island tourism: policy maker and industry perspectives in barbados[J].Journal of travel research, 2005, 44(1): 32-41.

[21] BENJAMIN C. The growing importance of diversification activities for French farm household[J].Journal of rural studies, 1994, 10(4): 331-341.

[22] BRAMWELL B, SHARMAN A.Collaboration in local tourism policymaking[J].Annals of tourism research, 1999, 26(2): 392-415.

[23] BRIEDENHANN J, WIKEN E.Tourism routes as a tool for the economic development of rural areas-vibrant hope or impossible dream? [J].Tourism management, 2004, 25(1): 71-79.

[24] BUTLER R W.The concept of a tourist area cycle of evolution: implications for management of resources[J].Candian geographer, 1980, 24(1): 5-12.

[25] CATER E.Environmental contradictions in sustainable tourism[J].The geographical journal, 1995, 161(1): 21-28.

[26] CHOI H C, SIRAKAYA E.Sustainability indicators for managing community tourism [J].Tourism management, 2006, 27(6): 1274-1289.

[27] CHRISTALLER W.Some consideration of tourism location in Europe: the peripheral regions-underdeveloped countries-recreation areas[J].Regional science association papers, 1963(12): 95-105.

[28] CLAYTON A.Strategies for sustainable tourism development: the role of the concept of carrying capacity[J].Social and economic studies, 2002, 51(1): 61-98.

[29] RODGERS C P.Rural Development policy and environmental protection: reorienting english law for a multinational agricultuer[J].Journal of agricultural law, 2009, 14

(2): 259-287.
[30] CRACIELA C, HEAL G, BEHRATI A.Green golden rule[J].Economic leters, 1995, 49: 175-179.
[31] DALY HERMAN E.Sustainable growth: a bad oxymoron[J].Journal of environmental science & health part c environmental carcinogenesis reviews, 1991, 8(2): 401-407.
[32] NOAM D, ZHANNA K, ZVI L, et al.Natural aminoacids as potential chelators for soil remediation[J].Environmental research, 2020, 183: 109140.
[33] DUH J D, SHANDAS V, CHANG H, et al.Rates of urbanisation and the resiliency of air and water quality[J].Science of the total environment, 2008, 400(1/2/3): 238-256.
[34] ESPIN P A, MENA C F, PIZZITUTTI F.A model-based approach to study the tourism sustainability in an island environment: the case of Galapagos islands[J].Urban Galapagos, 2018, 10: 97-113.
[35] FARRELL B H, RUNYAN D.Ecology and tourism[J].Annals of tourism research, 1991, 18(1): 26-40.
[36] FOTIADIS A, CHRIS V.Rural tourism service quality in Greece[J].Tourism research, 2010, 8(4): 71-86.
[37] GARCIA-RAMON M D, CANOVES G, VALDOVINOS N.Farm tourism, gender and the environment in Spain[J].Annals of tourism research, 1995, 22(2): 267-282.
[38] WANHILL S.Peripheral area tourism: a European perspective[J].Progress in tourism and hospitality research, 1997, 3(1): 47-70.
[39] GODFREY K B.Attitudes towards sustainable tourism in the UK: a view from local government[J].Tourism management, 1998, 19(3): 213-224.
[40] HALL D.Rural tourism management: sustainable option conference[J].International journal of tourism research, 2000, 2: 295-299.
[41] XU H Y.The study on eco-environmental issue of Aral Sea from the perspective of sustainable development of silk road economic belt[J].2017, 57(1): 163-179.
[42] HEGARTY C, PRZEZBORSKA L.Rural and agri-tourism as a tool for reorganizing rural areas in old and new member states-a comparison study of Ireland and Poland[J].International journal of tourism research, 2005, 7(2): 63-77.
[43] HODGE I.Beyondagri-environmental policy: towards analternative model of rural environmental governance[J].Land use policy, 2001, 18(2): 95-112.
[44] HUNTER C.Sustainable tourism as an adaptive paradigm[J].Annals of tourism research, 1997, 24(4): 850-867.
[45] JOHNSTON R J, TYRRELL T J.A dynamic modsel of sustainable tourism[J].Journal of

travel research, 2005, 44(2): 124-134.

[46] KAYAT K.Stakeholders' perspectives toward a community-based rural tourism development[J].European journal of tourism research, 2008, 1(2): 94-111.

[47] KLINE C, MILBURN L A.Ten categories of entrepreneurial climate to encourage rural tourism development[J].Leisure studies journal, 2010, 13(1/2): 320-348.

[48] KAROL K.Nature conservation in Polish agriculture under conditions of EU membership [J].Economic and environmetal studies, 2014(1): 175-188.

[49] KOTCHEN M J, REILING S D.Environmental attitudes, motivations, and contingent valuation of nonuse values: a case study in volvin gendan gered species[J].Ecological economics, 2000, 32(1): 172-196.

[50] KO T G.Development of a tourism sustainability assessment procedure: a conceptual approach[J].Tourism management, 2005, 26(2): 431-445.

[51] JONG-SEONG K, AHN M S.Impact of urbanization on recent temperature and precipitation trends in the Korean peninsula[J].Asia-Pacific journal of atmospheric sciences, 2013, 49(2): 151-159.

[52] LANKFORD S V.Attitudes and perceptions toward tourism and rural regional development[J].Journal of travel research, 1994, 32(3): 35-43.

[53] LEE B C, KIM D K.Relative importance to tourism decision makers of indicators for sustainable rural tourism development in South Korea: using AHP approach[J].Journal of tourism, 2009, 10(2): 21-43.

[54] LEEUWIS C. Re-conceptualizing participation for sustainable rural development: towards a negotiation approach[J].Development and change, 2000, 31(5): 931-959.

[55] LI Y, LI Y, ZHOU Y, et al. Investigation of a coupling model of coordination between urbanization and the environment[J].Journal of environmental management, 2012, 98 (1): 127-132.

[56] ELLIOTT L.Designing environment for research and learning in secondary school[J].De gruyter, 2015, 18(7): 17-31.

[57] MACLAREN VIRGINIA W.Urban sustainability reporting[J].Journal of the American planning association, 1996, 62(2): 184-202.

[58] MAI S Z, XU S J, PAN Y J.Application of the PSR model to the evaluation of wetland ecosystem health[J].Tropical geography, 2005, 4, 317-321.

[59] MASLOW A H.A Theory of human motivation[J].Psychological review, 1943, 50: 370-396.

[60] MAUDE A J, REST D J.The social and economic effects of farm tourism in the United Kingdom[J].Agricultural administration, 1985, 20: 85-99.

[61] KNOTOGEORGOPOULOS N.Community-based ecotourism in Phuket and Ao Phangnga, Thailand: partial victories and bittersueet remedies[J].Journal of sustainable tourism, 2005, 13(1): 4-23.
[62] SHOSHANY M, GOLDSHLEGER N.Land-use and population density changes in Israel-1950 to 1990: analysis of regional and local trends[J].Land use policy, 2002(19): 123-133.
[63] MC MURRY K C.The use of land for recreation[J].Annals of the association of American geographers, 1930, 20(1): 7-20.
[64] MILLER G.The development of indicators for sustainable tourism: results of a Delphi survey of tourism researchers[J].Tourism management, 2001, 22(4): 351-362.
[65] MCGEHEE N G, Kyungmikim.Motivation for agri-tourism entrepreneurship[J].Journal of travel research, 2004, 43(2): 161-170.
[66] NILSSON P A.Staying on farms-an ideological background[J].Annals of tourism research, 2002, 29(1): 7-24.
[67] NORGAARD R B.Economic indicators of resource scarcity: a critical essay[J].Journal of environmental economics and management, 1990, 19(1): 19-25.
[68] OPPERMANNN M.Rural tourism in Southern Germany[J].Annals of tourism research, 1996, 23(1): 86-102.
[69] PANIAGUA A.Urban-rural migration, tourism entrepreneurs and rural restructuring in spain[J].Tourism geographies, 2002, 4(4): 349-371.
[70] PANZER-KRAUSE S.The lost rural idyll? tourists'attitudes towards sustainability and their influence on the production of rural space at a rural tourism hotspot in Northern Ireland[J].Journal of rural studies, 2020, 80: 235-243.
[71] PARK D B, LEE K W, CHOI H S, et al.Factors influencing social capital in rural tourism communities in South Korea[J].Tourism management, 2012, 33(6): 1511-1520.
[72] PARKS D B, DOH K R, KIM K H.Successful managerial behaviour for farm-based tourism: a functional approach[J].Tourism management, 2014, 45(12): 201-210.
[73] PEARCE P L.Farm Tourism in New Zealand: a social situation analysis[J].Annals of tourism research, 1990, 17(3): 335-352.
[74] PERALES.Rural tourism in Spain[J].Annals of tourism research, 2002, 29(4): 1101-1110.
[75] MARTIN P, RTICHIE H.Logsics of participation: rural entironmental governance under neo-liberalism in Australia[J].Environmenta politics, 1999, 8(2): 117.
[76] PINA IPA, DELFA M TD.Rural tourism demand by type of accommodation[J].Tourism

management, 2005, 26(6): 951-959.

[77] WANG Q R, MAO Z X, LI H, et al.A study on the coupling coordination between tourism and the low-carbon city[J].Asia Pacific journal of tourism research, 2019(6): 550-562.

[78] QIN Q, HU Z L, LIU A L, et al.Identification and evolution of the noncoordination coupling relationship between tourism poverty alleviation and ecological environments in poor mountainous areas[J].Discrete dynamics in nature and society, 2020, 2020(4): 1-14.

[79] ROYO-VELA M.Rural-cultural excursion conceptualization: a local tourism marketing management model based on tourist destination image measurement[J].Tourism management, 2009, 30(3): 419-428.

[80] SAXENA G, LIBERY B.Integrated rural tourism a border case study[J].Annals of tourism research, 2008, 35(1): 233-254.

[81] SAYSEL A K, BARLAS Y, YENIGÜN O.Environmental sustainability in an agricultural development project: a system dynamics approach[J].Journal of environmental management, 2002, 64(3): 247-260.

[82] SETO KAREN C, SÁNCHEZRODRÍGUEZ R, FRAGKIAS M.The new geography of contemporary urbanization and the environment[J].Annual review of environment & resources, 2010, 35(1): 167-194.

[83] SHANE S.Explaining variation rates of entrepreneurship in the U.S.: 1899—1988[J].Journal of management, 1996, 22(5): 747-781.

[84] SHARPLEY R, JEPSON D.Rural tourism: a spiritual experience? [J].Annals of tourism research, 2011, 38(1): 52-71.

[85] SHARPLEY R.Rural tourism and the challenge of tourism diversification: the case of Cyprus[J].Tourism management, 2002, 23(3): 233-244.

[86] SIMPSON, M C.Community benefit tourism initiatives-a conceptual oxymoron? [J].Tourism management, 2008, 29(1): 1-18.

[87] STARK O, TAYLOR J E.Migration incentives, types: the role of relative deprivation [J].2000, 10(48): 63-78.

[88] TODRVAA S, IKOVAB J.Multifunctional agriculture: social and ecological impacts on the organic farms in Bulgaria[J].Procedia economis and finance, 2014, 9(1): 310-320.

[89] TAMER O, CHRIS T.B, Madhur A.The environmental Kuznets curve fails in a globalized scio-ecological metapopulation: a sustainability game theory approach[J].Handbook of statistics, 2018, 39: 315-341.

[90] THOMAS B F. Policy, plan and programmed environmental assessment in England, Netherlands, and Germany: practice and prospects[J]. Environment and planning b: planning and design, 2002(29): 159-172.

[91] THOMPSON C S. Host produced rural tourism: Towa's Tokyo antenna shop[J]. Annals of tourism research, 2004, 31(3): 580-600.

[92] ZI T. An integrated approach to evaluating the coupling coordination between tourism and the environment[J]. Tourism management, 2015(46): 11-19.

[93] TURNOCK D. Sustainable rural tourism in the Romanian carpathians[J]. The geographical journal, 1999, 165(2): 192-199.

[94] WEICK K E. Educational organization as loosely coupled systems[J]. Administrative science quarterly, 1976(21): 1-19.

[95] WILSON S, FESENMAIER D R, FESENMAIER J, et al. Factors for success in rural tourism development[J]. Journal of travel research, 2001, 40(2): 132-138.

[96] WISKERKE J S C, BOCK B B, STUIVER M, et al. Environmental co-operatives as a new mode of rural governance[J]. Netherlands journal of agricultural science, 2003, 51(1/2): 9-25.

[97] FAN Y P, FANG C L, ZHANG Q. Coupling coordinated development between social economy and ecological environment in Chinese provincial capital cities-assessment and policy implications[J]. Journal of cleaner production, 2019, 22(9): 289-298.

C. 英文其他文献

[98] BYRD JR E T. An analysis of variables that influence stakeholder participation and support for sustainable tourism development in rural North Carolina[D]. Raleigh: North Carolina State University, 2003.

[99] COWLING M, BYGRAVE W D. Entrepreneurship and unemployment: relationships between unemployment and entrepreneurship in 37 nations participating in the global entrepreneurship monitor(GEM)[R]. London: London Business School, 2003.

D. 中文专著

[100] 谢尼阔夫.植物生态学[M].王汶，译.上海：新农出版社，1953.

[101] 保继刚，楚义芳，彭华.旅游地理学[M].北京：高等教育出版社，1993.

[102] 陈宜瑜.中国气候与环境演变:下卷：气候与环境变化的影响与适应、减缓对策[M].北京：科学出版社，2005.

[103] 邓光奇.民族地区旅游业与生态环境协调发展研究[M].北京：中央民族大学出版社，2006.

[104] 滕尼斯.共同体与社会[M].林荣远，译.北京：商务印书馆，1999.

[105] 郭亚军.综合评价理论、方法及应用[M].北京：科学出版社，2002.

[106] 李晓琴.美丽乡村与乡村旅游协同发展耐不住寂寞[M].北京：科学出版社，2023.

[107] 卡逊.寂静的春天[M].吕瑞兰，李长生，译.长春：吉林人民出版社，1997.

[108] 刘旭玲.新疆自然遗产旅游保护性开发研究[M].北京：中国社会科学出版社，2014.

[109] 贝塔朗菲.一般系统论：基础、发展和应用[M].林康义，魏宏森，译.北京：清华大学出版社，1987.

[110] 梁振民.我国人口城镇化与土地城镇化非协调性耦合识别及良性互动机制[M].北京：人民出版社，2022.

[111] 秦远好，刘德秀，秦翰.连片特困地区旅游扶贫与生态保护耦合发展研究[M].北京：科学出版社，2020.

[112] 沈约.沈隐侯集[M]//涵芬楼藏.明刻本卷二：8.

[113] 世界环境与发展委员会.我们共同的未来[M].长春：吉林人民出版社，1997.

[114] 石培化，黄萍，杨旭，等.乡村旅游发展的中国模式[M].北京：中国旅游出版社，2022.

[115] 王红姝，佟敏.生态旅游与生态环境保护研究[M].哈尔滨：东北林业大学出版社，2005.

[116] 吴必虎，俞曦.旅游规划原理[M].北京：中国旅游出版社，2010.

[117] 吴必虎.区域旅游规划原理[M].北京：中国旅游出版社，2001.

[118] 谢彦君.旅游体验研究：一种现象学的视角[M].天津：南开大学出版社，2005：102.

[119] 罗尔斯.正义论[M].何怀宏，译.北京：中国社会科学出版社，1988.

[120] 袁茏，岳坤前.乡村旅游高质量发展研究：乡村振兴战略实践之贵州样本[M].北京：经济科学出版社，2023.

[121] 张文奎.人文地理学[M].长春：东北师范大学出版社，1995.

[122] 赵荣，王恩涌.人文地理学[M].北京：高等教育出版社，2006.

[123] 中国科学院编译出版委员会名词室.俄英中植物地理学、植物生态学地植物学名词[M].北京：科学出版社，1956.

[124] 周三多.管理学原理[M].北京：高等教育出版社，2010.

E. 中文期刊

[125] 鲍丙飞，曾子洋，肖文海，等.重点生态功能区转移支付对生态产业发展的空间效应：以江西省 80 个县为例[J].自然资源学报，2022，37(10)：2720-2735.

[126] 包智明，石腾飞.牧区城镇化与草原生态治理[J].中国社会科学，2020，41(3)：146-162.

[127] 昌晶亮，余洪.大湘西地区旅游与城镇化耦合发展研究[J].经济地理，2016，36(6)：204 -208.

[128] 蔡运龙.生态旅游：西南喀斯特山区摆脱“贫困陷阱”之路[J].中国人口·资源与环境，2006，16(1)：113-116.

[129] 陈白璧，华伟平.乡村旅游与精准扶贫耦合评价及发展策略：以南平市为例[J].福建师范大学学报(哲学社会科学版)，2021，67(5)：82-89.

[130] 陈易.生态危机的对策：建筑创作中的5R原则[J].建筑学报，2001，48(5)：45-47.

[131] 陈辰.近二十年国外乡村旅游研究进展：《Tourism Management》和《Annals of Tourism Research》文献分析[J].东南大学学报(哲学社会科学版)，2011，13(增刊)，69-73.

[132] 陈绪敖.秦巴山区生态环境保护与产业精准扶贫互动发展研究[J].甘肃社会科学，2016，38(6)：184-190.

[133] 陈志永，李乐京，梁涛.利益相关者理论视角下的乡村旅游发展模式研究：以贵州天龙屯堡“四位一体”的乡村旅游模式为例[J].经济问题探索，2008，29(7)：106-114.

[134] 迟国泰，齐菲，张楠.基于最优组合赋权的城市生态评价模型及应用[J].运筹与管理，2012，21(2)：183-191.

[135] 褚玉杰，赵振斌，张铖，等.旅游社区多群体态度差异和冲突倾向的空间特征：以西安汤峪镇为例[J].地理学报，2016，71(6)：1045-1058.

[136] 崔晓明，陈佳，杨新军.乡村旅游影响下的农户可持续生计研究：以秦巴山区安康市为例[J].山地学报，2017，35(1)：85-94.

[137] 崔海亭.景观污染：一个亟待解决的问题[J].生态学杂志，2001，20(3)：60-62.

[138] 代美玲，马晓龙.乡村旅游开发土地收储阶段居民意愿特征与细分机制：基于扎根理论的研究[J].旅游学刊，2020，35(4)：26-35.

[139] 邓谋优.我国乡村旅游生态环境问题及其治理对策思考[J].农业经济，2017，37(4)：38-41.

[140] 杜江，向萍.关于乡村旅游可持续发展的思考[J].旅游学刊，1999，14(1)：15-18.

[141] 费巍，余高锋，李登峰.乡村旅游开发适宜性等级评价TOPSIS方法[J].控制与决策，2020，35(11)：2619-2625.

[142] 冯淑华，沙润.乡村旅游的乡村性测评模型：以江西婺源为例[J].地理研究，2007，26(3)：616-624.

[143] 冯维波，黄光宇.公正与效率：城市规划价值取向的两难选择[J].城市规划学刊，2006，50(5)：53-57.

[144] 樊念，韩荣培，梁坤.贵州省乡村旅游村寨的空间分异格局及地理特征研究[J].世界地理研究，2021，30(6)：1308-1319.

[145] 范红艳，薛宝琪.河南省旅游产业与文化产业耦合协调度研究[J].地域研究与开发，2016，35(4)：104-109.

[146] 方创琳，崔学刚，梁龙武.城镇化与生态环境耦合圈理论及耦合器调控[J].地理学报，2019，74(12)：2529-2546.

[147] 高楠，马耀峰，李天顺，等.基于耦合模型的旅游产业与城市化协调发展研究：以西安市为例[J].旅游学刊，2013，28(1)：62-68.

[148] 高月明，吴文俊，蒋洪强，等.基于全球陆地生态系统的水源涵养服务价值时空变化分析[J].环境科学研究，2021，34(11)：2696-2705.

[149] 高维全，王玉霞.长山群岛旅游产业与生态环境协调发展研究[J].地域研究与开发，2017，36(3)：103-107.

[150] 高兆蔚.闽江流域森林资源现状与生态环境保护的对策[J].林业资源管理，2000，29(3)：21-24.

[151] 古小东.基于生态系统的流域立法：我国水资源环境保护困境之制度纾解[J].青海社会科学，2018，39(5)：56-63.

[152] 顾朝林，张洪，徐逸伦，等.旅游规划理论与方法的初步探讨[J].地理科学，2003，23(1)：52-59.

[153] 谷昊鑫，秦伟山，赵明明，等.黄河流域旅游经济与生态环境协调发展时空演变及影响因素探究[J].干旱区地理，2022，45(2)：628-638.

[154] 郭焕成，韩非.中国乡村旅游发展综述[J].地理科学进展，2010，29(12)：1597-1605.

[155] 郭向阳，穆学青，明庆忠，等.旅游地快速交通优势度与旅游流强度的空间耦合分析[J].地理研究，2019，38(5)：1119-1135.

[156] 郭芸，范柏乃，龙剑.我国区域高质量发展的实际测度与时空演变特征研究[J].数量经济技术经济研究，2020，37(10)：118-132.

[157] 葛全胜，钟林生，陆林.中国旅游地理学发展历程与趋势[J].中国生态旅游，2021，11(1)：1-10.

[158] 韩伟宏，李建军.美丽乡村建设背景下新型乡村旅游发展机制研究[J].农业经济，2018，38(12)：46-48.

[159] 韩文艳，陈兴鹏，庞家幸，等.城镇化-生态环境-旅游产业耦合协调发展研究：以丝绸之路经济带9省(区、市)为例[J].兰州大学学报(自然科学版)，2018，54(62)：762-769.

[160] 何红，王淑新.多维视角下中国乡村旅游扶贫效应研究评述[J].中国农业资源与区划，2019，40(4)：180-187.

[161] 何格，胡艳梅.景区县乡村旅游可持续发展评价：以四川长宁为例[J].中国农业资源与区划，2012，33(6)：85-90.

[162] 何景明.国外乡村旅游研究述评[J].旅游学刊，2003，18(1)：76-80.
[163] 何苏玲，邹凤琼，王金亮.基于 AHP 和 MSE 赋权法的龙南县生态敏感性评价[J].2021，40(9)：2927-2935.
[164] 何旭，杨海娟，王晓雅.乡村农户旅游适应效果、模式及其影响因素：以西安市和咸阳市 17 个案例村为例[J].地理研究，2019，38(9)：2330-2345.
[165] 黄成林.山岳风景区生态环境问题[J].山地学报，2001，19(2)：53-58.
[166] 黄震方，张圆刚，贾文通.中国乡村旅游研究历程与新时代发展趋向[J].自然资源学报，2021，36(10)：2615-2633.
[167] 洪启颖.福州市森林公园旅游经济发展与生态环境耦合协调度分析[J].林业经济，2019，41(1)：76-80.
[168] 侯兵，周晓倩.长三角地区文化产业与旅游产业融合态势测度与评价[J].经济地理，2015，35(11)：211-217.
[169] 侯天琛.微媒体时代背景下我国乡村旅游发展模式创新研究[J].中州学刊，2019，41(12)：42-47.
[170] 侯连有.旅游资源开发利用中的环境问题及战略环境评价[J].中国环境管理，2003，22(1)：49 -50.
[171] 侯向阳，杨理，韩颖.实施草原生态补偿的意义、趋势和建议[J].中国草地学报，2008，30(5)：1-6.
[172] 胡可可，秦凤蕾，胡业翠.旅游乡村用地格局演变微尺度分析：以北京市怀柔区西庄村为例[J].中国农业资源与区划，2020，41(9)：238-248.
[173] 胡晓亮，李红波，张小林，等.乡村概念再认知[J].地理学报，2020，75(2)：398-409.
[174] 胡钰，付饶，金书秦.脱贫攻坚与乡村振兴有机衔接中的生态环境关切[J].改革，2019，32(10)：141-148.
[175] 贺小荣.我国乡村旅游的起源、现状及其发展趋势探讨[J].北京第二外国语学院学报，2001，23(1)：90-94.
[176] 江燕玲，潘卓，潘美含.重庆市乡村旅游运营效率评价与空间战略分异研究[J].资源科学，2016，38(11)：2181-2191.
[177] 金凤君，马丽，许堞.黄河流域产业发展对生态环境的胁迫诊断与优化路径识别[J].资源科学，2020，42(1)：127-136.
[178] 蓝增寿，程伟，夏郁芳，等.林业生态环境损害责任追究制度研究[J].林业经济，2015，37(8)：54-60.
[179] 劳期团.环保产业的定位及其发展导向[J].环境保护，1996，24(8)：43-45.
[180] 李德明，程久苗.乡村旅游与农村经济互动持续发展模式与对策探析[J].人文地理，2005，20(3)：84-87.

[181] 李红波，胡晓亮，张小林，等.乡村空间辨析[J].地理科学进展，2018，37(5)：591-600.
[182] 李宏伟，黄国良.试论我国环境金融制度的构建[J].河南师范大学学报(哲学社会科学版)，2015，42(2)：52-54.
[183] 李洪燕，樊治平.群体决策中两种不同偏好信息的集成方法[J].东北大学学报，2000，46(3)：336-338.
[184] 李佳，钟林生，成升魁.中国旅游扶贫研究进展[J].中国人口·资源与环境，2009，19(3)：156-162.
[185] 李静，杜群.我国南海海域渔业环境保护法律问题与对策[J].中国环境管理，2019，11(1)：117-122.
[186] 李锦秀，肖洪浪，任娟.阿拉善地区水资源与生态环境变化及其对策研究[J].干旱区资源与环境，2010，24(11)：56-61.
[187] 李岚.乡村旅游与农村生态环境良性互动机制的构建[J].农业经济，2013，33(4)：51- 52.
[188] 李鹏，邓爱民.旅游业高质量发展促进共同富裕的路径分析[J].社会科学家，2022，37(2)：37-41.
[189] 李鹏，濮励杰，章锦河.旅游活动对土壤环境影响的国内研究进展[J].地理科学进展，2012，31(8)：1097-1105.
[190] 李崧，邱微，赵庆良，等.层次分析法应用于黑龙江省生态环境质量评价研究[J].环境科学，2006，27(5)：1031-1034.
[191] 李涛，王磊，王钊，等.乡村旅游：社区化与景区化发展的路径差异及机制：以浙江和山西的两个典型村落为例[J].旅游学刊，2022，37(3)：96-107.
[192] 李涛，蔡碧凡，陶卓民.城市群休闲农业旅游开发环境健康评价研究：以中国沿海六大城市群为例[J].地理研究，2016，35(11)：2125-2138.
[193] 李田田，王丽丽，李丁，等.中国典型旅游城市旅游经济与城市韧性耦合协调关系[J].兰州大学学报(自然科学版)，2022，58(6)：749-760.
[194] 李昕，王淑娟.旅游经济与生态环境协调发展时空分异研究：以山东省沿黄九市为例[J].山东社会科学，2022，(10)：118-127.
[195] 李万寿，李晓东.人类活动对湟水流域生态环境的影响[J].干旱区研究，1995，12(2)：18-23.
[196] 李彦，姜珍.公正与效率：发展的二难选择[J].兰州大学学报(社会科学版)，1995，23(4)：41-47.
[197] 李云涛，王海英，陶犁，等.京郊乡村旅游地空间分布演化及其影响因素的地理探测[J].中国农业资源与区划，2023，44(1)：214-228.
[198] 李智慧，王凯，余芳芳，等.中国旅游业碳排放-旅游经济-生态环境耦合协调时

空分异研究[J].地理与地理信息科学，2022，38(6)：110-118.
[199] 李志龙.乡村振兴–乡村旅游系统耦合机制与协调发展研究–以湖南凤凰县为例[J].地理研究，2019，38(3)：643-654.
[200] 李周.乡村振兴战略背景下乡村休闲旅游的发展策略：兼论自然景观资源公益化[J].求索，2020，40(4)：14-21.
[201] 廖重斌.环境与经济协调发展的定量评判及其分类体系：以珠江三角洲城市群为例[J].热带地理，1999，20(2)：76-82.
[202] 廖光萍.基于乡村旅游的阿坝州生态环境可持续发展评价[J].中国农业资源与区划，2019，40(9)：199-205.
[203] 廖平.中文“旅游”的语义渊源与流变[J].旅游学刊，2020，35(8)：144-150.
[204] 蔺栋华.生态环境与第三产业[J].生态经济，2001，17(2)：22-26.
[205] 林宝民，林德荣.“三新”引领下的红色旅游发展思路[J].旅游学刊，2021，36(6)：5-7.
[206] 林明水，林金煌，程煜，等.省域乡村旅游扶贫重点村生态脆弱性评价：以福建省为例[J].生态学报，2018，38(19)：310-318.
[207] 林铧.发展乡村旅游　助力乡村振兴[J].中共山西省委党校学报，2018，41(5)：60-63.
[208] 林红，贾屹，翟绪军.社会资本参与东北国有林区生态保护修复的策略研究[J].林业经济问题，2022，42(6)：561-568.
[209] 林明水，林金煌，程煜，等.省域乡村旅游扶贫重点村生态脆弱性评价：以福建省为例[J].生态学报，2018，38(19)：7093-7101.
[210] 刘志仁，王嘉奇.黄河流域政府生态环境保护责任的立法规定与践行研究[J].中国软科学，2022，39(3)：47-57.
[211] 刘安全.省际民族聚居地区乡村旅游集群发展的竞合策略：以武陵山龙凤示范区为例[J].中南民族大学学报(人文社会科学版)，2019，39(4)：54-58.
[212] 刘波，黄勤，杨理珍.高质量发展背景下长江经济带“人–水–地”系统耦合协调效应评价[J].软科学，2021，35(5)：27-34.
[213] 刘德谦.旅游学科建设断想[J].旅游学刊，2019，34(12)：3-5.
[214] 刘德光，屈小爽.中国旅游经济与生态环境协调发展度测算及区域差异分析[J].广东财经大学学报，2016，31(4)：89-96.
[215] 刘焕庆，吴健.全域旅游背景下的延边州乡村旅游可持续发展研究[J].东疆学刊，2017，34(1)：101-105.
[216] 刘婕，曾涛，蔡红霞，等.九寨沟旅游开发对安多藏民族文化的影响[J].资源科学，2004，28(4)：57-64
[217] 刘静，刘录三，郑丙辉.入海河口区水环境管理问题与对策[J].环境科学研究，

2017，30(5)：645-653.

[218] 刘丽梅，吕君.典型草原地区旅游发展对植被的环境影响[J].资源科学，2009，33(3)：442- 449.

[219] 刘巧婧，王莉红.城市化与生态环境耦合协调关系研究：以杭州市为例[J].环境科学学报，2018，38(10)：4214-4222.

[220] 刘人怀，刘小同，文彤.系统论视角下旅游学科提升发展的思考[J].旅游学刊，2019，34(12)：1-3.

[221] 刘学毅.德尔菲法在交叉学科研究评价中的运用[J].西南交通大学学报(社会科学版)，2007，8(2)：21-25.

[222] 刘雨婧，唐健雄.长江经济带旅游业发展质量评价及其时空演变[J].经济地理，2022，42(4)：209-219.

[223] 刘耀彬，李仁东，宋学锋.中国区域城市化与生态环境耦合的关联分析[J].地理学报，2005，60(2)：237-247.

[224] 龙茂兴，张河清.乡村旅游发展中存在问题的解析[J].旅游学刊，2006，21(9)：75-79.

[225] 卢俊阳，邓爱民.乡村旅游助推乡村振兴的实现机制与社会支持研究[J].湖北民族大学学报(哲学社会科学版)，2020，39(6)：51-60.

[226] 卢金友，林莉.汉江生态经济带水生态环境问题及对策[J].环境科学研究，2020，33(5)：1179-1186.

[227] 卢小丽，成宇行，王立伟.国内外乡村旅游研究热点：近 20 年文献回顾[J].资源科学，2014，36(1)：200-205.

[228] 吕雁琴，陈静，邱康权.新发展理念下中国旅游业发展水平的空间非均衡及动态演变研究[J].新疆大学学报(哲学・人文社会科学版)，2021，49(3)：1-9.

[229] 贾衍菊，王德刚.社区居民旅游影响感知和态度的动态变化[J].旅游学刊，2015，30(5)：65-73.

[230] 江晓云.少数民族村寨生态旅游开发研究：以临桂东宅江瑶寨为例[J].经济地理，2004，24(4)：564-567.

[231] 蒋培.区域生态环境保护中地方性知识的作用及转型：以嘉绒藏区林业资源保护为例[J].云南社会科学，2015，25(2)：102-107.

[232] 蒋文举，联锡，李静，等.旅游对峨眉山生态环境的影响及保护对策[J].环境科学，1996，21(3)：48-51.

[233] 蒋小翼，赵俊娴.中缅边境地区生态环境治理的法律问题及其对策[J].学术探索，2017，25(5)：48-53.

[234] 马林.内蒙古草原生态旅游开发战略探讨[J].干旱区资源与环境，2004，15(4)：65-71.

[235] 马建章，程鲲.自然保护区生态旅游对野生动物的影响[J].生态学报，2008，28(6)：2818- 2827.

[236] 马剑平，黄先禄.贵州乡村旅游可持续发展对策研究[J].贵州社会科学，2011，31(5)：53-56.

[237] 马耀峰，黄毅.旅游规划创新模式研究[J].陕西师范大学学报(自然科学版)，2014，42(3)：78-84.

[238] 马小琴.山西省乡村旅游与乡村振兴耦合协调度测度[J].中国农业资源与区划，2019，40(9)：257-262.

[239] 麦少芝，徐颂军，潘颖君.PSR 模型在湿地生态系统健康评价中的应用[J].热带地理，2005，25(4)：317-321.

[240] 孟秋莉.基于 PSR 模型的乡村旅游环境保护评价指标体系研究[J].生态经济，2017，33(4)：121-126.

[241] 莫莉秋.海南省乡村旅游资源可持续发展评价指标体系构建[J].中国农业资源与区划，2017，38(6)：170-177.

[242] 南文渊.论保护青海高原草地生态环境的意义[J].青海民族大学学报，1997，23(4)：69-77.

[243] 宁宝权，陕振沛.基于改进熵和欧氏贴进度的模糊物元分析模型及应用[J].六盘水师范学院学报，2015，27(2)：79-83.

[244] 宁宝英，何元庆.丽江古城的旅游发展与水污染研究[J].中国人口·资源与环境，2007，17(5)：123-127.

[245] 牛丽楠，邵全琴，刘国波，等.六盘水市土壤侵蚀时空特征及影响因素分析[J].地球信息科学学报，2019，21(11)：1755-1767.

[246] 刘军，边志强.资源型城市经济高质量发展水平测度研究[J].经济问题探索，2022，38(1)：92-101.

[247] 欧丹.需求视角下乡村旅游转型升级策略探究[J].农业经济，2021，41(8)：26-28.

[248] 欧阳玲，马会瑶，王宗明，等.基于遥感与地理信息数据的科尔沁沙地生态环境状况动态评价[J].生态学报，2022，42(14)：5906-5921.

[249] 潘金志，黄旺生.关于林业生态环境保护的若干哲学思考[J].林业经济问题，2013，33(2)：183-186.

[250] 彭光银，秦烜，文威，等.原料林基地建设对生态环境影响与保护措施：以黄冈晨鸣浆纸有限公司林纸一体化项目为例[J].环境科学与技术，2016，39(S1)：414-417.

[251] 祁黄雄，谢钱.基于 BCM 模型的乡村旅游企业服务质量测评：湖州顾渚村的实证调查[J].地理研究，2011，30(7)：1331-1340.

[252] 秦趣，胡泽黎，刘安乐，等.贫困山区旅游扶贫与生态环境耦合协调关系研究[J].世界地理研究，2020，29(6)：1272-1283.

[253] 秦趣，冯维波，梁振民，等.我国四大直辖市生态基础设施品质对比研究[J].华中师范大学学报(自然科学版)，2008，42(3)：471-476.

[254] 秦趣，代稳，杨琴.基于熵权模糊综合评价法的城市生态系统安全研究[J].西北师范大学学报(自然科学版)，2014，50(2)：110-114.

[255] 秦趣，代稳，刘兴荣.乌蒙山区城市人工湿地生态系统健康评价：以六盘水明湖国家湿地公园为例[J].水生态学杂志，2013，34(5)：43-47.

[256] 秦趣，梁振民，刘安乐，等.基于 DPSIRM 框架模型的高原湿地生态安全评价[J].冰川冻土，2020，42(4)：1363-1375.

[257] 屈婷婷，黄智，黄启厅.广西乡村休闲旅游示范点空间分布特征及其影响因素[J].南方农业学报，2021，52(7)：2032-2042.

[258] 屈小爽，徐文成.旅游业与生态环境协调及高质量发展：基于黄河流域研究[J].技术经济与管理研究，2021，42(11)：123-128.

[259] 任梅，程钰，任建兰.山东省城市化与生态环境非协调耦合关系判别及空间类型研究[J].世界地理研究，2016，25(5)：58-68.

[260] 尚文绣，王忠静，赵钟楠，等.水生态红线框架体系和划定方法研究[J].水利学报，2016，47(7)：934-941.

[261] 时朋飞，李星明，熊元斌.区域美丽中国建设与旅游业发展耦合关联性测度及前景预测：以长江经济带 11 省市为例[J].中国软科学，2018，33(2)：86-102.

[262] 时迪迪，张守红，王红.北沙河上游流域潜在非点源污染风险时空变化分析[J].环境科学研究，2020，33(4)：921-931.

[263] 是丽娜.新农村建设与乡村生态旅游互动发展模式构建[J].生态经济，2013，29(11)：106-109.

[264] 石强，吴楚材，吴章文.张家界国家森林公园动物种类和数量的变化[J].中南林学院学报，2006，26(3)：51-54.

[265] 石强，吴章文，贺庆棠.旅游开发利用对张家界国家森林公园大气质量影响的综合评价[J].北京林业大学学报，2002，24(4)：25-28.

[266] 宋瑞，孙盼盼.资源属性、管理体制、景区级别与门票价格[J].中国社会科学院学院学报，2014，36(1)：59-67.

[267] 申葆嘉.国外旅游研究进展：一[J].旅游学刊，1996，11(1)：62-67.

[268] 申明锐，沈建法，张京祥，等.比较视野下中国乡村认知的再辨析：当代价值与乡村复兴[J].人文地理，2015，30(6)：53-59.

[269] 石强，钟林生，汪晓菲.旅游活动对张家界国家森林公园植物的影响[J].植物生态学报，2004，50(1)：107-113.

[270] 宋长春，邓伟，宋新山.松嫩平原西部生态脆弱带景观结构与生态耦合分析[J].应用生态学报，2003，14(9)：1464-1468.
[271] 宋戈飞，赵琪，谢剑彬，等.浅谈全球气候变化对建筑环境的影响[J].建筑施工，2003，25(6)：498-500.
[272] 宋玉，黄剑锋.国内外乡村记忆地理研究进展与展望[J].世界地理研究，2019，28(6)：166-177.
[273] 苏飞，王中华.乡村振兴视域下的中国乡村旅游：发展模式、动力机制与国际经验借鉴[J].世界农业，2020(2)：115-119.
[274] 孙枫，汪德根.全国特色景观旅游名镇村空间分布及发展模式[J].旅游学刊，2017，32(5)：80-93.
[275] 孙江虹.乡村旅游对农村环境的影响两面性探析[J].农业经济，2013，33(5)：26-28.
[276] 孙九霞，王淑佳.基于乡村振兴战略的乡村旅游地可持续发展评价体系构建[J].地理研究，2022，41(2)：289-306.
[277] 孙平军，修春亮，吕飞.城市空间扩展非协调性识别的基础理论与实证分析[J].地球科学进展，2015，30(2)：247-258.
[278] 孙平军.1994—2014年江苏省城市化与生态环境非协调性耦合关系的判别[J].长江流域资源与环境，2014，23(8)：1051-1056.
[279] 孙平军，丁四保，修春亮.中国城镇建设用地投入非协调性的动态演变研究[J].地理科学，2012，32(9)：1048-1053.
[280] 孙平军，丁四保，修春亮，等.东北地区“人口-经济-空间”城市化协调性研究[J].地理科学，2012，32(4)：450-457.
[281] 汤奇成，张捷斌.西北干旱地区水资源与生态环境保护[J].地理科学进展，2001，20(3)：227-233.
[282] 唐永芳.湖南省乡村旅游空间布局及生态环境安全评价[J].中国农业资源与区划，2018，39(5)：231-236.
[283] 谭仲明.西藏洛隆县草地资源利用和生态环境保护的研究[J].草业科学，1993，10(2)：34-37.
[284] 陶玉霞.新农村建设背景下乡村旅游可持续发展的内涵建设[J].河南师范大学学报(哲学社会科学版)，2010，37(4)：85-89.
[285] 田军，张朋柱，王刊良，等.基于德尔菲法的专家意见集成模型研究[J].系统工程理论与实践，2004，24(1)：57-62.
[286] 田鹏颖.论新时代新发展理念的理论创新[J].理论探讨，2021，38(5)：27-32
[287] 田媛，肖伟，马永明.新发展理念下我国乡村体育高质量发展方向与途径[J].体育文化导刊，2020，21(6)：47-52.

[288] 王兵.从中外乡村旅游的现状对比看我国乡村旅游的未来[J].旅游学刊，1999，14(2)：38-42.

[289] 王传胜，潘良保.南水北调中线工程水源地水环境保护[J].地理学与国土研究，1999(3)：52-55.

[290] 王得祥，杨改河.西北地区林草植被及其生态环境建设策略[J].西北林学院学报，2003，10(1)：15-19.

[291] 汪德根，王金莲，陈田，等.乡村居民旅游支持度影响模型及机理：基于不同生命周期阶段的苏州乡村旅游地比较[J].地理学报，2011，66(10)：1413-1426.

[292] 王红姝，佟敏.生态旅游与生态环境保护研究[M].哈尔滨：东北林业大学出版社，2005.

[293] 王礼先.关于"生态环境建设"的内涵[J].科技术语研究，2005，21(2)：33.

[294] 王慧.乡村旅游地可持续发展的实现进路[J].重庆社会科学，2018，15(5)：105-111.

[295] 王金伟，张丽艳，李明龙.国际乡村旅游研究的学术脉络与前沿热点[J].西南民族大学学报(人文社会科学版)，2021，43(3)：224-231.

[296] 王昆，宋海洲.三种客观权重赋权法的比较分析[J].技术经济与管理研究，2003，24(6)：48-49.

[297] 王孟本："生态环境"概念的起源与内涵[J].生态学报，2003，23(9)：1910-1914.

[298] 王明涛.多指标综合评价中权数确定的离差、均方差决策方法[J].中国软科学，1999，14(8)：100-101.

[299] 王娜，鲁峰.乡村旅游发展的动力机制探讨[J].桂林旅游高等专科学校学报，2006，17(6)：706-708.

[300] 王清源，潘旭海.熵权法在重大危险源应急救援评估中的应用[J].南京工业大学学报(自然科学版)，2011，3(3)：87-92.

[301] 王秋贤，王富喜.基于均方差权值法的烟台市城市土地利用效益比较研究[J].水土保持通报 2016，36(2)：151-156.

[302] 王润，刘家明，张文玲.地理大数据视野下京津冀乡村旅游空间类型区划研究[J].中国农业资源与区划，2017，38(12)：138-145.

[303] 王如松.生态环境内涵的回顾与思考[J].科技术语研究，2005，21(2)：28-31.

[304] 王松茂，牛金兰.山东省旅游经济与城市生态韧性协调演化研究[J].地理学报，2023，78(10)：2591-2608.

[305] 王素洁，刘海英.国外乡村旅游研究综述[J].旅游科学，2007，21(2)：61-68.

[306] 王素洁，李想.基于社会网络视角的可持续乡村旅游决策探究：以山东省潍坊市杨家埠村为例[J].中国农村经济，2011，27(3)：59-69.

[307] 王帅，邓佳，邓富玲，等.岩溶地区休闲农业旅游对土壤环境的影响[J].中国岩溶，2017，36(3)：377-386.
[308] 王婷，姚旻，张琦，等.高质量发展视角下乡村旅游发展问题与对策[J].中国农业资源与区划，2021，42(8)：140-146.
[309] 王伟，张磊，张光辉.乡村生态旅游对生态环境的影响及长效管护对策[J].山东农业工程学院学报，2018，35(3)：8-11.
[310] 王新越，朱文亮.山东省乡村旅游竞争力评价与障碍因素分析[J].地理科学，2019，39(1)：147-155.
[311] 王应霞.基于文化模式视角的乡村旅游驱动机制及开发对策[J].农业经济，2016，36(4)：54-55.
[312] 王玉成.我国旅游景区管理体制问题与改革对策[J].河北大学学报(哲学社会科学版)，2017，42(3)：143-148.
[313] 王玉海."旅游"概念新探：兼与谢彦君、张凌云两位教授商榷研究[J].旅游学刊，2010，25(12)：12-17.
[314] 王晓毅.从承包到"再集中"：中国北方草原环境保护政策分析[J].中国农村观察，2009，30(3)：36-46.
[315] 王兆峰，谢佳亮，吴卫.环长株潭城市群旅游业高质量发展水平变化及其影响因素[J].经济地理，2022，42(3)：172-181.
[316] 王振波，梁龙，武褚昕阳，等.青藏高原旅游经济与生态环境协调效应测度及交互胁迫关系验证[J].地球信息科学学报，2019，21(9)：1352-1366.
[317] 王秀伟，李晓军.中国乡村旅游重点村的空间特征与影响因素[J].地理学报，2022，77(4)：900-917.
[318] 王月容.旅游开发对生态环境的影响研究[J].湖南林业科技，2003，30(2)：37-39.
[319] 汪嘉杨，翟庆伟，郭倩，等.太湖流域水环境承载力评价研究[J].中国环境科学，2017，37(5)：1979-1987.
[320] 文斌.旅游干扰对嵖岈山景区生态影响研究[J].信阳师范学院学报(自然科学版)，2019，32(2)：245-249.
[321] 文丰安.新时代加强农村生态治理的现实困境及可行途径[J].经济体制改革，2019，37(6)：32-38.
[322] 文彤雍，玉凤，张庆芳.态度、行为、责任：乡村旅游从业者影响感知研究[J].资源开发与市场，2018，34(3)：418-421.
[323] 吴必虎，黄琢玮，马小萌.中国城市周边乡村旅游地空间结构[J].地理科学，2004，24(6)：757-763.
[324] 吴承照.中国旅游规划30年回顾与展望[J].旅游学刊，2009，24(1)：13-18.

[325] 吴建国，吕佳佳.气候变化对珙桐分布的潜在影响[J].环境科学研究，2009，22(12)：1371-1381.

[326] 吴磊，焦华富，叶雷.皖南国际文化旅游示范区旅游经济与交通耦合协调发展的时空特征[J].地理科学，2019，39(11)：1822-1829.

[327] 武少腾，付而康，李西.四川省乡村旅游可持续发展水平测度[J].中国农业资源与区划，2019，40(7)：233-239.

[328] 吴先伍.从“自然”到“环境”：人与自然关系的反思[J].自然辩证法研究，2006，22(9)：5-7.

[329] 武来成，宋法生，刘尚久.江西省天然保护与生态环境建设[J].南方林业科技，1999，27(1)：15-17.

[330] 谢园方，赵媛.基于低碳旅游的旅游业碳排放测度方法研讨[J].人文地理，2012，27(1)：147-151.

[331] 肖胜和.论我国贫困区发展旅游业的基础[J].云南师范大学学报(自然科学版)，1997，17(3)：79-83.

[332] 熊昌盛，梁雅嘉，胡宇瑶，等.国际旅游岛战略实施对海南岛城镇建设用地扩张的净效应与作用机理分析[J].中国土地科学，2022，36(4)：59-68.

[333] 熊剑平，刘承良，颜琪.城郊乡村旅游地居民对旅游开发的感知和态度分析：以武汉市东西湖区石榴红村为例[J].中国农村经济，2007，23(7)：23-29.

[334] 熊炜.洞庭湖流域保护的立法问题研究[J].湘潭大学学报(哲学社会科学版)，2020，44(6)：105-109.

[335] 熊韵波.生态概念的意识形态性内涵及其演变[J].南通大学学报(社会科学版)，2014，30(4)：12-17.

[336] 徐刚.贵州乡村旅游可持续发展的困境及破解：以安顺天龙屯堡为例[J].贵州社会科学，2014，35(8)：116-118.

[337] 徐清.基于点—轴系统理论的宁波乡村旅游空间结构优化[J].经济地理，2009，29(6)：1042-1046.

[338] 徐中起，游志能.我国西部地区生态环境保护法制研究[J].中央民族大学学报(哲学社会科学版)，2009，36(4)：9-17.

[339] 许黎，曹诗图，柳德才.乡村旅游开发与生态文明建设融合发展探讨[J].地理与地理信息科学，2017，33(6)：106-111.

[340] 许宪隆.北方草原民族传统文化与生态环境保护[J].中南民族大学学报(哲学社会科学版)，1997，38(2)：60-64.

[341] 薛芮，阎景娟.景观管理嵌入乡村旅游人地关系研究的应用框架建构[J].地理科学进展，2022，41(3)：510-520.

[342] 轩源，周年兴，杨虹霓.中国大陆省域旅游效率城镇化耦合协调的时空演变[J].

地理与地理信息科学，2020，36(10)：118-127.

[343] 杨建春.民族村寨旅游高质量发展促进乡村振兴的机制及对策[J].贵州社会科学，2022，43(9)：140-147.

[344] 杨锐.基于供给侧改革的山东省休闲农业发展策略研究[J].山东农业大学学报(自然科学版)，2017，48(6)：952-956.

[345] 杨维骏.保护和改善云南以森林为中心的生态环境[J].经济问题探索，1993，14(7)：4- 6.

[346] 杨耀武，张平.中国经济高质量发展的逻辑、测度与治理[J].经济研究，2021，56(1)：26 -42.

[347] 姚蔚蔚，尹启华.我国乡村旅游存在的问题及发展策略[J].农业经济，2018，38(1)：59- 61.

[348] 杨兴柱，王群.皖南旅游区乡村人居环境质量评价及影响分析[J].地理学报，2013，68(6)：851-867.

[349] 严旭阳.旅游教育的困境和旅游学科的使命[J].旅游学刊，2022，37(4)：1-2.

[350] 杨军.中国乡村旅游驱动力因子及其系统优化研究[J].旅游科学，2006，20(4)：7-11.

[351] 叶红.乡村旅游发展的动力机制研究-以成都市乡村旅游发展为例[J].农村经济，2007(8)：79-82.

[352] 于恩逸，崔宁，吴迪，等.草原生态环境损害因果关系判定路径[J].生态学报，2021，41(3)：943-948.

[353] 于鹏飞，王丽娜.财务预警中样本数据无量纲化方法的选择[J].会计之友，2005，23(12)：43-44.

[354] 余菲菲，胡文海，荣慧芳.中小城市旅游经济与交通耦合协调发展研究：以池州市为例[J].地理科学，2015，35(9)：1116-1122.

[355] 张涵，李阳兵.城郊土地利用功能演变：以贵州省惠水县乡村旅游度假区好花红村为例[J].地理科学进展，2020，39(12)：1999-2012.

[356] 张洪昌.社区能力、制度嵌入与乡村旅游发展模式[J].甘肃社会科学，2019，41(1)：186-192.

[357] 张辉，吴尚.新发展理念引领高质量发展：成效、问题及推进方向[J].学习与探索，2021，43(12)：93-102.

[358] 张捷.旅游规划理论的传统与更新的若干问题[J].旅游学刊，2013，28(9)：3-5.

[359] 张建忠，孙根年.山西大院型民居旅游地生命周期演变及其系统提升：以乔家大院为例[J].地理研究，2012，31(11)：2104-2114.

[360] 张静宏，黄万猛，赵洋，等.河北省乡村旅游发展中的生态环境问题与解决对策分析[J].粮食科技与经济，2019，44(1)：122-123.

[361] 张军.乡村价值定位与乡村振兴[J].中国农村经济，2018，34(1)：2-10.

[362] 张明斗，莫冬燕.城市土地利用效益与城市化的耦合协调性分析：以东北三省 34 个地级市为例[J].资源科学，2014，36(1)：8-16.

[363] 张佩，杨伦，冯枫.森林认证促进生态环境保护的路径：基于顺昌县国有林场的调查[J].林业经济问题，2014，34(3)：243-249.

[364] 张树民，钟林生，王灵恩.基于旅游系统理论的中国乡村旅游发展模式探讨[J].地理研究，2012，31(11)：2094-2103.

[365] 张万胜.资源型美丽乡村可持续发展影响因素的实证分析[J].中国农业资源与区划，2016，37(6)：184-188.

[366] 张锡盛.论我国少数民族地区生态环境的法律保护[J].思想战线，1994，20(6)：61-66.

[367] 张颖，李晓格.甘肃省迭部县居民森林生态环境支付意愿影响因素分析[J].环境科学研究，2020，33(10)：2399-2411.

[368] 张燕.气候变暖对福建省旅游业的影响[J].哈尔滨商业大学学报(社会科学版)，2008，14(4)：113-116.

[369] 赵传松，任建兰，陈延斌，等.中国科技创新与可持续发展耦合协调及时空分异研究[J].地理科学，2018，38(2)：214-222.

[370] 赵燕菁.制度经济学视角下的城市规划:上[J].城市规划，2005，29(6)：40-47.

[371] 郑长德，张玉荣.民族地区融入新发展格局研究[J].西南民族大学学报(人文社会科学版)，2021，42(8)：69-77.

[372] 郑群明，钟林生.参与式乡村旅游开发模式探讨[J].旅游学刊，2004，23(4)：33-37.

[373] 钟林生，唐承财，成升魁.全球气候变化对中国旅游业的影响及应对策略探讨[J].中国软科学，2011，26(2)：34-41.

[374] 钟永德，李世宏，罗芬.我国旅游业碳排放计量的三个关键问题思考[J].中南林业科技大学学报，2012，32(11)：139-143.

[375] 周彬，张梦瑶，钟林生.内蒙古旅游经济与文化产业耦合协调度测评[J].干旱区资源与环境，2019，33(4)：203-208.

[376] 周菲菲.互联网+时代乡村生态旅游发展策略探析[J].农业经济，2016，36(8)：46-47.

[377] 周鸿，吕汇慧.乡村旅游地生态文化传统与生态环境建设的互动效应：以云南石林县彝族阿着底村为例[J].生态学杂志，2006，25(9)：1114-1118.

[378] 周玲强，黄祖辉.我国乡村旅游可持续发展问题与对策研究[J].经济地理，2004，24(4)：572-576.

[379] 周玲强，周波.社会资本、知识转移与社区居民旅游支持态度：基于三个乡村社

区样本的实证研究[J].浙江大学学报(人文社会科学版), 2018, 48(2): 19-32.
[380] 周尚意.四层一体：发掘传统乡村地方性的方法[J].旅游学刊, 2017, 32(1): 6-7.
[381] 邹宏玉, 何方永.生态环境建设与乡村旅游之间的动态关系研究[J].农业经济, 2020, 40(11): 49-51.
[382] 邹统钎, 万志勇.中国旅游规划思想的演变:上：中国旅游规划 30 年回顾与反思[J].北京第二外国语学院学报, 2009, 31(5): 1-7.
[383] 周训芳.生态环境保护司法体制改革构想[J].法学杂志, 2015, 36(5): 25-35.
[384] 朱晓翔, 乔家君.乡村旅游社区可持续发展研究：基于空间生产理论三元辩证法视角的分析[J].经济地理, 2020, 40(8): 153-164.
[385] 卓友瞻.保护渔业水域环境促进渔业生产发展[J].中国水产, 1993, 36(7): 9-15.

F. 中文其他文献

[386] 李凯.旅游活动对西湖水质的影响研究[D].杭州：浙江工商大学, 2012.
[387] 蔡洋.气候变化对旅游业的影响研究：以南京市为例[D].南京：南京信息工程大学, 2020.
[388] 冯维波.城市游憩空间分析与整合研究[D].重庆：重庆大学, 2007.
[389] 中国政府网.国务院关于促进乡村产业振兴的指导意见[EB/OL].(2019-06-17)[2024-10-10]https://www.gov.cn/gongbao/content/2019/content_5407659.htm.
[390] 芦峥.老君山国家公园外来植物沿旅游道路的分布特征[D].昆明：云南大学, 2016.
[391] 潘顺安.中国乡村旅游驱动机制与开发模式研究[D].长春：东北师范大学, 2007.
[392] 孙平军.中国城市建设用地空间扩展的非协调性识别与调控[D].长春：东北师范大学, 2014.
[393] 王丽.城市旅游环境承载力预警研究[D].秦皇岛：燕山大学, 2012.
[394] 王琬茹.中百集团财务风险评价与防范研究：基于熵权法运用角度[D].北京：中央民族大学, 2022.
[395] 中国政府网.文化和旅游部等 17 部门联合印发《意见》全面提升乡村旅游的发展质量和综合效益[EB/OL].(2018-12-12)[2024-10-10].http: //www.gov.cn/xinwen/2018-12/12/content_ 5347917. htm.
[396] 吴儒练.旅游业高质量发展与乡村振兴耦合协调测度、演化及空间效应研究[D].南昌：江西财经大学, 2022.
[397] 徐兴波.黄河上游生态保护与旅游业高质量发展研究[D].兰州：兰州大学, 2021.
[398] 赵岐.孟子正义[M]//孙奭十三经注疏.北京：中华书局影印世界书局缩印清阮元校刻本, 1980.
[399] 曾凡伟.基于层次—熵权法的地质公园综合评价：以兴文、四姑娘山、剑门关地

质公园为例[D].成都：成都理工大学，2014.
[400] 郑望.福安猕猴谷“生态困局”待解[N].福建日报，2016-10-13(015).
[401] 郑玄.礼记注疏[M]//孔颖达十三经注疏.北京：中华书局影印世界书局缩印清阮元校刻本，1980.
[402] 中央生态环保督察：贵州一些流域、区域生态环境问题较突出[EB/OL].(2022-03-18)[2024-10-10]. http://society.people.com.cn/n1/2022/0318/c1008-32378640.html.

附　录

◆◇ 附录 1　乡村旅游综合评价指标体系专家咨询表(第一轮)

尊敬的各位专家：

您好！我是×××××学院的一名教师，目前正在进行“乡村旅游与生态环境保护非协调性耦合识别及其良性互动机制”研究课题。针对六盘水市乡村旅游综合评价指标的确定这一关键问题，特向您进行咨询，恳请您在百忙之中提出宝贵意见和建议。十分感谢您对本研究工作的指导和帮助！

此致

敬礼！

×××××学院：×××

二零二零年六月

填表说明：

请您对初设的评价指标体系进行筛选。各个指标由“9，7，5，3，1”五个数字表示重要程度，具体赋值情况请填写在附表 1-1 中的相应位置。

9——绝对重要；

7——很重要；

5——比较重要；

3——一般重要；

1——不重要。

请凭借您的学识和经验在“专家意见”栏相应的数字栏中打“√”。

附表 1-1 六盘水市乡村旅游综合评价指标重要程度咨询表

一级指标						二级指标					
名称	专家意见					名称	专家意见				
	9	7	5	3	1		9	7	5	3	1
乡村旅游资源质量						乡村旅游资源规模和丰度(X_1)					
						乡村文物古迹完整性(X_2)					
						乡村旅游资源的历史文化价值(X_3)					
						乡村旅游资源知名度(X_4)					
						乡村文化保留程度(X_5)					
						民族文化丰富度(X_6)					
						民族文化独特性与地域性(X_7)					
						乡村旅游适游期(X_8)					
乡村旅游基础设施						乡村旅游咨询服务中心(X_9)					
						乡村绿化率(X_{10})					
						乡村旅游基础设施投入(X_{11})					
						乡村交通条件(X_{12})					
						住宿床位(X_{13})					
						餐厅餐位(X_{14})					
乡村旅游经济效益						乡村旅游接待总人数(X_{15})					
						乡村旅游收入(X_{16})					
						乡村旅游产业投资机会(X_{17})					
						乡村旅游收入占 GDP 比重(X_{18})					
						乡村旅游地居民人均可支配收入(X_{19})					
						乡村游客停留时间(X_{20})					
						乡村旅游就业率(X_{21})					
						乡村游客入住率(X_{22})					
						游客量年增长率(X_{23})					
						乡村旅游扶贫效应(X_{24})					

如果您认为还有需要增加的因素，具体情况请填写在附表 1-2 中的相应位置。

附表 1-2　六盘水市乡村旅游综合评价指标增加因素表

一级指标						二级指标					
名称	专家意见					名称	专家意见				
	9	7	5	3	1		9	7	5	3	1

附录 2　生态环境综合评价指标体系专家咨询表（第二轮）

尊敬的各位专家：

您好！我是×××××学院的一名教师，目前正在进行“乡村旅游与生态环境保护非协调性耦合识别及其良性互动机制”研究课题。针对六盘水市生态环境综合评价指标的确定这一关键问题，特向您进行咨询，恳请您在百忙之中提出宝贵意见和建议。十分感谢您对本研究工作的指导和帮助！

此致

敬礼！

×××××学院：×××

二零二零年七月

填表说明：

请您对初设的评价指标体系进行筛选。各个指标由“9，7，5，3，1”五个数字表示重要程度，具体赋值情况请填写在附表 2-1 中的相应位置。

9——绝对重要；

7——很重要；

5——比较重要；

3——一般重要；

1——不重要。

请凭借您的学识和经验在“专家意见”栏相应的数字栏中打“√”。

附表 2-1　六盘水市生态环境综合评价指标重要程度咨询表

一级指标						二级指标					
	专家意见					名称	专家意见				
	9	7	5	3	1		9	7	5	3	1
生态环境压力						水土流失率(Y_1)					
						生活废气排放量(Y_2)					
						年均降水量(Y_3)					
						年均气温(Y_4)					
						生活污水排放量(Y_5)					
						生活垃圾清运量(Y_6)					
						化肥施用强度(Y_7)					
						农药施用强度(Y_8)					
						乡村人口密度(Y_9)					
生态环境保护投入						农村自来水普及率(Y_{10})					
						造林面积(Y_{11})					
						乡村公路里程(Y_{12})					
						卫生厕所普及率(Y_{13})					
						垃圾收集设施(Y_{14})					
						人均拥有道路面积(Y_{15})					
						环保投资指数(Y_{16})					
生态环境保护效率						生活垃圾无害化处理率(Y_{17})					
						生活污水处理率(Y_{18})					
						饮用水水质达标率(Y_{19})					
						空气质量优良天数率(Y_{20})					
						乡村劳动力生产率(Y_{21})					
						植被覆盖率(Y_{22})					
						人均公共绿地面积(Y_{23})					
						生物多样性(Y_{24})					

如果您认为还有需要增加的因素，具体情况请填写在附表 2-2 中的相应位置。

附表 2-2　六盘水市生态环境综合评价指标增加因素表

一级指标						二级指标					
名称	专家意见					名称	专家意见				
	9	7	5	3	1		9	7	5	3	1

◆◇ 附录 3　乡村旅游综合评价指标体系专家咨询表(第三轮)

尊敬的各位专家：

您好！我是×××××学院的一名教师，目前正在进行“乡村旅游与生态环境保护非协调性耦合识别及其良性互动机制”研究课题。在您的帮助下，经过前面的咨询，完成了六盘水市乡村旅游综合评价指标体系的筛选及修改工作。现拟运用层次分析法(AHP)确定各评价指标的权重，特向您进行咨询，恳请您在百忙之中再次给予帮助与支持。十分感谢您对本研究工作的指导和帮助！

此致

敬礼！

×××××学院：×××

二零二零年八月

填表说明：

利用层次分析和专家咨询两种办法相结合来确定各个评价指标的权重，请您根据经验对下列评价指标来作一下比较。

两个元素比较其重要性程度按 1~9 的标度来区分，具体含义如表 3-1 所列。

附表 3-1　评价指标的相对重要性判定标准表

标度(a_{ij})	定义
1	因素 i 与因素 j 同等重要
3	因素 i 比因素 j 较重要
5	因素 i 比因素 j 稍重要
7	因素 i 比因素 j 非常重要
9	因素 i 比因素 j 绝对重要
2，4，6，8	因素 i 与因素 j 的重要性比值介于上述两个相邻等级之间
倒数 1，1/2，1/3，1/4，1/5，1/6，1/7，1/8，1/9	因素 j 与因素 i 重要性之比

附表 3-2　乡村旅游系统矩阵表

乡村旅游系统	乡村旅游资源质量($\boldsymbol{A}_1$)	乡村旅游基础设施($\boldsymbol{A}_2$)	乡村旅游经济效益($\boldsymbol{A}_3$)
乡村旅游资源质量($\boldsymbol{A}_1$)	1		
乡村旅游基础设施($\boldsymbol{A}_2$)		1	
乡村旅游经济效益($\boldsymbol{A}_3$)			1

附表 3-3　乡村旅游资源质量矩阵表

乡村旅游资源质量($\boldsymbol{A}_1$)	乡村旅游资源规模和丰度(X_1)	乡村旅游资源知名度(X_2)	乡村旅游适游期(X_3)
乡村旅游资源规模和丰度(X_1)	1		
乡村旅游资源知名度(X_2)		1	
乡村旅游适游期(X_3)			1

附表 3-4　乡村旅游基础设施矩阵表

乡村旅游基础设施($\boldsymbol{A}_2$)	乡村旅游基础设施投入(X_4)	乡村旅游咨询服务中心(X_5)	住宿床位(X_6)	餐厅餐位(X_7)
乡村旅游基础设施投入(X_4)	1			
乡村旅游咨询服务中心(X_5)		1		
住宿床位(X_6)			1	
餐厅餐位(X_7)				1

附表 3-5　乡村旅游经济效益矩阵表

乡村旅游经济效益（A_3）	乡村旅游接待总人数（X_8）	乡村旅游收入（X_9）	乡村旅游收入占 GDP 比重（X_{10}）	乡村旅游地居民人均可支配收入（X_{11}）	乡村旅游就业率（X_{12}）	游客量年增长率（X_{13}）	乡村旅游扶贫效应（X_{14}）
乡村旅游接待总人数（X_8）	1						
乡村旅游收入（X_9）		1					
乡村旅游收入占 GDP 比重（X_{10}）			1				
乡村旅游地居民人均可支配收入（X_{11}）				1			
乡村旅游就业率（X_{12}）					1		
游客量年增长率（X_{13}）						1	
乡村旅游扶贫效应（X_{14}）							1

附表 3-6　生态环境系统矩阵表

生态环境系统	生态环境压力（$\boldsymbol{B}_1$）	生态环境保护投入（$\boldsymbol{B}_2$）	生态环境保护效率（$\boldsymbol{B}_3$）
生态环境压力（$\boldsymbol{B}_1$）	1		
生态环境保护投入（$\boldsymbol{B}_2$）		1	
生态环境保护效率（$\boldsymbol{B}_3$）			1

附表 3-7　生态环境压力矩阵表

生态环境压力（$\boldsymbol{B}_1$）	水土流失率（Y_1）	生活废气排放量（Y_2）	生活污水排放量（Y_3）	生活垃圾清运量（Y_4）	化肥施用强度（Y_5）	农药施用强度（Y_6）	乡村人口密度（Y_7）
水土流失率（Y_1）	1						
生活废气排放量（Y_2）		1					
生活污水排放量（Y_3）			1				
生活垃圾清运量（Y_4）				1			

附表3-7(续)

生态环境压力(B_1)	水土流失率(Y_1)	生活废气排放量(Y_2)	生活污水排放量(Y_3)	生活垃圾清运量(Y_4)	化肥施用强度(Y_5)	农药施用强度(Y_6)	乡村人口密度(Y_7)
化肥施用强度(Y_5)					1		
农药施用强度(Y_6)						1	
乡村人口密度(Y_7)							1

附表 3-8　生态环境保护效率矩阵表

生态环境保护效率(B_3)	农村自来水普及率(Y_8)	造林面积(Y_9)	垃圾收集设施(Y_{10})	环保投资指数(Y_{11})
农村自来水普及率(Y_8)	1			
造林面积(Y_9)		1		
垃圾收集设施(Y_{10})			1	
环保投资指数(Y_{11})				1

附表 3-9　生态环境保护效率矩阵表

生态环境保护效率(B_3)	生活垃圾无害化处理率(Y_{12})	生活污水处理率(Y_{13})	饮用水水质达标率(Y_{14})	空气质量优良天数率(Y_{15})	植被覆盖率(Y_{16})	人均公共绿地面积(Y_{17})	生物多样性(Y_{18})
生活垃圾无害化处理率(Y_{12})	1						
生活污水处理率(Y_{13})		1					
饮用水水质达标率(Y_{14})			1				
空气质量优良天数率(Y_{15})				1			
植被覆盖率(Y_{16})					1		
人均公共绿地面积(Y_{17})						1	
生物多样性(Y_{18})							1

附录4　六盘水市乡村旅游系统和生态环境系统评价指标的重要性排序

附表 4-1　六盘水市乡村旅游系统一级指标重要性排序

序号	评价指标	绝对重要	很重要	比较重要	一般重要	不重要	相关数值
1	乡村旅游资源质量	15	3	1	1	0	8.2
2	乡村旅游基础设施	11	5	3	1	0	7.6
3	乡村旅游经济效益	10	7	2	1	0	7.6

附表 4-2　六盘水市乡村旅游系统二级指标重要性排序

序号	评价指标	绝对重要	很重要	比较重要	一般重要	不重要	重要性数值
1	乡村旅游资源规模和丰度	18	1	1	0	0	8.7
2	乡村旅游收入	17	2	1	0	0	8.6
3	乡村旅游基础设施投入	16	2	2	0	0	8.4
4	乡村旅游接待总人数	15	4	1	0	0	8.4
5	乡村旅游地居民人均可支配收入	15	3	2	0	0	8.3
6	乡村旅游收入占 GDP 比重	14	5	1	0	0	8.3
7	乡村旅游咨询服务中心	14	4	1	1	0	8.1
8	乡村旅游资源知名度	13	4	2	1	0	7.9
9	乡村旅游适游期	12	5	2	1	0	7.8
10	住宿床位	11	6	2	1	0	7.7
11	餐厅餐位	9	7	3	1	0	7.4
12	乡村旅游就业率	8	8	2	2	0	7.2
13	游客量年增长率	9	7	2	1	1	7.2
14	乡村旅游扶贫效应	8	7	3	1	1	7.0
15	乡村文物古迹完整性	7	7	4	2	0	6.9
16	民族文化独特性与地域性	7	6	5	2	0	6.8
17	乡村游客停留时间	7	7	4	1	1	6.8
18	乡村文化保留程度	7	6	5	1	1	6.7
19	乡村旅游资源的历史文化价值	6	7	5	2	0	6.7
20	乡村游客入住率	7	5	7	0	1	6.7

附表4-2(续)

序号	评价指标	绝对重要	很重要	比较重要	一般重要	不重要	重要性数值
21	民族文化独特性与地域性	6	7	5	1	1	6.6
22	民族文化丰富度	8	4	5	2	1	6.6
23	乡村绿化率	5	8	5	2	0	6.6
24	乡村交通条件	7	5	5	3	0	6.6
25	乡村旅游适游期	6	6	6	1	1	6.5
26	乡村旅游产业投资机会	7	4	7	1	1	6.5

附表 4-3 六盘水市生态环境系统一级指标重要性排序

序号	评价指标	绝对重要	很重要	比较重要	一般重要	不重要	重要性数值
1	生态环境保护效率	18	1	1	0	0	8.7
2	生态环境保护投入	16	2	2	0	0	8.4
3	生态环境压力	16	2	1	1	0	8.2

附表 4-4　六盘水市生态环境系统二级指标重要性排序

序号	评价指标	绝对重要	很重要	比较重要	一般重要	不重要	重要性数值
1	环保投资指数	17	2	1	0	0	8.6
2	生活污水排放量	16	3	1	0	0	8.5
3	生活废气排放量	14	5	1	0	0	8.3
4	生活垃圾无害化处理率	15	3	2	0	0	8.3
5	生活污水处理率	15	3	2	0	0	8.3
6	水土流失率	13	5	2	0	0	8.1
7	造林面积	13	5	2	0	0	8.1
8	植被覆盖率	13	5	1	1	0	8.0
9	生活垃圾清运量	12	5	2	1	0	7.8
10	人均公共绿地面积	12	5	2	1	0	7.8
11	农村自来水普及率	11	6	2	1	0	7.7
12	空气质量优良天数率	12	4	3	1	0	7.7
13	生物多样性	12	4	2	2	0	7.6
14	化肥施用强度	11	5	2	2	0	7.5
15	农药施用强度	11	5	2	2	0	7.5

附表4-4(续)

序号	评价指标	绝对重要	很重要	比较重要	一般重要	不重要	重要性数值
16	饮用水水质达标率	10	6	3	1	0	7.5
17	垃圾收集设施	9	7	3	1	0	7.4
18	乡村人口密度	8	8	2	1	1	7.1
19	人均拥有道路面积	8	6	3	3	0	6.9
20	年均降水量	8	5	5	1	1	6.8
21	年均气温	7	6	5	1	1	6.7
22	乡村劳动力生产率	7	7	3	2	1	6.7
23	乡村公路里程	7	6	4	2	1	6.6
24	卫生厕所普及率	6	6	6	1	1	6.5

附录5 六盘水市乡村旅游系统和生态环境系统各层次评价指标的分项权重值

附表 5-1 六盘水市乡村旅游系统指标矩阵及权重值

乡村旅游系统($\boldsymbol{O}_1$)	乡村旅游资源质量($\boldsymbol{A}_1$)	乡村旅游基础设施($\boldsymbol{A}_2$)	乡村旅游经济效益($\boldsymbol{A}_3$)	权重值
乡村旅游资源质量($\boldsymbol{A}_1$)	1	2	1/3	0.2493
乡村旅游基础设施($\boldsymbol{A}_2$)	1/2	1	1/3	0.1571
乡村旅游经济效益($\boldsymbol{A}_3$)	3	3	1	0.5936

注:$\lambda_{max}=3.0537$, $C.I=0.0268$, $R.I=0.5200$, $C.R=0.0516$。

附表 5-2 六盘水市乡村旅游资源质量指标矩阵及权重值

乡村旅游资源质量($\boldsymbol{A}_1$)	乡村旅游资源规模和丰度(X_1)	乡村旅游资源知名度(X_2)	乡村旅游适游期(X_3)	权重值
乡村旅游资源规模和丰度(X_1)	1	1	3	0.4434
乡村旅游资源知名度(X_2)	1	1	2	0.3874
乡村旅游适游期(X_3)	1/3	1/2	1	0.1692

注:$\lambda_{max}=3.0183$, $C.I=0.0091$, $R.I=0.5200$, $C.R=0.0176$。

附表 5-3　六盘水市乡村旅游基础设施指标矩阵及权重值

乡村旅游基础设施(A_2)	村旅游基础设施投入(X_4)	乡村旅游咨询服务中心(X_5)	住宿床位(X_6)	餐厅餐位(X_7)	权重值
村旅游基础设施投入(X_4)	1	1/2	1/2	1/3	0. 1214
乡村旅游咨询服务中心(X_5)	2	1	1/3	1/2	0. 1716
住宿床位(X_6)	2	3	1	1	0. 3535
餐厅餐位(X_7)	3	2	1	1	0. 3535

注：$\lambda_{max}=4.1023$，$C.I=0.0341$，$R.I=0.8900$，$C.R=0.0383$。

附表 5-4　六盘水市乡村旅游经济效益指标矩阵及权重值

乡村旅游经济效益(A_3)	乡村旅游接待总人数(X_8)	乡村旅游收入(X_9)	乡村旅游收入占GDP 比重(X_{10})	乡村旅游地居民人均可支配收入(X_{11})	乡村旅游就业率(X_{12})	游客量年增长率(X_{13})	乡村旅游扶贫效应(X_{14})	权重值
乡村旅游接待总人数(X_8)	1	1/2	2	3	1/3	1/4	1/2	0. 0882
乡村旅游收入(X_9)	2	1	1	1	1/3	1/3	1/2	0. 0867
乡村旅游收入占GDP 比重(X_{10})	1	1	1	2	1/3	1/3	1/4	0. 0786
乡村旅游地居民人均可支配收入(X_{11})	1/3	1/2	1/2	1	1/5	1/6	1	0. 0512
乡村旅游就业率(X_{12})	3	3	3	5	1	3	2	0. 3091
游客量年增长率(X_{13})	4	3	3	6	1/3	1	2	0. 2415
乡村旅游扶贫效应(X_{14})	2	2	4	1	1/2	1/2	1	0. 1447

注：$\lambda_{max}=7.6925$，$C.I=0.1154$，$R.I=1.3200$，$C.R=0.0874$。

附表 5-5　六盘水市生态环境系统指标矩阵及权重值

生态环境系统(O_2)	生态环境压力(B_1)	生态环境保护投入(B_2)	生态环境保护效率(B_3)	权重值
生态环境压力(B_1)	1	2	2	0. 4934
生态环境保护投入(B_2)	1/2	1	2	0. 3108
生态环境保护效率(B_3)	1/2	1/2	1	0. 1958

注：λ_{max} = 3. 0536，$C.I$ = 0. 0268，$R.I$ = 0. 5200，$C.R$ = 0. 0516。

附表 5-6　六盘水市生态环境压力指标矩阵及权重值

生态环境压力(B_1)	水土流失率(Y_1)	生活废气排放量(Y_2)	生活污水排放量(Y_3)	生活垃圾清运量(Y_4)	化肥施用强度(Y_5)	农药施用强度(Y_6)	乡村人口密度(Y_7)	权重值
水土流失率(Y_1)	1	1/3	1	1/4	1/3	1/3	1/2	0. 0598
生活废气排放量(Y_2)	3	1	3	2	1/3	1/2	1/2	0. 1365
生活污水排放量(Y_3)	1	1/3	1	1/4	1/2	1/4	1/2	0. 0608
生活垃圾清运量(Y_4)	4	1/2	4	1	1	1	1	0. 1733
化肥施用强度(Y_5)	3	3	2	1	1	1	1	0. 1946
农药施用强度(Y_6)	3	2	4	1	1	1	1/2	0. 1837
乡村人口密度(Y_7)	2	2	2	1	1	2	1	0. 1913

注：λ_{max} = 7. 2538，$C.I$ = 0. 0423，$R.I$ = 1. 3200，$C.R$ = 0. 0320。

附表 5-7　六盘水市生态环境保护投入指标矩阵及权重值

生态环境保护投入(B_2)	农村自来水普及率(Y_8)	造林面积(Y_9)	垃圾收集设施(Y_{10})	环保投资指数(Y_{11})	权重值
农村自来水普及率(Y_8)	1	1/2	1/2	1/3	0. 1265
造林面积(Y_9)	2	1	1	1	0. 2799
垃圾收集设施(Y_{10})	2	1	1	2	0. 3330
环保投资指数(Y_{11})	3	1	1/2	1	0. 2606

注：λ_{max} = 4. 1171，$C.I$ = 0. 0390，$R.I$ = 0. 8900，$C.R$ = 0. 0439。

附表 5-8 六盘水市生态环境保护效率指标矩阵及权重值

生态环境保护效率（B_3）	生活垃圾无害化处理率（Y_{12}）	生活污水处理率（Y_{13}）	饮用水水质达标率（Y_{14}）	空气质量优良天数率（Y_{15}）	植被覆盖率（Y_{16}）	人均公共绿地面积（Y_{17}）	生物多样性（Y_{18}）	权重值
生活垃圾无害化处理率（Y_{12}）	1	1/2	2	1/6	1/3	1/3	1/2	0.0622
生活污水处理率（Y_{13}）	2	1	3	1/2	1/4	1/2	1	0.1055
饮用水水质达标率（Y_{14}）	1/2	1/3	1	1/4	1/3	1/5	1	0.0524
空气质量优良天数率（Y_{15}）	6	2	4	1	1	2	2	0.2572
植被覆盖率（Y_{16}）	3	4	3	1	1	2	3	0.2616
人均公共绿地面积（Y_{17}）	3	2	5	1/2	1/2	1	1/2	0.1466
生物多样性（Y_{18}）	2	1	1	1/3	1/2	2	1	0.1145

注：$\lambda_{max}=7.6145$，$C.I=0.1024$，$R.I=1.3200$，$C.R=0.0776$。

附录 6 六盘水市乡村旅游系统和生态环境系统各评价指标的层次分析法权重值

附表 6-1 六盘水市乡村旅游系统各评价指标的层次分析法分项权重值和总权重值

系统层	一级指标	权重值	二级指标	分项权重值	总权重值
乡村旅游系统（O_1）	乡村旅游资源质量（A_1）	0.2493	X_1	0.4434	0.1105
			X_2	0.3874	0.0966
			X_3	0.1692	0.0422
	乡村旅游基础设施（A_2）	0.1571	X_4	0.1214	0.0191
			X_5	0.1716	0.0269
			X_6	0.3535	0.0555
			X_7	0.3535	0.0555
	乡村旅游经济效益（A_3）	0.5936	X_8	0.0882	0.0524
			X_9	0.0867	0.0515
			X_{10}	0.0786	0.0467
			X_{11}	0.0512	0.0304
			X_{12}	0.3091	0.1835
			X_{13}	0.2415	0.1433
			X_{14}	0.1447	0.0859

附表 6-2　六盘水市生态环境系统各评价指标的层次分析法分项权重值和总权重值

系统层	一级指标	权重值	二级指标	分项权重值	总权重值
生态环境系统($\boldsymbol{O}_2$)	生态环境压力($\boldsymbol{B}_1$)	0.4934	Y_1	0.0598	0.0295
			Y_2	0.1365	0.0673
			Y_3	0.0608	0.0300
			Y_4	0.1733	0.0855
			Y_5	0.1946	0.0960
			Y_6	0.1837	0.0906
			Y_7	0.1913	0.0944
	生态环境保护投入($\boldsymbol{B}_2$)	0.3108	Y_8	0.1265	0.0393
			Y_9	0.2799	0.0870
			Y_{10}	0.3330	0.1035
			Y_{11}	0.2606	0.0810
	生态环境保护效率($\boldsymbol{B}_3$)	0.1958	Y_{12}	0.0622	0.0122
			Y_{13}	0.1055	0.0207
			Y_{14}	0.0524	0.0103
			Y_{15}	0.2572	0.0504
			Y_{16}	0.2616	0.0512
			Y_{17}	0.1466	0.0287
			Y_{18}	0.1145	0.0224

附录 7　六盘水市乡村旅游系统各评价指标的熵权法权重值和变异系数法权重值

附表 7-1　六盘水市乡村旅游系统各评价指标的熵权法权重值和变异系数法权重值

评价指标	熵权法权重值				评价指标	变异系数法权重值		
	标准值比重(P_{ij})	信息熵(e_i)	效用值($1-e_i$)	权重值(u_i)		平均值(x_j)	变异系数(V_j)	权重值(W_j)
X_1	0.0514	0.7002	0.2998	0.0867	X_1	0.4738	1.1938	0.0493
X_2	0.0551	0.6838	0.3162	0.0915	X_2	0.4672	1.2551	0.0519
X_3	0.0610	0.6596	0.3404	0.0985	X_3	0.5095	1.1210	0.0463
X_4	0.0473	0.7198	0.2802	0.0811	X_4	0.4092	1.3956	0.0576
X_5	0.0419	0.7484	0.2516	0.0728	X_5	0.3239	1.6780	0.0693

附表7-1(续)

评价指标	熵权法权重值				评价指标	变异系数法权重值		
	标准值比重(P_{ij})	信息熵(e_i)	效用值($1-e_i$)	权重值(u_i)		平均值(x_j)	变异系数(V_j)	权重值(W_j)
X_6	0.0461	0.7260	0.2740	0.0793	X_6	0.3157	1.7791	0.0735
X_7	0.0477	0.7179	0.2823	0.0816	X_7	0.3581	1.5576	0.0643
X_8	0.0249	0.8708	0.1292	0.0374	X_8	0.2584	2.2004	0.0909
X_9	0.0187	0.9384	0.0616	0.0178	X_9	0.2071	2.6931	0.1112
X_{10}	0.0236	0.8841	0.1159	0.0335	X_{10}	0.2318	2.4127	0.0996
X_{11}	0.0428	0.7434	0.2566	0.0742	X_{11}	0.2485	2.1679	0.0895
X_{12}	0.0680	0.6639	0.3661	0.1059	X_{12}	0.3886	1.4432	0.0596
X_{13}	0.0717	0.6217	0.3783	0.1094	X_{13}	0.6184	0.9362	0.0387
X_{14}	0.0225	0.8952	0.1048	0.0303	X_{14}	0.2252	2.3808	0.0983

附录8 六盘水市乡村旅游系统各评价指标的均方差决策法权重值和组合权重值

附表8-1 六盘水市乡村旅游系统各评价指标的均方差决策法权重值和组合权重值

评价指标	均方差决策法权重值			评价指标	组合权重值				
	平均值[$E(G_j)$]	均方差值[$\sigma(G_j)$]	权重值[$W(G_j)$]		层次分析法权重值	熵权法权重值	变异系数法权重值	均方差决策法权重值	组合权重值
X_1	0.4738	0.5657	0.0721	X_1	0.1105	0.0867	0.0493	0.0721	0.0892
X_2	0.4672	0.5865	0.0748	X_2	0.0966	0.0915	0.0519	0.0748	0.0869
X_3	0.5095	0.5711	0.0728	X_3	0.0422	0.0985	0.0463	0.0728	0.0699
X_4	0.4092	0.5711	0.0728	X_4	0.0191	0.0811	0.0576	0.0728	0.0560
X_5	0.3239	0.5435	0.0693	X_5	0.0269	0.0728	0.0693	0.0693	0.0559
X_6	0.3157	0.5617	0.0716	X_6	0.0555	0.0793	0.0735	0.0716	0.0691
X_7	0.3581	0.5578	0.0711	X_7	0.0555	0.0816	0.0643	0.0711	0.0692
X_8	0.2584	0.5686	0.0725	X_8	0.0524	0.0374	0.0909	0.0725	0.0534
X_9	0.2071	0.5576	0.0711	X_9	0.0515	0.0178	0.1112	0.0711	0.0470
X_{10}	0.2318	0.5592	0.0713	X_{10}	0.0467	0.0335	0.0996	0.0713	0.0505
X_{11}	0.2485	0.5387	0.0687	X_{11}	0.0304	0.0742	0.0895	0.0687	0.0593
X_{12}	0.3886	0.5609	0.0715	X_{12}	0.1835	0.1059	0.0596	0.0715	0.1229
X_{13}	0.6184	0.5652	0.0721	X_{13}	0.1433	0.1094	0.0387	0.0721	0.1085
X_{14}	0.2252	0.5362	0.0683	X_{14}	0.0859	0.0303	0.0983	0.0683	0.0622

附录 9 六盘水市生态环境系统各评价指标的熵权法权重值和变异系数法权重值

附表 9-1 六盘水市生态环境系统各评价指标的熵权法权重值和变异系数法权重值

评价指标	熵权法权重值				评价指标	变异系数法权重值		
	标准值比重(P_{ij})	信息熵(e_i)	效用值($1-e_i$)	权重值(u_i)		平均值(x_j)	变异系数(V_j)	权重值(W_j)
Y_1	0.0106	0.8246	0.1754	0.0303	Y_1	0.5526	1.1339	0.0529
Y_2	0.0300	0.6359	0.3641	0.0630	Y_2	0.5871	1.0107	0.0471
Y_3	0.0691	0.4846	0.5154	0.0892	Y_3	0.6041	0.9435	0.044
Y_4	0.0093	0.8488	0.1512	0.0262	Y_4	0.3195	1.7507	0.0816
Y_5	0.0159	0.7513	0.2487	0.0430	Y_5	0.5204	1.1831	0.0551
Y_6	0.0109	0.8201	0.1799	0.0311	Y_6	0.5027	1.1815	0.0551
Y_7	0.0731	0.4744	0.5256	0.0909	Y_7	0.4625	1.2086	0.0563
Y_8	0.0141	0.7733	0.2267	0.0392	Y_8	0.3639	1.5673	0.0731
Y_9	0.0699	0.4827	0.5173	0.0895	Y_9	0.4718	1.1987	0.0559
Y_{10}	0.0262	0.6602	0.3398	0.0588	Y_{10}	0.5262	1.1177	0.0521
Y_{11}	0.0151	0.7603	0.2397	0.0415	Y_{11}	0.5004	1.2114	0.0565
Y_{12}	0.0186	0.7232	0.2769	0.0479	Y_{12}	0.5056	1.1976	0.0558
Y_{13}	0.0341	0.6128	0.3872	0.0670	Y_{13}	0.5070	1.0955	0.0511
Y_{14}	0.0278	0.6499	0.3501	0.0606	Y_{14}	0.5024	1.1160	0.0520
Y_{15}	0.0338	0.6143	0.3857	0.0667	Y_{15}	0.5254	1.0800	0.0503
Y_{16}	0.0207	0.7036	0.2964	0.0513	Y_{16}	0.4892	1.1961	0.0558
Y_{17}	0.0145	0.7676	0.2324	0.0402	Y_{17}	0.5074	1.2031	0.0561
Y_{18}	0.0306	0.6323	0.3677	0.0636	Y_{18}	0.5560	1.0553	0.0492

附录 10 六盘水市生态环境系统各评价指标的均方差决策法权重值和组合权重值

附表 10-1 六盘水市生态环境系统各评价指标的均方差决策法权重值和组合权重值

评价指标	均方差决策法权重值			评价指标	组合权重值				
	平均值 [$E(G_j)$]	均方差值 [$\sigma(G_j)$]	权重值 [$W(G_j)$]		层次分析法权重值	熵权法权重值	变异系数法权重值	均方差决策法权重值	组合权重值
Y_1	0. 5526	0. 6266	0. 0595	Y_1	0. 0295	0. 0303	0. 0529	0. 0595	0. 0427
Y_2	0. 5871	0. 5934	0. 0563	Y_2	0. 0673	0. 063	0. 0471	0. 0563	0. 0588
Y_3	0. 6041	0. 5699	0. 0541	Y_3	0. 0300	0. 0892	0. 0440	0. 0541	0. 0576
Y_4	0. 3195	0. 5593	0. 0531	Y_4	0. 0855	0. 0262	0. 0816	0. 0531	0. 0578
Y_5	0. 5204	0. 6156	0. 0584	Y_5	0. 0960	0. 0430	0. 0551	0. 0584	0. 0609
Y_6	0. 5027	0. 5939	0. 0563	Y_6	0. 0906	0. 0311	0. 0551	0. 0563	0. 0556
Y_7	0. 4625	0. 5590	0. 0530	Y_7	0. 0944	0. 0909	0. 0563	0. 0530	0. 0742
Y_8	0. 3639	0. 5703	0. 0541	Y_8	0. 0393	0. 0392	0. 0731	0. 0541	0. 0504
Y_9	0. 4718	0. 5655	0. 0537	Y_9	0. 0870	0. 0895	0. 0559	0. 0537	0. 0723
Y_{10}	0. 5262	0. 5881	0. 0558	Y_{10}	0. 1035	0. 0588	0. 0521	0. 0558	0. 0661
Y_{11}	0. 5004	0. 6062	0. 0575	Y_{11}	0. 0810	0. 0415	0. 0565	0. 0575	0. 0574
Y_{12}	0. 5056	0. 6055	0. 0575	Y_{12}	0. 0122	0. 0479	0. 0558	0. 0575	0. 0445
Y_{13}	0. 5070	0. 5554	0. 0527	Y_{13}	0. 0207	0. 0670	0. 0511	0. 0527	0. 0499
Y_{14}	0. 5024	0. 5808	0. 0551	Y_{14}	0. 0103	0. 0606	0. 0520	0. 0551	0. 0466
Y_{15}	0. 5254	0. 5675	0. 0538	Y_{15}	0. 0504	0. 0667	0. 0503	0. 0538	0. 0563
Y_{16}	0. 4892	0. 5852	0. 0555	Y_{16}	0. 0512	0. 0513	0. 0558	0. 0555	0. 0534
Y_{17}	0. 5074	0. 6105	0. 0579	Y_{17}	0. 0287	0. 0402	0. 0561	0. 0579	0. 0458
Y_{18}	0. 5560	0. 5867	0. 0557	Y_{18}	0. 0224	0. 0636	0. 0492	0. 0557	0. 0497

附录 11 六盘水市乡村旅游系统和生态环境系统综合发展水平变化值

附表 11-1 六盘水市乡村旅游系统和生态环境系统综合发展水平变化值

年份	乡村旅游系统				年份	生态环境系统			
	乡村旅游资源质量（A_1）	乡村旅游基础设施（A_2）	乡村旅游经济效益（A_3）	乡村旅游综合发展水平		生态环境压力（B_1）	生态环境保护投入（B_2）	生态环境保护效益（B_3）	生态环境综合发展水平
2001	0	0	0.0109	0.0109	2001	0.1542	0.0053	0	0.1595
2002	0.0059	0.0036	0.0149	0.0244	2002	0.1300	0.0138	0.0067	0.1505
2003	0.0131	0.0081	0.0251	0.0463	2003	0.1241	0.0240	0.0146	0.1627
2004	0.0245	0.0122	0.0364	0.0731	2004	0.1224	0.0364	0.0236	0.1824
2005	0.0316	0.0197	0.0632	0.1145	2005	0.1282	0.0476	0.0371	0.2129
2006	0.0501	0.0299	0.0795	0.1595	2006	0.1369	0.0605	0.0531	0.2505
2007	0.0727	0.0377	0.1001	0.2105	2007	0.1424	0.0795	0.0713	0.2932
2008	0.0832	0.0445	0.1132	0.2409	2008	0.1675	0.1024	0.0933	0.3632
2009	0.0889	0.0498	0.1229	0.2616	2009	0.1843	0.1229	0.1235	0.4307
2010	0.1069	0.0569	0.1733	0.3371	2010	0.2053	0.1404	0.1575	0.5032
2011	0.1218	0.0663	0.1839	0.3720	2011	0.2255	0.1563	0.1791	0.5609
2012	0.1316	0.0805	0.1961	0.4082	2012	0.2496	0.1629	0.2080	0.6205
2013	0.1487	0.0937	0.2076	0.4500	2013	0.2605	0.1711	0.2392	0.6708
2014	0.1727	0.1019	0.2249	0.4995	2014	0.2632	0.1756	0.2637	0.7025
2015	0.1865	0.1154	0.2521	0.5540	2015	0.2726	0.1739	0.2856	0.7321
2016	0.1979	0.1464	0.2925	0.6368	2016	0.2675	0.1737	0.3056	0.7468
2017	0.2093	0.1787	0.3247	0.7127	2017	0.2696	0.1704	0.3185	0.7585
2018	0.2345	0.2256	0.3826	0.8427	2018	0.2764	0.1678	0.3217	0.7659
2019	0.2437	0.2421	0.4047	0.8905	2019	0.2755	0.1716	0.3325	0.7796
2020	0.2460	0.2394	0.3681	0.8535	2020	0.2820	0.1765	0.3391	0.7976

附录 12 六盘水市乡村旅游系统与生态环境系统非协调性耦合评价结果

附表 12-1 六盘水市乡村旅游系统与生态环境系统非协调性耦合评价结果

年份	乡村旅游系统综合发展水平(U_1)	生态环境系统综合发展水平(U_2)	耦合度值(C)	乡村旅游系统与生态环境系统综合发展水平(T)	非协调性耦合度值(ND)	类别	两个系统数值对比[$(g(E)-f(U)$]	子类别	类型
2001	0.0109	0.1595	0.0601	0.0852	0.8555	高水平非协调性耦合	0.1486	乡村旅游滞后	Ⅳ1
2002	0.0244	0.1505	0.1200	0.0874	0.8230	高水平非协调性耦合	0.1261	乡村旅游滞后	Ⅳ1
2003	0.0463	0.1627	0.1724	0.1045	0.7917	磨合非协调性耦合	0.1164	乡村旅游滞后	Ⅲ1
2004	0.0731	0.1824	0.2042	0.1277	0.7598	磨合非协调性耦合	0.1093	乡村旅游滞后	Ⅲ1
2005	0.1145	0.2129	0.2274	0.1637	0.7206	磨合非协调性耦合	0.0984	系统均衡发展	Ⅲ2
2006	0.1595	0.2505	0.2377	0.2050	0.6838	磨合非协调性耦合	0.0910	系统均衡发展	Ⅲ2
2007	0.2105	0.2932	0.2433	0.2518	0.6476	磨合非协调性耦合	0.0827	系统均衡发展	Ⅲ2
2008	0.2409	0.3632	0.2398	0.3020	0.6154	磨合非协调性耦合	0.1223	乡村旅游滞后	Ⅲ1
2009	0.2616	0.4307	0.2351	0.3461	0.5903	磨合非协调性耦合	0.1691	乡村旅游滞后	Ⅲ1
2010	0.3371	0.5032	0.2402	0.4202	0.5462	磨合非协调性耦合	0.1661	乡村旅游滞后	Ⅲ1
2011	0.3720	0.5609	0.2398	0.4665	0.5221	磨合非协调性耦合	0.1889	乡村旅游滞后	Ⅲ1
2012	0.4082	0.6205	0.2396	0.5144	0.4984	拮抗非协调性耦合	0.2123	乡村旅游滞后	Ⅱ1
2013	0.4500	0.6708	0.2403	0.5604	0.4859	拮抗非协调性耦合	0.2208	乡村旅游滞后	Ⅱ1
2014	0.4995	0.7025	0.2429	0.6010	0.4558	拮抗非协调性耦合	0.2030	乡村旅游滞后	Ⅱ1
2015	0.5540	0.7321	0.2452	0.6430	0.4357	拮抗非协调性耦合	0.1781	乡村旅游滞后	Ⅱ1
2016	0.6368	0.7468	0.2484	0.6918	0.4128	拮抗非协调性耦合	0.1100	乡村旅游滞后	Ⅱ1
2017	0.7127	0.7585	0.2498	0.7356	0.3937	拮抗非协调性耦合	0.0458	系统均衡发展	Ⅱ2
2018	0.8427	0.7659	0.2494	0.8043	0.3662	拮抗非协调性耦合	-0.0768	系统均衡发展	Ⅱ2
2019	0.8905	0.7796	0.2489	0.8351	0.3545	拮抗非协调性耦合	-0.1109	生态环境滞后	Ⅱ3
2020	0.8535	0.7976	0.2497	0.8256	0.3577	拮抗非协调性耦合	-0.0559	系统均衡发展	Ⅱ2

注：U_1即$f(U)$，U_2即$g(E)$。

附录 13　四区县乡村旅游系统评价指标熵权法、变异系数法和均方差决策法的权重值

附表 13-1　六枝特区乡村旅游系统评价指标熵权法、变异系数法和均方差决策法的权重值

熵权法					变异系数法				均方差决策法			
评价指标	标准值比重(P_{ij})	信息熵(e_i)	效用值($1-e_i$)	权重值(u_i)	评价指标	平均值(X_j)	变异系数(V_j)	权重值(W_j)	评价指标	平均值[$E(G_j)$]	均方差值[$\sigma(G_j)$]	权重值[$W(G_j)$]
X_1	0.0467	0.6651	0.3349	0.0847	X_1	0.4458	1.2627	0.0522	X_1	0.4458	0.5630	0.0714
X_2	0.0563	0.6247	0.3753	0.0949	X_2	0.5422	1.0957	0.0453	X_2	0.5422	0.5941	0.0753
X_3	0.0645	0.5951	0.4049	0.1023	X_3	0.5536	1.0154	0.0420	X_3	0.5536	0.5621	0.0712
X_4	0.0389	0.7051	0.2949	0.0746	X_4	0.3671	1.5197	0.0628	X_4	0.3671	0.5579	0.0707
X_5	0.0312	0.7525	0.2475	0.0626	X_5	0.3111	1.7524	0.0725	X_5	0.3111	0.5452	0.0691
X_6	0.0232	0.8171	0.1829	0.0462	X_6	0.2849	1.9532	0.0807	X_6	0.2849	0.5564	0.0705
X_7	0.0378	0.7109	0.2891	0.0731	X_7	0.3430	1.6219	0.0671	X_7	0.3430	0.5563	0.0705
X_8	0.0190	0.8609	0.1391	0.0351	X_8	0.3000	1.9554	0.0808	X_8	0.3000	0.5866	0.0744
X_9	0.0146	0.9176	0.0824	0.0208	X_9	0.2095	2.6688	0.1103	X_9	0.2095	0.5592	0.0709
X_{10}	0.0200	0.8493	0.1507	0.0381	X_{10}	0.2222	2.5203	0.1042	X_{10}	0.2222	0.5600	0.0710
X_{11}	0.0375	0.7129	0.2871	0.0726	X_{11}	0.3505	1.6329	0.0675	X_{11}	0.3505	0.5724	0.0725
X_{12}	0.0630	0.6002	0.3998	0.1011	X_{12}	0.3753	1.4812	0.0612	X_{12}	0.3753	0.5558	0.0705
X_{13}	0.0740	0.5654	0.4346	0.1098	X_{13}	0.4784	1.1839	0.0489	X_{13}	0.4784	0.5664	0.0718
X_{14}	0.0462	0.6675	0.3325	0.0841	X_{14}	0.2191	2.5288	0.1045	X_{14}	0.2191	0.5541	0.0702

附表 13-2　盘州市乡村旅游系统评价指标熵权法、变异系数法和均方差决策法的权重值

熵权法					变异系数法				均方差决策法			
评价指标	标准值比重(P_{ij})	信息熵(e_i)	效用值($1-e_i$)	权重值(u_i)	评价指标	平均值(X_j)	变异系数(V_j)	权重值(W_j)	评价指标	平均值[$E(G_j)$]	均方差值[$\sigma(G_j)$]	权重值[$W(G_j)$]
X_1	0.0515	0.6133	0.3867	0.0945	X_1	0.5313	1.0818	0.0456	X_1	0.5313	0.5747	0.0716
X_2	0.0369	0.6821	0.3179	0.0776	X_2	0.4596	1.2794	0.0539	X_2	0.4596	0.5880	0.0733
X_3	0.0531	0.6069	0.3931	0.0960	X_3	0.4904	1.1946	0.0503	X_3	0.4904	0.5858	0.0730
X_4	0.0290	0.7321	0.2679	0.0654	X_4	0.3997	1.4639	0.0617	X_4	0.3997	0.5851	0.0729
X_5	0.0332	0.704	0.2960	0.0723	X_5	0.3154	1.7470	0.0736	X_5	0.3154	0.5510	0.0687
X_6	0.0270	0.7469	0.2531	0.0618	X_6	0.3451	1.6620	0.0700	X_6	0.3451	0.5735	0.0715

附表13-2(续)

熵权法					变异系数法				均方差决策法			
评价指标	标准值比重(P_{ij})	信息熵(e_i)	效用值($1-e_i$)	权重值(u_i)	评价指标	平均值(X_j)	变异系数(V_j)	权重值(W_j)	评价指标	平均值[$E(G_j)$]	均方差值[$\sigma(G_j)$]	权重值[$W(G_j)$]
X_7	0.0270	0.7468	0.2532	0.0618	X_7	0.3461	1.6413	0.0692	X_7	0.3461	0.5680	0.0708
X_8	0.0119	0.9152	0.0848	0.0207	X_8	0.3164	1.8894	0.0796	X_8	0.3164	0.5979	0.0745
X_9	0.0088	0.9792	0.0208	0.0051	X_9	0.2036	2.7454	0.1157	X_9	0.2036	0.5591	0.0697
X_{10}	0.0235	0.7755	0.2245	0.0548	X_{10}	0.2451	2.2794	0.0961	X_{10}	0.2451	0.5586	0.0696
X_{11}	0.0312	0.7170	0.2830	0.0691	X_{11}	0.3825	1.5175	0.0640	X_{11}	0.3825	0.5804	0.0725
X_{12}	0.0612	0.5776	0.4224	0.1031	X_{12}	0.4064	1.3982	0.0589	X_{12}	0.4064	0.5682	0.0708
X_{13}	0.1079	0.4603	0.5397	0.1318	X_{13}	0.4392	1.3130	0.0553	X_{13}	0.4392	0.5766	0.0719
X_{14}	0.0436	0.6476	0.3524	0.0860	X_{14}	0.2205	2.5168	0.1061	X_{14}	0.2205	0.5549	0.0692

附表 13-3 水城县乡村旅游系统评价指标熵权法、变异系数法和均方差决策法的权重值

熵权法					变异系数法				均方差决策法			
评价指标	标准值比重(P_{ij})	信息熵(e_i)	效用值($1-e_i$)	权重值(u_i)	评价指标	平均值(X_j)	变异系数(V_j)	权重值(W_j)	评价指标	平均值[$E(G_j)$]	均方差值[$\sigma(G_j)$]	权重值[$W(G_j)$]
X_1	0.0392	0.6434	0.3566	0.0773	X_1	0.4256	1.3306	0.0562	X_1	0.4256	0.5664	0.0719
X_2	0.0374	0.6527	0.3473	0.0753	X_2	0.4596	1.2766	0.0539	X_2	0.4596	0.5867	0.0745
X_3	0.0496	0.5962	0.4038	0.0875	X_3	0.5036	1.0966	0.0464	X_3	0.5036	0.5522	0.0701
X_4	0.0412	0.6333	0.3667	0.0794	X_4	0.4183	1.3324	0.0563	X_4	0.4183	0.5573	0.0708
X_5	0.0406	0.6362	0.3639	0.0788	X_5	0.3358	1.5955	0.0674	X_5	0.3358	0.5357	0.0680
X_6	0.0274	0.7141	0.2859	0.0619	X_6	0.2793	1.9609	0.0828	X_6	0.2793	0.5476	0.0695
X_7	0.0402	0.6382	0.3618	0.0784	X_7	0.3805	1.4382	0.0607	X_7	0.3805	0.5472	0.0695
X_8	0.0188	0.7886	0.2114	0.0458	X_8	0.3210	1.8362	0.0776	X_8	0.3210	0.5894	0.0748
X_9	0.0130	0.8620	0.1379	0.0298	X_9	0.2097	2.6516	0.1120	X_9	0.2097	0.5560	0.0706
X_{10}	0.0178	0.8002	0.1998	0.0433	X_{10}	0.2211	2.5332	0.1070	X_{10}	0.2211	0.5601	0.0711
X_{11}	0.0299	0.6969	0.3032	0.0657	X_{11}	0.3745	1.5470	0.0653	X_{11}	0.3745	0.5794	0.0736
X_{12}	0.0630	0.5490	0.4510	0.0977	X_{12}	0.3846	1.4532	0.0614	X_{12}	0.3846	0.5590	0.0709
X_{13}	0.0621	0.5518	0.4483	0.0971	X_{13}	0.5326	1.0984	0.0464	X_{13}	0.5326	0.5850	0.0743
X_{14}	0.0438	0.6214	0.3786	0.0820	X_{14}	0.2196	2.5248	0.1066	X_{14}	0.2196	0.5544	0.0704

附表 13-4　钟山区乡村旅游系统评价指标熵权法、变异系数法和均方差决策法的权重值

熵权法					变异系数法				均方差决策法			
评价指标	标准值比重(P_{ij})	信息熵(e_i)	效用值($1-e_i$)	权重值(u_i)	评价指标	平均值(X_j)	变异系数(V_j)	权重值(W_j)	评价指标	平均值[$E(G_j)$]	均方差值[$\sigma(G_j)$]	权重值[$W(G_j)$]
X_1	0.0480	0.7200	0.2800	0.0794	X_1	0.4580	1.2244	0.0522	X_1	0.4580	0.5608	0.0711
X_2	0.0559	0.6840	0.3160	0.0896	X_2	0.4704	1.2479	0.0532	X_2	0.4704	0.5871	0.0744
X_3	0.0597	0.6686	0.3314	0.0940	X_3	0.5333	1.0514	0.0448	X_3	0.5333	0.5608	0.0711
X_4	0.0482	0.7190	0.2810	0.0797	X_4	0.4274	1.3147	0.0560	X_4	0.4274	0.5618	0.0712
X_5	0.0416	0.7540	0.2459	0.0698	X_5	0.3302	1.6347	0.0697	X_5	0.3302	0.5398	0.0684
X_6	0.0362	0.7870	0.2130	0.0604	X_6	0.2772	1.9864	0.0846	X_6	0.2772	0.5507	0.0698
X_7	0.0455	0.7326	0.2674	0.0759	X_7	0.3695	1.4845	0.0633	X_7	0.3695	0.5485	0.0695
X_8	0.0305	0.8273	0.1727	0.0490	X_8	0.3218	1.8325	0.0781	X_8	0.3218	0.5897	0.0747
X_9	0.0203	0.9238	0.0762	0.0216	X_9	0.2097	2.6513	0.1130	X_9	0.2097	0.5561	0.0705
X_{10}	0.0254	0.8710	0.1290	0.0366	X_{10}	0.2370	2.3571	0.1004	X_{10}	0.2370	0.5586	0.0708
X_{11}	0.0514	0.7037	0.2963	0.0840	X_{11}	0.3685	1.5643	0.0667	X_{11}	0.3685	0.5765	0.0731
X_{12}	0.0682	0.6367	0.3633	0.1031	X_{12}	0.3961	1.4229	0.0606	X_{12}	0.3961	0.5636	0.0714
X_{13}	0.0495	0.7131	0.2869	0.0814	X_{13}	0.4950	1.1745	0.0500	X_{13}	0.4950	0.5814	0.0737
X_{14}	0.0453	0.7340	0.2660	0.0755	X_{14}	0.2200	2.5207	0.1074	X_{14}	0.2200	0.5546	0.0703

附录 14　四区县生态环境系统评价指标熵权法、变异系数法和均方差决策法的权重值

附表 14-1　六枝特区生态环境系统评价指标熵权法、变异系数法和均方差决策法的权重值

熵权法					变异系数法				均方差决策法			
评价指标	标准值比重(P_{ij})	信息熵(e_i)	效用值($1-e_i$)	权重值(u_i)	评价指标	平均值(X_j)	变异系数(V_j)	权重值(W_j)	评价指标	平均值[$E(G_j)$]	均方差值[$\sigma(G_j)$]	权重值[$W(G_j)$]
Y_1	0.0119	0.8751	0.1249	0.0248	Y_1	0.5540	1.1282	0.0519	Y_1	0.5540	0.6250	0.0594
Y_2	0.0344	0.665	0.3350	0.0666	Y_2	0.6185	0.9389	0.0432	Y_2	0.6185	0.5808	0.0553
Y_3	0.0761	0.5084	0.4916	0.0978	Y_3	0.5751	1.0263	0.0472	Y_3	0.5751	0.5998	0.0571
Y_4	0.0093	0.9225	0.0775	0.0154	Y_4	0.3195	1.7504	0.0805	Y_4	0.3195	0.5592	0.0533
Y_5	0.0166	0.809	0.1910	0.0380	Y_5	0.5107	1.1973	0.0550	Y_5	0.5107	0.6115	0.0583
Y_6	0.0243	0.7338	0.2662	0.0530	Y_6	0.4742	1.2557	0.0577	Y_6	0.4742	0.5954	0.0567
Y_7	0.0717	0.5202	0.4798	0.0954	Y_7	0.4178	1.3391	0.0615	Y_7	0.4178	0.5595	0.0533
Y_8	0.0141	0.8417	0.1583	0.0315	Y_8	0.3590	1.5832	0.0728	Y_8	0.3590	0.5684	0.0542

附表14-1(续)

熵权法					变异系数法				均方差决策法			
评价指标	标准值比重(P_{ij})	信息熵(e_i)	效用值($1-e_i$)	权重值(u_i)	评价指标	平均值(X_j)	变异系数(V_j)	权重值(W_j)	评价指标	平均值[$E(G_j)$]	均方差值[$\sigma(G_j)$]	权重值[$W(G_j)$]
Y_9	0.0814	0.4953	0.5047	0.1004	Y_9	0.4544	1.2522	0.0576	Y_9	0.4544	0.5690	0.0542
Y_{10}	0.0386	0.6424	0.3576	0.0712	Y_{10}	0.5605	0.9880	0.0454	Y_{10}	0.5605	0.5538	0.0528
Y_{11}	0.0173	0.8008	0.1992	0.0396	Y_{11}	0.4946	1.2192	0.0561	Y_{11}	0.4946	0.6030	0.0575
Y_{12}	0.0179	0.7945	0.2055	0.0409	Y_{12}	0.4808	1.2495	0.0574	Y_{12}	0.4808	0.6008	0.0572
Y_{13}	0.0337	0.6691	0.2309	0.0658	Y_{13}	0.5022	1.1047	0.0508	Y_{13}	0.5022	0.5548	0.0529
Y_{14}	0.0226	0.7482	0.2518	0.0501	Y_{14}	0.4934	1.1712	0.0538	Y_{14}	0.4934	0.5778	0.0551
Y_{15}	0.0335	0.6703	0.3297	0.0656	Y_{15}	0.5159	1.0807	0.0497	Y_{15}	0.5159	0.5575	0.0531
Y_{16}	0.0222	0.7520	0.2480	0.0494	Y_{16}	0.4896	1.1917	0.0548	Y_{16}	0.4896	0.5834	0.0556
Y_{17}	0.0145	0.8362	0.1638	0.0326	Y_{17}	0.5082	1.2017	0.0553	Y_{17}	0.5082	0.6107	0.0582
Y_{18}	0.0305	0.6887	0.3113	0.0619	Y_{18}	0.5458	1.0725	0.0493	Y_{18}	0.5458	0.5854	0.0558

附表 14-2 盘州市生态环境系统评价指标熵权法、变异系数法和均方差决策法的权重值

熵权法					变异系数法				均方差决策法			
评价指标	标准值比重(P_{ij})	信息熵(e_i)	效用值($1-e_i$)	权重值(u_i)	评价指标	平均值(X_j)	变异系数(V_j)	权重值(W_j)	评价指标	平均值[$E(G_j)$]	均方差值[$\sigma(G_j)$]	权重值[$W(G_j)$]
Y_1	0.0077	0.7122	0.2878	0.0387	Y_1	0.5658	1.116	0.0515	Y_1	0.5658	0.6314	0.0592
Y_2	0.0101	0.6725	0.3275	0.0441	Y_2	0.4986	1.2209	0.0563	Y_2	0.4986	0.6111	0.0572
Y_3	0.0651	0.3998	0.6002	0.0808	Y_3	0.6283	0.8835	0.0408	Y_3	0.6283	0.5678	0.0532
Y_4	0.0093	0.6847	0.3153	0.0424	Y_4	0.3195	1.7508	0.0808	Y_4	0.3195	0.5593	0.0524
Y_5	0.0163	0.6027	0.3973	0.0535	Y_5	0.5546	1.1193	0.0516	Y_5	0.5546	0.6207	0.0582
Y_6	0.0078	0.7098	0.2902	0.0391	Y_6	0.5401	1.1613	0.0536	Y_6	0.5401	0.6272	0.0588
Y_7	0.0629	0.4050	0.5950	0.0801	Y_7	0.4574	1.1913	0.0550	Y_7	0.4574	0.5449	0.0511
Y_8	0.0140	0.6243	0.3757	0.0506	Y_8	0.3625	1.5706	0.0724	Y_8	0.3625	0.5693	0.0533
Y_9	0.0605	0.4107	0.5893	0.0793	Y_9	0.4685	1.2168	0.0561	Y_9	0.4685	0.5701	0.0534
Y_{10}	0.0162	0.6039	0.3961	0.0533	Y_{10}	0.4867	1.2275	0.0566	Y_{10}	0.4867	0.5974	0.0560
Y_{11}	0.0069	0.7281	0.2719	0.0366	Y_{11}	0.5130	1.2202	0.0563	Y_{11}	0.5130	0.6260	0.0586
Y_{12}	0.0183	0.5857	0.4143	0.0557	Y_{12}	0.5472	1.1190	0.0516	Y_{12}	0.5472	0.6123	0.0574
Y_{13}	0.0354	0.4889	0.5111	0.0688	Y_{13}	0.5229	1.0659	0.0492	Y_{13}	0.5229	0.5574	0.0522
Y_{14}	0.0233	0.5503	0.4497	0.0605	Y_{14}	0.5580	1.0567	0.0487	Y_{14}	0.5580	0.5897	0.0553
Y_{15}	0.0128	0.6377	0.3623	0.0487	Y_{15}	0.4505	1.3103	0.0604	Y_{15}	0.4505	0.5902	0.0553
Y_{16}	0.0204	0.5695	0.4305	0.0579	Y_{16}	0.4950	1.1902	0.0549	Y_{16}	0.4950	0.5891	0.0552
Y_{17}	0.0141	0.6241	0.3759	0.0506	Y_{17}	0.5110	1.1965	0.0552	Y_{17}	0.5110	0.6114	0.0573

附表14-2(续)

熵权法					变异系数法				均方差决策法		
评价指标	标准值比重(P_{ij})	信息熵(e_i)	效用值($1-e_i$)	权重值(u_i)	评价指标	平均值(X_j)	变异系数(V_j)	权重值(W_j)	评价指标	平均值[$E(G_j)$]	均方差值[$\sigma(G_j)$]	权重值[$W(G_j)$]
Y_{18}	0.0220	0.5588	0.4412	0.0593	Y_{18}	0.5615	1.0627	0.0490	Y_{18}	0.5615	0.5967	0.0559

附表 14-3　水城县生态环境系统评价指标熵权法、变异系数法和均方差决策法的权重值

熵权法					变异系数法				均方差决策法		
评价指标	标准值比重(P_{ij})	信息熵(e_i)	效用值($1-e_i$)	权重值(u_i)	评价指标	平均值(X_j)	变异系数(V_j)	权重值(W_j)	评价指标	平均值[$E(G_j)$]	均方差值[$\sigma(G_j)$]	权重值[$W(G_j)$]
Y_1	0.0117	0.8661	0.1339	0.0259	Y_1	0.5525	1.1308	0.0531	Y_1	0.5525	0.6247	0.0594
Y_2	0.0438	0.6094	0.3906	0.0755	Y_2	0.6507	0.9020	0.0423	Y_2	0.6507	0.5872	0.0558
Y_3	0.0731	0.5098	0.4902	0.0948	Y_3	0.5996	0.9624	0.0452	Y_3	0.5996	0.5883	0.0559
Y_4	0.0093	0.9125	0.0875	0.0169	Y_4	0.3194	1.7512	0.0822	Y_4	0.3194	0.5593	0.0532
Y_5	0.0146	0.8235	0.1765	0.0341	Y_5	0.5157	1.1940	0.0561	Y_5	0.5157	0.6158	0.0585
Y_6	0.0217	0.7466	0.2533	0.049	Y_6	0.5087	1.1278	0.0530	Y_6	0.5087	0.5737	0.0545
Y_7	0.0718	0.5133	0.4867	0.0941	Y_7	0.4697	1.2111	0.0569	Y_7	0.4697	0.5689	0.0541
Y_8	0.0140	0.8314	0.1686	0.0326	Y_8	0.3600	1.5787	0.0741	Y_8	0.3600	0.5683	0.0541
Y_9	0.0747	0.5054	0.4946	0.0957	Y_9	0.4864	1.1667	0.0548	Y_9	0.4864	0.5675	0.0540
Y_{10}	0.0318	0.6718	0.3282	0.0635	Y_{10}	0.5276	1.1077	0.0520	Y_{10}	0.5276	0.5844	0.0556
Y_{11}	0.0200	0.7627	0.2373	0.0459	Y_{11}	0.5055	1.1807	0.0554	Y_{11}	0.5055	0.5968	0.0567
Y_{12}	0.0187	0.7755	0.2245	0.0434	Y_{12}	0.4766	1.2628	0.0593	Y_{12}	0.4766	0.6018	0.0572
Y_{13}	0.0334	0.6622	0.3378	0.0653	Y_{13}	0.4983	1.1123	0.0522	Y_{13}	0.4983	0.5543	0.0527
Y_{14}	0.0231	0.7340	0.2660	0.0514	Y_{14}	0.4935	1.1737	0.0551	Y_{14}	0.4935	0.5793	0.0551
Y_{15}	0.0326	0.6672	0.3328	0.0643	Y_{15}	0.5793	0.9780	0.0459	Y_{15}	0.5793	0.5670	0.0539
Y_{16}	0.0218	0.7455	0.2545	0.0492	Y_{16}	0.4868	1.2005	0.0564	Y_{16}	0.4868	0.5844	0.0556
Y_{17}	0.0146	0.8238	0.1762	0.0341	Y_{17}	0.5092	1.2004	0.0564	Y_{17}	0.5092	0.6112	0.0581
Y_{18}	0.0325	0.6675	0.3325	0.0643	Y_{18}	0.5531	1.0565	0.0496	Y_{18}	0.5531	0.5844	0.0556

附表 14-4　钟山区生态环境系统评价指标熵权法、变异系数法和均方差决策法的权重值

熵权法					变异系数法				均方差决策法		
评价指标	标准值比重(P_{ij})	信息熵(e_i)	效用值($1-e_i$)	权重值(u_i)	评价指标	平均值(X_j)	变异系数(V_j)	权重值(W_j)	评价指标	平均值[$E(G_j)$]	均方差值[$\sigma(G_j)$]	权重值[$W(G_j)$]
Y_1	0.0111	0.7995	0.2005	0.0330	Y_1	0.5386	1.1614	0.0529	Y_1	0.5386	1.1615	0.0530
Y_2	0.0419	0.5641	0.4359	0.0718	Y_2	0.6487	0.9016	0.0411	Y_2	0.6487	0.9016	0.0411

附表14-4(续)

熵权法					变异系数法				均方差决策法			
评价指标	标准值比重(P_{ij})	信息熵(e_i)	效用值($1-e_i$)	权重值(u_i)	评价指标	平均值(X_j)	变异系数(V_j)	权重值(W_j)	评价指标	平均值[$E(G_j)$]	均方差值[$\sigma(G_j)$]	权重值[$W(G_j)$]
Y_3	0.0726	0.4665	0.5335	0.0879	Y_3	0.5961	0.9661	0.0441	Y_3	0.5961	0.9661	0.0441
Y_4	0.0093	0.8322	0.1678	0.0276	Y_4	0.3196	1.7498	0.0798	Y_4	0.3196	1.7498	0.0798
Y_5	0.0158	0.7371	0.2629	0.0433	Y_5	0.5074	1.2098	0.0552	Y_5	0.5074	1.2098	0.0552
Y_6	0.0240	0.6635	0.3365	0.0555	Y_6	0.4750	1.2458	0.0568	Y_6	0.4750	1.2458	0.0568
Y_7	0.0311	0.6170	0.3830	0.0631	Y_7	0.4435	1.2286	0.0560	Y_7	0.4435	1.2176	0.0555
Y_8	0.0142	0.7571	0.2429	0.0401	Y_8	0.3744	1.5367	0.0701	Y_8	0.3744	1.5367	0.0701
Y_9	0.0782	0.4533	0.5467	0.0901	Y_9	0.4123	1.4037	0.0640	Y_9	0.4123	1.4037	0.0641
Y_{10}	0.0299	0.6238	0.3762	0.0620	Y_{10}	0.5279	1.1107	0.0506	Y_{10}	0.5279	1.1107	0.0507
Y_{11}	0.0172	0.7220	0.2780	0.0458	Y_{11}	0.4874	1.2297	0.0561	Y_{11}	0.4874	1.2297	0.0561
Y_{12}	0.0198	0.6973	0.3027	0.0499	Y_{12}	0.4973	1.2097	0.0552	Y_{12}	0.4973	1.2097	0.0552
Y_{13}	0.0336	0.6031	0.3969	0.0654	Y_{13}	0.5030	1.1040	0.0503	Y_{13}	0.5030	1.1040	0.0504
Y_{14}	0.0223	0.6765	0.3235	0.0533	Y_{14}	0.4979	1.1666	0.0532	Y_{14}	0.4979	1.1666	0.0532
Y_{15}	0.0228	0.6725	0.3275	0.0540	Y_{15}	0.4500	1.2690	0.0579	Y_{15}	0.4500	1.269	0.0579
Y_{16}	0.0182	0.7119	0.2881	0.0475	Y_{16}	0.4858	1.2023	0.0548	Y_{16}	0.4858	1.2023	0.0548
Y_{17}	0.0149	0.7485	0.2515	0.0415	Y_{17}	0.5063	1.2022	0.0548	Y_{17}	0.5063	1.2022	0.0548
Y_{18}	0.0371	0.5860	0.4140	0.0682	Y_{18}	0.5637	1.0336	0.0471	Y_{18}	0.5637	1.0336	0.0472

附录 15　四区县乡村旅游系统评价指标的组合权重值

附表 15-1　六枝特区和盘州市乡村旅游系统评价指标的组合权重值

六枝特区						盘州市					
评价指标	层次分析法权重值	熵权法权重值	变异系数法权重值	均方差决策法权重值	组合权重值	评价指标	层次分析法权重值	熵权法权重值	变异系数法权重值	均方差决策法权重值	组合权重值
X_1	0.1105	0.0847	0.0522	0.0714	0.0865	X_1	0.1105	0.0945	0.0456	0.0716	0.0886
X_2	0.0966	0.0949	0.0453	0.0753	0.0861	X_2	0.0966	0.0776	0.0539	0.0733	0.0797
X_3	0.0422	0.1023	0.0420	0.0712	0.0708	X_3	0.0422	0.0960	0.0503	0.0730	0.0687
X_4	0.0191	0.0746	0.0628	0.0707	0.0553	X_4	0.0191	0.0654	0.0617	0.0729	0.0521
X_5	0.0269	0.0624	0.0725	0.0691	0.0539	X_5	0.0269	0.0723	0.0736	0.0687	0.0575
X_6	0.0555	0.0462	0.0807	0.0705	0.0578	X_6	0.0555	0.0618	0.0700	0.0715	0.0629
X_7	0.0555	0.0731	0.0671	0.0705	0.0664	X_7	0.0555	0.0618	0.0692	0.0708	0.0627

附表15-1(续)

六枝特区						盘州市					
评价指标	层次分析法权重值	熵权法权重值	变异系数法权重值	均方差决策法权重值	组合权重值	评价指标	层次分析法权重值	熵权法权重值	变异系数法权重值	均方差决策法权重值	组合权重值
X_8	0.0524	0.0351	0.0808	0.0744	0.0535	X_8	0.0524	0.0207	0.0796	0.0745	0.0493
X_9	0.0515	0.0208	0.1103	0.0709	0.0503	X_9	0.0515	0.0051	0.1157	0.0697	0.0469
X_{10}	0.0467	0.0381	0.1042	0.0710	0.0546	X_{10}	0.0467	0.0548	0.0961	0.0696	0.0605
X_{11}	0.0304	0.0726	0.0675	0.0725	0.0589	X_{11}	0.0304	0.0691	0.0640	0.0725	0.0571
X_{12}	0.1835	0.1011	0.0612	0.0705	0.1161	X_{12}	0.1835	0.1031	0.0589	0.0708	0.1159
X_{13}	0.1433	0.1098	0.0489	0.0718	0.1058	X_{13}	0.1433	0.1318	0.0553	0.0719	0.1133
X_{14}	0.0859	0.0841	0.1045	0.0702	0.0840	X_{14}	0.0859	0.0860	0.1061	0.0692	0.0848

附表 15-2　水城县和钟山区乡村旅游系统评价指标的组合权重值

水城县						钟山区					
评价指标	层次分析法权重值	熵权法权重值	变异系数法权重值	均方差决策法权重值	组合权重值	评价指标	层次分析法权重值	熵权法权重值	变异系数法权重值	均方差决策法权重值	组合权重值
X_1	0.1105	0.0773	0.0562	0.0719	0.0843	X_1	0.1105	0.0794	0.0522	0.0711	0.0841
X_2	0.0966	0.0753	0.0539	0.0745	0.0794	X_2	0.0966	0.0896	0.0532	0.0744	0.0840
X_3	0.0422	0.0875	0.0464	0.0701	0.0637	X_3	0.0422	0.0940	0.0448	0.0711	0.0667
X_4	0.0191	0.0794	0.0563	0.0708	0.0549	X_4	0.0191	0.0797	0.0560	0.0712	0.0559
X_5	0.0269	0.0788	0.0674	0.0680	0.0580	X_5	0.0269	0.0698	0.0697	0.0684	0.056
X_6	0.0555	0.0619	0.0828	0.0695	0.0641	X_6	0.0555	0.0604	0.0846	0.0698	0.0639
X_7	0.0555	0.0784	0.0607	0.0695	0.0667	X_7	0.0555	0.0759	0.0633	0.0695	0.0665
X_8	0.0524	0.0458	0.0776	0.0748	0.0584	X_8	0.0524	0.0490	0.0781	0.0747	0.0593
X_9	0.0515	0.0298	0.1120	0.0706	0.0563	X_9	0.0515	0.0216	0.1130	0.0705	0.0529
X_{10}	0.0467	0.0433	0.1070	0.0711	0.0586	X_{10}	0.0467	0.0366	0.1004	0.0708	0.0551
X_{11}	0.0304	0.0657	0.0653	0.0736	0.0559	X_{11}	0.0304	0.0840	0.0667	0.0731	0.0626
X_{12}	0.1835	0.0977	0.0614	0.0709	0.1152	X_{12}	0.1835	0.1031	0.0606	0.0714	0.1162
X_{13}	0.1433	0.0971	0.0464	0.0743	0.1008	X_{13}	0.1433	0.0814	0.0500	0.0737	0.0953
X_{14}	0.0859	0.0820	0.1066	0.0704	0.0837	X_{14}	0.0859	0.0755	0.1074	0.0703	0.0815

附录 16 四区县生态环境系统评价指标的组合权重值

附表 16-1 六枝特区和盘州市生态环境系统评价指标的组合权重值

六枝特区						盘州市					
评价指标	层次分析法权重值	熵权法权重值	变异系数法权重值	均方差决策法权重值	组合权重值	评价指标	层次分析法权重值	熵权法权重值	变异系数法权重值	均方差决策法权重值	组合权重值
Y_1	0.0295	0.0248	0.0519	0.0594	0.0405	Y_1	0.0295	0.0387	0.0515	0.0592	0.0454
Y_2	0.0673	0.0666	0.0432	0.0553	0.0589	Y_2	0.0673	0.0441	0.0563	0.0572	0.0552
Y_3	0.0300	0.0978	0.0472	0.0571	0.0618	Y_3	0.0300	0.0808	0.0408	0.0532	0.0539
Y_4	0.0855	0.0154	0.0805	0.0533	0.0541	Y_4	0.0855	0.0424	0.0808	0.0524	0.0624
Y_5	0.0960	0.0380	0.0550	0.0583	0.0595	Y_5	0.0960	0.0535	0.0516	0.0582	0.0630
Y_6	0.0906	0.0530	0.0577	0.0567	0.0632	Y_6	0.0906	0.0391	0.0536	0.0588	0.0583
Y_7	0.0944	0.0954	0.0615	0.0533	0.0771	Y_7	0.0944	0.0801	0.0550	0.0511	0.0693
Y_8	0.0393	0.0315	0.0728	0.0542	0.0477	Y_8	0.0393	0.0506	0.0724	0.0533	0.0539
Y_9	0.0870	0.1004	0.0576	0.0542	0.0765	Y_9	0.0870	0.0793	0.0561	0.0534	0.0684
Y_{10}	0.1035	0.0712	0.0454	0.0528	0.0681	Y_{10}	0.1035	0.0533	0.0566	0.0560	0.0650
Y_{11}	0.0810	0.0396	0.0561	0.0575	0.0568	Y_{11}	0.0810	0.0366	0.0563	0.0586	0.0562
Y_{12}	0.0122	0.0409	0.0574	0.0572	0.0423	Y_{12}	0.0122	0.0557	0.0516	0.0574	0.0465
Y_{13}	0.0207	0.0658	0.0508	0.0529	0.0495	Y_{13}	0.0207	0.0688	0.0492	0.0522	0.0500
Y_{14}	0.0103	0.0501	0.0538	0.0551	0.0435	Y_{14}	0.0103	0.0605	0.0487	0.0553	0.0462
Y_{15}	0.0504	0.0656	0.0497	0.0531	0.0557	Y_{15}	0.0504	0.0487	0.0604	0.0553	0.0535
Y_{16}	0.0512	0.0494	0.0548	0.0556	0.0525	Y_{16}	0.0512	0.0579	0.0549	0.0552	0.0551
Y_{17}	0.0287	0.0326	0.0553	0.0582	0.0432	Y_{17}	0.0287	0.0506	0.0552	0.0573	0.0491
Y_{18}	0.0224	0.0619	0.0493	0.0558	0.0491	Y_{18}	0.0224	0.0593	0.0490	0.0559	0.0486

附表 16-2 水城县和钟山区生态环境系统评价指标的组合权重值

水城县						钟山区					
评价指标	层次分析法权重值	熵权法权重值	变异系数法权重值	均方差决策法权重值	组合权重值	评价指标	层次分析法权重值	熵权法权重值	变异系数法权重值	均方差决策法权重值	组合权重值
Y_1	0.0295	0.0259	0.0531	0.0594	0.0404	Y_1	0.0295	0.0330	0.0529	0.0530	0.0411
Y_2	0.0673	0.0755	0.0423	0.0558	0.0623	Y_2	0.0673	0.0718	0.0411	0.0411	0.0572
Y_3	0.0300	0.0948	0.0452	0.0559	0.0610	Y_3	0.0300	0.0879	0.0441	0.0441	0.0557

附表16-2(续)

水城县						钟山区				
评价指标	层次分析法权重值	熵权法权重值	变异系数法权重值	均方差决策法权重值	组合权重值	评价指标	层次分析法权重值	熵权法权重值	变异系数法权重值	均方差决策法权重值	组合权重值
Y_4	0.0855	0.0169	0.0822	0.0532	0.0539	Y_4	0.0855	0.0276	0.0798	0.0798	0.0636
Y_5	0.0960	0.0341	0.0561	0.0585	0.0582	Y_5	0.0960	0.0433	0.0552	0.0552	0.0411
Y_6	0.0906	0.0490	0.0530	0.0545	0.0604	Y_6	0.0906	0.0555	0.0568	0.0568	0.0602
Y_7	0.0944	0.0941	0.0569	0.0541	0.0769	Y_7	0.0944	0.0631	0.0560	0.0555	0.0638
Y_8	0.0393	0.0326	0.0741	0.0541	0.0475	Y_8	0.0393	0.0401	0.0701	0.0701	0.0667
Y_9	0.0870	0.0957	0.0548	0.0540	0.0753	Y_9	0.0870	0.0901	0.0640	0.0641	0.0533
Y_{10}	0.1035	0.0635	0.0520	0.0556	0.0681	Y_{10}	0.1035	0.0620	0.0506	0.0507	0.0778
Y_{11}	0.0810	0.0459	0.0554	0.0567	0.0582	Y_{11}	0.0810	0.0458	0.0561	0.0561	0.0661
Y_{12}	0.0122	0.0434	0.0593	0.0572	0.0431	Y_{12}	0.0122	0.0499	0.0552	0.0552	0.0582
Y_{13}	0.0207	0.0653	0.0522	0.0527	0.0497	Y_{13}	0.0207	0.0654	0.0503	0.0504	0.0439
Y_{14}	0.0103	0.0514	0.0551	0.0551	0.0440	Y_{14}	0.0103	0.0533	0.0532	0.0532	0.0488
Y_{15}	0.0504	0.0643	0.0459	0.0539	0.0550	Y_{15}	0.0504	0.0540	0.0579	0.0579	0.0438
Y_{16}	0.0512	0.0492	0.0564	0.0556	0.0527	Y_{16}	0.0512	0.0475	0.0548	0.0548	0.0549
Y_{17}	0.0287	0.0341	0.0564	0.0581	0.0433	Y_{17}	0.0287	0.0415	0.0548	0.0548	0.0516
Y_{18}	0.0224	0.0643	0.0496	0.0556	0.0500	Y_{18}	0.0224	0.0682	0.0471	0.0472	0.0446

附录17 四区县乡村旅游系统综合发展水平变化

表17-1 六枝特区和盘州市乡村旅游系统综合发展水平变化

六枝特区					盘州市				
年份	乡村旅游资源质量(A_1)	乡村旅游基础设施(A_2)	乡村旅游经济效益(A_3)	乡村旅游综合发展水平	年份	乡村旅游资源质量(A_1)	乡村旅游基础设施(A_2)	乡村旅游经济效益(A_3)	乡村旅游综合发展水平
2001	0	0	0.0010	0.0010	2001	0	0	0.0012	0.0012
2002	0.0046	0.0043	0.0032	0.0121	2002	0.0038	0.0026	0.0048	0.0112
2003	0.0155	0.0097	0.0296	0.0548	2003	0.0095	0.0055	0.0119	0.0269
2004	0.0311	0.0148	0.0201	0.0660	2004	0.0180	0.0086	0.0170	0.0436
2005	0.0408	0.0224	0.0481	0.1113	2005	0.0258	0.0126	0.0462	0.0864
2006	0.0600	0.0265	0.0632	0.1497	2006	0.0479	0.0197	0.0635	0.1311

附表17-1(续)

六枝特区					盘州市				
年份	乡村旅游资源质量(A_1)	乡村旅游基础设施(A_2)	乡村旅游经济效益(A_3)	乡村旅游综合发展水平	年份	乡村旅游资源质量(A_1)	乡村旅游基础设施(A_2)	乡村旅游经济效益(A_3)	乡村旅游综合发展水平
2007	0.0850	0.0287	0.0817	0.1954	2007	0.0723	0.0245	0.0747	0.1716
2008	0.0969	0.0332	0.0922	0.2223	2008	0.0823	0.0329	0.1204	0.2356
2009	0.1027	0.0363	0.1014	0.2404	2009	0.0876	0.0385	0.1309	0.2570
2010	0.1181	0.0425	0.1401	0.3007	2010	0.1112	0.0475	0.1910	0.3497
2011	0.1392	0.0511	0.1593	0.3496	2011	0.1282	0.0609	0.2100	0.3991
2012	0.1518	0.0645	0.1982	0.4145	2012	0.1372	0.0791	0.2144	0.4307
2013	0.1695	0.0724	0.2275	0.4694	2013	0.1512	0.0948	0.2165	0.4625
2014	0.1834	0.0829	0.2519	0.5182	2014	0.1779	0.1044	0.2353	0.5176
2015	0.1803	0.1002	0.2642	0.5447	2015	0.1907	0.1185	0.2646	0.5738
2016	0.1924	0.1292	0.2839	0.6055	2016	0.1978	0.1496	0.3129	0.6603
2017	0.2021	0.1641	0.3237	0.6899	2017	0.2085	0.1767	0.2918	0.6770
2018	0.2286	0.2071	0.3369	0.7726	2018	0.2255	0.2144	0.3409	0.7808
2019	0.2434	0.2176	0.4084	0.8694	2019	0.2350	0.2303	0.4000	0.8653
2020	0.2434	0.2187	0.4044	0.8665	2020	0.2370	0.2259	0.3994	0.8623

表 17-2　水城县和钟山区乡村旅游系统综合发展水平变化

水城县					钟山区				
年份	乡村旅游资源质量(A_1)	乡村旅游基础设施(A_2)	乡村旅游经济效益(A_3)	乡村旅游综合发展水平	年份	乡村旅游资源质量(A_1)	乡村旅游基础设施(A_2)	乡村旅游经济效益(A_3)	乡村旅游综合发展水平
2001	0	0	0.0026	0.0026	2001	0	0	0.0011	0.0011
2002	0.0074	0.0042	0.0065	0.0181	2002	0.0084	0.0039	0.0032	0.0155
2003	0.0164	0.0111	0.0154	0.0429	2003	0.0149	0.0091	0.0126	0.0366
2004	0.0251	0.0158	0.0331	0.0740	2004	0.0291	0.0131	0.0206	0.0628
2005	0.0319	0.0272	0.0815	0.1406	2005	0.0352	0.0224	0.0804	0.1380
2006	0.0451	0.0389	0.1013	0.1853	2006	0.0523	0.0389	0.0918	0.1830
2007	0.0631	0.0515	0.1156	0.2302	2007	0.0710	0.0492	0.1031	0.2233
2008	0.0700	0.0556	0.1089	0.2345	2008	0.0829	0.0543	0.1029	0.2401
2009	0.0750	0.0610	0.1141	0.2501	2009	0.0895	0.0593	0.1099	0.2587
2010	0.0872	0.0650	0.1498	0.3020	2010	0.1010	0.0631	0.1541	0.3182
2011	0.0964	0.0694	0.1478	0.3136	2011	0.1136	0.0672	0.1481	0.3289

附表17-2(续)

水城县					钟山区				
年份	乡村旅游资源质量(A_1)	乡村旅游基础设施(A_2)	乡村旅游经济效益(A_3)	乡村旅游综合发展水平	年份	乡村旅游资源质量(A_1)	乡村旅游基础设施(A_2)	乡村旅游经济效益(A_3)	乡村旅游综合发展水平
2012	0.1039	0.0759	0.1604	0.3402	2012	0.1236	0.0736	0.1560	0.3532
2013	0.1211	0.0856	0.2296	0.4363	2013	0.1396	0.0827	0.2209	0.4432
2014	0.1448	0.0906	0.2463	0.4817	2014	0.1630	0.0879	0.2403	0.4912
2015	0.1623	0.0992	0.2848	0.5463	2015	0.1755	0.0985	0.2807	0.5547
2016	0.1792	0.1245	0.3221	0.6258	2016	0.1862	0.1302	0.3333	0.6497
2017	0.1940	0.1605	0.3264	0.6809	2017	0.1972	0.1621	0.3172	0.6765
2018	0.2134	0.2144	0.3528	0.7806	2018	0.2216	0.2146	0.3545	0.7907
2019	0.2254	0.2319	0.4120	0.8693	2019	0.2327	0.2331	0.4122	0.8780
2020	0.2274	0.2321	0.4054	0.8649	2020	0.2348	0.2300	0.4058	0.8706

附录18　四区县生态环境系统综合发展水平变化

表18-1　六枝特区和盘州市生态环境系统综合发展水平变化

六枝特区					盘州市				
年份	生态环境压力(B_1)	生态环境保护投入(B_2)	生态环境保护效率(B_3)	生态环境综合发展水平	年份	生态环境压力(B_1)	生态环境保护投入(B_2)	生态环境保护效率(B_3)	生态环境综合发展水平
2001	0.1445	0.0080	0	0.1525	2001	0.1312	0.0059	0	0.1371
2002	0.1397	0.0198	0.0110	0.1705	2002	0.1233	0.0036	0.0087	0.1356
2003	0.1331	0.0305	0.0219	0.1855	2003	0.1166	0.0215	0.0199	0.1580
2004	0.1301	0.0445	0.0440	0.2186	2004	0.1075	0.0317	0.0285	0.1677
2005	0.1375	0.0581	0.0536	0.2492	2005	0.1084	0.0393	0.0480	0.1957
2006	0.1455	0.0784	0.0676	0.2915	2006	0.1091	0.0476	0.0612	0.2179
2007	0.1586	0.1006	0.0871	0.3463	2007	0.1135	0.0584	0.0762	0.2481
2008	0.1694	0.1227	0.1058	0.3979	2008	0.1458	0.0896	0.1169	0.3523
2009	0.1858	0.1363	0.1291	0.4512	2009	0.1891	0.1140	0.1497	0.4528
2010	0.2068	0.1544	0.1599	0.5211	2010	0.2148	0.1320	0.1809	0.5277
2011	0.2248	0.1699	0.1756	0.5703	2011	0.2338	0.1497	0.1995	0.5830

附表18-1(续)

六枝特区					盘州市				
年份	生态环境压力(B_1)	生态环境保护投入(B_2)	生态环境保护效率(B_3)	生态环境综合发展水平	年份	生态环境压力(B_1)	生态环境保护投入(B_2)	生态环境保护效率(B_3)	生态环境综合发展水平
2012	0.2399	0.1736	0.2051	0.6186	2012	0.2629	0.1577	0.2302	0.6508
2013	0.2452	0.1775	0.2306	0.6533	2013	0.2759	0.1690	0.2579	0.7028
2014	0.2473	0.1795	0.2484	0.6752	2014	0.2862	0.1753	0.2794	0.7409
2015	0.2600	0.1482	0.2716	0.6798	2015	0.2902	0.1821	0.2968	0.7691
2016	0.2478	0.1473	0.2927	0.6878	2016	0.2807	0.1778	0.3152	0.7737
2017	0.2549	0.1478	0.3099	0.7126	2017	0.2737	0.1726	0.3295	0.7758
2018	0.2665	0.1505	0.3162	0.7332	2018	0.2777	0.1678	0.3347	0.7802
2019	0.2699	0.1547	0.3287	0.7533	2019	0.2778	0.1702	0.3424	0.7904
2020	0.2771	0.1604	0.3337	0.7712	2020	0.2843	0.1751	0.3466	0.8060

表 18-2 水城县和钟山区生态环境系统综合发展水平变化

水城县					钟山区				
年份	生态环境压力(B_1)	生态环境保护投入(B_2)	生态环境保护效率(B_3)	生态环境综合发展水平	年份	生态环境压力(B_1)	生态环境保护投入(B_2)	生态环境保护效率(B_3)	生态环境综合发展水平
2001	0.1634	0.0045	0	0.1697	2001	0.0992	0	0	0.0992
2002	0.1648	0.0135	0.0120	0.1903	2002	0.0964	0.0067	0.0099	0.1130
2003	0.1337	0.0263	0.0248	0.1848	2003	0.0916	0.0188	0.0201	0.1305
2004	0.1347	0.0415	0.0395	0.2157	2004	0.0932	0.0304	0.0327	0.1563
2005	0.1429	0.0550	0.0558	0.2537	2005	0.1023	0.0203	0.0481	0.1707
2006	0.1579	0.0687	0.0702	0.2968	2006	0.1167	0.0596	0.0727	0.2490
2007	0.1714	0.0941	0.0906	0.3561	2007	0.1306	0.0865	0.0823	0.2994
2008	0.1834	0.1104	0.1122	0.4060	2008	0.1450	0.1057	0.0998	0.3505
2009	0.1976	0.1306	0.1402	0.4684	2009	0.1596	0.1240	0.1270	0.4106
2010	0.2179	0.1464	0.1665	0.5308	2010	0.1811	0.1441	0.1547	0.4799
2011	0.2385	0.1597	0.1845	0.5827	2011	0.1992	0.1621	0.1746	0.5359
2012	0.2556	0.1660	0.2125	0.6341	2012	0.2170	0.1649	0.2019	0.5838

附表18-2(续)

水城县					钟山区				
年份	生态环境压力(B_1)	生态环境保护投入(B_2)	生态环境保护效率(B_3)	生态环境综合发展水平	年份	生态环境压力(B_1)	生态环境保护投入(B_2)	生态环境保护效率(B_3)	生态环境综合发展水平
2013	0.2642	0.1719	0.2387	0.6748	2013	0.2277	0.1713	0.2284	0.6274
2014	0.2557	0.1751	0.2558	0.6866	2014	0.2876	0.1724	0.2511	0.7111
2015	0.2620	0.1712	0.2787	0.7119	2015	0.3156	0.1701	0.2730	0.7587
2016	0.2537	0.1723	0.2995	0.7255	2016	0.3193	0.1736	0.2938	0.7867
2017	0.2616	0.1684	0.3142	0.7442	2017	0.3108	0.1701	0.3105	0.7914
2018	0.2671	0.1634	0.3211	0.7516	2018	0.3188	0.1718	0.3174	0.8080
2019	0.2687	0.1684	0.3315	0.7686	2019	0.3222	0.1758	0.3271	0.8251
2020	0.2755	0.1738	0.3363	0.7856	2020	0.3301	0.1780	0.3347	0.8428

附录19 四区县乡村旅游系统与生态环境系统非协调性耦合评价结果

附表19-1 六枝特区乡村旅游系统与生态环境系统非协调性耦合评价结果

年份	乡村旅游系统综合发展水平(U_1)	生态环境系统综合发展水平(U_2)	耦合度值(C)	乡村旅游系统与生态环境系统综合发展水平(T)	非协调性耦合度值(ND)	类别	两个系统数值对比[$g(E)-f(U)$]	子类别	类型
2001	0.0010	0.1525	0.0067	0.0768	0.9208	高水平非协调性耦合	0.1515	乡村旅游滞后	Ⅳ1
2002	0.0121	0.1705	0.0622	0.0913	0.8491	高水平非协调性耦合	0.1584	乡村旅游滞后	Ⅳ1
2003	0.0548	0.1855	0.1760	0.1201	0.7755	磨合非协调性耦合	0.1307	乡村旅游滞后	Ⅲ1
2004	0.0660	0.2186	0.1777	0.1427	0.7547	磨合非协调性耦合	0.1526	乡村旅游滞后	Ⅲ1
2005	0.1113	0.2492	0.2133	0.1802	0.7115	磨合非协调性耦合	0.1379	乡村旅游滞后	Ⅲ1
2006	0.1497	0.2915	0.2241	0.2205	0.6769	磨合非协调性耦合	0.1418	乡村旅游滞后	Ⅲ1
2007	0.1954	0.3463	0.2306	0.2708	0.6394	磨合非协调性耦合	0.1509	乡村旅游滞后	Ⅲ1
2008	0.2223	0.3979	0.2230	0.3101	0.6144	磨合非协调性耦合	0.1756	乡村旅游滞后	Ⅲ1

附表19-1(续)

年份	乡村旅游系统综合发展水平(U_1)	生态环境系统综合发展水平(U_2)	耦合度值(C)	乡村旅游系统与生态环境系统综合发展水平(T)	非协调性耦合度值(ND)	类别	两个系统数值对比[$g(E)-f(U)$]	子类别	类型
2009	0. 2404	0. 4512	0. 2261	0. 3481	0. 5932	磨合非协调性耦合	0. 2108	乡村旅游滞后	Ⅲ1
2010	0. 3007	0. 5211	0. 2320	0. 4109	0. 5551	磨合非协调性耦合	0. 2204	乡村旅游滞后	Ⅲ1
2011	0. 3496	0. 5703	0. 2356	0. 4599	0. 5275	磨合非协调性耦合	0. 2207	乡村旅游滞后	Ⅲ1
2012	0. 4145	0. 6186	0. 2402	0. 5166	0. 4968	拮抗非协调性耦合	0. 2041	乡村旅游滞后	Ⅱ1
2013	0. 4694	0. 6533	0. 2433	0. 5614	0. 4738	拮抗非协调性耦合	0. 1839	乡村旅游滞后	Ⅱ1
2014	0. 5182	0. 6752	0. 2457	0. 5967	0. 4562	拮抗非协调性耦合	0. 1570	乡村旅游滞后	Ⅱ1
2015	0. 5447	0. 6798	0. 2470	0. 6123	0. 4484	拮抗非协调性耦合	0. 1351	乡村旅游滞后	Ⅱ1
2016	0. 6055	0. 6878	0. 2490	0. 6467	0. 4320	拮抗非协调性耦合	0. 0823	系统均衡发展	Ⅱ2
2017	0. 6899	0. 7126	0. 2500	0. 7013	0. 4079	拮抗非协调性耦合	0. 0227	系统均衡发展	Ⅱ2
2018	0. 7726	0. 7332	0. 2498	0. 7529	0. 3865	拮抗非协调性耦合	-0. 0394	系统均衡发展	Ⅱ2
2019	0. 8694	0. 7533	0. 2487	0. 8114	0. 3639	拮抗非协调性耦合	-0. 1161	生态环境滞后	Ⅱ3
2020	0. 8665	0. 7712	0. 2491	0. 8118	0. 3607	拮抗非协调性耦合	-0. 0953	系统均衡发展	Ⅱ2

注：U_1即$f(U)$，U_2即$g(E)$。

附表 19-2　盘州市乡村旅游系统与生态环境系统非协调性耦合评价结果

年份	乡村旅游系统综合发展水平(U_1)	生态环境系统综合发展水平(U_2)	耦合度值(C)	乡村旅游系统与生态环境系统综合发展水平(T)	非协调性耦合度值(ND)	类别	两个系统数值对比[$g(E)-f(U)$]	子类别	类型
2001	0. 0012	0. 1371	0. 0083	0. 0692	0. 9206	高水平非协调性耦合	0. 1359	乡村旅游滞后	Ⅳ1
2002	0. 0112	0. 1356	0. 0706	0. 0734	0. 8603	高水平非协调性耦合	0. 1244	乡村旅游滞后	Ⅳ1
2003	0. 0269	0. 1580	0. 1246	0. 0925	0. 8193	高水平非协调性耦合	0. 1311	乡村旅游滞后	Ⅳ1
2004	0. 0436	0. 1677	0. 1639	0. 1056	0. 7932	磨合非协调性耦合	0. 1241	乡村旅游滞后	Ⅲ1
2005	0. 0864	0. 1957	0. 2107	0. 1401	0. 7464	磨合非协调性耦合	0. 1093	乡村旅游滞后	Ⅲ1

附表19-2(续)

年份	乡村旅游系统综合发展水平(U_1)	生态环境系统综合发展水平(U_2)	耦合度值(C)	乡村旅游系统与生态环境系统综合发展水平(T)	非协调性耦合度值(ND)	类别	两个系统数值对比[$g(E)-f(U)$]	子类别	类型
2006	0.1311	0.2179	0.2345	0.1745	0.7093	磨合非协调性耦合	0.0868	系统均衡发展	Ⅲ2
2007	0.1716	0.2481	0.2417	0.2099	0.6788	磨合非协调性耦合	0.0765	系统均衡发展	Ⅲ2
2008	0.2356	0.3523	0.2402	0.2940	0.6205	磨合非协调性耦合	0.1167	乡村旅游滞后	Ⅲ1
2009	0.2570	0.4528	0.2310	0.3549	0.5870	磨合非协调性耦合	0.1958	乡村旅游滞后	Ⅲ1
2010	0.3497	0.5277	0.2397	0.4387	0.5365	磨合非协调性耦合	0.1780	乡村旅游滞后	Ⅲ1
2011	0.3991	0.5830	0.2412	0.4910	0.5089	磨合非协调性耦合	0.1839	乡村旅游滞后	Ⅲ1
2012	0.4307	0.6508	0.2396	0.5408	0.4855	拮抗非协调性耦合	0.2201	乡村旅游滞后	Ⅱ1
2013	0.4625	0.7028	0.2394	0.5827	0.4661	拮抗非协调性耦合	0.2403	乡村旅游滞后	Ⅱ1
2014	0.5176	0.7409	0.2421	0.6292	0.4436	拮抗非协调性耦合	0.2233	乡村旅游滞后	Ⅱ1
2015	0.5738	0.7691	0.2447	0.6714	0.4237	拮抗非协调性耦合	0.1953	乡村旅游滞后	Ⅱ1
2016	0.6603	0.7737	0.2484	0.7170	0.4022	拮抗非协调性耦合	0.1134	乡村旅游滞后	Ⅱ1
2017	0.6770	0.7758	0.2488	0.7264	0.3980	拮抗非协调性耦合	0.0988	系统均衡发展	Ⅱ2
2018	0.7808	0.7802	0.2500	0.7805	0.3753	拮抗非协调性耦合	0.0006	系统均衡发展	Ⅱ2
2019	0.8653	0.7904	0.2495	0.8279	0.3569	拮抗非协调性耦合	-0.0749	系统均衡发展	Ⅱ2
2020	0.8623	0.8060	0.2497	0.8342	0.3544	拮抗非协调性耦合	-0.0563	系统均衡发展	Ⅱ2

附表 19-3　水城县乡村旅游系统与生态环境系统非协调性耦合评价结果

年份	乡村旅游系统综合发展水平(U_1)	生态环境系统综合发展水平(U_2)	耦合度值(C)	乡村旅游系统与生态环境系统综合发展水平(T)	非协调性耦合度值(ND)	类别	两个系统数值对比[$g(E)-f(U)$]	子类别	类型
2001	0.0026	0.1679	0.0153	0.0853	0.8973	高水平非协调性耦合	0.1671	乡村旅游滞后	Ⅳ1
2002	0.0181	0.1903	0.0793	0.1042	0.8287	高水平非协调性耦合	0.1722	乡村旅游滞后	Ⅳ1

附表19-3(续)

年份	乡村旅游系统综合发展水平(U_1)	生态环境系统综合发展水平(U_2)	耦合度值(C)	乡村旅游系统与生态环境系统综合发展水平(T)	非协调性耦合度值(ND)	类别	两个系统数值对比[$g(E)-f(U)$]	子类别	类型
2003	0. 0429	0. 1848	0. 1529	0. 1139	0. 7890	磨合非协调性耦合	0. 1419	乡村旅游滞后	Ⅲ1
2004	0. 0740	0. 2157	0. 1901	0. 1449	0. 7487	磨合非协调性耦合	0. 1417	乡村旅游滞后	Ⅲ1
2005	0. 1406	0. 2537	0. 2295	0. 1972	0. 6927	磨合非协调性耦合	0. 1131	乡村旅游滞后	Ⅲ1
2006	0. 1853	0. 2968	0. 2366	0. 2410	0. 6576	磨合非协调性耦合	0. 1115	乡村旅游滞后	Ⅲ1
2007	0. 2302	0. 3561	0. 2385	0. 2932	0. 6216	磨合非协调性耦合	0. 1259	乡村旅游滞后	Ⅲ1
2008	0. 2345	0. 4060	0. 2321	0. 3203	0. 6072	磨合非协调性耦合	0. 1715	乡村旅游滞后	Ⅲ1
2009	0. 2501	0. 4684	0. 2269	0. 3593	0. 5863	磨合非协调性耦合	0. 2183	乡村旅游滞后	Ⅲ1
2010	0. 3020	0. 5308	0. 2311	0. 4164	0. 5526	磨合非协调性耦合	0. 2288	乡村旅游滞后	Ⅲ1
2011	0. 3136	0. 5827	0. 2274	0. 4482	0. 5377	磨合非协调性耦合	0. 2691	乡村旅游滞后	Ⅲ1
2012	0. 3402	0. 6341	0. 2273	0. 4871	0. 5181	磨合非协调性耦合	0. 2939	乡村旅游滞后	Ⅲ1
2013	0. 4363	0. 6748	0. 2385	0. 5555	0. 4792	拮抗非协调性耦合	0. 2385	乡村旅游滞后	Ⅱ1
2014	0. 4817	0. 6866	0. 2423	0. 5842	0. 4638	拮抗非协调性耦合	0. 2049	乡村旅游滞后	Ⅱ1
2015	0. 5463	0. 7119	0. 2457	0. 6290	0. 4416	拮抗非协调性耦合	0. 1656	乡村旅游滞后	Ⅱ1
2016	0. 6258	0. 7255	0. 2486	0. 6758	0. 4195	拮抗非协调性耦合	0. 0997	系统均衡发展	Ⅱ2
2017	0. 6809	0. 7442	0. 2495	0. 7126	0. 4034	拮抗非协调性耦合	0. 0633	系统均衡发展	Ⅱ2
2018	0. 7806	0. 7516	0. 2499	0. 7661	0. 3811	拮抗非协调性耦合	-0. 0290	系统均衡发展	Ⅱ2
2019	0. 8693	0. 7686	0. 2491	0. 8189	0. 3607	拮抗非协调性耦合	-0. 1007	生态环境滞后	Ⅱ3
2020	0. 8649	0. 7856	0. 2494	0. 8252	0. 3580	拮抗非协调性耦合	-0. 0793	系统均衡发展	Ⅱ2

附表 19-4　钟山区乡村旅游系统与生态环境系统非协调性耦合评价结果

年份	乡村旅游系统综合发展水平（U_1）	生态环境系统综合发展水平（U_2）	耦合度值（C）	乡村旅游系统与生态环境系统综合发展水平（T）	非协调性耦合度值（ND）	类别	两个系统数值对比［$g(E)-f(U)$］	子类别	类型
2001	0.0011	0.0992	0.0108	0.0501	0.9279	高水平非协调性耦合	0.0981	系统均衡发展	Ⅳ2
2002	0.0155	0.1130	0.1063	0.0642	0.8553	高水平非协调性耦合	0.0975	系统均衡发展	Ⅳ2
2003	0.0366	0.1305	0.1711	0.0836	0.8141	高水平非协调性耦合	0.0939	系统均衡发展	Ⅳ2
2004	0.0628	0.1563	0.2044	0.1095	0.7775	磨合非协调性耦合	0.0935	系统均衡发展	Ⅲ2
2005	0.1380	0.1707	0.2472	0.1544	0.7230	磨合非协调性耦合	0.0327	系统均衡发展	Ⅲ2
2006	0.1830	0.2490	0.2422	0.2160	0.6733	磨合非协调性耦合	0.0660	系统均衡发展	Ⅲ2
2007	0.2233	0.2994	0.2447	0.2613	0.6404	磨合非协调性耦合	0.0761	系统均衡发展	Ⅲ2
2008	0.2401	0.3505	0.2413	0.2953	0.6191	磨合非协调性耦合	0.1104	乡村旅游滞后	Ⅲ1
2009	0.2587	0.4106	0.2371	0.3347	0.5963	磨合非协调性耦合	0.1519	乡村旅游滞后	Ⅲ1
2010	0.3182	0.4799	0.2397	0.3990	0.558	磨合非协调性耦合	0.1617	乡村旅游滞后	Ⅲ1
2011	0.3289	0.5359	0.2357	0.4325	0.5418	磨合非协调性耦合	0.2070	乡村旅游滞后	Ⅲ1
2012	0.3532	0.5838	0.2349	0.4685	0.5235	磨合非协调性耦合	0.2306	乡村旅游滞后	Ⅲ1
2013	0.4432	0.6274	0.2426	0.5353	0.4865	拮抗非协调性耦合	0.1842	乡村旅游滞后	Ⅱ1
2014	0.4912	0.7111	0.2416	0.6011	0.4564	拮抗非协调性耦合	0.2199	乡村旅游滞后	Ⅱ1
2015	0.5547	0.7587	0.2440	0.6567	0.4305	拮抗非协调性耦合	0.2040	乡村旅游滞后	Ⅱ1
2016	0.6497	0.7867	0.2477	0.7182	0.4021	拮抗非协调性耦合	0.1370	乡村旅游滞后	Ⅱ1
2017	0.6765	0.7914	0.2485	0.7339	0.3952	拮抗非协调性耦合	0.1149	乡村旅游滞后	Ⅱ1
2018	0.7907	0.8080	0.2500	0.7994	0.3678	拮抗非协调性耦合	0.0173	系统均衡发展	Ⅱ2
2019	0.8780	0.8251	0.2498	0.8515	0.3476	拮抗非协调性耦合	-0.0529	系统均衡发展	Ⅱ2
2020	0.8706	0.8428	0.2499	0.8567	0.3455	拮抗非协调性耦合	-0.0278	系统均衡发展	Ⅱ2

后 记

本书是 2019 年度国家社会科学基金一般项目“乡村旅游与生态环境保护非协调性耦合识别及其良性互动机制研究”（课题编号：19BJY213）的重要研究成果，在此对全国哲学社会科学工作办公室和贵州省哲学社会科学规划办公室的资助表示最诚挚的感谢！

本书的完成要感谢六盘水师范学院匡其羽老师的帮助，多年来，匡老师在项目申报和项目研究工作中给予我很多的支持与帮助，为项目的顺利结题和本书的撰写提供了良好的研究平台与学术环境。感谢重庆师范大学冯维波教授，冯老师将我引进旅游学的大门，在多年的学术生涯中，我一直精读冯老师的著作，从中吸取营养，让自己不断进步。本书的撰写，也得益于冯老师学术思想的指引。感谢贵州省山地资源研究所苏维词教授的指导和帮助，苏老师正直的为人作风、严谨的学术风范、孜孜以求的奋发精神给了我极大的启迪。感谢贵州大学李锦宏教授、贵州财经大学杨春宇教授和山西财经大学程占红教授，多年来，一直拜读您的专著和论文成果，让自己的学术水平不断提升，在此对您表示由衷的感谢。感谢上海对外经贸大学梁振民博士，在项目的撰写与申报、项目研究工作的开展、项目的结题乃至于本书的写作过程中，您给了我很多指导性的建议和帮助，在此深表感谢！感谢重庆理工大学张凤太教授，张老师学识渊博，与人为善，乐于助人，本书在撰写过程中遇到困难的时候，多次向张老师请教，张老师总能给出很好的指导和建议。感谢贵州大学笪玲教授，受人滴水之恩，当涌泉相报，谢谢笪老师在本书撰写过程中给予的帮助和鼓励。感谢六盘水市第一实验中学段敏老师和六盘水市第十中学钱庆欢老师，本书的撰写，得到您无私的帮助。在本书的资料收集和数据整理过程中，得到孙逸明、张文秀和石龙三位同事的帮助，在此表示感谢！感谢淮北师范大学文斌教授、邱如梅老师和李晶晶老师，此前我们素未谋面，因为学术，我们相识，迷茫之中，您指引我走出困境，保持身心健康，在此心怀感激！感谢家人对我工作的支持，感谢儿子秦兆鑫和秦梓钧在生活中给我带来的幸福与快乐！

谨向本领域或相通领域的学术前辈与同人致敬。在孤独寂寞的摸索中，十分有幸曾与您进行有言或无言的沟通。困苦之时，精读您的成果，解开我心中的困惑，让我内心趋于平静。您睿智的学术智慧和丰硕的学术成果是本书的基石和源泉，往后我当竭尽全力触类旁通以求受益终身。

秦 趣

2024 年 12 月于凉都六盘水